I0366174

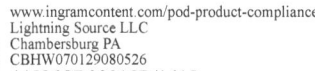

www.ingramcontent.com/pod-product-compliance
Lightning Source LLC
Chambersburg PA
CBHW070129080526
44586CB00015B/1615
* 9 7 8 1 9 2 7 9 9 8 8 5 4 *

طِطُس، فِلیمون اور

عِبرانیوں کے نام

خطوط کی

تفسیر

مصنف: ۔ ایف وین، میکلائیڈ

مترجم: ۔ عمانوایل داؤد

LIGHT TO MY PATH BOOK
DISTRIBUTION

نام کتاب۔۔۔۔۔۔۔۔۔۔۔۔ طِطُس، فلِیمون اور عِبرانیوں کے نام خطوط

مصنف۔۔۔۔۔۔۔۔۔۔۔۔۔۔۔ ایف وین، میکلائیڈ

مترجم۔ ------------- عمانوایل دیوان

کمپوزنگ:۔ ----------- پرنس میتھیو

پروف ریڈنگ -----------رضیہ عمانوایل

تعداد --------------ایک ہزار

سن اشاعت۔۔۔۔۔۔۔۔۔۔۔۔ جولائی 2021

ہدیہ کتاب۔۔۔۔۔۔۔۔ 300 روپے

بدلنے کا پتہ۔۔۔۔۔۔۔۔۔۔۔۔۔ ایف۔ جی۔ اے بک شاپ، بہار کالونی، کوٹ لکھپت

لاہور۔ برادر عامر ریاض صاحب03314004219

رابطہ مترجم و پبلشر۔۔۔۔۔۔۔۔۔۔ عمانوایل داؤد

فون نمبر 03351470565

+923164656552وٹس ایپ نمبر

mathewforjesus7@gmail.com

فہرست مضامین

پیش لفظ

طِطس، فِلیمون اور عِبرانیوں کے نام لکھے گئے خطوط پر ایک ڈوو شنل بائبل سٹڈی پیش خدمت ہے۔ڈوو شنل سٹڈی سے میری مراد یہ ہے کہ خدا کا کلام روزمرہ زندگی میں خداوند کے ساتھ چلنے میں ہماری راہنمائی کرتا ہے۔ اس کتاب کی تصنیف کے پیچھے میرا مقصد اپنا علم اور عالمانہ فہم و فراست بیان کرنا نہیں ہے۔ میرا مقصد تو یہ ہے کہ میری اس قلمی کاوّش سے قارئین بائبل مقدس کی اِن کتب کی بہتر سمجھ بوجھ حاصل کریں اور اِسے اپنی روزمرہّ مسیحی زندگی کا حصہ بنائیں۔

طِطس کے نام خط میں پولس رسول طِطس کو کلیسیائی زندگی کے بارے میں اہم ہدایات لکھ رہاہے جو اس وقت کریتے میں پاسبانی خدمت سرانجام دے رہا تھا۔ وہ اُسے مشورہ دے رہاہے کہ کس طرح وہ کلیسیا میں ایسے بزرگوں کو تعینات کرے جو کلیسیا کے لوگوں کی رہنمائی کرتے ہوئے اُنہیں خدا کے ساتھ اور بھی گہرے اور مضبوط رشتہ میں استوار کر دیں۔ وہ طِطس کو یہ ہدایت بھی دیتا ہے کہ وہ جھوٹے اُستادوں کا ہوشیاری سے مقابلہ کرے۔ پاک اور خالص زندگی بسر کرے، ایسی زندگی جس سے نجات کا پھل نظر آئے۔

فِلیمون کے خط میں، پولس رسول ایک غلام، اُنیسمس کے بارے میں اُس کے مالک فلیمون سے بات کرتا ہے۔ جو اپنے مالک کے گھر سے بھاگ کر چلا گیا تھا اور پھر اُس کی ملاقات پولس رسول سے ہوئی اور اُس نے خداوند یسوع مسیح کو جانتے، پہچانتے اور قبول کرتے ہوئے نجات حاصل کرلی۔ وہ فلیمون سے درخواست کرتا ہے کہ وہ اپنے نکمے خادم، اُنیسمس کو معاف کرکے اُسے ایک موقع ضرور دے۔ یہ کتاب ہمیں معاف کرکے ایک

موقع دینے کی تلقین بھی کرتی ہے۔

عبرانیوں کے نام لکھا گیا خط ان یہودیوں کو لکھا گیا تھا جنہوں نے حال ہی میں نجات پائی تھی اور لازم تھا کہ وہ یہ جانتے کہ مسیح اور اُس کا عہد کس طرح موسوی شریعت سے افضل ہے۔ عہدِ عتیق میں سے مثالیں بیان کرتے ہوئے مصنف واضح کرتا ہے کہ کس طرح مسیح یسوع نے شریعت کے تقاضوں کو پورا کرتے ہوئے ایک بہتر راہ تیار کی ہے۔ عبرانیوں کا خط ، ہماری زندگیوں میں سر اُٹھانے والے حالات کے خلاف ایک بہت بڑا چیلنج ہے۔ عبرانیوں کے خط کا مصنف اپنے قارئین کو اُبھارتا ہے کہ وہ مسیح اور اُس کے صلیب پر مکمل شدہ کام پر غور کریں۔ وہ ہمیں مسیح کے صلیب پر مکمل شدہ کام کی بنا پر خدا کے تخت کے پاس دلیری سے آنے کے لئے کہتا ہے اور ہم پر واضح کرتا ہے کہ مسیح کا صلیب پر مکمل شدہ کام ہماری ہر طرح کی روحانی ضروریات کے لئے کافی ہے۔

میں یہ چاہتا ہوں کہ آپ ہر ایک باب کے مطالعہ سے قبل شروع میں دیا گیا حوالہ ضرور پڑھیں۔ اگر آپ ہر باب کے آغاز میں دیا گیا حوالہ پڑھے بغیر اس باب کا مطالعہ کریں گے تو بہت سی باتوں کو سمجھنے سے قاصر رہیں گے جو میں وضاحت سے پیش کرنے جا رہا ہوں۔ تفسیر کی یہ کتاب بائبل مقدس کا متبادل نہیں ہے۔ یہ کتاب روح القدس کا متبادل بھی نہیں ہے۔ بلکہ زیرِ نظر کتاب تو آپ کی مطالعاتی کاوش میں ایک مدد ہے۔ مجھے یہ اعتماد حاصل ہے کہ روح القدس نے اس کتاب کی تصنیف کے لئے میری مدد اور راہنمائی کی ہے۔ مجھے قوی اُمید اور یقین ہے کہ روح القدس اس کتاب کے مطالعہ اور اس میں پنہاں گہری باتوں کو سمجھنے میں آپ کی بھی مدد اور راہنمائی کرے گا۔ روح القدس سے فہم و ادراک اور بصیرت کے لئے دُعا کریں۔ مجھے بھروسہ ہے کہ روح القدس آپ کو اس کتاب کے وسیلہ سے نئی روشنی اور بصیرت عطا کرے گا۔

کیا آپ اس کتاب کے مطالعہ سے قبل خداوند سے چند ایک باتوں کے لئے دُعا کریں گے ؟

اوّل۔ خداوند آپ کی زندگی کے لئے اس کتاب کو استعمال کرے اور اس کتاب کے مطالعہ کے وسیلہ سے اور بھی زیادہ آپ کو خداوند کے قریب لے کر آئے۔ دُنیا بھر میں تفاسیر کی کتب کی اشاعت و تقسیم کا کام ہو رہا ہے، دُعا کریں کہ روح القدس اس کتاب اور اس سلسلہ کی دیگر تفاسیر پر مبنی کتب کو استعمال کرتے ہوئے اپنے لوگوں کو اور بھی زیادہ اپنی گہری قربت اور رفاقت میں لے کر آئے۔ جب آپ زیرِ نظر کتاب کا مطالعہ شروع کرتے ہیں تو میری نیک تمنائیں اور دُعائیں آپ کے شاملِ حال ہوں۔

دُعاؤں کا طلبگار، مصنف:۔ ایف، وین، میکلائید

طِطُس کا تعارف

مصنف:۔ ططس کے نام لکھے گئے اس خط کا مصنف پولس رسول ہے۔ وہ اس بات کی تصدیق از خود 1:1 میں کرتا ہے۔

پس منظر:۔

ططس غیر قوم سے مسیحی ہوا تھا اور پولس اور برنباس کا ہم خدمت بن گیا۔
(گلتیوں 2:1-3) اُس نے کرنتھس میں خدمت کرتے ہوئے کافی وقت گزارا۔ 2 کرنتھیوں 7 باب 6-15 آیت میں اس نے آکر پولس رسول کو کرنتھس کی کلیسیا کی صورتحال سے آگاہ کیا۔ کرنتھس کی کلیسیا کے نام لکھے گئے خط سے ہم اس بات کو سمجھ سکتے ہیں کہ ططس ایک پُرجوش اور جوشیلا خادم تھا جس نے اپنے طور پر کرنتھس میں خدمت کرنے کا چناؤ کیا۔ (2 کرنتھیوں 8 باب 16 آیت) پولس رسول ططس کی خدمت کے پیچھے کھڑا تھا اور ہر طرح سے اُس کی حوصلہ افزائی کرتا تھا۔ اُس نے کرنتھس کی کلیسیا کو لکھا کہ وہ اِس پیارے خادم کی عزت اور اِس سے اظہار محبت کریں کیونکہ وہ خدا کا خادم بلکہ حقیقی طور پر خادم ہے۔ (2 کرنتھیوں 8 باب 23-24 آیات)
جب پولس رسول نے یہ خط لکھا تو اُس وقت طِطُس کریتے میں تھا جو کہ بحرہ روم میں ایک جزیرہ ہے۔ پولس رسول نے ططس کو یہ کہا تھا کہ وہ کچھ عرصہ کے لئے وہاں ٹھہرے اور بزرگوں کو مقرر کرے۔ اِس کے ساتھ ہی جو کام ادھورہ رہ گیا ہے اُسے بھی مکمل کرے۔
(طِطُس 5:1)

خط کے متن سے معلوم ہوتا ہے کہ کریتے کے ایمانداروں کو مسیحی زندگی گزارنے کے

لئے راہنمائی اور ہدایت کی ضرورت تھی۔ پولس رسول اور اُن کے اپنے ہی شاعروں کے بقول کریتے کے لوگ جھوٹ بولنے میں بڑے مشہور تھے۔ صرف یہی نہیں وہ دیگر بُرائیوں میں بھی اپنا کوئی ثانی نہیں رکھتے تھے اور کھانے پینے کے بڑے دلدادہ تھے۔ (ططس 12:1) طِطُس کی ذمہ داری یہ تھی کہ وہ کریتے کے لوگوں کو مسیحی زندگی گزارنے کے لئے ہدایت اور رہنمائی دے اور اُنہیں بتائے کہ کس طرح اُنہوں نے خدا کے کلام کی سچائی اور روشنی میں آگے بڑھنا اور روزمرہ مسیحی زندگی گزارنی ہے۔

پولس رسول ططس کو بزرگ مقرر کرنے کے لئے ہدایت دیتے ہوئے بیان کرتا ہے کہ جب وہ بزرگوں کو تعینات کرے تو اس بات کا خیال رکھے کہ اُن کا کردار اور چال چلن کیسا ہے۔ پولس رسول اس خط میں بزرگوں اور نگہبانوں کے لئے چند لازمی خصوصیات اور خوبیوں کا ذکر بھی کرتا ہے۔ پولس رسول ططس کو یہ بھی سمجھاتا ہے کہ وہ اپنی کلیسیا کے اراکین سے کیا توقعات رکھے۔ اس خط کا مقصد ططس کی درُست فیصلہ جات کرنے اور قیادت کی ذمہ داریوں کے تعلق سے مدد اور راہنمائی کرنا تھا۔

دَورِ حاضرہ میں کتاب کی اہمیت:۔

ططس کے نام لکھا گیا یہ خط کافی حد تک عملی نوعیت کا ہے۔ کریتے کی کلیسیا بالکل نو عمر تھی اور ضرورت اس بات کی تھی کہ مسیحی زندگی بسر کرنے اور ایمان میں آگے بڑھنے میں اُن کی مدد اور رہنمائی کی جائے۔ پولس رسول ططس کو لکھتا ہے کہ اب کریتے کے لوگ جب مسیح کے پاس آگئے ہیں تو اُن کا روّیہ، طرزِ زندگی اور چال چلن کیسا ہونا چاہئے۔ اس خط کے متن سے ظاہر ہوتا ہے کہ کچھ معیار ہیں جن کی خدا ہر ایک ایماندار سے توقع کرتا ہے کہ اُنہیں اپنی روزمرہ مسیحی زندگی میں برقرار رکھا جائے۔

پولس رسول ططس کی اس اختیار کو استعمال کرنے اور اختیار کے ساتھ کلام اور کام کرنے

کے لئے حوصلہ افزائی کرتا ہے جو خدا کے نمائندہ اور خادم کی حیثیت سے اُسے حاصل ہے۔ ططس کو کریتے کے ایمانداروں کو گرمانے، اُنہیں اِس تاریک دُنیا کے لئے زندہ و جاوید مثال بننے کے لئے اپنی طرف سے ہر ممکن کوشش کرنی تھی۔ ضرورت تھی کہ وہ تعلیمی لحاظ سے اُنہیں مضبوط کرتا اور ایمان میں ثابت قدم اور قائم رہنے کے لئے اُن کی بھرپور حوصلہ افزائی بھی کرتا۔ آج کے اس دَور میں جب ہم دوسروں کی مانند بننے کی آزمائش سے دوچار ہوتے ہیں، تو زیرِ نظر کتاب اس آزمائش سے نبرد آزما ہونے کے لئے ہمیں ایک بہت بڑا چیلنج دیتی ہے۔ خدا اپنے لوگوں سے یہی توقع کرتا ہے کہ وہ اس تاریک اور بدکار دُنیا میں چراغوں کی مانند چمکیں اور اُس کے نمائندگان ہوتے ہوئے دُنیا کے لئے جیتی جاگتی مثال بن جائیں۔

باب 1

ایمان کا خادم

طِطُس 1 باب 1-4 آیت کا مطالعہ کریں

حسبِ معمول پولس رسول اس خط کا آغاز بھی اپنے تعارف ہی سے کرتا ہے۔ پولس رسول کے تعارف سے ہی اکثر ہمیں اس کے دل کی کیفیت اور مقصد کی جھلک نظر آنے لگتی ہے۔ ططس کے نام اس خط میں پولس رسول اپنے قارئین سے اس شرف و استحقاق کی بات کرتا ہے جو اُسے ایمان کا خادم ہونے کی حیثیت سے حاصل ہے۔

پولس رسول اپنا تعارف خدا کے خادم اور سچائی کی معرفت اور خدا کے برگزیدوں کے ایمان کی خاطر مسیح کا رسول ہونے کی حیثیت سے کراتا ہے۔ پولس رسول کی اس بات کو گہرائی، صفائی اور وضاحت سے سمجھنے کے لئے اس کا تجزیہ کرنا ہوگا۔

یہاں پر رسول نے اپنے آپ کو خدا کا خادم کہا ہے۔ یونانی لفظ جو یہاں پر استعمال کیا گیا ہے وہ "ڈولوس" "Doulos" ہے۔ اس سے ہمیں یہ خیال ملتا ہے کہ پولس رسول اپنے آپ کو مسیح کا غلام سمجھتا تھا۔ ایک غلام کی ترجیح اور دلچسپی اپنے مالک کے مفادات اور پسند اور ناپسند کو اپنی ترجیحات پر فوقیت دینا ہوتا ہے۔ بالفاظ دیگر ہم کہہ سکتے ہیں کہ غلام کی زندگی کا مقصد ہی اپنے مالک کی خوشنودی ہوتا ہے۔ پولس رسول اپنا تعارف خدا کا خادم یا مسیح کا غلام کراتے ہوئے بڑی خوشی محسوس کرتا ہے۔ اُس نے اپنے مالک، مسیح یسوع کی خدمت کو ہی اپنی زندگی کی اوّلین ترجیح اور زندگی کی سب سے بڑی خوشی بنالیا تھا۔ اب وہ اپنا نہیں رہا تھا۔ بلکہ اُس نے اپنا سب کچھ اپنے مالک اور خداوند کے سپرد کر دیا تھا۔ اُس نے اپنے سارے

حقوق اور خواہشات اپنے مالک کے قدموں میں رکھ دیں تھیں۔ خداوند کی خدمت اور اُس کی خوشنودی ہی اُس کی زندگی کا مرکز و محور تھی۔ خدا کرے کہ ہم سب بھی مسیح یسوع کو اپنی زندگی میں ایسا ہی مقام دیں۔

پولس رسول نے اپنے قارئین کو بتایا کہ وہ مسیح یسوع کا رسول بھی ہے۔ رسول ہونے کا مطلب یہ ہے کہ خدا نے اسے خاص طور پر اپنا نمائندہ ہونے کے لئے چنا اور مقرر کیا تھا۔ غور کریں کہ رسول ہونے کی حیثیت سے پولس رسول کی زندگی میں دو اہداف (ٹارگٹ) تھے۔

اوّل۔ پولس رسول خدا کے برگزیدوں کے ایمان کی خاطر مسیح یسوع کا رسول تھا۔ برگزیدہ لوگ ہی خدا کے حقیقی فرزند ہوتے ہیں۔ پولس رسول نے دیکھا کہ جو لوگ مسیح یسوع کے ہو چکے ہیں ان کی خدمت کرنا ہی اس کی زندگی کا مقصد ہے۔ بالفاظ دیگر خدا کے فرزندوں کے ایمان کو مضبوط کرنا اُس کی بہت بڑی ذمہ داری تھی۔ وہ خدا کے برگزیدوں کے ایمان کی خاطر رسول تھا۔ اگرچہ ہم مسیح یسوع کے پاس آ چکے ہیں، اسے اپنا نجات دہندہ بھی قبول کر لیا ہے تو بھی ہمیں ایمان میں مضبوط اور قائم ہونے کی ضرورت ہے۔ جب ہماری زندگی مشکل صورتحال سے دوچار ہوتی ہے، آزمائشوں اور بے اعتقادی کی ہواؤں کا سامنا ہونے کی صورت میں ضرورت ہوتی ہے کہ ہماری ہمت بندھائی جائے۔ گمراہی اور تباہی کی راہ پر چل نکلنے کی صورت میں ضرورت ہوتی ہے کہ کوئی پھر سے ہمیں روشنی اور راہِ مستقیم (سیدھی راہ) دکھائے۔

پولس رسول کی یہ ذمہ داری تھی کہ وہ خدا کے لوگوں کو مضبوط کرے اور ایمان میں اُنہیں پختہ کرے۔ پولس رسول نے خطوط لکھنے، تعلیم دینے اور اُن کے لئے دُعا کرتے ہوئے اپنی اس ذمہ داری کو نبھایا۔ رسول اور خادم ہونے کی حیثیت سے پولس کا یہی بوجھ تھا کہ خدا

کے لوگ وہ کچھ بن جائیں جو خدا اُنہیں بنانا چاہتا ہے۔ خدا نے اسے اپنے لوگوں کے ایمان کی مضبوطی اور پختگی کے لئے ہی رسول مقرر کیا تھا۔

دوئم، غور کریں کہ پولس رسول سچائی کی معرفت کی خاطر بھی رسول تھا جو دینداری کی زندگی بسر کرنے میں رہنمائی اور مدد کرتی ہے۔ (1 آیت) خدا نے اپنے کلام کی صداقت کو اس کے سپرد کیا تھا۔ یہی سچائی راستبازی کی زندگی بسر کرنے اور مسیحی جیسا کردار اور روّیہ اپنانے میں معاونت کرتی ہے۔ پولس رسول اس صداقت کو بڑی وفاداری اور ذمہ داری سے دوسروں کے سپرد کرنے کے لئے خدا کے حضور جوابدہ بھی تھا۔ اُس کی ذمہ داری تھی کہ اس سچائی کے بارے میں لوگوں کو تعلیم دے، ان کے درمیان اس کی منادی کرے تاکہ ان کی زندگیاں خدا کے مقصد اور منصوبے سے ہم آہنگ ہو جائیں۔ رسول ہونے کی حیثیت سے اُس کی ذمہ داری تھی کہ وہ اس صداقت کی عمر بھر محافظت بھی کرتا۔ اسے کسی بھی صورت میں اس سچائی پر کسی قسم کی سودے بازی یا سمجھوتہ نہیں کرنا تھا۔ غلط اور جھوٹی تعلیمات کے مقابلہ میں اسے بڑی وفاداری سے اس سچائی کا وفاع کرنا تھا۔ تاکہ خدا کے لوگ سچائی سے واقف ہو کر دینداری اور پاکیزگی کی زندگی بسر کرنا سیکھیں۔ جس سچائی کی پولس رسول نے منادی کی تھی وہ راستبازی کی زندگی بسر کرنے کی طرف رہنمائی کرتی ہے۔ یہ محض حقائق یا تعلیمی باتوں کا ایک سلسلہ ہی نہیں تھا بلکہ یہ سچائی عملی مسیحی زندگی بسر کرنے میں مینارِ نور کی حیثیت رکھتی تھی۔ یہ سچائی زندگیاں بدل دینے والی اور عملی نوعیت کی تھی۔ یہ سچائی اُن لوگوں کے دلوں میں گہرا کام کرتے ہوئے اُنہیں یکسر بدل دیتی ہے جو اُسے دل سے قبول کر لیتے ہیں۔ 2 آیت پر غور کریں کہ پولس رسول کس طرح دینداری کی وضاحت کرتا ہے۔ وہ اپنے قارئین کو بتاتا ہے کہ یہ دینداری ایمان اور معرفت ہے جس کی بنیاد ابدی زندگی کی اُمید پر ہے جس کا وعدہ خدا نے ازل سے

کیا ہے جو کہ جھوٹ نہیں بولتا۔ جس دینداری کی پولس رسول بات کر رہا ہے وہ ایمان و معرفت سے منسلک ہے۔ خداوند یسوع مسیح کے صلیب پر مکمل شدہ کام پر ایمان رکھنے سے ہی ہم خدا کے فرزند بنتے ہیں۔ اور اس کے کلام کی معرفت اور فہم وادراک کے وسیلہ سے ہی ہم اس کے ساتھ اپنے رشتہ میں مضبوط اور ایمان میں پختہ ہوتے ہیں۔

دینداری ابدی زندگی کی اُمید سے بھی منسلک ہے۔ ابدی زندگی کی اُمید ایک ایماندار کی زندگی میں کیا اثر دکھاتی ہے؟ اس سے ایک ایماندار کو بڑے اعتماد کے ساتھ ایذا رسانی، حتیٰ کہ موت کا سامنا کرنے کا حوصلہ اور جرات ملتی ہے۔ کیونکہ ہمیں معلوم ہے کہ ہمارے لئے کیسا اَجر رکھا ہوا ہے۔ ابدی زندگی کی اُمید ہمیں اس علم کی بنیاد پر خداوند کے لئے پاک اور خالص زندگی گزارنے کی تحریک دیتی ہے کہ جب ہم اُس کے تختِ عدالت کے سامنے کھڑے ہوں گے تو ہمیں اُس کے حضور اپنی زندگی کے لئے جوابدہ ہونا پڑے گا۔ ابدی زندگی کی اُمید ہمارے دل میں اُن نعمتوں اور اُس کے ساتھ ابدیت گزارنے کے لئے خوشی اور شکر گزاری پیدا کرتی جو خداوند کی طرف سے ہم پر بڑی خاص مہربانی ہے۔ دینداری ابدی زندگی کے لئے ہماری اُمید سے براہِ راست منسلک ہے۔

دوسری آیت میں پولس رسول ططس کو مزید بتاتا ہے کہ یہ ایمان، معرفت اور ابدی زندگی کی اُمید کا تعلق خدا سے ہے جو جھوٹ نہیں بولتا۔ ایک بات کے لئے ہم پر اُمید اور پُر یقین ہیں کہ ہم جو خداوند یسوع مسیح پر ایمان لائے ہیں اس کے ساتھ ابدیت گزاریں گے۔ ہم ہمیشہ اُس کے ساتھ رہیں گے اور اُس کے ساتھ ابدیت میں چلیں پھریں گے۔ یہ وعدہ اس خدا کی طرف سے ہے جس پر بغیر کسی شک وشبہ بھروسہ اور اعتماد کیا جا سکتا ہے۔

غور کریں کہ اس معرفت، ایمان اور اُمید کا وعدہ ازل سے کیا گیا ہے۔ (2 آیت) تاریخ اس بات کی گواہ ہے کہ خدا نے اپنے لوگوں کو کس طرح اپنے پاس بلایا تا کہ وہ اس مقصد،

منصوبے اور اُمید کے مطابق زندگی بسر کریں جو وہ بنای عالم سے اُن کے لئے رکھتا ہے۔

اگرچہ یہ وعدہ ازل سے ہے لیکن خداوند یسوع کے آنے سے قبل یہ وعدہ ایک بھید ہی تھا اور لوگ اس مقصد اور منصوبے کو واضح طور پر سمجھ نہ پائے۔ یہ بات ان سے پوشیدہ ہی رہی کہ کس طرح خدا اپنے مقصد کو بنی نوع انسان کے لئے پورا کرے گا۔ عہدِ عتیق کے انبیاہ بھی اس وعدے کی تکمیل کو دیکھنے کے منتظر رہے کہ کیسے انسان اور خدا کے درمیان جدائی کی دیوار گر جائے گی۔ 3 آیت میں پولس رسول ططس کو بتاتا ہے کہ مناسب وقت پر خدا نے اس وعدہ پر روشنی ڈالی۔ اس وعدہ کی تکمیل خداوند یسوع مسیح کے وسیلہ سے ہوئی جس نے ہمارے گناہوں کو اپنے اُوپر لے کر صلیب پر اپنی جان قربان کی اور پھر تیسرے روز مُردوں میں سے جی اُٹھا۔ اس خوبصورت اور پُر اُمید پیغام کی منادی کرنے کا شرف اور فضل پولس رسول کو حاصل ہوا۔ اُس نے اپنے قارئین کی توجہ خداوند یسوع مسیح کی طرف کرائی جو اس وعدہ کی تکمیل کی بنیاد ہے۔

خداوند یسوع پولس رسول کی منادی کا مرکز و محور رہا۔ ابدی زندگی کے وعدہ کی تکمیل خداوند یسوع مسیح کے وسیلہ سے ہوئی۔ اب پوری دُنیا کی اُمید کی تسکین خداوند یسوع اور اس کے صلیب پر کئے گئے کام پر منحصر ہے۔ مسیح یسوع کے تعلق سے اسی پیغام کے وسیلہ سے ہی خدا کے برگزیدہ لوگوں کے ایمان کی پختگی ہوتی ہے اور اُنہیں ابدی زندگی کے لئے اُمید اور اعتماد حاصل ہوتا ہے۔

اپنے قارئین کے لئے اپنی بلاہٹ اور خدمت کی نوعیت کو بیان کرنے کے بعد پولس رسول اپنی توجہ ططس کی طرف مرکوز کرتا ہے۔ جو کہ اس کا ہم خدمت ہے۔ وہ اُسے یاد کراتا ہے کہ وہ ایمان کی روح سے اس کا حقیقی فرزند ہے۔ ططس ابدی زندگی کی اُمید اور خدا کے کلام کی معرفت اپنے دل میں لئے اس دُنیا میں زندگی بسر کر رہا تھا۔ پولس رسول ططس کے

نام اپنے خط کا آغاز اس کے لئے خدا کی طرف سے فضل اور اطمینان کی دُعا سے کرتا ہے۔

چند غور طلب باتیں

☆۔ اس حوالہ میں پولس رسول کس طرح اپنی خدمت کو بیان کرتا ہے؟

☆۔ پولس رسول اپنے آپ کو مسیح کا خادم یا غلام سمجھتا تھا۔ اس کا کیا معنی ہے؟ کیا آپ کہہ سکتے ہیں کہ آپ مسیح کے غلام یا اس کے حقیقی خادم / خادمہ ہیں؟

☆۔ اُمید، ایمان اور معرفت کا دینداری سے کیا تعلق ہے؟

☆۔ کس طرح خداوند یسوع خدا کے اس وعدہ کی تکمیل ہے جو خدا نے ازل سے کیا ہے؟

چند اہم دُعائیہ نکات

☆۔ خداوند سے درخواست کریں کہ آپ کو ایسا دل اور فضل عطا کرے کہ بخوشی و رضا پورے طور پر اپنے آپ کو اس کے تابع کر دیں۔ اس سے پوچھیں کہ کون سی چیز ایسی تائب دلی اور گہری رفاقت کے درمیان حائل ہے۔

☆۔ جو کچھ خداوند یسوع نے صلیب پر آپ کے لئے سر انجام دیا ہے، اس کے لئے خداوند کی شکر گزاری کریں۔

☆۔ اس بات کے لئے خداوند کی شکر گزاری کریں کہ وہ اپنے وعدوں میں سچا اور قادر ہے۔

☆۔ خداوند سے ایسی معرفت، اُمید اور ایمان میں زندگی بسر کرنے کی توفیق اور فضل مانگیں جس کے نتیجہ میں دینداری پیدا ہوتی ہے۔

باب 2

بزُرگ

1 باب 5-6 آیت کا مطالعہ کریں

یاد رہے کہ یہ خط پولس رسول نے ططس کو لکھا تھا۔ جو کچھ ططس کو کریتے کے علاقہ میں کرنا درکار تھا، پولس رسول نے خط لکھ کر اُسے اُس کام کے بارے میں ہدایات دیں۔ پولس رسول نے ططس کو اس کام کو مکمل کرنے کے لئے اُبھارا جس کے لئے خدا نے اُسے بلایا تھا۔ کریتے کے علاقہ میں موجود کلیسیا کو منظم اور مضبوط ہونے کی ضرورت تھی۔ پولس رسول نے ططس کے ذمہ یہ کام لگایا تھا۔ اس سے ہمیں نہ صرف طِطس کی مخصوص خدمت کا پتہ چلتا ہے بلکہ اس سے ہمیں اُس دَور کی اس کلیسیا کے تعلق سے پولس رسول کی فکر مندی اور دلچسپی کا بھی اندازہ ہوتا ہے۔

پولس رسول ططس کو یاد دلاتا ہے کہ اُس نے اُسے کریتے میں اس لئے چھوڑا تھا تاکہ وہاں پر جو کام ادھورا رہ گیا ہے اُسے وہ پورا کرے۔ (5 آیت) پولس رسول نے اُسے وہاں پر اس لئے چھوڑا تھا تاکہ ہر ایک قصبے یا علاقہ میں جہاں بھی ایک کلیسیا قائم ہو، وہاں پر وہ بزرگوں کو مقرر کرے۔ پولس رسول کے لئے یہ بات بڑی اہمیت کی حامل تھی کہ کلیسیائی قیادت مضبوط ہو۔ پولس رسول نے ططس کو بزرگوں یا قائدین کی خصوصیات بھی خط میں لکھیں تاکہ ططس بزرگوں کو تلاش اور مقرر کرتے ہوئے ان خصوصیات کو بھی مدِ نظر رکھے۔ اس باب میں ہم یہی دریافت کرنے جا رہے ہیں کہ پولس رسول نے ططس کو بزرگوں کی کون کون سی خصوصیات بتائیں۔

بے الزام

بہت ضروری ہے کہ بزرگ بے الزام ہو۔ لیکن اس کا ہرگز یہ مطلب نہ لیا جائے کہ بزرگ بالکل کامل ہو۔ صرف اور صرف خداوند یسوع نے اس زمین پر کامل زندگی بسر کی۔ بزرگ حضرات کئی بار گناہ کا شکار ہو جاتے ہیں ۔ کئی بار وہ ایسی باتیں کر جاتے ہیں جو مناسب نہیں کہ خدا کے لوگ کریں۔ اُن کے روّیے کلام مقدس کے مطابق بھی نہیں ہوتے اور بعض اوقات ان کا ماضی بھی داغدار ہوتا ہے۔ کیونکہ وہ بھی ہماری طرح کے انسان ہی تو ہوتے ہیں، فرشتے تو نہیں۔ جب پولس رسول نے ططس کو یہ لکھا کہ بزرگ بے الزام ہو تو اس کا مطلب یہ تھا کہ اگر اُن سے گناہ سرزد ہو جائے یا وہ کسی آزمائش میں پڑ جائیں، تو فوراً اس غلطی، خطا یا گناہ کا اقرار کر کے، اُسے ترک کر دیں۔ بزرگ کو ایسا شخص ہونا چاہئے جو خدا کی مرضی اور منصوبے سے ہم آہنگ زندگی بسر کرنے کے لئے سرگرم اور پُرجوش ہو اور اگر کبھی کوئی چیز آڑے آ بھی جائے تو فوری طور پر اس کا ازالہ کرے، اپنے گناہ اور خطا کا اقرار کر کے اُسے ترک کرے تاکہ خدا اور اُس کے درمیان کوئی چیز حائل نہ ہونے پائے۔

ایک بیوی کا شوہر

پولس رسول نے ططس کو بزرگ کی دوسری خوبی یہ لکھی کہ وہ ایک بیوی کا شوہر ہو۔ یاد رہے کہ اُس دَور کی تہذیب و تمدن میں مرد حضرات کی ایک سے زیادہ بیویاں بھی ہوتی تھی۔ پولس رسول ططس کو یاد کراتا ہے کہ ازل سے ہی خدا کا یہ منصوبہ نہیں ہے کہ مرد ایک سے زیادہ بیویاں رکھے۔ خدا کا یہی ارادہ اور منصوبہ تھا کہ مرد ایک ہی بیوی کے ساتھ پیار اور وفا کی زندگی بسر کرے۔ خدا نے آدم کو ایک ہی بیوی دی تھی۔ شروع ہی سے خدا

یہی مقصد اور منصوبہ رکھتا ہے۔

پولس رسول کا یہ بیان یہاں پر کئی ایک سوال کھڑے کرتا ہے۔ کیا ایسا شخص جس کی بیوی رحلت فرما جائے اور وہ دوسری شادی کر لے، تو کیا ایسے شخص کو کلیسیا میں بزرگ مقرر کیا جا سکتا ہے۔ دوسری شادی کرتے ہوئے ایک شخص دوسری عورت کو اپنی بیوی بناتا ہے۔ یہاں پر یہ سمجھنا بہت ضروری ہے کہ جب جیون ساتھی دُنیا سے کوچ کر جاتا ہے تو خواہ وہ عورت ہو یا پھر مرد وہ پاک عقد سے آزاد ہو جاتا ہے۔ دوسرے لفظوں میں میاں بیوی کے درمیان ازدواجی بندھن خود بخود ٹوٹ جاتا ہے۔ خدا کے کلام میں یہ بالکل واضح ہے کہ ایسا شخص جس کا جیون ساتھی جہانِ فانی سے کوچ کر جائے وہ دوسری شادی کر سکتا ہے۔

(1 کرنتھیوں 7 باب 39 آیت)

ایسا شخص دوسری شادی کر لے تو اس میں کوئی جرم یا گناہ نہیں ہے۔ کیونکہ اُس کی پہلی بیوی فوت ہو گئی ہے۔ اور اب دوسری شادی کی صورت میں اُس کے پاس ایک ہی بیوی ہے۔ ایسے شخص کو بزرگ مقرر کیا جا سکتا ہے۔

اگر کوئی مرد اپنی بیوی سے وفادار نہ رہے تو اس کے تعلق سے کیا کیا جائے؟ ایسے شخص نے بے وفائی کر کے ایک اور عورت سے بھی رفاقت شروع کر دی ہے (اگرچہ اُس نے اُس کے ساتھ شادی نہیں کی) پہلے بیان کی گئی صورر تحال سے یہ صورتحال قطعی مختلف ہے۔ اس صورتحال میں مرد اپنی بیوی، کلیسیا اور خدا کے خلاف گناہ کر رہا ہے۔ ایسا شخص بے الزام نہیں ہے اور لازم ہے کہ کلیسیائی قیادت کلام پاک کے نظم وضبط کے مطابق ایسے شخص کے ساتھ برتاؤ کرے۔

خداوند یسوع مسیح نے بھی جنسی گناہوں میں گر جانے والوں کو معاف کیا۔ اور جب خدا معاف کرتا ہے تو پھر اس شخص کی بدکاری اور گناہ کو اس سے کبھی منسوب نہیں کرتا۔

(زبور 103 اور 12 آیت اور عبرانیوں 10 باب 17 آیت) اگرچہ بعض اوقات ہم شفا کے لئے دُعا کرتے ہیں، لیکن اس صورتحال میں خدا کی طرف سے معافی کو مدِ نظر رکھنا بہت ضروری ہے۔

پولس نے خداوند مسیح کے پاس آنے سے قبل خدا کے کام کو بہت نقصان پہنچایا تھا۔ پطرس نے مسیح کا انکار کیا۔ داؤد جیسے ایماندار بندے نے زناہ بھی کیا اور اُس عورت کے شوہر کے قتل کا بھی مرتکب ہوا۔ مذکورہ واقعات میں خداوند نے اپنے لوگوں کو معاف کیا اور اپنے اُن لوگوں کو اپنے کلام اور نام کے پرچار کے لئے استعمال بھی کرتا رہا۔ ہمیں ہمہ وقت ایسی معافی کو مدِ نظر رکھنا ہو گا۔ مسیح کا بدن ہوتے ہوئے ہمارا کردار اور کام یہ ہے کہ گرے ہوئے ایمانداروں کو پھر سے قائم اور مضبوط کر کے انہیں خدمت میں بحال کیا جائے۔ یاد رہے کہ ہمیں کسی بھی بھائی کے تعلق سے کچھ بھی اپنے دل میں رکھنے کی ضرورت نہیں جسے خدا نے معاف کر دیا اور جب خدا معاف کر کے بھول جاتا ہے اور پھر کسی کی خطاؤں کو یاد نہیں کرتا تو ہمیں بھی ایسا ہی روّیہ اپنانا ہو گا۔ (زبور 103)

طلاق یافتہ لوگوں کے تعلق سے کیا کیا جائے؟ خدا کا کلام مخصوص صورتحال میں طلاق کی اجازت دیتا ہے۔ اگر ایک شخص طلاق یافتہ ہے اور اُس نے دوسری بیوی کر لی ہے تو کیا اس صورتحال میں دو بیویوں کا شوہر نہیں ٹھہرا؟ اس صورتحال میں ہمیں سب سے پہلے طلاق کی وجہ معلوم کرنا پڑے گی۔ کیا اس نے اس لئے اپنی بیوی کو طلاق دی ہے کیونکہ اُس کا من اُس سے بھر گیا تھا اور اب وہ مزید اُس کے ساتھ زندگی بسر نہیں کرنا چاہتا؟ کیا اُس نے اِس لئے اپنی بیوی کو طلاق دی ہے کیونکہ اُسے اس سے بہتر عورت مل گئی ہے؟ کسی بھی شخص کی خاندانی زندگی کی کھوج لگاتے ہوئے ہم کسی شخص کے تعلق سے یہ دریافت کر سکتے ہیں کہ وہ کیسا شخص ہے؟ کسی بھی شخص کا اپنے خاندان سے برتاؤ اور روّیہ اس بات کو بالکل

واضح کر دے گا کہ وہ شخص خدا کی کلیسیا کے تعلق سے کیسا روّیہ اور برتاؤ اختیار کرے گا۔ ایسے شخص کو بزرگ مقرر کیا جانا چاہئے جو مشکل حالات اور واقعات میں بھی ثابت قدم اور قائم رہے۔ تاہم لازم ہے کہ ہم اس کے ماضی کی صورتحال اور معافی اور بحالی کے تعلق سے جو کچھ بالائی سطور میں بیان کیا گیا ہے اسے بھی مدِ نظر رکھیں۔لوگ تبدیل ہو سکتے ہیں۔ خدا معاف کر کے بحال کرتا ہے۔اب قابلِ غور بات یہ ہے کہ آیا بزرگ نے اپنے گناہ کا اقرار کر کے اُسے ترک کر دیا ہے یا نہیں۔ کیا وہ اب ایک ہی بیوی کے ساتھ زندگی بسر کر رہا ہے اور اس بات کے لئے تیار اور رضامند ہے کہ وہ ایک ہی بیوی کے ساتھ زندگی بسرے کرے گا۔ لوگوں کو اُن کے ماضی کے گناہ یاد دلانے یا پھر اُن کے تعلق سے اُنہیں یاد دلانے اور ذمہ دار ٹھہرانے کے تعلق سے بہت محتاط ہونے کی ضرورت ہے، جب خدا کسی کو معاف کر دے اور اسے فتح مند زندگی اور پھل دار خدمت سے نواز دے تو پھر ہم کون ہیں جو اُنہیں کسی بھی گناہ اور قصور کا ذمہ دار ٹھہرائیں؟

بچے ایماندار اور باادب ہوں

تیسری قابلِ غور بات، 6 آیت میں دیکھنے کو ملتی ہے کہ ایک بزرگ کو نہ صرف اپنی اہلیہ محترمہ کے ساتھ ایک اچھے اور باوفا رشتے میں منسلک ہونا چاہئے بلکہ اس کا اپنے بچوں کے ساتھ رشتہ بھی مناسب، واجب اور مثالی ہونا چاہئے۔ پولس رسول طِطُس کو بتاتا ہے کہ ایک بزرگ کے بچے ایماندار اور کسی بھی الزام سے پاک ہوں۔ تاکہ مخالفین کو اُن پر یا ان کے باپ کی خدمت پر انگلی اٹھانے کا موقع نہ ملے۔ یعنی ایک بزرگ کی اولاد کو سرکش اور نافرمان نہیں ہونا چاہئے۔ آئیں اس اہم نکتہ کو تفصیل سے دیکھیں۔

ایک بزرگ کے بچوں کو ایماندار ہونا چاہئے۔ پولس رسول کے اس بیان پر بحث پائی جاتی ہے۔ پوری دُنیا میں آپ کو ایسے بزرگ ملیں گے جن کے بچے ابھی تک خداوند یسوع پر

ایمان نہیں لائے۔ وہ خدا سے دُور بے ایمانی اور سرکشی کی زندگی بسر کر رہے ہیں۔ کیا پولس رسول کے کہنے کا یہ مقصد ہے کہ کوئی بھی ایسا شخص جس کے بچے دینداری کی زندگی بسر نہ کر رہے ہوں تو وہ شخص کلیسیا میں بزرگ کے طور پر اپنی خدمت سر انجام نہیں دے سکتا؟ اگر کسی بزرگ کے بچے ابھی نوعمر ہیں تو پھر ہمیں انتظار کرنا پڑے گا کہ کب وہ جوان ہوں، خداوند یسوع مسیح کو جانیں اور اس کے صلیبی کام پر ایمان لا کر ایماندار بنیں اور پھر کسی شخص کو بزرگ کی خدمت کے لئے مقرر کرنے کے تعلق سے غور و فکر کیا جائے۔ اس صورت میں تو کسی بھی شخص کی خدمت کا دارومدار اُس کی اولاد کے روّیوں اور چال چلن پر ہی موقوف ہو کر رہ جائے گا۔

"ایمان لانا" کا ترجمہ وفادار اور قابلِ اعتماد ہونا بھی کیا جا سکتا ہے۔ بائبل مقدس کے کچھ تراجم میں ایماندار کی جگہ پر وفادار اور قابل بھروسہ بھی لکھا گیا ہے۔ یہاں سے ہمیں یہ خیال ملتا ہے کہ بزرگ نے اپنے بچوں کی دینداری کی رہ پر چلنے کے لئے تعلیم و تربیت کرنے میں کوئی کسر باقی نہ چھوڑی ہو۔ جب پولس رسول یہ کہتا ہے کہ بزرگ کے بچے سرکش اور نافرمان نہ ہوں تو وہ اسی بات کو واضح کر رہا ہے۔ اگر بزرگ کے بچے ابھی تک اُس کے زیر تربیت ہو اور وہ اُن کے روّیوں اور چال چلن سے بے خبر اور لاپرواہ ہو تو اندازہ کریں کہ وہ بزرگ کلیسیا میں کیسی خدمت سر انجام دے پائے گا۔

اس حوالہ میں قابلِ غور اور سمجھنے والی بات یہ ہے کہ ایک بزرگ کی یہ بھرپور کوشش ہونی چاہئے کہ وہ اپنی اولاد کی تربیت خدا کی راہوں پر کرے۔ اس میں وہ اپنی اولاد کو خدا کے ساتھ چلنے کے لئے اُن کی شخصی زندگی کے کسی فیصلے کا پابند نہیں ہے۔ عہدِ عتیق میں ہمیں بہت سے ایسے خادمین اور سُورماؤں کی مثالیں دیکھنے کو ملتی ہیں جن کے بچے خدا کی راہوں پر نہ چلے۔ داؤد کی اولاد بھی خدا کی راہوں سے بھٹک گئی۔ ابرہام، اضحاق اور ایوب کے بچے

بھی خدا کی راہوں پر چلنے میں ناکام رہے۔ خدا نے اُن کی اولاد کے روّیوں اور چال چلن کی وجہ سے اُنہیں رد نہ کیا۔ تاہم خدا کی اپنے لوگوں سے ہمیشہ یہ توقع رہی ہے کہ وہ اُس کے لوگ اپنی اولاد کی تعلیم و تربیت خدا کی راہوں پر چلنے کے لئے کریں۔

ایک بزرگ کو دوسروں کے لئے نمونہ اور خدا کی راہوں پر چلنے میں مستعد اور اور وفادار اور بے الزام ہونا چاہئے۔ لیکن اس کا ہرگز یہ مطلب نہیں کہ اسے بالکل کامل ہونا چاہئے۔ اسے وفاداری سے خدا کی راہوں پر چلنا چاہئے۔ اور گناہ اور غلطی سرزد ہو جانے کی صورت میں بلا تاخیر اپنے گناہ کا اقرار کر کے اسے ترک کر دینا چاہئے۔ تاکہ وہ پھر سے بحال ہو جائے اور خدا اور اس کی خدمت کے لئے اُس کی زندگی میں کوئی رکاوٹ باقی نہ رہے۔ ایک روحانی قائد ہوتے ہوئے اسے اپنے گھرانے کے تعلق سے بھی اپنی ذمہ داریوں کو خاطر خواہ طریقہ سے نبھانا چاہئے۔ یعنی اپنے جیون ساتھی کے ساتھ وفادار، پُر محبت اور دیانتداری سے زندگی بسر کرے اور اپنے بچوں کی روحانی تعلیم و تربیت میں کوئی کسر باقی نہ چھوڑے۔

چند غور طلب باتیں

☆۔ بے الزام ہونے کا کیا معنی ہے؟ کیا آپ کی زندگی بے الزام ہے؟

☆۔ یہ حوالہ ایک روحانی قائد کے گھرانے کی اہمیت کے تعلق سے ہمیں کیا سکھاتا ہے؟ یہ کس قدر آسان ہے کہ دوسروں کے درمیان خدمت کا بے حد بوجھ اور جذبہ ایک قائد کو اس آزمائش اور مشکل میں ڈال دے کہ وہ اپنے گھرانے کو نظر انداز کر دے۔

☆۔ چند لمحات کے لئے اپنی اہلیہ محترمہ اور اپنے بچوں کے ساتھ اپنے تعلق، روّیے اور رشتے کا جائزہ لیں۔ کیا آپ اپنے گھرانے میں ایسے روحانی قائد اور رہنما ہیں جیسا کہ آپ کو ہونا چاہئے؟

چند اہم دُعائیہ نکات

☆۔ خداوند کے حضور دُعا کریں اور اس سے پوچھیں کہ آیا آپ کی زندگی میں کچھ ایسے حصے ہیں جہاں پر آپ کو خدا کے ساتھ اپنا تعلق اور رشتہ درست کرنے کی ضرورت ہے۔

☆۔ چند لمحات کے لئے اپنی اہلیہ محترمہ اور بچوں کے لئے دُعا کریں۔ خداوند سے درخواست کریں کہ وہ اُنہیں اپنی قربت اور تابعداری میں زندگی بسر کرنے کی توفیق اور فضل عطا فرمائے۔

☆۔ اپنی کلیسیا کے بزرگوں، اُن کی بیویوں اور بچوں کے لئے بھی برکت اور سلامتی کی دُعا کریں۔

☆۔ خداوند سے دُعا کریں کہ وہ آپ کو حقیقی طور پر ایک روحانی قائد بننے کے قابل بنائے۔ خدا نے سب سے پہلے آپ کو اپنے گھرانے اور پھر اپنی کلیسیا میں خدمت کے لئے بلایا ہے۔

باب 3

نگہبان

ططس 1 باب 7-9 آیت کا مطالعہ کریں

اس خط میں پولس رسول کریتے کی کلیسیاؤں میں تعلیم دینے اور بزرگوں کو مقرر کرنے کے بارے میں ططس کی ذمہ داری پر بات کر رہا ہے۔ پچھلے باب میں ہم نے دیکھا کہ پولس رسول نے ططس کو بزرگوں میں چند اہم خصوصیات کے بارے میں آگاہ کیا۔ 7-9 آیات میں پولس رسول نگہبان میں موجود اہم خوبیوں اور خصوصیات پر بات کر رہا ہے۔

اس دَور میں نگہبان ایک بشپ یا پاسبان ہوتا تھا۔ وہ کسی ایک کلیسیا یا بہت سی کلیسیاؤں کے گروپ کا بشپ یا پاسبان ہو سکتا تھا۔ ایک نگہبان کو کس طرح کے کردار کا مالک ہونا چاہئے۔ آئیں اس اہم نکتہ پر غور کرتے ہیں۔

پولس رسول کے مطابق ایک نگہبان کے ذمہ خدا کی طرف سے ایک اہم کام ہوتا تھا۔ خدا کی طرف سے کسی ذمہ داری کا ملنا اس بات کی نشاندہی کرتا ہے کہ نگہبان کا عہدہ کوئی ایسا رُتبہ اور مقام نہیں جو کوئی بھی شخص اپنے طور پر لے لے۔ بلکہ یہ ایک ذمہ داری ہے جو خدا کی طرف سے ملتی ہے۔ نگہبان کا چناؤ خدا کی طرف سے ہوتا تھا تاکہ وہ خدا کی بادشاہی میں اپنا کردار ادا کرے۔ یہ خدا کی طرف سے ایک خاص بلاہٹ ہوتی تھی۔ بہت سے لوگ دورِ حاضرہ میں نگہبان یا پاسبان کا عہدہ چاہتے ہیں لیکن در حقیقت اُن میں سے بہت سے ایسے ہیں جنہیں خدا نے اس خدمت کے لئے نہیں بلایا۔

بے الزام

چونکہ نگہبان کو خدا کی طرف سے یہ ذمہ داری ملتی ہے، اس لئے لازم ہے کہ وہ مثالی کردار کا مالک ہو۔ بزرگ کی طرح نگہبان کو بھی بے الزام ہونا چاہئے۔ ہم پچھلے باب میں اس بات کو دیکھ چکے ہیں کہ اس کا ہرگز یہ مطلب نہیں کہ نگہبان سے کوئی غلطی یا خطا سرزد نہ ہوئی ہو۔ اس زمین پر اگر کسی ہستی نے گناہ سے مبرّہ زندگی بسر کی ہے تو وہ خداوند یسوع مسیح کی ذات ہے۔ تاہم نگہبان کی زندگی میں کوئی دانستہ گناہ نہیں ہونا چاہئے۔ یعنی اگر وہ کسی گناہ کو جانتے ہوئے اُسے اپنی زندگی میں رکھتا ہے تو یہ انتہائی غلط اور خطرناک بات ہے۔ اس کا کردار تو ایسا ہونا چاہئے کہ دوسرے اُس کے کردار کی تلقید کریں اور اُس کے نقشِ قدم پر چلنے کی کوشش کریں۔ اگر کبھی وہ کسی گناہ میں گر بھی جائے تو اُسے بلا تاخیر اپنے گناہ کا اقرار کرکے اسے ترک کر دینا چاہئے۔ کیونکہ اُسے خداوند کے لئے پاک برتن بنے رہنا ہے جس کے وسیلہ سے خدا کی قدرت اور محبت بہہ کر دوسروں تک پہنچے۔

خود رای نہ ہو

پولس رسول مزید بیان کرتا ہے کہ ایک نگہبان کو خود رای نہیں ہونا چاہئے۔ انگریزی زبان کے لفظ اور بئیرنگ کو یونانی زبان میں دیکھا جائے تو اس کا معنی ہے کہ وہ اپنی مرضی کا مالک نہ ہو۔ خود سر راہنما کو معلوم ہوتا ہے کہ وہ کیا چاہتا ہے (Overbearing)

اور وہ اپنے مقاصد کے لئے لوگوں کو استعمال کرتا ہے۔ بعض اوقات وہ درپیش آنے والی مشکلات کو نظر انداز بھی کر دیتا ہے، حالانکہ چاہئے تو یہ کہ وہ دوسروں کی بہتری اور بھلائی کے لئے ان مشکلات کا ازالہ کرے، لیکن اسے تو اپنے مفادات سے غرض ہوتی ہے، اُسے دوسروں کی مشکلات سے کیا لینا دینا۔ ایسا روّیہ اپنانے سے وہ اُن لوگوں کی بے قدری کرتا

ہے جن کے لئے وہ ذمہ دار ہوتا ہے۔ وہ لوگوں کو اپنے مفادات کے لئے استعمال کرتا ہے اور ضرورت پڑے تو اُن پر بے جا دباؤ بھی ڈالتا ہے۔ پولس رسول ططس کو یاد کراتا ہے کہ نگہبان کا روّیہ اپنے لوگوں کے ساتھ منصفانہ اور شائستہ ہونا چاہیئے۔

کتنی ہی بار ہم خدمت کے دوران روح القدس کا مقام اور اختیار اپنانا چاہتے ہیں۔ لوگوں کو اُن کے گناہ کے تعلق سے قائل کرنا اور ان کی زندگیوں کو تبدیل کرنا ہمارا کام نہیں ہے۔ یہ تو روح القدس کا کام ہے۔ ایک نگہبان کو صبر و تحمل اور شائستہ روّیے کا مالک ہونا چاہیئے۔ اسے چاہیئے کہ اپنی خدمت کے دوران روح القدس کو موقع دے کہ وہ لوگوں کی زندگیوں میں کام کرے اور اُن کو تبدیل کرے۔ اسے چاہیئے کہ وہ لوگوں کے ساتھ شائستہ روّیہ اپناتے ہوئے اُن سے پُر محبت برتاؤ اور سلوک کرے اور روح القدس کو زندگیوں میں کام کرنے کا موقع دے۔ ایسا کرنا ہمیشہ آسان نہیں ہو گا۔ ہمیں خدا کی مہربانی اور شفقت کو یاد کرنا ہو گا جو اُس نے ہم پر اُس وقت ظاہر کی جب ہم گناہ کی تاریکی میں ڈوبے ہوئے تھے۔ یاد رہے کہ نگہبان جن لوگوں کے درمیان خدمت کرتا ہے وہ ہمیشہ کامل لوگ نہیں ہوتے۔ وہ ناکامی سے دوچار ہوتے ہیں اور خدا نے کلام مقدس کا جو معیار ہمارے سامنے رکھا ہے نہ صرف وہ بلکہ ہم سب بھی کئی بار اُس پر پورے نہیں اُترتے۔ نگہبان کہ ذمہ داری ہے کہ پُر محبت روّیہ اپناتے ہوئے لوگوں سے پیش آئے۔

غصہ وَر نہ ہو

ایک نگہبان کو جلد غصے اور خفگی کی حالت میں نہیں آنا چاہیئے۔ (7 آیت) یعنی اُسے اپنے جذبات اور زبان پر قابو رکھنے والا شخص ہونا چاہیئے۔ ہر وقت، سبھی کچھ نگہبان کی مرضی اور منشا کے مطابق تو نہیں ہو گا۔ لوگ اُسے مایوس کریں گے، بعض اوقات جو کچھ وہ کہے گا لوگ اس کی بات کو بھی رد کر دیں گے۔ ایسی صورتحال میں نگہبان کو غصہ آسکتا ہے لیکن

اسے یاد رکھنا ہو گا کہ غصہ خدا کے مقصد اور ارادے کی تکمیل نہیں کرتا۔ سچ بات تو یہ ہے کہ بعض اوقات غصہ واجب اور مناسب بھی ہوتا ہے۔ تاہم پولس رسول ططس کو یاد کراتا ہے کہ ایک نگہبان کو جلد غصے میں نہیں آنا چاہیئے بلکہ صبر و تحمل سے کام لینا چاہیئے۔ ایک بار پھر سے ہم یہاں پر صبر و تحمل کی اہمیت کو دیکھتے ہیں۔ ایسا شخص جو اپنے مفادات کی غرض سے لوگوں پر دباؤ ڈالتا اور اُنہیں اپنے مقاصد کے لئے استعمال کرتا ہے، اس قسم کا خادم اور نگہبان نہیں ہو سکتا جس کی تلاش میں خداوند ہے۔ نگہبان کو تحمل مزاج اور اپنے جذبات پر قابو رکھنے والا شخص ہونا چاہیئے۔

نشہ میں غل مچانے والا نہ ہو

ایک نگہبان نشہ میں غل مچانے والا نہ ہو۔ ایسا نہ ہو کہ وہ پی کر سب کچھ بھول جائے اور اُس خدمت کے کام میں رکاوٹ بن جائے جس کے لئے خدا نے اسے بلایا ہے۔ ایک نگہبان کو اپنے جذبات اور خواہشات پر کنٹرول رکھنے والا شخص ہونا چاہیئے۔ بصورت دیگر وہ نگہبان کی خدمت کے لئے نااہل قرار دیا جائے۔ ایک نگہبان کو شراب و شباب کے نہیں بلکہ روح القدس کے اختیار اور قبضہ میں ہونا چاہیئے۔ (افسیوں 5 باب 18 آیت)

مار پیٹ کرنے والا نہ ہو۔

اگر ایک شخص نگہبان کے طور پر خدمت سر انجام دے رہا ہو تو اُسے مار پیٹ کرنے والا شخص نہیں ہونا چاہیئے۔ خدا کی بادشاہی میں وُسعت پر تشدد روّیہ اور مار پیٹ سے نہیں ہوتی۔ بلکہ یہ تو روح القدس کی خدمت سے وُسعت پاتی اور پھیلتی چلی جاتی ہے۔ مار پیٹ اور پُر تشدد روّیہ اختیار کرنے والا شخص یہی سمجھتا ہے کہ وہ اپنی طاقت اور عقل سے خدا کے کام کو آگے بڑھا سکتا اور اس میں وُسعت پیدا کر سکتا ہے۔ ایسا روّیہ تو جسم کی پیداوار

ہے۔ انتہائی نظم و ضبط اور اصول و ضوابط قائم کرنے کی دوڑ میں ایسا پر تشدد روّیہ جنم لیتا ہے۔ دوسروں پر دباؤ اور سختی کی صورت میں ایسا روّیہ منظر عام پر آتا ہے۔ پُر تشدد روّیہ رکھنے والے لوگ خدا کی بادشاہی کی وُسعت اور پھیلاؤ کے لئے اپنی جسمانی طاقت کو استعمال کرتے ہیں۔ ایسا روّیہ رکھنے والے اپنے اصول و ضوابط اور نظم و ضبط کو قائم کرنے کی دوڑ میں محبت، ترس اور شفقت اور رحم جیسے ضروری عناصر کو نظر انداز کر دیتے ہیں۔ ایسے لوگ جسم میں خدمت کرتے ہیں نہ کہ روح میں اور روح کے وسیلہ سے۔ نگہبان کو لازمی طور پر لوگوں سے محبت کرنے والا اور اُن کے لئے نرم گوشہ رکھنے والا شخص ہونا چاہئے۔ اسے لوگوں کو خدا کی بادشاہی کی راہوں پر چلنے کے لئے تبدیل کرنے کے لئے اسے ہر گز جسمانی عقل اور طاقت کو استعمال نہیں کرنا چاہئے۔ بلکہ اسے صبر و تحمل، شائستہ اور خدا کے پاک روح پر بھروسہ اور اعتماد کرنے والا خادم ہونا چاہئے۔ لازم ہے کہ وہ اپنی جسمانی کاوّشوں کو بالائے طاق رکھتے ہوئے خدا کے پاک روح کو اپنی خدمت میں کام کرنے کا موقع دے۔

ناجائز نفع کا لالچی نہ ہو

نگہبان کے لئے یہ بھی ضروری ہے کہ وہ روپے پیسے کا دلدادہ نہ ہو اور نہ ہی وہ ناجائز نفع کا لالچی ہو۔ نگہبان کے لئے یہ بھی ضروری ہے کہ وہ لوگوں کے ساتھ لین دین میں دیانتدار اور امانتدار رہو۔ ایسا نہ ہو کہ وہ لوگوں کو مشکل میں ڈال کر اور اُن کی جیبیں کاٹ کر خود اَمیر اور دولتمند ہونے کی دَوڑ میں مصروفِ عمل ہو۔ روپیہ پیسہ اور جائیداد ر املاک اُس کی زندگی کا مرکز و محور نہ ہو۔ بلکہ جو کچھ اُس کے پاس ہو اسے بھی وہ خدا کی بادشاہی کے لئے وقف اور صرف کر دینے کے لئے تیار اور رضا مند ہو۔ بے لوث اور بے غرض خدمت کرنے والا ہو اور جو کچھ اس کے پاس ہو اُسے بھی وہ خدمت کے مقصد کے پیش نظر قربان

کر دینے کے لئے تیار رہے۔

مہمان نواز ہو

اپنے فائدے کے لئے ہیرا پھیری کرنے کی بجائے اُسے مہمان نواز اور دل نواز ہونا چاہئے۔(8 آیت) کہنے کا یہ مطلب ہے کہ جو وسائل خدا نے اُسے دئے ہیں اُسے وہ خدا کی بادشاہی کے لئے خوشی سے وقف اور صرف کر دے۔ کیا اپنے کیا بیگانے، سبھی کے لئے اُن کا دل کھلا ہو۔ دوسروں کا خیال رکھنے والا، اپنے وسائل دوسروں کے ساتھ شئیر کرنے والا ہو۔ دوسروں کی خدمت اور بہتری اور بھلائی کے لئے جو کچھ بھی کر سکتا ہو کرے اور کسی چیز سے دریغ نہ کرے۔

خیر دوست ہو

نگہبان کو نیکی کا طالب ہونا چاہئے۔ اس دُنیا میں بہت سی بُری چیزیں بھی پائی جاتی ہیں۔ لیکن نگہبان کو کسی بھی ایسی چیز میں اپنا دل اور دھیان لگانے سے پرہیز کرنا چاہئے۔ ایسی چیزوں میں ملوث ہونا تو درکنار اُسے ایسی باتیں اور چیزیں دیکھنے اور سننے سے بھی گریز اور پرہیز کرنا چاہئے۔ اُس کا دھیان اچھی چیزوں پر لگا ہونا چاہئے۔ اُس کا دل ان چیزوں میں خوشی محسوس کرے جو خدا پسند کرتا ہے۔ لازم ہے کہ وہ ان چیزوں اور باتوں کو رد کر دے جو خدا کے کلام سے تضاد رکھتی ہیں۔ دل کی گہرائیوں سے ایک نگہبان کا دل اُن چیزوں میں لگا ہونا چاہئے جو خدا کے نزدیک واجب اور مناسب ہیں۔ اُس کی زندگی میں کوئی دکھاوا اور ریاکاری نہیں ہونی چاہئے۔

مُتقی ہو (پرہیزگار)

8 آیت میں پولس رسول ططس کو بتاتا ہے کہ نگہبان کے لئے یہ بھی لازم ہے کہ وہ پرہیز

گار ہو۔ یاد رہے کہ پرہیز گاری روح القدس کا پھل ہے۔ یہ خدا کی طرف سے جسم اور اُس کی خواہشوں پر غالب آنے کی ایک خاص توفیق ہوتی ہے۔ جسم تو بُری چیزوں کا ہی دلدادہ ہوتا ہے۔ یہ گناہ کا بھوکا اور پیاسا ہوتا ہے۔ اکثر گناہ کی رغبتیں اور خواہشیں بڑا زور مارتی ہیں۔ ہم جسم کی رغبتوں اور خواہشوں کے زیرِ اثر آسکتے ہیں۔ خدا کا پاک روح ہمیں پرہیز گاری کی قوت اور توفیق دینا چاہتا ہے۔ وہ ہمیں جسم کی خواہشوں پر غالب آنے کی قوت اور توفیق دے گا۔ ایک نگہبان کا دل ہمیشہ اس بات کے لئے کشادہ اور تیار ہونا چاہئے کہ پاک روح اس کی زندگی میں کام کرتے ہوئے اسے جسم اور اُس کی خواہشوں کا مقابلہ کرنے کی توفیق عطا کرے۔ تاکہ وہ فتح مند مسیحی زندگی بسر کر سکے۔

راستباز اور پاک ہو

ایک نگہبان کے لئے یہ بھی ضروری ہے کہ وہ پاک اور راستباز ہو۔ راستباز سے مراد ایسا شخص ہوتا ہے جس کا خدا کے ساتھ تعلق اور رشتہ بالکل درست ہوتا ہے۔ نگہبان کے لئے یہ بھی ضروری ہے کہ وہ پاک ہو۔ پاک ہونے کا مطلب ہے کہ وہ گناہ آلودہ زندگی بسر نہ کرتا ہو۔ بلکہ خدا اور اس کے مقصد کے لئے اس نے اپنے آپ کو پاک اور مخصوص کر رکھا ہو۔ راستباز لوگ اپنے کردار و گفتار، چال چلن، دلی محرکات اور خیالات اور حتیٰ کہ تصورات میں بھی پاک اور گناہ سے مبرہ ہوتے ہیں۔ پاکیزگی خدا کی طرف سے عطا ہونے والی ایک نعمت ہے۔ اس نئی اور پاک فطرت کا منبع روح القدس ہی ہے۔ ایک نگہبان خود کو پاک روح کے اُس کام کے تابع کر دیتا ہے جو روح القدس اُس کی زندگی میں کر رہا ہوتا ہے۔ ایسا شخص روز بروز اور درجہ بدرجہ خداوند یسوع مسیح کی مانند بنتا چلا جاتا ہے۔

ضبط کرنے والا ہو

نظم و ضبط بھی نگہبان کا ایک خاصہ ہے۔ نظم و ضبط سے مراد اپنے جسم اور اُس کی خواہشوں اور اپنے اعمال و افعال پر غلبہ اور اختیار رکھنا ہے۔ ایک منظم شخص اپنے اعمال و افعال، جذبات اور احساسات کو اپنے قابو میں رکھتا ہے تا کہ وہی کرے جو واجب اور مناسب ہے۔ ایسا شخص کبھی بھی اپنی ذمہ داریوں کے تعلق سے کوتاہ نظر نہیں ہوتا اور نہ ہی کسی طرح سے سُستی اور کاہلی کا مظاہرہ کرتا ہے۔ اس نے اپنے آپ کو خدا کی بادشاہی کے لئے وقف کر رکھا ہوتا ہے، یہی وجہ ہے کہ وہ سخت محنت کرنے یا خدا کی بادشاہی کی وسعت کے لئے دُکھ اور نقصان اٹھانے سے کبھی پیچھے نہیں ہٹتا۔

اپنے گھرانے کو سچائی پر قائم رکھے

آخر پر 9ویں آیت کے مطابق وہ اپنے گھرانے کو سچائی پر قائم رکھے۔ جیسا کہ سکھایا گیا ہے۔ ایک نگہبان خدا کے کلام کی سچائی سے واقف ہوتا ہے اور ہر طرح کی صورتحال میں سچائی سے لپٹا رہتا ہے۔ دُشمن سچائی کو چھپانے اور بگاڑنے کے لئے سر توڑ کوشش کرتا ہے۔ ایسے وقت اور حالات و واقعات بھی رونما ہوتے ہیں جب خدا کے کلام کی منادی اور تعلیم دینے کا سلسلہ بڑا ہی کٹھن اور مشکل بن جاتا ہے۔ کیونکہ ہر کسی کو خدا کے کلام کی باتیں سننا اچھا نہیں لگتا۔ بعض اوقات کلام کی منادی کی صورت میں سخت اور ناگوار حالات اور صورتحال کا سامنا کرنا پڑتا ہے۔ بعض اوقات تو انتہائی دُکھ سے بھی گزرنا پڑتا ہے۔ کیونکہ سچائی کی منادی کرنے والوں کا مضحکہ اُڑایا جاتا ہے، اُنہیں لوگوں کی طرف سے طنز و تضحیک کا سامنا بھی کرنا پڑتا ہے۔ خواہ کچھ بھی ہو نگہبان سچائی کا دامن ہاتھ سے نہیں چھوڑتا اور کسی بھی قیمت پر خدا کے کلام کی سچائی پر سمجھوتہ نہیں کرتا۔

ایک نگہبان کا کام اور ذمہ داری یہ ہوتی ہے کہ وہ مسیح کے بدن کی ترقی، مضبوطی اور حوصلہ افزائی کے لئے خدا کے کلام کی سچائیوں کی تعلیم دے۔ کلام مقدس کی سچائیوں سے بھٹک جانے یا اُن کی مخالفت کرنے والوں کی درستگی اور اصلاح بھی ایک نگہبان کی ذمہ داری ہوتی ہے جسے وہ خوش اسلوبی اور خندہ پیشانی سے نبھاتا ہے۔ نگہبان کے لئے لازم ہے کہ وہ خدا کے کلام کی منادی کرے، اُس کی تعلیم دے، اُس کا دفاع کرے اور اپنی عملی زندگی اس کے مطابق گزارے۔

نگہبان کے کام اور ذمہ داری کو معمولی نہ سمجھا جائے۔ ایک نگہبان کو پاکیزگی اور دینداری میں دوسروں کے لئے نمونہ ہونا چاہئے۔ لازم ہے کہ وہ لوگوں سے پیار کرنے والا ہو اور دوسروں کی ضروریات اور مشکلات میں اُس کا دل عملی قدم اُٹھانے کے لئے متحرک ہو جائے۔ وہ زبانی کلامی اظہارِ ہمدردی کرنے والا نہ ہو۔ لازم ہے کہ وہ روح القدس کی قوت، زور اور مسیح میں خدمت کرنے والا ہو اور خدا کے کلام کی سچائیوں سے کسی بھی قیمت پر الگ ہونے والا نہ ہو۔ لازم ہے کہ وہ دوسروں کی راہنمائی حق اور سچ کی طرف کرے۔ اپنے طرزِ زندگی، چال چلن اور روّیوں سے خدا کے کلام کا پرچار کرنے والا ہو۔

چند غور طلب باتیں

☆۔ خدا نے ہمیں اپنی بادشاہی کے چند ایک پہلوؤں کی دیکھ بھال کرنے کے لئے بلایا ہے۔ اس تعلق سے خدا نے آپ کو کون سی ذمہ داری سونپ رکھی ہے؟

☆۔ ایک نگہبان کے لئے ضروری ہے کہ وہ صبر و تحمل کا مظاہرہ کرنے والا اور شائستہ روّیہ رکھنے والا شخص ہو۔ اس سے ہمیں لوگوں کے تعلق سے خدا کی کیسی فکر مندی اور توجہ

دیکھنے کو ملتی ہے؟

☆۔ کیا آپ نے کبھی لوگوں کو قائل کرنے، اُنہیں اپنی طرف متوجہ کرنے کی کوشش میں روح القدس کا کردار نبھاتے ہوئے دیکھا ہے؟ ایسا روّیہ کیوں کر غلط ہے؟

☆۔ اس حوالہ میں ایک نگہبان کی بیان کردہ خوبیوں اور خصوصیات کی روشنی میں اپنی زندگی کو دیکھیں۔ کیا آپ اپنی زندگی میں عملی طور پر ایسے کردار اور خصوصیات کا عملی مظاہرہ کرتے ہیں؟ ایسے چند ایک علاقہ جات کون سے ہیں؟

☆۔ کلام مقدس کی منادی کے دفاع میں ایک نگہبان کا کیا کردار ہوتا ہے؟

چند اہم دُعائیہ نکات

☆۔ لوگوں کے ساتھ اپنے برتاؤ اور روّیے میں اور زیادہ خدا کے پاک روح سے شائستہ اور تحمل مزاج ہونے کی توفیق مانگیں۔

☆۔ خدا کے کلام کے لئے شکر گزاری کریں جو ہمارے لئے ایک راہنمائی اور اختیار کی حیثیت رکھتا ہے۔ خدا کے کلام کو جاننے کے لئے اور زیادہ فہم و فراست اور توفیق مانگیں۔ عملی زندگی خدا کے کلام کے مطابق گزارنے بلکہ عملی زندگی سے کلام کی سچائیوں کو منعکس کرنے کے لئے خدا سے فضل اور توفیق چاہیں۔

☆۔ چند لمحات کے لئے اپنے روحانی نگہبان کے لئے دُعا میں وقت گزاریں۔ خدا کے حضور دُعا کریں کہ وہ انہیں ایسے قائدین بنائے جیسا کہ وہ حقیقت میں انہیں بنانا چاہتا ہے۔ اُن کی زندگیوں اور اس کام اور کردار کے لئے بھی خدا کی شکر گزاری کریں جو وہ خدا کی بادشاہی کی وسعت اور پھیلاؤ کے لئے نبھا رہے ہیں۔

باب 4

بہُودہ گولوگوں کا منہ بند کریں

1 باب 10-16 آیت کا مطالعہ کریں

ہم یہ دیکھ چکے ہیں کہ پولس رسول نے ططس کو کریتے میں خدا کے کام کی خدمت کے لئے مقرر کیا تھا۔ اسے کلیسیاؤں میں قائدین کو مقرر کرنا تھا تاکہ وہ خدا کے کلام کے مطابق بڑھتے اور ترقی کرتے چلے جائیں، کیونکہ مسیح کے بدن کے لئے خدا کی یہی مرضی ہے کہ نشوونما پائے۔

پہلے باب کے اِس آخری حصہ میں ططس کو مقرر کرنے سے ہم پولس رسول کے فہم و فراست کا اندازہ بھی لگا سکتے ہیں کہ اُس نے کس طرح صورتحال کو بھانپتے ہوئے ططس کو وہاں پر چھوڑا تاکہ وہ جھوٹی تعلیم دینے اور گمراہ کرنے والوں کو خاموش کر دے۔

ہم نے پچھلے باب میں یہ بھی دیکھا تھا کہ ایک نگہبان کی ذمہ داری یہ بھی ہے کہ وہ سچائی کو جانے، اُس سے لپٹا رہے اور اُسے دوسرے لوگوں تک بھی پہنچاتا چلا جائے۔ بالخصوص ان لوگوں کو سچائی کی تعلیم دیں جو اُس کی زیرِ قیادت اور نگہبانی میں تعلیم و تربیت پا رہے ہیں۔ پولس رسول ططس کو یاد کراتا ہے کہ نگہبانوں کے لئے کیوں کر ضروری ہے کہ سچائی کو جانیں، اس کا دفاع کریں، اس کی منادی کریں کیونکہ اُن کے درمیان ایسے لوگ تھے جو جھوٹی تعلیمات پھیلا رہے اور لوگوں کو گمراہ کرنے کے لئے بھرپور کوشش کر رہے تھے۔ آئیں غور کرتے ہیں کہ پولس رسول نے ان جھوٹے اُستادوں کے تعلق سے ططس کو کیا لکھا۔

10 آیت میں پولس رسول ططس کو یاد کراتا ہے کہ گمراہ کرنے اور جھوٹی تعلیم دینے والے اس دُنیا میں بہت سے جھوٹے اُستاد موجود ہیں۔ ایسے لوگ خدا اور اُس کے کلام کی بغاوت پر تلُے ہوئے ہیں۔ ایسے لوگ خدا اور اس کے کلام کو قبول کر کے اپنی زندگیاں اس کے تابع کرنے کے لئے ہرگز تیار نہیں تھے۔ 10 آیت میں پولس رسول ایسے لوگوں کو باتونی کہتا ہے۔ جن کی باتوں میں رتی بھر بھی سچائی موجود نہیں ہیں۔ وہ بس اپنی بے بنیاد باتیں کرتے چلے جاتے ہیں۔ اُن کی باتیں قوت اور قدرت سے خالی اور بے تاثیر ہیں کیونکہ روح القدس کے مسح اور قوت اور سچائی سے خالی ہیں۔ وہ محض انسانی حکمت اور فلسفیانہ باتیں کرتے ہیں۔ یہ لوگ منادی کرتے اور تعلیم بھی دیتے تھے لیکن اُن کی باتیں کھوکھلی اور کسی بھی مقصد اور سچائی سے خالی تھیں۔

پولس رسول نے ططس کو بتایا کہ ایسے لوگ جھوٹے اور دھوکہ باز ہیں جو شیطان کا آلہ کار بنے ہوئے ہیں تا کہ لوگوں کو خدا کے کلام کی سچائی سے گمراہ کر دیں۔ باغِ عدن میں شیطان نے امّاں حوا کو فریب دے کر اپنے جال میں پھنسا لیا تا کہ وہ نیک و بد کی پہچان کے درخت کے پھل میں سے کھا لے۔ اس نے اسے کئی ایک چیزوں کا لالچ دیا تا کہ وہ اس پھل میں سے کھا لے اور اُن چیزوں کو حاصل کر لے۔ شیطان بس یہی چاہتا تھا کہ وہ خدا کے کلام کی سچائی کے خلاف نافرمانی میں قدم اُٹھائے اور اُس پھل میں سے کھا لے۔ حوّا اَبلیس کے جھوٹ کو مان کر اُس کے جال میں پھنس گئی۔ کریتے میں موجود جھوٹے اُستاد بھی شیطان کے فریب کا شکار ہو کر اُس کا آلہ کار بنے ہوئے تھے۔ بعض تو اس قدر حالتِ فریب میں تھے کہ وہ سمجھتے تھے کہ وہ سچائی کا دفاع کر رہے ہیں لیکن در حقیقت وہ شیطان کا آلہ کار بنے ہوئے تھے۔

10 آیت پر غور کریں کہ پولس رسول ختنہ گروپ کا بھی ذکر کرتا ہے جن کا یہ کہنا تھا کہ

ختنہ اور مُوسوی شریعت پر عمل نجات کی تکمیل کے لئے انتہائی لازمی ہیں۔ 11 آیت میں طِطُس کو اس بات کے لئے اُبھارا گیا کہ ایسے لوگوں کو خاموش کیا جائے کیونکہ وہ گھرانوں کے گھرانے تباہ اور لوگوں کو سچائی سے گمراہ کر رہے تھے۔

پولس رسول ختنہ کے خلاف نہیں بلکہ اس تعلیم کے خلاف تھا کہ نجات کے لئے ختنہ کرانا ضروری ہے۔ سچ تو یہ ہے کہ نجات مسیح خداوند اور اُس کے صلیب پر مکمل کئے گئے کام کی بنا پر ملتی ہے۔ یہ کہنا کہ صلیب پر خداوند یسوع کا کام کافی اور مکمل نہیں اور اس لئے لوگوں کو نجات پانے کے لئے ختنہ کرانا ضرُوری ہے۔ ایسی بات کفر سے کم نہیں ہے۔ اس تعلق سے پولس رسول کا ایمان بالکل واضح تھا۔ اور یہ سچ اور حقیقت ہے کہ گناہوں کی معافی اور خدا کی بادشاہی میں داخلے کے لئے خداوند یسوع مسیح کا صلیب پر قربان ہونا، دفن ہونا اور مُردوں میں سے جی اُٹھنا کافی ہے۔ غیر اقوام کو نجات پانے کے لئے پہلے یہودی بننے کی ضرورت نہیں تھی۔ نجات کے لئے صلیب پر خداوند یسوع کے کام اور اس کے مُردوں میں سے جی اُٹھنے اور آسمان پر صعود فرما جانے پر ایمان ہی کافی ہے۔ نجات پانے کے لئے کسی بھی کام کے لئے لوگوں کو اُبھارنا مسیح یسوع کے صلیب پر کئے گئے کام کی بے قدری کے مترادف ہے۔ کریتے میں دھوکہ باز جھوٹے اُستاد نیک اعمال، ختنہ اور مُوسوی شریعت کی پابندی کو نجات کے لئے لازمی قرار دے رہے تھے۔ 11 آیت کے مطابق وہ کئی ایک گھروں میں گھس چکے تھے۔ ختنہ گروپ کی جھوٹی تعلیم اور فریب کا شکار ہو کر بہت سے گھرانے تباہی اور گمراہی کی راہ پر چل نکلے تھے۔ یہ لوگ کلیسیا میں تفرقہ بازی پھیلا رہے تھے اور لازم تھا کہ اُن کا منہ بند کیا جاتا۔

پولس رسول طِطُس کو بتاتا ہے کہ ایسے لوگ اپنے مفاد کی خاطر جھوٹی تعلیم پھیلا رہے ہیں۔ وہ گھر گھر جا کر جھوٹی تعلیم دینے کے عوض لوگوں سے معاوضہ بھی لے رہے تھے۔ دور

حاضرہ میں سفری منادی کرنے والے خواتین وحضرات لوگوں کے ہدیہ جات پر انحصار کرتے ہیں۔ لیکن بد قسمتی سے، ایسے بہت سے لوگ تھے جو جھوٹی تعلیم پھیلاتے ہوئے لوگوں سے روپیہ پیسہ حاصل کر رہے تھے اور پولس رسول اسے " ناجائز نفع" قرار دیتا ہے۔ وہ جھوٹی تعلیم بیان کرتے اور لوگوں کو فریب دے کر مالی مفادات حاصل کر رہے تھے۔ اور اس کے لئے اُنہیں خدا کے حضور جوابدہ بھی ہونا تھا۔

یوں معلوم ہوتا ہے کہ پولس رسول کے دَور میں کریتے کے لوگ جھوٹے، بدکار، کاہل، کھاؤ اور ظالمانہ روّیہ رکھنے والے لوگ تھے۔ (12 آیت) کریتے کے لوگوں کے تعلق سے پولس رسول کے بیان کردہ یہ الفاظ کافی سخت معلوم ہوتے ہیں لیکن یہ پولس رسول کا اپنا تجزیہ اور تبصرہ نہیں بلکہ اُن کے شاعر بھی اس بات کو اپنی قلم کے ذریعہ بیان کرتے تھے کہ وہ بدکار اور جھوٹے ہیں۔ کریتے میں رہنا اور وہاں پر خدمت کرنا آسان کام نہیں تھا۔ لیکن انجیل کے پیغام کے لئے وہاں پر بہت سا کام کرنا ابھی باقی تھا۔ کریتے شیطان کا قلعہ تھا، پولس رسول نے ططس کو ابھارا کہ وہ ایسے لوگوں کی سرزنش کرے جو اس دَور کی گمراہی اور فریب کا شکار ہو چکے تھے۔ یوں دکھائی دیتا ہے کہ اس جھوٹی تعلیم گمراہی اور فریب کے اثرات کلیسیا تک پہنچ چکے تھے۔ ططس کی ذمہ داری تھی کہ وہ گمراہی کی راہ پر چلنے والوں کو سختی سے ڈانٹتا جو بُری اور تاریک راہوں پر چل نکلے تھے اور ایسی چیزوں پر اپنا دل اور دماغ لگا بیٹھے تھے۔ اُنہیں ایمان میں مضبوط ہو کر جھوٹی تعلیمات، یہودیوں کی کہانیوں اور تاریکی اور گمراہی کی باتوں کو رد کرنا تھا جو کہ کریتے میں گردش کر رہی تھیں۔

(12-14 آیت)

پولس رسول نے ططس کو ایسی تمام چیزوں سے دُور رہنے کی تلقین کی جو دینداری اور اس راستبازی سے متعلق نہیں تھیں جو خداوند یسوع مسیح پر ایمان لانے سے حاصل ہوتی ہے۔

جب ہم مسیح یسوع کے ساتھ ایک الٰہی رشتہ میں منسلک ہوتے ہیں تو کتنی ہی ایسی چیزوں کو بھی اپنے ساتھ رکھ لیتے ہیں جو ہمارے خاندانی پس منظر اور تہذیب و تمدن سے علاقہ رکھتی ہیں۔ نجات پانے سے ہم خدا کے ساتھ ایک رشتہ میں منسلک ہو جاتے ہیں لیکن اس سے ہم کامل نہیں ہو جاتے۔ نجات پانے کے بعد بھی بہت سا کام ابھی باقی ہوتا ہے۔ ہمیں ماضی کے گناہوں کے اعتبار سے مرنا پڑتا ہے۔ ہمیں اپنی زندگی میں سے ایسے قلعوں کو ڈھانا پڑتا ہے جو ہمیں روحانی طور پر نشو ونما پانے سے روکتے ہیں۔ ططس کو کریتے کے اس دَور میں موجود بُرائیوں کے خلاف ثابت قدمی سے مقابلہ کرنا تھا۔ اُسے کریتے کے گناہ آلودہ روّیوں اور بدعادات کے خلاف مستعد ہو کر کھڑے ہونا تھا جو اُن کی تہذیب کا حصہ تھیں۔ اور کسی بھی طور پر انجیل کے پیغام سے میل نہیں کھاتے تھے۔ شائد ہمیں بھی بیدار ہو کر اپنے آپ کو جانچنا اور پرکھنا ہو گا کہ آیا ہم بھی تو اپنے ساتھ ایسی بدیوں اور تہذیبی عادات کا کوئی بیگ تو اُٹھائے ہوئے نہیں جو مسیح اور اُس کی تعلیمات کے بالکل برعکس ہے۔ کریتے کے باشندے اپنی بدی اور بددیانتی کی وجہ سے مشہور تھے۔ جب وہ مسیح کے پاس آ گئے تھے تو اُنہیں ایسی چیزوں کو اپنے سے دُور کر کے خود کو پورے طور پر مسیح اور اس کے مقصد کے تابع کر دینا تھا۔ ضرورت تھی کہ اُن کا کلچر یا تہذیب و ثقافت تبدیل ہوتی کیونکہ وہ خدا کے کلام کی واضح تعلیم کے بالکل متضاد تھی۔

15 آیت کو بعض اوقات سمجھنا مشکل لگتا ہے۔ پولس رسول نے ططس کو لکھا کہ پاک آدمی کے لئے سب چیزیں پاک ہیں۔ یہاں پر سمجھنے والی بات دل کا رویہ ہے۔ پاک شخص سے مراد ایسا شخص ہوتا ہے جس کا خدا کے ساتھ تعلق اور رشتہ بالکل درست ہوتا ہے۔ مسیح کے خون کے وسیلہ سے اس کا دل و دماغ بالکل پاک اور نیا بن چکا ہوتا ہے۔ ایسی مافوق الفطرت تبدیلی کے بعد وہ شخص ہر ایک چیز کو مسیح اور اس کے کلام کے نکتہ نظر سے دیکھتا

ہے۔ ہماری دھن دولت، ہمارے خیالات، جائیداد و املاک، غرض سب کچھ ہی خداوند کے نام کو جلال دینے اور اس کی بادشاہی کی وسعت کے لئے مخصوص ہو جاتا ہے۔

اس کے برعکس اگر ہمارے دل و دماغ گناہ آلودہ ہیں تو پھر ہم ہر ایک چیز کو مختلف تناظر سے دیکھیں گے۔ ہماری زندگی میں موجود اچھی اور قابلِ عزت چیزیں بھی گناہ آلودہ ذہنیت کے سبب سے ناپاک ہو جائیں گی۔ جنسی عمل اور روپے پیسے کے تعلق سے بھی اس بات کو واضح طور پر دیکھا جاسکتا ہے۔ جنسی قوت اور صلاحیت اور روپیہ پیسہ یہ سب خدا کی طرف سے ہیں، یہ پاک، بابرکت اور اچھی چیزیں ہیں لیکن گناہ آلودہ سوچ اور روّیوں کے باعث یہی اچھی چیزیں ناپاک ہو جاتی ہیں۔ جنسی قوت اور صلاحیت گناہ آلودہ ہو جاتی ہے۔ اسی طرح گناہ آلودہ سوچ اور ذہنیت کے قبضہ میں آنے کے سبب دھن دولت بھی ناپاک ہو جاتی ہے۔ بلکہ دولت سب بُرائیوں کی جڑ بن جاتی ہے۔ گناہ کا آغاز ہمارے دل و دماغ میں ہوتا ہے۔ اگر دماغ گناہ آلودہ ہے تو پھر سمجھ لیں کہ گناہ کو ایک زرخیز زمین مل گئی ہے جہاں پر وہ خوب پھلے پھولے گا۔ جبکہ پاک سوچ رکھنے والا ذہن خدا کی حمد و ثنا اور شکر گزاری سے معمور ہوتا ہے۔ گناہ آلودہ اور ناپاک ذہنیت اچھی چیزوں کو بھی بُری اور ناپاک چیزوں میں بدل دیتی ہے۔

جب ہم اِن چیزوں پر عمل پیرا ہوتے ہیں جنہیں ہمارے گناہ آلودہ دماغ نے ناپاک کر دیا ہوتا ہے تو پھر ہمارے ضمیر بھی آلودہ ہو جاتے ہیں۔ گناہ کے تعلق سے خدا نے ہمیں دو فلٹر عطا کئے ہیں۔ پہلا فلٹر ہماری عقل اور سمجھ ہے جو خدا نے ہمیں اچھے بُرے، پاک اور ناپاک کے فرق کو سمجھنے کے لئے عطا کی ہے۔ جب ہم خدا کے کلام کو پڑھتے ہیں تو اِس سے ہماری کانٹ چھانٹ ہوتی اور ہمیں رہنمائی بھی ملتی ہے۔ اس سے ہمیں پتہ چلتا ہے کہ کون سی چیز دُرست اور راست ہے۔ اگر ہماری عقل سچائی کے خلاف مزاحم ہو کر گناہ کرنے پر

تل جائے تو پھر خدا دوسرے فلٹر کو متحرک کر دیتا ہے۔ اس فلٹر کے متحرک ہوتے ہی ممکن ہے کہ ہم بے آرامی اور خود کو احساسِ جرم کے نیچے دبا ہوا محسوس کرنے لگیں۔ ہمارے اندر کی گھنٹیاں بجنا شروع ہو جاتی ہیں کہ جو کچھ ہم کر رہے ہیں در حقیقت غلط اور غیر واجب اور نا مناسب ہے۔ اس موقع پر انتخاب یا چناؤ ہمارا ہوتا ہے، ہم چاہیں تو اس سچائی کے خلاف مزاحم ہو کر گناہ کرتے رہیں یا پھر اس سچائی اور آگاہی کو قبول کر کے اس گناہ سے باز آجائیں۔ سچائی کے خلاف مزاحم ہونے سے ہمارے ضمیر سخت بلکہ ایک وقت آتا ہے کہ بالکل مُردہ ہی ہو جاتے ہیں اور پھر ہمیں گناہ اور بُرائی کے تعلق سے کچھ بُرا محسوس نہیں ہوتا بلکہ وہ ہمارا طرزِ زندگی بن جاتا ہے۔ کریتے میں موجود جھوٹے اُستادوں کے ساتھ بھی کچھ ایسا ہی واقع ہو چکا تھا، اُنہوں نے سچائی کو رد کیا اور اب اُن کے دماغ اور کان بند ہو چکے تھے اور وہ اچھے بُرے کی تمیز سے بے بہرہ ہو چکے تھے۔ اب اُن کے باطن کی گھنٹیوں کی آواز خاموش ہو چکی تھی۔ اب وہ بُرائی کو عمل میں لاتے، جھوٹی تعلیم دیتے اور گمراہی اور تاریکی میں پھنسے ہوئے تھے، اُن کے ضمیر بالکل بھی متحرک اور متاثر نہیں ہوتے تھے۔ کیونکہ ان کے ضمیر اب گناہ آلودہ ہو چکے تھے۔

یہی لوگ جنہوں نے خدا کے کلام کی سچائی کو قبول کرنے سے انکار اور خدا کی طرف سے عطا کردہ ضمیر کی آواز کو رد کیا تھا۔ اب یہی لوگ خدا کو جاننے اور اس کے نمائندگان ہوتے ہوئے اس کی خدمت کرنے کا دعوی کر رہے تھے۔ 16 آیت میں پولس رسول نے ان جھوٹے اُستادوں کے تعلق سے بڑے سخت الفاظ استعمال کئے ہیں۔ وہ اُنہیں "بیہودہ گو اور دغاباز" کہتا ہے۔

کریتے میں موجود کلیسیا کلچر کی پیدا کردہ برائیوں اور جھوٹے اُستادوں کے درمیان گھری ہوئی تھی۔ کریتے گویا شیطان کا میدانِ جنگ تھا۔ طِطس پر بھاری ذمہ داری تھی۔ اُسے اُن

بُرائیوں کے خلاف نبرد آزما ہو کر اُن کے خلاف کلام کرنا تھا۔ اُسے کلیسیا میں موجود ایمانداروں کو ان تمام کلچرل بُرائیوں سے علیحدہ ہونے کے لئے کہنا تھا جو خدا کے کلام کی سچائی سے مطابقت نہیں رکھتی تھیں۔ کریتے کے لوگوں کو خدا کے کلام کی طرف متوجہ ہونے کی ضرورت تھی۔ اگر کریتے کی کلیسیا اور شہر نے خدا کی بھاری برکات کو حاصل کرنا تھا تو پھر لازم تھا کہ کلیسیا اور شہر سے بُرائی کا خاتمہ کیا جاتا۔

چند غور طلب باتیں

☆۔ کیا آپ کے ملک میں ایسے اثرات و شواہد دیکھنے کو ملتے ہیں کہ شیطان لوگوں کو سچائی سے گمراہ کرنا چاہتا ہے؟ وضاحت کریں۔

☆۔ اس باب میں ہم نیک اعمال کے وسیلہ سے نجات پانے کے خطرہ کے تعلق سے کیا سیکھتے ہیں؟

☆۔ کس طرح جھوٹی تعلیم بڑے نفع کا ذریعہ بن جاتی ہے؟

☆۔ خداوند کے ساتھ چلتے ہوئے کون سی ایسی چیزیں ہیں جو ابھی تک آپ نے اپنے ماضی سے اپنے ساتھ رکھی ہوئی ہیں؟ خداوند میں بڑھنے اور ترقی کرنے کے لئے آپ کو کیا کرنا ہو گا؟

☆۔ ضمیر کی کیا اہمیت ہے اور یہ کس طرح آلودہ ہو سکتا ہے؟

☆۔ کیا آپ کے علاقہ میں جھوٹے اُستاد موجود ہیں؟ وہ کون سی جھوٹی تعلیمات پھیلا رہے ہیں؟

چند اہم دُعائیہ نکات

☆۔ خداوند سے دُعا کریں کہ وہ آپ کے ضمیر پاک کرے تا کہ آپ ہر ایک چیز کو اُسی کی نظر سے دیکھ سکیں۔

☆۔ خداوند سے درخواست کریں کہ وہ آپ کے دل و دماغ کو جانچے اور پرکھے تا کہ آپ پر واضح کرے کہ آپ کو ابھی تک کون سے ایسی چیز کو اپنی زندگی سے الگ کرنے کی ضرورت ہے جو ماضی کی زندگی سے ابھی تک آپ سے لپٹی ہوئی ہے۔

☆۔ خداوند کی شکر گزاری کریں کہ ہماری نجات کا دارومدار صرف اور صرف خداوند یسوع مسیح کے صلیب پر انجام دیئے گئے کام پر ہے نہ کہ ہماری کسی کاوّش اور نیک عمل پر۔

☆۔ خداوند سے درخواست کریں کہ وہ آپ کے دماغ اور ضمیر کو پاک صاف کرے تا کہ وہ پھر سے خدا اور اُس کے مرضی سے ہم آہنگ ہو جائیں۔

☆۔ خداوند سے دُعا کریں کہ وہ آپ کے علاقہ میں موجود جھوٹے اُستادوں کو خدا کے کلام کی سچائیوں کو جاننے اور قبول کرنے کے لئے قائل کرے۔

باب 5

مَرد، خواتین اَور غلام

2 باب 1-15 آیت کا مطالعہ کریں

پچھلے باب کی آخری چند آیات میں پولس رسول نے ططس کو یہ ذمہ داری دی کہ وہ کریتے میں موجود جھوٹے اُستادوں کا منہ بند کر دے جو جھوٹی تعلیمات پھیلا کر خدا کے لوگوں کو گمراہ کر رہے ہیں۔ اس نے مختلف مقامات پر موجود کلیسیاؤں میں بزرگ اور نگہبان مقرر کرنے کے لئے بھی اس کی حوصلہ افزائی کرتے ہوئے اُسے بزرگ اور نگہبان کے کردار اور مقام کی تفصیلات سے بھی آگاہ کیا۔ اَب پولس رسول اپنی توجہ ایک عام کلیسیائی رُکن کی طرف مرکوز کرتا ہے۔ اور کلیسیا میں موجود مختلف کلیسیائی گروپس کے تعلق سے ططس کو ہدایات دیتا ہے۔

عُمر رسیدہ مَرد

پہلا گروپ بزرگ ہیں جن کے تعلق سے پولس چاہتا ہے کہ ططس اپنی توجہ مرکوز کرے۔ عمر رسیدہ لوگوں کو چاہئے کہ اپنے بدن اور اس کی خواہشات کو اپنے قابو میں رکھیں۔ پہلے باب میں ہم نے دیکھا کہ بزرگوں کے لئے یہ بھی لازم ہے کہ وہ نشہ میں متوالے نہ ہوں۔ شراب نوشی سے دُور رہیں اور شراب و کباب کی محفلوں سے کچھ سروکار نہ رکھیں۔ کلیسیا میں موجود عمر رسیدہ لوگوں کے لئے بھی یہی اصول کارفرما ہے۔ کیا ممکن ہے کہ یہ ایسے لوگوں کے لئے بڑی آزمائش کا سبب ہو جن کے پاس فراغت کے لمحات ضرورت سے زیادہ

ہوتے تھے؟

اُن بزرگوں کے لئے ضروری تھا کہ وہ ایسا طرزِ زندگی اپناتے کہ ہر کوئی اُن کو عزت کی نگاہ سے دیکھتا۔ اُنہیں اپنے کردار اور کلام میں دوسروں کے لئے جیتی جاگتی مثال بننا تھا۔ اُنہیں اپنی زندگی میں کسی بھی قسم کے گناہ کو راج کرنے کا موقع نہیں دینا تھا تاکہ وہ سب کے نزدیک قابلِ احترام اور معزز سمجھے جائیں۔ دوسروں کے ساتھ دیگر معاملات میں بھی اُنہیں دیانتدارانہ روّیہ اپنانا تھا۔

عمر رسیدہ لوگوں کو پرہیزگاری کا بھی عملی نمونہ بننا تھا۔ یہ روح القدس کا پھل ہے جو ہمیں جسم اور اس کی خواہشوں پر فتح مند زندگی بسر کرنے کی توفیق دیتا ہے۔ یہ ہمارے وقت کے تصرف اور کام کرنے کے انداز پر بھی اثر انداز ہوتا ہے۔ بزرگوں کے لئے کس قدر آسان ہے کہ وہ پیچھے ہٹ کر آرام سے بیٹھ جائیں اور دُوسروں کو کام کرنے دیں۔ پولس رسول عمر رسیدہ لوگوں سے مخاطب ہو کر کہہ رہا ہے کہ وہ اپنے بدنوں اور عقلوں پر قابو رکھتے ہوئے خدا کی بادشاہی کے لئے کام کریں۔ یہ وقت آرام سے بیٹھنے، سُست روّی اختیار کرنے یا ناکارہ ہو کر بیٹھنے کا نہیں۔ اُنہیں کلیسیا اور معاشرے کے لئے ابھی بہت کچھ کرنا باقی تھا۔ انہیں خدا کی بادشاہی کے لئے خود کو منظم کرنا تھا۔

عمر رسیدہ لوگوں کے لئے یہ بھی ضروری تھا کہ وہ ایمان میں مضبوط بنتے۔ اُنہیں ایمان کا دامن ہاتھ سے نہیں چھوڑنا تھا اور اُن کی ذمہ داری تھی کہ وہ اس ایمان کو آنے والی نسلوں میں منتقل کرتے۔ اُن کے لئے ضروری تھا کہ وہ خدا کے کلام کی واضح بیان کردہ سچائی سے دُور نہ ہو اور نہ ہی گمراہی اختیار کر کے اس سچائی سے دُور چلے جائیں جو ان تک پہنچائی گئی تھی۔ پولس رسول بزرگ لوگوں کو محبت سے معمور ہونے کے لئے بھی کہتا ہے۔ اگر اُنہیں محبت میں مضبوط ہونا تھا تو ان کے لئے ضروری تھا کہ حقیقی اور قربانی دینے والی محبت

کو اپنی زندگی میں موقع دیتے نہ کہ محض دکھاوے کی کھوکھلی محبت سے کام چلاتے۔ اُنہیں موقعوں کی تلاش میں رہنا تھا تاکہ وہ خدا کی الٰہی محبت کا عملی اظہار خدا کے لوگوں کے درمیان کر سکتے۔ جس طرح سے بزرگ اس ذمہ داری کو نبھا سکتے ہیں، شاید نوجوانوں کے لئے ایسا کرنا ممکن نہیں ہے۔ کلیسیا کو ایسے لوگوں کی ضرورت ہے جو پدرانہ شفقت اور محبت کا عملی اظہار کر سکیں۔ مجھے یاد ہے کہ ایک جزیرہ پر میں روحانی قائدین کے ایک گروپ کو تعلیم دے رہا تھا۔ یہ تمام روحانی قائدین نوجوان لوگ تھے۔ اُن میں سے ایک نوجوان نے اپنے اندر ایک بوجھ محسوس کرتے ہوئے ایک ایسے بزرگ کو حاصل کیا جو ایمان میں اس سے زیادہ تجربہ کار اور مضبوط تھا تاکہ وہ اس کا روحانی باپ اور اصلاح کار بنے۔ مسیح کے بدن میں ایسے روحانی بزرگوں کی محبت، اصلاح کاری اور راہنمائی کی اشد ضرورت ہے۔

عمر رسیدہ لوگوں کے لئے یہ بھی ضروری ہے کہ وہ تحمل اور بردباری کا مثالی نمونہ ہوں۔ وہ اُمید اور ایمان کا دامن ہاتھ سے نہ چھوڑیں بلکہ ثابت قدم اور قائم رہیں۔ خداوند کے حضور پہنچنے تک ایمان کی یہ دوڑ جاری رہے گی۔ جب تک سانس چلتا رہے گا اُنہیں خدا کے لئے کچھ نہ کچھ کرتے رہنا ہوگا۔ بزرگوں کے لئے بہت آسان ہے کہ پیچھے ہٹ کر ہاتھ پر ہاتھ رکھ کر بیٹھ جائیں اور سب کچھ نوجوانوں کے ذمہ لگا کر آرام و راحت کی زندگی بسر کریں۔ پولس رسول عمر رسیدہ لوگوں کو اس بات کے لئے اُبھار رہا ہے کہ وہ ہمت نہ ہاریں بلکہ کچھ نہ کچھ کرتے رہیں بلکہ زندگی کے آخری دن تک خداوند کے لئے کام کرتے رہیں۔

عُمر رسیدہ عورتیں

اس کے بعد پولس رسول عمر رسیدہ عورتوں سے مخاطب ہوا۔ وہ ططس کو اُبھارتا ہے کہ وہ

عمر رسیدہ عورتوں کو تعلیم دے کہ ایسا طرزِ زندگی بسر کریں جو پاک اور پوتر ہو۔ اس سے پولس کا کیا مقصد و مطلب تھا۔ اس کی وضاحت کے لئے پولس رسول 3 آیت میں کچھ وضاحتیں پیش کرتا ہے۔

عُمر رسیدہ عورتوں کو اس مقام پر کھڑے ہونے کے لئے کہ سب اُن کی عزت کریں اور احترام سے پیش آئیں، اُنہیں تہمت لگانے سے باز رہنا تھا۔ تہمت بازی زبان کا نشتر ہے جو دُوسروں کو زخمی کر دیتا ہے۔ تہمت بازی کسی دوسرے کے تعلق سے ایسی گفتگو کا نام ہے جس سے اُس کی شہرت یا ساکھ کو نقصان پہنچ سکتا ہے۔ معلوم ہوتا ہے کہ کریتے کی کلیسیا میں عمر رسیدہ عورتوں کا یہ ایک اہم معاملہ اور مسئلہ تھا۔ اُن کے لئے بہت ضروری تھا کہ وہ دوسروں کے تعلق سے بات چیت کرتے ہوئے محتاط روّیہ اختیار کرتیں۔ اُنہیں محتاط ہونا تھا تاکہ اُن کی زبان تفرقے بازی اور مسیح کے بدن کے لئے نقصان کا باعث نہ ہو۔ بلکہ اُنہیں اپنی باتوں سے ایک دوسرے کی تعمیر و ترقی میں ایک کردار ادا کرنا تھا۔

عمر رسیدہ عورتوں کے لئے دوسری آزمائش شراب نوشی تھی۔ شائد اب اُن کے بچے بڑے ہو چکے تھے۔ اُن کے پاس فراغت کے لمحات ضرورت سے بھی زیادہ تھے اور اس لئے شراب نوشی اور فضول گوئی میں وقت گزارنے کے لئے اُن کے پاس کچھ اور کام نہ تھا۔ آج کے دَور میں چوراہوں، موڑوں اور حماموں پر آپ کو ایسے بہت سے لوگ فضول وقت گزارتے ہوئے مل جائیں گے جو نئی خبریں پھیلانے اور سننے کی آڑ میں رہتے ہیں۔ یاد رہے کہ کافی کے دَور سے پہلے، شراب یا مے نوشی ایک معمول تھی۔ بالکل ایسے ہی جیسے آج کے دور میں چائے سے مہمانوں کی خاطر تواضع کی جاتی ہے۔ اُن عورتوں کے لئے کس قدر آسان تھا کہ وہ مے یا شراب کے ایک گلاس کو ایک دوسرے کے ساتھ ٹکرانے کے لئے جمع ہو جاتی اور پھر تازہ ترین، بریکنگ اور شائد شوکنگ نیوز سے اپنی محفل کو گرماتی اور

پُرجوش بناتیں۔ پولس رسول اُن خواتین سے مخاطب ہو کر انہیں سمجھا رہا ہے کہ وہ شراب نوشی کو اپنی عادت اور روّیہ نہ بنالیں۔ اُنہیں ہوش کے ناخن لینے مے نوشی سے پرہیز کرنا تھا۔

پولس رسول تو یہ چاہتا تھا کہ عمر رسیدہ خواتین نوجوان عورتوں کے ساتھ اپنی زندگی کے تجربات بیان کریں، اُنہیں مضبوط کریں اور اُن کی اصلاح کاری کریں۔ اگر کلیسیا میں روحانی بزرگوں کی ضرورت ہے تو اُس کے ساتھ روحانی ماؤں کی بھی اتنی ہی ضرورت ہے۔ نوجوان عورتوں کو بزرگ عورتوں کی ضرورت ہے تاکہ وہ اپنے مسائل اور مشکلات کھل کر اُن کے سامنے بیان کر سکیں۔ عورتوں کے کچھ ایسے نجی اور خاندانی مسائل ہوتے ہیں جو صرف اور صرف وہ عمر رسیدہ عورتوں کے ساتھ ہی شیئر کر سکتی ہیں۔ آج کے دَور میں خاندانی اور نجی زندگی میں پیدا ہونے والے مسائل کے حل کے لئے پولس رسول کی مشورت قابلِ قدر ہے۔ کلیسیا کو چاہئے کہ وہ بزرگ عورتوں کو نوجوان عورتوں کے درمیان خدمت کے لئے اُبھارے۔ کلیسیا کی نوجوان عورتوں اور ساتھ ہی بُزرگ عورتوں کے لئے کس قدر باعثِ برکت اور خوشی کی بات ہو گی کہ وہ باہم مل کر ایک دُوسرے کی تعمیر و ترقی کا باعث ہوں۔ پولس رسول عمر رسیدہ لوگوں کو اپنی خدمات پیش کرنے لئے اُبھار رہا تھا۔ ضرورت نہیں تھی کہ وہ پیچھے ہٹ کر ہاتھ پر ہاتھ رکھ کر یونہی بیٹھی رہتیں۔ اُن کے کرنے کے لئے بڑا کام تھا۔

نوَجوان عورتیں

4 آیت پر غور کریں کہ عُمر رسیدہ عورتوں کو نوجوان شادی شدہ عورتوں کو کیا تعلیم دینی تھی۔ اُنہوں نے نوجوان عورتوں کو تعلیم دینی تھی کہ وہ کس طرح اپنے شوہروں سے محبت کریں اور اپنے بال بچوں کا خیال رکھیں۔ نوجوان عورتیں کس قدر آسانی سے اپنی

مشکلات اور ذمہ داریوں کے سبب سے پریشانی اور حیرانی میں مبتلا ہو جاتی ہیں۔ایسی صورتحال میں وہ بعض اوقات اپنے ہوش وحواس کھو بیٹھتی ہیں اور بڑبڑاہٹ اور شکایت آمیز روّیہ اختیار کرلیتی ہیں۔ عمر رسیدہ عورتوں کے لئے یہ کس قدر بڑی ذمہ داری تھی کہ وہ نوجوان عورتوں کو گھر گرہستی اور اپنے گھر کا انتظام و انصرام چلانے میں مصروف رہنے کی تلقین کرتیں۔

نوجوان عورتوں کے لئے یہ بھی ضروری تھا کہ وہ پرہیز گار ہوتیں۔ پرہیز گاری سے مراد یہ ہے کہ وہ اپنے جسم اور دماغ کو قابو میں رکھتی تاکہ وہ خدا کی مرضی اور ارادے کے مطابق عمل کرنے کے لائق ہو جاتیں۔ جسم اور اُس کی خواہشوں پر غالب آنے کے لئے خدا کی طرف سے توفیق ملتی ہے تاکہ آزمائشوں پر غالب آکر وہی کیا جائے جو خدا کی مرضی ہے۔اس کا مطلب یہ ہے کہ اُنہیں اپنے جذبات، خیالات، زبان اور روّیوں اور قول و فعل کو قابو میں رکھنا تھا۔

نوجوان عورتوں کے لئے ضروری تھا کہ وہ اپنے آپ کو پاک رکھتیں، اس پاکیزگی کا تعلق اُن کا اپنے شوہروں کے ساتھ پُر محبت اور وفادار تعلقات سے تھا۔نوجوان عورتوں کے لئے ضروری تھا کہ وہ ہر لحاظ سے اپنے شوہروں کے ساتھ وفادار رہتیں۔اس پاکیزگی کا تعلق خدا کے ساتھ محبت، وفاداری اور اُس کے کلام کی تابعداری سے بھی ہے۔ اُنہیں اپنی اور اپنے خیالات کی حفاظت کرنی تھیں تاکہ وہ خدا کے حضور مقبول ٹھہرتیں۔

5 آیت کے مطابق نوجوان عورتوں کے لئے یہ بھی ضروری تھا کہ وہ اپنے گھروں میں مصروف رہتیں۔ اُن کی یہ ذمہ داری تھی کہ وہ اپنے گھرانے کی ضروریات کا خیال رکھتیں۔ اُنہیں اپنے بچوں کا خیال رکھنا تھا۔ پولس رسول کریتے کی نوجوان عورتوں کو اس بات کے لئے اُبھارتا ہے کہ وہ بطور ماں ، اور گھر کا انتظام و انصرام کرنے والی بیوی کے

طور پر اپنا کردار احسن طریقہ سے نبھائیں۔

ضروری نہیں کہ وہ صرف اپنے گھر بار کا ہی خیال رکھتیں، بلکہ اُنہیں اپنے آس پڑوس کے لوگوں کا بھی خیال رکھنا اور ہر طرح سے اچھے ہمسائے ہونے کا ثبوت دینا تھا۔ لازم تھا کہ اُن کا دل اپنے گھر سے باہر، ضرورت مند لوگوں اور کلیسیائی اراکین کے لئے بھی کشادہ ہوتا۔ اُنہیں اپنے ہمسایوں کے لئے بھی فیاض دلی کا مظاہرہ کرنا تھا۔ اُنہیں دوسروں لوگوں کے لئے بھی پیار، محبت اور ترس اور اظہارِ ہمدردی کرنا تھا۔

نوجوان عورتوں کے لئے ضروری تھا کہ وہ اپنے اپنے شوہروں کے تابع رہتیں۔ لیکن اس کا ہر گز یہ مطلب نہیں کہ وہ اپنے شوہروں کی ہر ایک خواہش کا احترام بطور ایک غلام کرتیں۔ اس کا ہر گز یہ مطلب نہیں کہ وہ اپنی کسی خواہش، ضرورت اور جذبات کا اظہار ہی نہ کرتی اور بس اپنے شوہروں کی ہر ایک ضرورت اور جذبات اور احساسات کا خیال رکھتیں۔ شوہر کے تابع رہنے کا مطلب یہ ہے کہ عورت اپنے شوہر کی عزت کرے اور بطور مددگار اپنا کردار ادا کرے۔ اور اُسے اپنا سر تاج مانتے ہوئے اس کا احترام کرے۔

لازم ہے کہ وہ بخوشی ورضا شانہ بشانہ اس کے ساتھ مل کر گھر کے انتظام کو چلائے۔ بچوں کی دیکھ بھال کرے اور جہاں تک ممکن ہو ہر طرح سے اپنا کردار نبھائے۔ لازم ہے کہ وہ اُسے اپنا شوہر مانتے ہوئے اُس کے ساتھ وفادار ہو اور اُس کے تابع رہے۔ کسی بھی لحاظ سے اس کے ساتھ مقابلہ بازی نہ کرے بلکہ اُس کے ساتھ شانہ بشانہ مل جل کر کام کرے۔ وہ اُس پر اختیار اور دھونس نہ جمائے بلکہ باہمی گفتگو اور صلاح مشورے سے اُس کے فیصلوں میں اُس کے ساتھ شامل ہو۔ اُس کے دل میں اپنے شوہر کے لئے محبت، یگانگت اور اکائی ہونی چاہئے۔

نوجوان مرد

اس کے بعد پولس رسول نوجوان مردوں کی بات کرتا ہے۔ اُن کے لئے بھی یہی چیلنج ہے کہ وہ پرہیزگار ہوں۔ نوجوان توانا اور پُرجوش ہوتے ہیں۔ اُنہیں جوانی کی ہر ایک آزمائش کے خلاف مزاحم ہونا تھا۔ پولس رسول ططس کو یاد کراتا ہے کہ وہ اُن پُرجوش نوجوانوں کو تعلیم دے کہ وہ اپنے جوش و جذبے، احساس و جذبات اور قول و فعل کو قابو رکھنا سیکھیں۔ اُن کا جوش و جذبہ خدا کی رہنمائی کے لئے اس کے حضور ٹھہر کر اُس کی آواز سننے اور اُس کی رہنمائی حاصل کرنے میں رکاوٹ نہ بنے۔ لازم ہے کہ وہ خدا کے وقت اور اُس کی مرضی اور ارادے کو جانیں۔ نوجوانوں کی پرہیزگاری اُن کے جوش و جذبے تک محدود نہیں بلکہ اخلاقی حدود و قیود سے بھی اس کا تعلق ہے۔ شراب نوشی اور دیگر نشہ آور چیزیں اُن کے طرزِ زندگی پر منفی اثرات مرتب کرتی ہیں۔

ططس ایک جوان مَرد

7 آیت میں پولس رسول ططس سے شخصی طور پر مخاطب ہوتا ہے۔ یہ تو واضح نہیں کہ ططس کی عمر اُس وقت کتنی تھی لیکن پولس رسول کے نزدیک وہ ایمان کی رُو سے اُس کا فرزند تھا۔ پولس رسول ططس کو اُبھارتا ہے کہ وہ ایمان میں اُس کا فرزند ہوتے ہوئے دیگر نوجوانوں کو مثالی زندگی بسر کرنے کی تلقین کرے۔ نوجوان ہوتے ہوئے ططس کے لئے لازم تھا کہ وہ سنجیدگی، صحت کلامی اور بڑی صفائی اور دیانتداری سے تعلیم دیتا۔ آئیں اس بات کو مزید تفصیل کے ساتھ دیکھیں۔

اوّل۔ پولس طِطُس کو اپنی تعلیم میں صفائی اور سنجیدگی اختیار کرنے کے لئے کہتا ہے۔ دیانتداری میں پاکیزگی کا عنصر بھی دیکھنے کو ملتا ہے۔

اس سے مراد ایسی چیز ہے جس پر بھروسہ اور اعتماد کیا جا سکتا ہو۔ پولس رسول ططس کو یہ کہتا ہے کہ وہ تعلیم دیتے اور کلام مقدس کی منادی کرتے وقت صفائی اور سنجیدگی سے کام لے۔ آپ اسی وقت سچائی اور دیانتداری سے تعلیم دے سکتے اور منادی کر سکتے ہیں جب آپ خود اس سچائی کے مطابق زندگی بسر کر رہے ہوں۔

دوئم۔ ططس کو سنجیدگی سے تعلیم دینا تھی۔ اس کا مطلب ہے کہ ططس کو تعلیم میں سنجیدگی کو مد نظر رکھنا تھا۔ اس کا مطلب یہ ہے کہ ططس جن باتوں کی تعلیم دے رہا تھا۔ لازم تھا کہ وہ انہیں بہت اہمیت دیتا اور بڑی قدر و قیمت کے ساتھ ان کو بیان کرتا۔ اسے اپنی منادی اور تعلیم میں خدا کو پیش کرنا تھا۔ اُسے خدمت کو بڑی سنجیدگی سے لینا تھا۔ جس کلام کی وہ منادی کر رہا اور تعلیم دے رہا تھا، لازم تھا کہ وہ اس کی قدر و قیمت کو گہرے طور پر جانتا اور اُس کی عزت کرتا۔

ططس کو صحت کلامی کے ساتھ خدا کے کلام کو پیش کرنا اور اس کی تعلیم دینا تھی۔ اس کا مطلب یہ ہے کہ اُسے آمیزش کے بغیر خدا کے کلام کو پیش کرنا تھا۔ جو تعلیم اُسے دی گئی تھی۔ اس کے مطابق ہی اُس نے اُسے دوسروں تک پہنچانا اور کسی طور پر بھی اس سے انحراف نہیں کرنا تھا۔ نہ ہی اس میں کسی طور سے کمی بیشی اختیار کرنی تھی۔ اسے لوگوں کی ضروریات اور خواہشات کے عین مطابق کلام کی منادی نہیں کرنی تھی۔ اسے کسی طور پر بھی لوگوں کو مدِ نظر رکھتے ہوئے کلام کی قدر و قیمت اور سچائی کو کم نہیں کرنا تھا۔ بلکہ حق سچ بیان کرنا تھا۔ خواہ کوئی کلام کو قبول نہ بھی کرے۔ لازم تھا کہ وہ بغیر سمجھوتہ اور سودہ بازی کئے، کلام کی منادی کرتا۔ پولس رسول کی صلاح اور مشورے پر چلتے ہوئے ططس نے کسی شخص کو بھی اس پر الزام لگانے کا کوئی موقع نہیں دینا تھا۔ سچائی کی مخالفت کرنے والے لوگ بھی وہاں پر موجود تھے۔ (8 آیت) سچائی، دیانتداری اور صحت کلامی کے ساتھ کلام

کو پیش کرنے کی صورت میں ططس کو کسی بھی قسم کی شرمندگی کا سامنا نہیں کرنا تھا۔

غلام

اس باب کے آخر پر غلاموں کے تعلق سے بات کی گئی ہے۔ اگرچہ پولس رسول غلامی کے حق میں نہیں تو بھی وہ اس دُنیا میں اس کی حقیقت اور موجودگی سے بخوبی واقف ہے۔ وہ اس حوالہ میں خاص طور پر مسیحی غلاموں سے مخاطب ہے۔ غلاموں کو کئی ایک آزمائشوں کا سامنا تھا۔ پولس رسول اس حوالہ میں اسی موضوع پر بات کرتا ہے۔

غلاموں کو ہر لحاظ سے اپنے مالکوں کے تابع رہنا تھا۔ بعض غلاموں کے مالک بڑے سخت اور تُرش مزاج تھے۔ ایسی صورت میں غلام کے لئے آزمائش ہوتی تھی کہ وہ بغاوت کرے اور ایسے تُند مزاج مالک کے گھر سے بھاگ جائے۔ غلامی کی حالت زلالت کی زندگی کے سوا کچھ نہیں تھا۔ غلام مالکوں کے زیرِ اختیار ہوتے تھے۔ مالک کی عزت نہ کرنا بلکہ بغاوت کر جانا کوئی اچھا نمونہ اور مثالی کردار کی نشانی نہیں تھی۔ ذرا تصور کریں کہ اگر کوئی مسیحی غلام ہو۔ وہ باغیانہ روّیہ رکھتا ہو۔ اپنے مالک کی عزت نہ کرتا ہو اور اس کے تابع بھی نہ رہتا ہو۔ تو اس کی معاشرے میں کیسی گواہی ہو گی؟ ایسی گواہی خداوند یسوع کو کیا جلال دے گی؟ اُنہیں ناگوار اور نامساعد حالات کو بھی ایک ایسا موقع سمجھنا تھا جب وہ دوسرے لوگوں کو بتا سکتے تھے کہ خداوند یسوع زندگیوں میں کیسی تبدیلی اور گواہی پیدا کر سکتا ہے۔ اُنہیں اپنے ترش اور تند مزاج مالکوں کے بھی تابع رہنا تھا۔ اُن کی عزت اور اطاعت کرنی تھی۔ اور ایسا کرنے سے وہ اپنے آسمانی باپ کو عزت اور جلال دے سکتے تھے۔

پولس رسول مسیحی غلاموں کو اپنے مالکوں کو خوش رکھنے کی تلقین کرتا ہے۔ وہ اُنہیں ابھارتا ہے کہ وہ حد اسے زیادہ تابعداری اور اطاعت کی زندگی اپنائیں تا کہ اُن کی اچھی گواہی قائم ہو۔ جو کچھ ان کے مالک انہیں کرنے کے لئے کہتے تھے۔ پولس رسول اُنہیں

تلقین کرتا ہے وہ اس سے بھی زیادہ کریں۔ اور اُنہیں خوش رکھیں۔ اگر مالک تُند مزاج اور بڑبولا ہو تو ایسا کرنا آسان کام نہیں ہوتا۔ تاہم ایسا کرنے سے اُن کی زندگیوں سے مسیح کا کردار اور اس کی محبت کا اظہار ہونا تھا۔

مسیحی غلاموں کے لئے یہ بھی ضروری تھا کہ وہ اپنی زبانوں کو اپنے قابو میں رکھتے۔ اُن کے لئے بڑی آزمائش تھی کہ وہ اپنے مالکوں کے خلاف بڑبڑاتے اور ان پر نکتہ چینی کرتے۔ اُن کے لئے کس قدر آسان تھا کہ وہ مالکوں کے سخت اور بُرے روّیے کی شکایت کرتے اور اُن کے سامنے باغیانہ روّیہ اختیار کر کے اُنہیں ترکی بہ ترکی جواب دیتے۔

10 آیت میں پولس رسول غلاموں کو اپنے مالکوں کے ہاں سے چوری چکاری نہ کرنے کی تنبیہ کرتا ہے۔ مالک پر آسائش جبکہ غلام انتہائی غربت کی زندگی بسر کرتے تھے۔ ایسی صورت میں غلاموں کے لئے کس قدر آسان تھا کہ وہ اپنے مالکوں کے ہاں سے ہیرا پھیری کر کے اپنے حالات بہتر کرلیں۔ ایسی صورت میں ممکن ہے کہ مالک کو علم بھی نہ ہونے پائے۔ اس بات کا اطلاق ہمارے کام کاج کی جگہ پر بھی ہوتا ہے۔ بالکل ایسے ہی جس طرح ہمارا خداوند مالکوں کو قابل بھروسہ اور قابل اعتماد ہونے کی تنبیہ کر رہا ہے، اسی طرح وہ اپنے ایمانداروں کو بھی اپنے اپنے کام کاج کی جگہ پر دیانتداری اختیار کرنے کے لئے کہہ رہا ہے۔ غلاموں کو ایسا طرزِ زندگی اور طرزِ عمل اختیار کرنا تھا تاکہ اُن کے مالک پورے طور پر اُن پر بھروسہ اور اعتماد کر سکیں۔ اُنہیں اپنی غلامی کی حالت میں بھی اپنے مالکوں کو گواہی دینی تھی کہ مسیحی ہونے کا کیا مطلب اور مفہوم ہے۔ اُن کے طرزِ عمل، طرزِ زندگی اور روّیے کو دیکھ کر وہ اس خدا کے بارے میں مزید جاننے اور سننے کے لئے اپنے دلوں کو کھول سکتے تھے جس کا غلام اقرار اور اظہار کر رہے تھے۔ خدا نے ہمیں جس بھی صورتحال میں رکھا ہوا ہے، ہمیں اس میں اپنی گواہی کو قائم رکھنا ہے۔ ہو سکتا ہے کہ آپ کسی ایسی

جگہ ملازمت کر رہے ہیں جو آپ کو بالکل بھی پسند نہیں ہے۔ یہ کس قدر بڑا چیلنج ہے کہ ہم ایسی ملازمت میں بھی خداوند کے لئے گواہ ہونے اور اپنی گواہی کو ثابت کرنے کے لئے موقع کی تلاش میں رہیں۔ خدا ہر کسی کو پاسبان یا قائد ہونے کے لئے نہیں بلاتا ہے۔ لیکن ہر ایک شخص کے لئے خدا کی یہ مرضی ضرور ہے کہ وہ جہاں کہیں بھی کام کرتا ہے۔ اُس کے لئے گواہی دے اور اُس جگہ پر خدا کی بادشاہی کے کام کو اپنی گواہی کے وسیلہ سے آگے بڑھائے۔ غلاموں کی اپنی غلامی کی حالت، ناگوار صورتحال اور نامساعد حالات میں بھی خود کو مسیحی کے پیروکار ثابت کرنا تھا اور اُنہیں بتانا تھا کہ مسیحی ہونے کا کیا مطلب اور مفہوم ہے۔ خدا ہمیں بھی بلا رہا ہے کہ ہم اپنے کام کاج کی جگہ پر اپنی گواہی کے وسیلہ سے بتائیں کہ مسیحی کے پیروکار کس طرح کے ہوتے ہیں اور مسیح کی پیروی کرنے سے زندگی میں کیسی بڑی تبدیلی اور گواہی پیدا ہوتی ہے۔

چند غور طلب باتیں

☆۔ پولس رسول عمر رسیدہ لوگوں کو تلقین کرتا ہے کہ وہ ہاتھ پر ہاتھ رکھ کر بیٹھے نہ رہیں بلکہ خدا کی بادشاہی کے لئے کام کریں۔ دورِ حاضرہ کی کلیسیا میں ایک روحانی باپ کا کیا کردار ہوتا ہے؟

☆۔ کس طرح کلیسیا کی عمر رسیدہ عورتیں نوجوان عورتوں کے لئے حوصلہ افزائی اور تعلیم وتربیت کا وسیلہ بن سکتی ہیں؟

☆۔ پولس رسول عمر رسیدہ عورتوں کو تلقین کرتا ہے کہ وہ نوجوان عورتوں کو تعلیم دیں کہ اپنے گھر کا کام کاج کریں، اپنے شوہروں سے محبت کریں اور ان کے تابع رہیں۔ اور اس کے ساتھ ساتھ بچوں کی دیکھ بھال اور تعلیم وتربیت پر بھی توجہ دیں۔ کس قدر آسان ہے

کہ ایک نوجوان عورت اپنی مصروفیات میں اپنے شوہر اور بچوں کو نظر انداز کر دے۔

☆۔ پولس رسول نے طِطُس کو صفائی اور سنجید گی اختیار کرنے کے لئے اُبھارا۔ کیا آپ کے طرزِ زندگی اور روّیوں سے یہ سب کچھ عیاں ہوتا ہے؟

☆۔ غلاموں کے لئے ضروری تھا کہ وہ اپنے مالکوں کی خدمت کرتے ہوئے اُن کی عزت اور خوشنودی کو مدِ نظر رکھیں۔ اس اصول کا اطلاق آپ کے کام کاج کی جگہ پر کس طرح سے ہوتا ہے؟ کیا آپ کے کام کاج، دفتر یا سکول کی جگہ پر لوگ آپ کی زندگی سے خداوند یسوع کو دیکھتے ہیں؟

چند اہم دُعائیہ نکات

☆۔ خداوند سے فضل اور توفیق چاہیں تاکہ آپ اپنے دفتر، فیکٹری یا سکول اور کالج میں مسیح کے لئے اچھی گواہی بن سکیں۔

☆۔ خداوند سے روحانی فرزند یا بیٹی کے لئے دُعا کریں جس کی آپ ایمان میں حوصلہ افزائی اور تربیت کر سکیں۔

☆۔ ذہن میں لائیں کہ اس باب میں پولس رسول نے مختلف لوگوں کے تعلق سے کیا تعلیم دی ہے۔ خداوند سے دُعا کریں کہ آپ کی زندگی میں کوئی ایسی جگہ ظاہر کرے جہاں پر آپ کو مزید کام کرنے، بہتری لانے یا ترقی کرنے کی ضرورت ہے۔

☆۔ خداوند سے فضل مانگیں کہ آپ جیسی بھی صورتحال اور مقام پر ہیں، اُس کی قوت اور قدرت اور اُس کے جلال کا اظہار بنتے ہوئے اُس کے لئے اچھی گواہی قائم کر سکیں۔

باب 6

ہماری نجات

2 باب 11-15 آیت کا مطالعہ کریں

ططس کے نام اپنے اس خط میں پولس رسول نے نگہبانوں اور بزرگوں کی خصوصیات کا ذکر کیا ہے جو اُن میں اُتم درجہ موجود ہونی چاہیئے۔

دوسرے باب کے پہلے حصہ میں اُس نے ططس سے مخاطب ہوتے ہوئے کہا کہ وہ نوجوان عورتوں، مَردوں اور غلاموں کو تعلیم دے کہ اُنہوں نے اب کیسا طرزِ زندگی اور طرزِ عمل اختیار کرنا ہے کیونکہ وہ اب مسیح کے پاس آچکے ہیں اور اُنہیں یکسر مختلف اور منفرد نظر آنا چاہیئے۔ پولس رسول کے اس بیان سے معلوم ہوتا ہے کریتے میں کئی ایک مسائل تھے جن سے نبرد آزما ہونا باقی تھا۔ کریتے کی کلیسیا کے لوگ ایمان، مسیحی طرزِ زندگی اور چال چلن میں اس قدر پختہ نہیں تھے جس قدر خدا اُن سے توقع کرتا تھا۔

مقدس پولس رسول 11 آیت سے اپنی بات جاری رکھتے ہوئے لکھتا ہے کہ خدا کے فضل ہی سے اُنہیں نجات ملی ہے۔ ہمارے لئے بھی اس بات کو یاد رکھنا ضروری ہے کہ ہم اس لئے نجات یافتہ نہیں کہ ہم اُس کے مستحق تھے۔ یہ سب کچھ تو اس کی مہربانی، فضل خاص اور نیکی کے سبب سے ہے جو اُس نے ہم سے کی ہے۔ ہم نے نجات کے مستحق ہونے کے لئے کچھ بھی نہیں کیا۔ لیکن خدا نے ہمیں وہ نجات دی ہے جس کے ہم مستحق بھی نہیں تھے۔ یہی فضل ہے۔ اپنی اُتم درجہ کی محبت اور مہربانی کے سبب سے خدا ہمیں معاف کرتا

اور یکسر بدل دیتا ہے اور ہم پہلے جیسے نہیں رہتے۔

11 آیت پر غور کریں کہ اُس کی یہ نجات سب کے لئے ظاہر ہوئی ہے۔ یہ پیش کش تو سب کے لئے ہے لیکن سبھی اُسے قبول نہیں کرتے۔ لیکن قبول کرنے والوں کی زندگی میں ایک زبردست اور نمایاں تبدیلی واقع ہوتی ہے۔ پولس رسول یہاں اس حصہ میں اِنہی تبدیلیوں کا ذکر کرتا ہے۔

12 آیت میں پولس رسول بیان کرتا ہے کہ وہ نجات جو خداوند یسوع دینے کے لئے آیا اس نے یہی سکھایا کہ وہ دُنیاداری سے انکار اور خدا سے پیار کریں۔ جو کچھ خداوند یسوع نے ہمارے لئے صلیب پر سرانجام دیا ہے، اُس کام کو پہچاننے اور اُس کی قدرومنزلت کو جاننے سے پہلے ہم دُنیاداری میں پھنسے ہوئے تھے، ہمارا طرزِ فکر، طرزِ زندگی اور روّیے گناہ آلودہ تھے۔ خدا کی باتیں ہمارے فہم و ادراک سے باہر تھیں اور ہمارے لئے کسی طور پر بھی لُطف، خوشی اور مُسرت کا باعث نہ تھیں۔ اب ہم خداوند اور اُس کی نجات کو پہچان گئے ہیں۔ زندگی ہمارے لئے نئی قدر اور مفہوم رکھتی ہے۔ جو خداوند یسوع مسیح کو جان جاتے ہیں۔ وہ اس میں خوشی، شادمانی اور ایک نئے جوش و جذبے کو محسوس کرنا شروع کر دیتے ہیں۔ اس دُنیا کی لذتیں ماند پڑنا شروع ہو جاتی ہیں اور اب وہ بے مزہ بلکہ بدذائقہ محسوس ہونا شروع ہو جاتی ہیں۔ اب ہمیں دُنیاداری اور بے دینی کی خواہشوں اور رغبتوں میں کوئی خوشی اور لطف محسوس نہیں ہوتا۔ خواہشیں، ترجیحات، پسند اور ناپسند سب کچھ بدل جاتا ہے۔ جو خداوند یسوع کو پہچان جاتے ہیں، اُنہیں نیا دل و دماغ عطا ہو جاتا ہے۔ دُنیاداری، بے دینی اور جسمانی خواہشوں اور سوچوں میں انہیں کچھ خوشی اور لُطف محسوس نہیں ہوتا۔ دوسری اہم بات یہ ہے کہ خداوند کی نجات ہمیں پرہیزگاری کی زندگی بھی گزارنا سکھاتی ہے۔ مسیح خداوند کو اپنا نجات دہندہ قبول کرنے سے قبل ہم دُنیا اور جسم کی خواہشوں کے

اختیار اور قبضہ میں تھے۔ جب ہم نے خداوند یسوع اور اُس کے صلیب پر سرانجام دیئے گئے کام کو اپنے لئے قبول کر لیا تو پھر خدا کا روح ہم میں سکونت کرنے کے لئے آ گیا۔ روح القدس ہی ہم میں پرہیزگاری پیدا کرتا ہے۔ وہی ہمیں خدا کی مرضی کو سرانجام دینے اور بُری خواہشوں کے خلاف نبرد آزما ہونے کی توفیق اور فضل عطا کرتا ہے۔ جسم کی خواہشیں اور رغبتیں ابھی بھی جوش مارتی رہتی ہیں۔ اور ہمیں آزمائشوں اور خواہشوں میں ڈال کر پرانے طرزِ زندگی کی طرف لے جانا چاہتی ہیں۔ پرہیزگاری خداداد توفیق اور صلاحیت ہوتی ہے جس سے ہم جسم کی خواہشوں کا انکار کرتے ہیں تاکہ خدا کی مرضی کو سرانجام دی سکیں۔ اگر آپ نے خداوند یسوع مسیح کو اپنا نجات دہندہ قبول کر لیا ہے تو پھر آپ کو خدا کی بخشش اور عنائت کے سبب سے روح القدس بھی ملا ہوگا تاکہ آپ بُرائی کا مقابلہ کر سکیں اور پرہیزگاری کی زندگی بسر کر سکیں۔ نجات محض دل و دماغ کی تبدیلی کا نام نہیں ہے بلکہ اس سے ہمیں روح القدس کی طرف سے قوت اور توفیق ملتی ہے تاکہ ہم وہ کر سکیں جو واجب اور مناسب ہے۔

12 آیت میں پولس رسول مزید بیان کرتا ہے کہ نجات ہمیں اس موجودہ جہاں میں دینداری پر مبنی درست، واجب اور مناسب طرز زندگی گزارنے کی تعلیم دیتی ہے۔ آزمائش تو ہر قدم پر موجود ہوتی ہیں۔ ہم جہاں کہیں جائیں، بے دینی کے ثواہد دیکھنے کو ملیں گے۔ نجات ہمارے دل و دماغ، خیالات اور خواہشوں کو یکسر بدل دیتی اور ہمیں حق بات کہنے اور جو خدا کی نظر میں بھلا اور اچھا ہے کرنے کی توفیق اور قوت دیتی ہے۔ اس کے نتیجہ میں ایک ایسا طرزِ زندگی منظر عام پر آتا ہے جو دنیا سے یکسر مختلف اور منفرد ہوتا ہے۔ نجات پانے والے لوگ، روح القدس کی قوت کے سبب سے اس موجودہ خراب جہاں میں بھی فتح مند اور گناہ پر غالب زندگی بسر کر سکتے ہیں۔ دُنیا کو ان لوگوں میں ایک بڑا فرق اور

گہری تبدیلی دکھائی دینے لگتی ہے۔ وہ راستباز اور دیندار بن جاتے ہیں کیونکہ روح القدس اُنہیں درجہ بدرجہ مسیح کی صورت پر ڈھالتا اور بناتا چلا جاتا ہے۔ اس کے ساتھ ہی ہمیں یہ بھی سمجھنے کی ضرورت ہے کہ اس کا ہرگز یہ مطلب نہیں کہ ایمانداروں سے گناہ سرزد نہیں ہوتا۔ ایماندار گر سکتا ہے اور حتیٰ کہ عین ممکن ہے کہ کچھ وقت کے لئے باغیانہ رویہ اختیار لے۔ تاہم پولس رسول یہاں پر یہ کہہ رہا ہے کہ خدا ہمیں دینداری اور راستبازی کی زندگی گزارنے کے لئے وہ سب کچھ فراہم کرتا ہے جس کی ہمیں ضرورت ہوتی ہے۔ اب یہ ہم پر منحصر ہے کہ ہم اپنے آپ کو خدا اور اس کے مقصد اور ارادے کے تابع کرتے ہوئے روح القدس کی قوت سے ابلیس کا مقابلہ کریں۔

13 آیت میں نجات کا ایک اور پہلو بھی بیان کیا گیا ہے۔ پولس رسول بیان کرتا ہے کہ خداوند یسوع کی نجات کو قبول کرنے والے ایک مبارک اُمید کے بھی منتظر رہتے ہیں۔ اور وہ مبارک اُمید خداوند یسوع کی آمدِ ثانی ہے۔ جو اس کے لئے تیار نہیں ہوتے، وہ اس بات سے دہشت کھاتے ہیں۔ غیر ایمانداروں کے لئے خداوند یسوع کی نجات ایک بھیانک چیز ہے۔ خداوند یسوع سے پیار کرنے والے کس قدر مختلف اور منفرد لوگ ہوتے ہیں!! وہ ایسے زندگی بسر کرتے ہیں جیسے کوئی بچہ ڈاک کے ذریعہ موصول ہونے والی کسی اہم اور دلکش چیز کا منتظر رہتا ہے۔ وہ اس اُمید کے ساتھ بیدار ہوتے ہیں کہ شائد یہی وہ دن ہو۔ وہ اُس کی آمدِ ثانی کے لئے ہر وقت تیار رہتے ہیں۔ خداوند یسوع کو رُوبرُو دیکھنا ہی اُن کی سب سے بڑی خوشی اور اُمید ہوتی ہے۔

14 آیت میں پولس رسول خداوند یسوع کے صلیب پر سرانجام دئے گئے کام کے تعلق سے دو باتیں بیان کرنا چاہتے ہیں۔ اوّل:۔ وہ اپنے قارئین کو بتاتے ہیں کہ خداوند ہمیں ہر طرح کی ناراستی سے پاک کرتا اور چھڑاتا ہے۔ یہ وہ کام ہے جو اس وقت ہوا جب خداوند

یسوع نے ہمارے لئے صلیب پر قیمت ادا کی۔ مرنا تو ہمیں چاہئے تھا لیکن خداوند یسوع نے قانونی تقاضوں کے مطابق ہماری جگہ لے لی اور خود کو قربان کر دیا۔ اس نے ہمیں ہر طرح کے الزام اور جُرم سے آزاد کر دیا ہے۔ غور کریں کہ خداوند یسوع ہمیں " ساری ناراستی " سے پاک کرتا ہے۔ کوئی بھی ایسی بدی، بدکاری اور گناہ نہیں ہے جو خداوند معاف نہیں کر سکتا اور ہمیں اس سے آزاد نہیں کر سکتا۔ ساری بدکاری خداوند یسوع کے خون سے ڈھانپی جاتی ہے۔ ہمارے لئے یہ کس قدر بڑی اور خوبصورت اُمید ہے!!!

دوئم:۔ خداوند یسوع کے صلیبی کام کے تعلق سے پولس رسول بیان کرتا ہے کہ اس نے اپنے لوگوں کو پاک ٹھہرانے کے لئے خود کو پیش اور قربان کر دیا۔ میری زندگی میں کبھی کبھی ایسا وقت بھی آتا ہے جب میں حیرت میں ڈوبا یہ سوچتا رہتا ہوں کہ آیا میں کبھی گناہ سے پورے طور پر آزادی اور رہائی پا سکتا ہوں جو مجھے خداوند کی گہری رفاقت اور محبت سے دُور رکھنے کی کوشش کرتا ہے۔ یہ حوالہ ہمیں بتاتا ہے کہ خداوند کی یہی خواہش ہے کہ وہ ہمیں ہر طرح کی ناپاکی، بدکار اور گناہ سے پاک ٹھہرائے۔ پاک ٹھہرانا خداوند کا کام ہے۔ ہم اپنی طاقت، ارادے اور سمجھ سے ایسے لوگ نہیں بن سکتے جیسا وہ ہمیں بنانا چاہتا ہے۔ ضرورت ہے کہ وہ ہمارے دلوں اور روّیوں کو بدلے۔ خداوند اپنے لئے ایسے لوگوں کو پاک ٹھہرانا چاہتا ہے جو اس کے لئے زندہ رہیں، وہی کریں جو اسے پسند ہے۔ خداوند کے ارادے اور مرضی میں رکاوٹ نہ بنیں۔ خداوند اور اُس کی مرضی کے تابع ہو جائیں۔ اس کی راہنمائی کو سمجھتے ہوئے اُس کی پیروی کریں۔ اُس کی تابعداری کرتے ہوئے، دیکھیں کہ وہ کس طرح آپ کو اپنے لائق برتن بناتا ہے جس میں خدا کی قوت اور قدرت بھری جا سکے۔ اُسے موقع دیں تا کہ وہ آپ کو عزت کا برتن بنا سکے۔ پولس رسول اس باب کا اختتام ططس کو یہ چیلنج دیتے ہوئے کرتا ہے کہ وہ ان باتوں کی تعلیم دے، دوسروں میں منادی

کرے جو اس خط میں بیان کی گئی ہیں۔ اسے خداوند کے دئے اختیار سے ڈانٹنا بھی تھا اور حوصلہ افزائی کرنے کا کام بھی سرانجام دینا تھا۔ 15 آیت میں پولس رسول ططس کو یاد کراتا ہے کہ کوئی اُسے حقیر نہ جاننے پائے۔ پولس رسول جب سچائی پر قائم تھا تو اس کے کچھ دُشمن بھی تھے۔ جن باتوں کی پولس رسول تعلیم دے رہا تھا، لوگوں کا طرزِ زندگی اس سے کہیں مختلف تھا۔ وہ اس کے تعلق سے لوگوں کی رائے میں تبدیلی تو نہیں لا سکتا تھا۔ " کوئی تیری حقارت نہ کرے" یہاں پر دراصل پولس رسول دو باتیں بیان کر رہا ہے۔
اوّل:۔ وہ ططس کو یہ کہہ رہا تھا کہ وہ ایسی مثالی زندگی بسر کرے کہ کسی کو اس پر یا اس کی خدمت پر الزام لگانے یا اُنگلی اٹھانے کا موقع ہی نہ ملے۔ ططس کو ان لوگوں کو موقع نہیں دینا تھا جو ا

اُس کے کلام اور کام کو ناپسند کرتے تھے، کہ وہ اُس کی خدمت میں رکاوٹ بنیں یا اُسے حقیر جانیں۔ پولس رسول کو یاد رکھنا تھا کہ خدمت کی بلاہٹ خداوند کی طرف سے ہوتی ہے۔ ططس کو موقع نہیں دینا تھا کہ لوگوں کی آراء اور توہین آمیز روّیہ اور فقرات اسے خدا اور اس کی بلاہٹ سے دُور لے جائیں۔ اگر واقعی خدا نے اُسے خدمت کے لئے بلایا تو پھر لوگوں کی باتیں اور روّیہ کوئی حیثیت نہیں رکھتا۔ ططس کو خدا کا خادم ہوتے ہوئے اپنا اختیار استعمال کرنا تھا۔ اسے تعلیم دیتے وقت شرمانا نہیں تھا اور نہ ہی کسی طرح سے بزدلی کا سامنا کرنا تھا۔ مسیح کا ایلچی ہوتے ہوئے اُسے اختیار کے ساتھ تعلیم دینا تھی۔ تعلیم پانے والوں کو اس اختیار اور رُتبے کا احترام کرنا تھا جس کے زیرِ اختیار وہ خدمت سرانجام دے رہا تھا۔

چند غور طلب باتیں

☆۔ پولس جب اپنے قارئین کو یہ لکھتا ہے کہ اُن کی نجات خدا کے فضل کی بخشش کا نتیجہ ہے؟

☆۔ آپ کے نجات پانے سے کیسی بڑی تبدیلی واقع ہوئی؟

☆۔ آپ اپنی زندگی میں روح القدس کی قوت اور تازگی کے کیسے شواہد دیکھتے ہیں؟

☆۔ کیا آپ گناہوں پر غالب زندگی بسر کر رہے ہیں؟ کیا آپ کو کسی گناہ پر غالب آنے کی ضرورت ہے؟

☆۔ پولس رسول نے اپنے قارئین کو بتایا کہ خدا اُنہیں پاک ٹھہرانا چاہتا ہے۔ اپنی طاقت اور سمجھ کے مطابق مسیحی زندگی گزارنے اور خداوند کو پاک ٹھہرانے کا موقع دینے میں کیا فرق ہے؟

☆۔ خداوند نے آپ کو کیا سرانجام دینے کے لئے خدمت کی بلاہٹ دی ہے؟ کیا آپ اس خدمت کی بلاہٹ کی تابعداری میں زندگی بسر کر رہے ہیں؟

چند اہم دُعائیہ نکات

☆۔ خداوند کو موقع دیں کہ وہ آپ کے دل کو ٹٹولے اور آپ کو وہ طرزِ زندگی دکھائے جہاں پر آپ فتح مند زندگی نہیں گزار رہے۔

☆۔ خدا پاک روح کی قوت اور قدرت سے معمور اور بھرپور کر دینے والی خدمت کے لئے خداوند کی شکرگزاری کریں۔ خداوند سے کہیں کہ وہ پاک روح کی قوت اور قدرت کو سمجھنے، جاننے اور مزید قبول کرنے کے لئے آپ کے دل کو کھولے۔

☆۔ خداوند کی شکرگزاری کریں کہ وہ ہمیں پاک ٹھہرانا چاہتا ہے۔ اُس نے دینداری اور راستبازی کی زندگی بسر کرنے کے لئے ہمیں سب کچھ مہیا کیا ہے۔

☆۔ خداوند سے دعا کریں کہ وہ آپ کے دل اور آنکھیں کھول دے تاکہ وہ آپ محسوس کر سکیں اور اس بات کو جان سکیں کہ وہ آپ کی زندگی میں کیا کرنا چاہتا ہے۔

☆۔ جب سے آپ خداوند کے پاس آئے ہیں، اس وقت سے اب تک جو تبدیلیاں آپ کی زندگی میں رونما ہوئی ہیں اُن کے لئے بھی خداوند کی شکرگزاری کریں۔

باب 7

بھلائی کرنا

3 باب 1-15 کا مطالعہ کریں

اس خط میں پولس رسول ططس کو اس بات کے لئے ہمت افزائی کر رہا ہے کہ وہ کریتے کے ایمانداروں کو تعلیم دے کہ اُنہوں نے خداوند میں مسیحی ایماندار ہوتے ہوئے کیسا طرزِ زندگی اختیار کرنا ہے۔ اس باب میں پولس رسول ایمانداروں کی اُن خوبیوں اور اوصاف کا ذکر کرتا ہے جن کا ہر ایک ایماندار میں ہونا لازم ہے۔ کیونکہ وہ ایک معاشرے میں رہتے ہیں اس لئے اُنہیں اپنے معاشرے کے لئے بھی نمونہ بننا ہے۔

اختیار والوں کے تابع رہو

پولس رسول سب سے پہلے یہ بتاتا ہے کہ ایمانداروں کو حکومت والوں اور اختیار والوں کے تابع ہونا چاہئے۔ یاد رہے کہ تمام سیاسی قائدین مسیحی ایماندار نہیں ہوتے بلکہ بعض تو انتہائی بد عنوانیوں میں مبتلا بھی ہوتے ہیں۔ تاہم ایماندار کو سب سے پہلے خدا اور اس کے مقصد کے تابع ہونا اور اس کو ترجیح دینا ہے۔ لازم ہے کہ ہم ان اختیار والوں کی تابعداری میں زندگی بسر کریں جنہیں خدا نے ہم پر مقرر کیا ہے۔ مسیحی ایمانداروں کو ایسے شہری بننا ہے جو معاشرے کی بہتری اور بھلائی کے خواہاں ہو اور ایسے لوگوں کے تابع رہیں اور اُن کا احترام کریں جنہیں خدا نے صاحبِ اختیار ٹھہرا کر مقرر کیا ہے۔

تابعدار

ایک ایماندار کو تابعدار بھی ہونا چاہئے۔ یہی کافی نہیں کہ وہ خدا کے کلام کی تابعداری

کرے بلکہ لازم ہے کہ وہ ملکی قوانین اور اصول وضوابط کا بھی پابند ہو۔ ملکی قوانین، سماجی اصول وضوابط سے بغاوت بھی خدا کی نافرمانی ہے۔ اس سے ایک ایماندار کی گواہی بھی خراب ہوتی ہے اور معاشرے کے امن وسلامتی کو بھی خطرہ لاحق ہوتا ہے۔

نیکی کرنے کے لئے مستعد رہو

پولس رسول ططس کو یہ بھی بتاتا ہے کہ ایک ایماندار کو نیکی کرنے کے لئے ہر وقت تیار اور مستعد رہنا چاہئے۔ 2 آیت میں پولس رسول بیان کرتا ہے کہ نیکی سے کیا مراد ہے۔ وہ ططس کو بتاتا ہے کہ ایک ایماندار کو تہمت باز نہیں ہونا چاہئے۔ تہمت بازی سے مراد کسی شخص کی شہرت اور ساکھ کو نقصان پہنچانے کے لئے دانستہ طور پر اُس کے خلاف بُری اور غیر مناسب باتیں کرنا ہے۔ ایک ایماندار کو اپنے منہ سے نکلنے والے کلام کے تعلق سے محتاط رہنا چاہئے۔ اُس کے منہ سے ایسی باتیں نکلیں جو پُر فضل، نمکین اور خدا کو جلال دینے کا باعث ہو۔ اُس کی گفتگو دوسروں کی تعمیر وترقی اور برکت کا باعث ہو۔

پولس رسول نے ططس کو 2 آیت میں یہ بھی بتایا کہ ایماندار امن پسند ہو۔ بحث مباحثہ اور دلیل بازی سے خدا کا کوئی مقصد پورا نہیں ہوتا۔ ایمانداروں کو یاد رکھنا چاہئے کہ ایک وقت تھا جب وہ مسیح کے دشمن تھے۔ لیکن مسیح نے اُن کے لئے جان قربان کر دی تاکہ وہ خدا کے ساتھ صلح کے بند میں بندھ جائیں اور مسیح کے ساتھ اُن کا میل ملاپ ہو جائے۔ دوسروں کے ساتھ اپنے تعلقات میں ایمانداروں کو اسی نمونے کی پیروی کرنی چاہئے۔

اُنہیں مسیحی بہن بھائیوں کے درمیان ہم آہنگی کے لئے کردار ادا کرنا چاہئے اور حتیٰ کہ دشمنوں کے ساتھ بھی صلح کے طالب رہنا چاہئے۔

مسیحی لوگوں کو دوسروں کا خیال رکھنے والا ہونا چاہئے۔ جب خداوند یسوع مسیح اس دُنیا میں تھے تو اُنہوں نے ہماری پیروی کے لئے ایک نمونہ چھوڑا۔ وہ اس زمین پر اپنے لئے نہیں

رہا۔ بلکہ دوسروں کے لئے۔ اُس نے دوسروں کے مفاد، بہتری اور برکت کو مدِ نظر رکھا نہ کہ اپنی خواہشات اور سوچ کو ترجیح دی۔ مسیحیوں کے لئے بھی لازم ہے کہ وہ دوسروں کی دلچسپی، بہتری، مفاد کو مدِ نظر رکھیں اور اُسے ترجیح دیں۔ اُنہیں بخوشی ورضا اپنی خودی کے اعتبار سے مر جانا چاہیئے تاکہ دوسروں کے لئے باعثِ برکت ہو سکیں۔

پھر آخر میں، دوسری آیت میں پولس رسول ططس کو یاد دلاتا ہے کہ ایمانداروں کو دوسروں سے حلم مزاجی سے پیش آنا چاہیئے۔ حلم مزاجی سے مراد صرف نرم روّیہ ہی نہیں بلکہ اس کا عملی اظہار دوسروں کی ضروریات کے تعلق سے فکرمندی اور انہیں پورا کرنے کے تعلق سے کوشش سے ظاہر ہونا چاہیئے۔ اردگرد کے لوگوں کے ساتھ ان کے روّیہ سے بھی نرم امزاجی اور انکساری ظاہر ہونی چاہیئے۔ ایسا بالکل بھی نہیں ہونا چاہیئے کہ وہ خود کو دوسروں سے افضل اور بہتر ظاہر کریں۔ اُنہیں خداوند یسوع مسیح کی طرح اپنے بھائیوں اور بہنوں کے پاؤں دھونے کے لئے بھی تیار ہونا چاہیئے۔ (یوحنا 13 باب)

پولس رسول کریتے کے ایمانداروں کو یاد دلاتا ہے کہ پہلے وہ کس طرح زندگی بسر کرتے تھے۔ (3 آیت) ان کی موجودہ زندگی پہلی زندگی سے یکسر مختلف اور منفرد تھی۔ ایمان لانے سے قبل کریتے کے لوگوں کی زندگی حماقتوں سے بھری ہوئی تھی۔ ہو سکتا ہے کہ بعض شراب نوشی اور دیگر غیر اخلاقی حرکات میں مبتلا ہوں۔ وہ ابدیت اور خدا کے مقصد کو مدِ نظر رکھنے کی بجائے عارضی لطف اور عیش و عشرت کو پسند کرتے تھے۔

وہ خدا کے کلام کی نافرمانی کرتے اور موجودہ جہاں کی عارضی لذتوں اور رنگ برنگی خواہشوں سے لپٹے ہوئے تھے۔ وہ یہی سمجھتے تھے کہ جسمانی خواہشوں کی تسکین ہی اُن کی زندگی کا مقصدِ حیات ہے۔ وہ اُن خواہشوں اور عارضی عیش و عشرت کے غلام بن چکے تھے۔ وہ اپنی خوشی کے لئے زندہ تھے لیکن اُن کی خوشی بالکل عارضی تھی۔

وہ ایک دوسرے سے کینہ رکھتے تھے۔ وہ ایک دوسرے پر سبقت لے جانا چاہتے تھے۔ وہ ایک دوسرے کو دھوکہ دیتے اور جھوٹ بولتے تھے۔ اپنے اعمال و افعال کی وجہ سے وہ ایک دوسرے سے نفرت کرتے تھے۔ اُنہیں صرف اپنی ذات سے غرض تھی۔ ہر شخص آپا دھاپی (اپنے مفاد کے حصول کی دَوڑ) کا شکار تھا۔ 4 آیت میں پولس رسول کریتے کے ایمانداروں کو یاد دلاتا ہے کہ جب خداوند یسوع مسیح کے وسیلہ سے خدا کی مہربانی اور محبت اُن پر ظاہر ہوئی تو کیسے سب کچھ بدل گیا۔ خداوند یسوع اُن کے دلوں میں اس لئے نہیں آیا تھا کیوں کہ وہ بڑے اچھے اور نیک تھے (5 آیت) بلکہ جب وہ گنہگار ہی تھے تو خداوند یسوع نے اُن کے لئے اپنی محبت کا اظہار صلیب پر کیا تھا۔ وہ دھوکہ بازوں اور جھوٹی باتیں گھڑنے والوں کے درمیان آ گیا تھا۔ وہ ایسے لوگوں کے درمیان آیا جو ایک دوسرے سے نفرت کرتے اور ایک دوسرے پر فضیلت پانے کے چکر میں پڑے ہوئے تھے۔

جب خداوند یسوع نے اپنے آپ کو کریتے کے ایمانداروں پر ظاہر کیا تو انہیں نئی پیدائش کے غسل اور روح القدس کے وسیلہ نیا بنا کر نجات بخشی۔ اس نے کریتے کے ایمانداروں کو دھو ڈالا کیونکہ وہ گناہ اور بدی سے داغدار تھے۔ خداوند یسوع نے آکر اُن کے گناہ اٹھا لئے۔ اُس نے اُنہیں دھو کر پاک صاف کر کے انہیں معاف کر دیا۔ اُس نے اُنہیں اپنا پاک روح دے کر نئی زندگی عطا کی۔ یہ نئی زندگی روح القدس کی مرہونِ منت تھی کیونکہ روح القدس انہیں درجہ بدرجہ اور روز بروز نیا بناتا چلا جا رہا تھا۔ اُن کے خیالات کی تجدیدِ نو ہو رہی تھی۔ اب پہلے جیسے کاموں میں اُن کی خوشنودی اور مُسرت نہیں تھی۔ اب وہ اپنے گناہوں دُھل کر پاک صاف شدہ لوگ تھے۔ وہ رُوح القدس کے نیا بنانے کے وسیلہ سے مختلف اور منفرد لوگ بن چکے تھے۔

خداوند یسوع نے کریتے کے لوگوں کے ساتھ یہ سب کچھ کیا تھا تا کہ وہ گناہوں کی معافی

پاتے ہوئے اُس کے فضل سے راستباز ٹھہریں۔ راستباز ٹھہرنے کا مطلب خدا کے ساتھ درست تعلقات کا ہونا ہے۔ یعنی جب خدا اور گنہگار کے درمیان گناہ کے سبب جدائی کی دیوار گر جائے۔ خداوند یسوع نے کریتے کے ایمانداروں کی زندگی سے گناہ کی رکاوٹ کو ختم کر دیا تھا تا کہ خدا کے ساتھ ان کا درست رشتہ اور تعلق بحال ہو سکے۔ یہ جھوٹ بولنے والے بدکار کریتے اب معاف شدہ اور خدا کی میراث کے حصہ دار تھے۔ وہ ابدی زندگی اور خدا کی ہر طرح کی برکات کے مستحق ہو چکے تھے۔

پولس رسول اُنہیں یاد کراتا ہے کہ جب اُن پر اتنا بڑا فضل ہوا ہے تو لازم ہے کہ وہ نیکی اور بھلائی کرنے کے لئے ہر وقت تیار اور مستعد رہیں۔ پولس رسول اُنہیں یاد کراتا ہے کہ خدا کے فضل اور اس رحم سے تحریک پاکر وہ خدمت کے لئے بیدار رہیں جو اُن پر ہوا ہے۔اس سے ہمیں خدمت کے لئے مُستعد اور تیار ہونے کی کیسی بڑی تحریک ملتی ہے!! خدا کی خدمت اور عبادت کی سب سے بڑی تحریک یہی ہے کہ ہم اس بڑے کام کے لئے اس سے اظہارِ محبت اور شکر گزاری کریں جو اُس نے ہمارے لئے سر انجام دیا ہے۔

جب ہمارے دل میں ایسی سرگرم تحریک ہو گی تو خواہ حالات نامساعد بھی ہو جائیں، ہم آگے بڑھتے رہیں گے۔ اُس کے رحم اور فضل کی بدولت ہم اپنے آپ کو اُس کے لئے وقف کر دیتے ہیں۔ ہم اس قدر اُس کے شکر گزار ہوتے ہیں کہ اس کے جواب اور ردِ عمل کے طور پر اپنا سب کچھ اُس کے قدموں میں نچھاور کر دیتے ہیں۔ جب ہم نے خداوند یسوع مسیح کو جانا تو سب کچھ یکسر بدل گیا۔ اس کا ہرگز یہ مطلب نہیں کہ اب ہمیں اپنی زندگیوں میں مزید کام کرنے کی ضرورت نہیں ہے۔ نجات سے ہم خدا کے حضور راستباز تو ٹھہر جاتے ہیں لیکن کامل نہیں ہوتے۔ پولس رسول نے کریتے کے ایمانداروں کو

نصیحت کی کہ وہ بے جا نسب ناموں، بحث مباحثوں اور شریعت کے تعلق سے بے فائدہ دلیل بازی، جھگڑوں اور تکرار سے دُور ہی رہیں۔ کیونکہ ان سب چیزوں سے مسیح کے بدن کی ترقی نہیں ہوتی بلکہ تفرقے اور جدائیاں ہی جنم لیتی ہیں۔ ایسی صورت میں بے ایمان دنیا کو کلیسیا میں تفرقے اور تکرار کے سوا کچھ دیکھنے کو نہیں ملتا۔ پولس رسول نے کریتے کے ایمانداروں کو ان سب اختلافات اور تکرار کو دُور کرنے کی نصیحت کی۔ پولس ططس کو ان لوگوں کو جواب دینے کے لئے بھی اُبھارتا ہے جو کلیسیا میں اختلافات اور غلط تعلیمات اور تفرقے پھیلا رہے تھے۔(10) لازم تھا کہ ططس ایسے لوگوں کو انتباہ کرتا، اگر وہ نہ سنتے تو لازم تھا کہ وہ دوسری بار اُنہیں تنبیہ کرتا۔ اگر وہ پھر بھی نہ سنتے تو ططس کو انہیں کلیسیا سے باہر نکال دینا تھا تاکہ وہ مزید اختلافات پیدا نہ کرنے پاتے۔ پولس رسول کے مطابق ایسے لوگ گناہ میں زندگی بسر کر رہے تھے اور تنقیدی باتوں اور جھگڑوں اور اپنے اعمال و افعال سے خود کو مجرم ٹھہرا رہے تھے۔(11)

آخر میں پولس رسول اس محبت کا اظہار کرتا ہے جو خدا نے اس کے دل میں مسیح کے بدن کے لئے رکھی تھی۔ پولس ططس کو بتاتا ہے کہ وہ اس کے پاس تخکس کو بھیج رہا ہے تاکہ وہ اُس کے کام میں اُس کی ہمت افزائی کرے۔ وہ یہ بھی چاہتا تھا کہ ططس اس کے پاس آنے کی بھرپور کوشش کرے۔ اس خط سے پولس رسول کی ططس کے لئے محبت اور فکرمندی واضح طور پر عیاں ہے۔ پولس رسول ططس کو اس بات کے لئے اُبھارتا ہے کہ وہ زیناس عالمِ شرع اور اپلوس کی مدد کے لئے جو کچھ بھی کر سکتا ہے ضرور کرے۔(13) جب وہ اُن کے درمیان خداوند کے لئے خدمت کر رہے تھے تو ططس کی ذمہ داری تھی کہ وہ اپنے ہم ایمان بھائیوں اور بہنوں کے ساتھ مل کر اُن کی ضروریات کی فراہمی کے لئے کچھ کرتا۔

خدا کے لوگوں کو نیکی اور بھلائی کرنے کے لئے خود کو وقف کر دینا تھا۔ انہیں مسیح کے بدن

کی بنیادی ضروریات فراہم کرے اور ایسا طرزِ زندگی اختیار کرنے سے ایسا کرنا تھا جو افزائش اور ترقی کا باعث ہوتا۔ یعنی ایسا طرزِ زندگی جس سے مسیح کے بدن کی ترقی اور بڑھوتی ہوتی۔ انہیں اپنے وسائل، نعمتیں اور صلاحتیں خدا کی بادشاہی اور کلیسیا کی برکات کے لئے استعمال کرنا تھیں۔

پولس رسول ططس کے نام اس خط کا اختتام اپنے ساتھیوں کے طرف سے اُنہیں سلام دُعا بھیجتے ہوئے کرتا ہے۔ وہ اُسے کہتا ہے کہ ایمان کی روح سے اُن سب لوگوں کو سلام جو ہم سے محبت رکھتے ہیں۔

چند غور طلب باتیں

☆۔ کیا آپ نے کبھی خود کو ان لوگوں پر تنقید کرتے ہوئے پایا ہے جن کو خدا نے آپ پر مقرر کیا ہے؟ یہاں پر پولس رسول ہمیں اس تعلق سے کیا تعلیم دیتا ہے؟

☆۔ کیا آپ کی کلیسیا اپنے اردگرد رہنے والے لوگوں کی ضروریات کا خیال رکھتی ہے؟ چند ایک مثالیں دیں۔

☆۔ دوسروں کے ساتھ آپ کے تعلقات میں خدا نے آپ کے رویوں میں کیا تبدیلیاں پیدا کی ہیں؟

☆۔ خداوند کی خدمت کرنے کے لئے ہمارے اندر کون سی بنیادی چیز سے تحریک پیدا ہونی چاہئے؟

☆۔ کیا مسیح کے بدن میں تفرقے بازی کے شواہد پائے جاتے ہیں؟ وہ کون سے شواہد ہیں۔ اُنہیں کیسے ختم کیا جاسکتا ہے؟

چند اہم دُعائیہ نکات

☆۔ خداوند سے دُعا کریں کہ وہ آپ کے ارد گرد بسنے والے لوگوں کی ضروریات کے لئے آپ کی آنکھیں کھول دے۔

☆۔ خداوند سے ایسی دیواروں کو گرانے کی درخواست کریں جو ایمانداروں کے درمیان تفرقے بازی پیدا کرتی ہیں۔

☆۔ خداوند سے نیکی اور بھلائی کے کام کرنے کی توفیق مانگیں تاکہ آپ اپنے ارد گرد کے لوگوں کے لئے عملی اور باکردار مسیحی بن جائیں۔ اور اُن کے لئے آپ کی زندگی کی گواہی پُر اثر اور پُر تاثیر ہو۔

فِلیمُون کا تعارف

مصنف:۔ پولس رسول 1:1 میں اپنا تعارف اس خط کے مصنف کے طور پر کراتا ہے۔ 9 آیت میں وہ بیان کرتا ہے کہ اُس نے یہ خط اپنے ہاتھ سے لکھا ہے۔ خط لکھتے وقت پولس رسول روم کے ایک قید خانہ میں قید تھا۔(1:1 اور 1:19)

پس منظر:۔

یہ خط فلیمون نام کے ایک ایماندار کو لکھا گیا جو امکانِ غالب ہے کہ پولس رسول کی خدمت کے وسیلہ سے خداوند یسوع پر ایمان لے آیا تھا۔ (1:19)فلیمون کُلسے میں رہائش پذیر تھا۔ فلیمون ایک دولتمند شخص اور ایک غلام کا مالک بھی تھا۔ 1-2 آیت سے معلوم ہوتا ہے کہ اُس کے گھر میں کلیسیا جمع ہوا کرتی تھی۔

پولس رسول کا فلیمون کے نام یہ خط شخصی نوعیت کا ہے جو ایک غلام کے تعلق سے لکھا گیا ہے جو اس کے ہاں سے بھاگ کر روم آگیا تھا۔ اس غلام کا نام انیسمس تھا۔ اور وہ پولس رسول کی خدمت کے وسیلہ سے مسیح یسوع پر ایمان لے آیا تھا۔ اب پولس رسول اُسے اُس کے مالک کے پاس واپس بھیج رہا تھا۔ اس خط میں پولس رسول فلیمون سے انیسمس کی زندگی کے لئے التماس کرتا ہے۔ اور اس سے درخواست کرتا ہے کہ وہ انیسمس کے ساتھ عزت کے ساتھ پیش آئے۔ باوجود اس کے کہ وہ اُس کے ہاں سے بھاگ گیا تھا۔ پولس رسول فلیمون سے کہتا ہے کہ انیسمس کے ہاں سے بھاگ آنے کی وجہ سے اگر اُس کا کوئی نقصان ہوا ہے تو وہ اُسے خود پورا کر دے گا۔

کلسیوں 4 باب 7-9 آیات کے مطابق انیسمس تخکس کے ساتھ اپنے مالک کے پاس واپس آگیا تھا۔ امکانِ غالب ہے کہ تخکس کلسیوں کے نام پولس رسول کا خط لے کر آیا تھا۔

دَورِ حاضرہ میں کتاب کی اہمیت

پولس رسول کا فلیمون کے نام خط دورِ حاضرہ میں بھی اپنے اندر اہم اسباق سموئے ہوئے ہے۔ پولس رسول فلیمون کو بتاتا ہے کہ اگرچہ انیسمس اُس کے ہاں سے بھاگ آیا تھا تو بھی خدا نے اپنی قدرت سے اسے پولس رسول کے ساتھ ملادیا اور پولس رسول نے اُسے خداوند یسوع کے ساتھ ملادیا۔ خدا اپنی قدرت سے نامساعد حالات اور ناگوار صورتحال کو بھی اپنے جلال اور قدرت سے خوشگوار اور خوبصورت بنانے کی قدرت رکھتا ہے۔ ہمیں یہاں پر اپنے ذہن میں یہ بات بٹھالینی چاہئے کہ ہمارا خدا ہر شے پر قادر ہے۔ اسے تمام حالات اور ہر طرح کی تکلیف دہ صورتحال پر بھی اختیار اور قدرت حاصل ہے۔ وہ خراب ترین صورتحال کو بھی اپنے مقصد اور ارادے کی تکمیل کے لئے استعمال کرنے کی قدرت رکھتا ہے۔

اس خط میں دوسرا اہم سبق، انیسمس، فلیمون اور پولس رسول کے درمیان تعلق اور رشتے کے بارے میں ہے۔ فلیمون ایک امیر شخص ایک غلام کا مالک تھا۔ جبکہ انیسمس ایک غلام تھا۔ پولس رسول دونوں کو "بھائی" کہہ کر مخاطب کرتا ہے۔ پولس رسول کسی طور پر بھی انیسمس کو فلیمون سے کم تر نہیں سمجھتا۔

پولس رسول نے فلیمون سے یہ درخواست نہیں کی کہ وہ انیسمس کو کسی اچھے عہدے پر ترقی دے دے بلکہ یہ کہا کہ وہ اسے مسیح میں اپنے بھائی کے طور پر قبول کرلے۔ اس سے یہ بھی ظاہر ہوتا ہے کہ اگرچہ مسیح کے بدن میں مساوات اور برابری پائی جاتی ہے تو بھی ہر کسی کا اپنا اپنا کام اور کردار ہوتا ہے۔ پولس رسول انیسمس سے یہ توقع کررہا تھا کہ اب وہ

واپس جا کر پہلے سے بھی اچھا خادم اور غلام بنے کیونکہ اب وہ مسیح یسوع کو جان چکا ہے۔ اس کے ساتھ ہی پولس رسول فلیمون سے یہ توقع کر رہا تھا کہ وہ انیسمس کو بھائی جانتے ہوئے اُس کے ساتھ عزت اور وقار کے ساتھ پیش آئے۔ اس سے ہمیں یہ سیکھنے کو ملتا ہے کہ خداوند نے جو بھی عہدہ، مقام اور رُتبہ ہمیں عطا کیا ہے، لازم ہے کہ ہم دوسروں کے ساتھ اپنا روّیہ اور سلوک دوسروں کو اپنے برابر سمجھتے اور جانتے ہوئے اختیار کریں۔

باب 8

فِلیمُون، اَفیہ اور اَرخِپّس

فلِیمُون 1 باب 1-7 آیات کا مطالعہ کریں

پولس رسول کا فلیمون کے نام یہ خط شخصی نوعیت کا ہے جو ایک غلام کے تعلق سے لکھا گیا ہے جو اس کے ہاں سے بھاگ کر روم آگیا تھا۔ اُس غلام کا نام اُنیسمس تھا۔ اور وہ پولس رسول کی خدمت کے وسیلہ سے مسیح یسوع پر ایمان لے آیا تھا۔ فلیمون کا تعلق کُلسے سے تھا جو پولس رسول کے وسیلہ سے خداوند یسوع پر ایمان لے آیا تھا۔ یہی وجہ ہے کہ پولس رسول نے فلیمون کو بڑی آزادی اور دلیری کے ساتھ انیسمس کے تعلق سے لکھا۔

خط لکھتے وقت پولس رسول روم کے قید خانہ میں تھا۔ غور کریں کہ کس طرح پولس رسول خود کو مسیح یسوع کا قیدی کہتا ہے۔

یوں محسوس ہوتا ہے کہ پولس رسول کو مسیح یسوع کا قیدی ہونے پر فخر تھا۔ اُسے مسیح کی خاطر قید ہونے پر کوئی شرمندگی محسوس نہیں ہو رہی تھی۔ یہ بات پولس رسول کے تعلق سے کئی ایک باتوں کی کھوج لگاتی ہے۔ اُس نے اپنی قید کی حالت کے ساتھ سمجھوتہ کر لیا تھا، جو کچھ بھی ہو رہا تھا، اُس نے سب کچھ خندہ پیشانی سے قبول کر لیا تھا۔ اُسے انجیل کی خاطر قید ہونے پر ناز تھا۔

غور کریں تو پہلی آیت بتاتی ہے کہ یہ خط تیمتھیس کی طرف سے بھی لکھا گیا تھا جو کہ پولس رسول کا ہم خدمت اور ایمان کی رُو سے اُس کا فرزند بھی تھا۔ قید و بند کی اس صعوبت میں تیمتھیس نے پولس رسول کی ہمت افزائی، عزت افزائی اور ہر ممکن طریقہ سے معاونت

فرمائی تھی۔

یہ خط فلیمون کے نام ہے جسے پولس رسول عزیز دوست اور ہم خدمت کہہ کر مخاطب کرتا ہے۔ اس خط میں افیہ اور ارخپس کی طرف سے بھی سلام دُعا بھیجا گیا ہے۔ ہم کلسیوں 4 باب اور 17 آیت میں ارخپس کے تعلق سے پڑھتے ہیں۔ جہاں اسے اس کام کو مکمل کرنے کے لئے اُبھارا گیا ہے جو خداوند نے اُس کے سپرد کیا تھا۔ بہت سے مفسرین اس بات پر متفق ہیں کہ ارخپس فلیمون کا بیٹا جبکہ افیہ فلیمون کی زوجہ محترمہ ہیں۔ اور ایک لحاظ سے یہ بات بالکل درست بھی معلوم ہوتی ہے کیونکہ یہ تینوں لوگ ایک ہی جگہ پر مقیم تھے۔ اس خط میں پولس رسول اس کلیسیا کو بھی سلام دُعا بھیجتا ہے جو اُن کے گھر پر فراہم ہوا کرتی تھی۔ (2 آیت)

اس خط کے متن سے معلوم ہوتا ہے کہ فلیمون صاحبِ حیثیت آدمی تھا۔ اُس کے پاس ایک غلام بھی تھا۔ اور اُس کا گھر بھی اتنا بڑا تھا کہ اُس کے ہاں لوگ عبادت کے لئے فراہم ہوا کرتے تھے۔ ایک ایماندار ہوتے ہوئے فلیمون نے ایک شخص کو غلام رکھا ہوا تھا۔ ہمیں اس پر تعجب نہیں ہونا چاہئے۔ کیونکہ یہ اُس دَور کا کلچر اور روزمرہ کی زندگی میں کوئی معیوب بات نہیں تھی۔

پولس رسول نے فلیمون اور اُس کے گھرانے کو سلام کرنے کے بعد اُن کے لئے خدا کے فضل (غیر مشروط مہربانی) اور اطمینان کی دعا کی۔ پولس رسول کے لئے اطمینان بڑی اہمیت کا حامل تھا، وہ اپنے اکثر خطوط میں اس کا ذکر کرتا ہے۔ اطمینان خداوند یسوع کے ساتھ اچھے رشتے اور خدا کے ساتھ وفاداری، خالص طریقہ اور محبت سے چلنے کی علامت ہے۔ خدا سے گناہوں کی معافی پانے اور خدا کی حقیقی تابعداری کرنے کے سوا یہ اطمینان کہیں سے بھی نہیں ملتا۔ بلکہ دُنیا اس اطمینان سے بالکل بھی واقف اور آگاہ نہیں ہے۔

غور کریں کہ کس طرح پولس رسول فلیمون کو لکھ رہا ہے کہ جب وہ دُعاؤں میں اُسے یاد کرتا ہے تو اُس کے لئے خداوند کی شکر گزاری کرتا ہے۔ جب خدا پولس رسول کے ذہن میں دُعا کے وقت لوگوں کو لاتا تھا تو وہ اُن کے لئے خدا کی شکر گزاری کرتا تھا۔ دن بھر میں خدا کتنے لوگوں کو آپ کے ذہن میں لاتا ہے؟ جب پولس رسول کے ذہن میں کچھ لوگ آتے تھے تو وہ اُن کو خدا کی محافظت اور پناہ میں دیتا تھا اور بعض اوقات کئی ایک لوگوں کے لئے وہ خدا کی شکر گزاری کرتا تھا۔

پولس رسول فلیمون کے لئے خدا کا شکر گزار تھا کیونکہ اُس نے فلیمون کی مقدسین کے لئے محبت اور خدا پر ایمان کا حال سن رکھا تھا۔ پولس رسول جس محبت کا یہاں پر ذکر کر رہا ہے وہ محض محسوسات یا احساسات تک محدود نہیں تھی۔ فلیمون مقدسین کے لئے اپنی محبت کا اظہار زبانی کلامی یا اپنے احساسات اور جذبات سے نہیں بلکہ عملی کاموں سے کر رہا تھا۔ امکانِ غالب ہے کہ وہ اپنے اردگرد کے لوگوں کی ضروریات پوری کرنے کے وسیلہ سے اُن کے لئے اپنی مسیحی محبت کا اظہار کرتا تھا۔ ایسا لگتا ہے کہ وہ مال و دولت والا شخص تھا۔ وہ مقدسین کی ضروریات پوری کرنے کے وسیلہ سے خدا کے جلال کے لئے اپنے مال و دولت کو استعمال کر رہا تھا۔ (7) پولس رسول اس لئے بھی فلیمون کے لئے خدا کا شکر گزار تھا کیونکہ اُس کے وسیلہ سے "مقدسین کے دل تازہ ہوئے تھے"۔ ہو سکتا ہے کہ اس کی عملی محبت کے اظہار اور مہربانی سے مقدسین کو خداوند کے لئے اپنی خدمت جاری رکھنے کا حوصلہ ملا ہو۔

پولس رسول کی یہی دُعا تھی کہ فلیمون اپنے ایمان کا اظہار کلام اور اپنے نیک کاموں کے وسیلہ سے کرتا رہا تاکہ اسے ان نیک کاموں کا پورا فہم و ادراک حاصل ہو جو مسیح یسوع میں اسے کرنے تھے۔ کیا آپ نے خداوند کے جلال اور اُس کی بادشاہی کے لئے دینے کی مکمل

خوشی کا تجربہ نہیں کیا؟ جب ہم خداوند کے لئے دیتے ہیں تو ہم اُس کی شادمانی اور حضوری کو کثرت سے محسوس کرتے ہیں۔ مسیحی ایمانداروں کو دینے میں دولت مند ہونا چاہئے۔ ہم اُس کے خادم ہونے میں اطمینان اور تسلی محسوس کرتے ہیں۔ ہمیں اسی لئے تو خدا نے اپنی بادشاہی میں کام کرنے کے لئے بلایا ہے۔ اپنے وسائل اور نعمتوں اور برکات کو استعمال کرتے ہوئے فلیمون خدا کی کثرت کی برکت کو محسوس کر رہا تھا۔

فلیمون کی عملی محبت کا اظہار پہلے ہی مسیح کے بدن کے لئے تازگی، حوصلہ افزائی اور قوت کا باعث تھا۔ پولس رسول کا دل اُس وقت شکر گزاری سے بھر گیا جب اُسے معلوم ہوا کہ کس طرح فلیمون نے اپنی سخاوت اور عملی مہربانی سے مقدسین کے دلوں کو تازہ کیا ہے۔ فلیمون پولس رسول کی طرح خوشخبری کی منادی میں پیش پیش تو نہیں تھا لیکن وہ اپنے وسائل اور نعمتوں کو استعمال کرتے ہوئے خدا کی بادشاہی کے لئے اپنا کردار ادا کر رہا تھا۔ کئی ایک طریقوں سے ہم اپنے ایمان کا اظہار اور پرچار کر سکتے ہیں۔ خدا نے ہر کسی کو منادی کے لئے نہیں بلایا۔ بعض کو خدا نے عملی محبت کے اظہار کے وسیلہ سے " مقدسین کے دلوں کو تازہ کرنے کے لئے بھی بلایا ہے۔

چند غور طلب باتیں

☆۔ قید کی حالت میں ہوتے ہوئے پولس رسول کا روّیہ کیسا تھا؟ مشکلات اور ناگوار صورتحال میں کیا آپ کا روّیہ بھی اسی طرح کا ہوتا ہے؟

☆۔ کیا آج آپ کے دل میں خدا کا اطمینان موجود ہے؟ کون سی چیز اس اطمینان کو آپ کی زندگی سے دُور کر سکتی ہے؟

☆۔ عملی طریقوں سے مسیحی محبت کا اظہار کرنے کے لئے پولس رسول ہمیں کیا تعلیم دیتا

ہے؟ آپ نے اپنی عملی محبت کا اظہار اپنے گھرانے، دوست احباب اور واقف کاروں سے کس طرح کیا ہے؟

☆۔ آج آپ کس طرح مقدسین کے دلوں کو تازہ کرسکتے ہیں؟

چند اہم دُعائیہ نکات

☆۔ کیا خداوند آج آپ کے ذہن میں کوئی شخص لایا ہے؟ اس شخص کے لئے دُعا کرنے میں کچھ وقت گزاریں۔

☆۔ دُعا کریں کہ خدا آپ پر ظاہر کرے کہ آپ کسی کے لئے کس طرح اپنی عملی محبت کا اظہار کرسکتے ہیں۔

☆۔ آج آپ کس طرح کے مشکل حالات اور ناگوار صورتحال سے گزر رہے ہیں، دُعا کریں کہ آپ کا روّیہ ان حالات اور واقعات میں بھی خدا کے کردار اور اُس کے دل کی عکاسی کرے۔

باب 9

اَنیسّمس

1 باب 8-25

گزشتہ باب میں ہم نے فلیمون اور اس کے گھرانے کے تعلق سے جانا۔ ہم نے دیکھا کہ کس طرح پولس رسول اُنہیں اپنے عزیز دوست اور خداوند یسوع مسیح میں ہم خدمت سمجھتا ہے۔ پولس رسول نے فلیمون کے روّیے اور فیاض دلی کو سراہا کیونکہ وہ بہت سے مقدسین کے لئے تازگی اور حوصلہ افزائی کا باعث ہوا تھا۔

فلیمون کے نام یہ خط لکھنے میں پولس رسول کا ایک خاص مقصد تھا۔ بطور رسول اُسے خاص حق اور اختیار حاصل تھا۔ مقدس پولس رسول فلیمون کو یاددہانی کراتا ہے کہ بطور رسول ہوتے ہوئے اُسے یہ حق اور دلیری حاصل ہے کہ جو کچھ واجب اور مناسب ہے اُسے کرنے کا حکم دے۔ لیکن اس کی بجائے اُس نے محبت اور رحم دلی کی بنیاد پر اُس سے التماس کرنے کا چناؤ کیا۔ (اسی وجہ فلیمون مشہور تھا)

یہ بات بھی قابلِ غور ہے کہ پولس رسول نے ایک بوڑھے شخص اور مسیح یسوع کا قیدی ہونے کی حیثیت سے التماس کی۔(9) یعنی اگر فلیمون کو پولس رسول کی عمر، قید اور خدمت میں اعلیٰ رُتبے اور مقام کا احساس اور احترام ہو گا تو وہ ضرور اُس کی درخواست پر توجہ دے گا۔ اسی وجہ سے پولس رسول نے فلیمون سے التماس کرنے کا چناؤ کیا۔

پولس رسول چاہتا تو وہ فلیمون پر اپنا حکم اور رائے ٹھونس بھی سکتا تھا۔ کیونکہ کلیسیا میں اس کا ایک مقام اور نام تھا۔ اُس کے پاس خدا کی طرف سے اختیار بھی تھا۔ آج دُنیا میں

ایسے قائدین اور راہنما پائے جاتے ہیں جو اپنی رائے دوسروں پر اپنے اختیار کی بنا پر ٹھونس دیتے ہیں۔ اختیار ہونا ایک الگ بات ہے اور اس اختیار کا درست استعمال ایک دوسرا اور بہت اہم پہلو ہے۔ اختیار ہونے کا یہ قطعی مقصد نہیں ہے کہ ہم ہر طرح سے اپنی ہی بات منوائیں اور ہر بار اپنی ہی رائے اور نقطہ نظر اپنے ماتحتوں پر ٹھونسیں۔ اختیار ہونے کا یہ مقصد بھی نہیں کہ ہم لوگوں کو اپنی اطاعت پر مجبور کریں۔ پولس قطعاً یہ نہیں چاہتا تھا کہ فلیمون فرض سمجھ کر یا مجبور ہو کر اُس کی بات کو مان لے۔ وہ یہ چاہتا تھا کہ وہ محبت سے اُس کی بات کو قبول کر کے مثبت ردِ عمل کا اظہار کرے۔ کیونکہ یہی واجب اور مناسب تھا۔

غور کریں کہ پولس رسول کی درخواست فلیمون کے بگھوڑے غلام کے تعلق سے تھی۔ فلیمون کے ہاں سے بھاگ جانے والے غلام کا نام انیسمس تھا۔ انیسمس کا مطلب ہے۔ "مفید یا کارآمد" لیکن اپنے مالک کے ہاں سے بھاگ جانے پر اس نے اپنے مالک کو مایوس کیا تھا۔ کسی وقت کسی طرح سے انیسمس کی ملاقات پولس رسول سے ہو گئی۔ پولس رسول یہاں اس ملاقات کی کوئی تفصیل درج نہیں کرتا۔ لیکن اس ملاقات کا نتیجہ بڑا کارآمد اور مفید ہوا۔ انیسمس خداوند یسوع مسیح کو جان گیا۔ اُس نے اُسے اپنا خداوند اور نجات دہندہ قبول کر لیا اور وہ واقعی ایک کارآمد اور مفید شخص بن گیا۔ پولس رسول کی قید میں وہ اُس کے لئے بڑا معاون اور مددگار ثابت ہوا۔ پولس رسول اسے اپنا فرزند کہتا ہے۔

قابلِ غور بات پولس رسول اور اُنیسمس کا رشتہ اور تعلق بھی ہے۔ وہ اسے اپنا فرزند سمجھتا ہے۔ لیکن انیسمس فلیمون کے ہاں سے بھاگا ہوا غلام تھا۔ معاشرتی لحاظ سے وہ بہت گھٹیا قسم کا انسان تھا۔ لیکن پولس رسول اسے معاشرے اور دنیا کی نظر سے نہیں دیکھتا۔ اس نے اُسے غلام سے ہٹ کا ایک انسان دیکھا اور سمجھا۔ اُس نے اُسے اُسی نظروں سے دیکھا جس نظروں سے اَب خداوند یسوع مسیح اسے دیکھ رہا تھا۔ ایسے لوگوں کو گھٹیا یا کم تر سمجھنا

کس قدر آسان ہے جو ہماری طرح بڑے پُر وقار اور معیار کے مالک نہیں ہوتے۔ شاید اُن کا تعلق مختلف رنگ و نسل اور زبان سے ہوتا ہے۔ لیکن یہاں پر پولس رسول ذات پات، قوم اور قبیلے رنگ و نسل کو نہیں دیکھ رہا۔ وہ ایک حقیقی انسان اور ایک ضرورت کو مدِ نظر رکھے ہوئے ہے۔ انیسمس خداوند میں پولس رسول کا فرزند تھا۔ وہ اس سے محبت رکھتا تھا اور اس کی اسی طرح سے فکر کر رہا تھا جیسے وہ اس کے اپنے بدن کا حصہ ہو۔

ہم پہلے ہی ذکر کر چکے ہیں کہ انیسمس نام کا معنی ہے مفید یا کارآمد۔ پولس رسول فلیمون کو بتاتا ہے کہ اُس کا غلام اس کے لئے بڑا مفید اور کار آمد ثابت ہوا ہے۔ اپنے مالک کے ہاں سے بھاگ کر اس نے اس کے لئے ایک مسئلہ کھڑا کر دیا تھا۔ لیکن اب جب کہ اُس کی ملاقات خداوند یسوع مسیح سے ہو گئی تھی تو اب وہ واقعی اپنے نام کے معنی اور معیار کے مطابق اپنے مالک کے لئے مفید اور کار آمد ثابت ہو سکتا تھا۔ اب وہ صرف پولس رسول کے لئے ہی نہیں بلکہ اپنے مالک فلیمون کے لئے بھی کارآمد اور مفید ثابت ہو سکتا تھا۔ انجیل لوگوں کے دلوں میں کیسی بڑی تبدیلی اور گواہی پیدا کر دیتی ہے!!!! انیسمس اس اُمید کے سبب سے ہمیشہ کے لئے تبدیل ہو چکا تھا جو انجیل کے پیغام کی وجہ سے حاصل ہوتی ہے۔ خداوند یسوع نے اسے یکسر بدل کر رکھ دیا تھا۔ وہ غلام جو پہلے غیر مفید اور دُکھ کا باعث تھا۔ اب مفید اور کار آمد ہو چکا تھا۔ وہ انجیل کے پیغام کا ایک اہم وسیلہ بن چکا تھا۔

پولس رسول فلیمون کو بتاتا ہے کہ وہ انیسمس کو اس کے ہاں واپس بھیج رہا ہے، اس کے ساتھ ہی وہ بیان کرتا ہے کہ انیسمس اُسے بہت عزیز ہے۔ (12) پولس رسول کا یہ بیان فلیمون کے لئے اپنے اندر ایک وزن رکھتا تھا۔ یہ جان کر کہ اس کا غلام پولس رسول کو بہت عزیز ہے، فلیمون نے اُس غلام کے ساتھ کسی بھی طرح کا سخت اور تُرش روّیہ اختیار کرنے سے پہلے کئی بار سوچنا تھا جو اب اُس کے پاس واپس لوٹ آیا تھا۔ ہمیں یہاں پر یہ دیکھنے کی

ضرورت ہے کہ پولس رسول یہاں پر غلامی کو حقارت کی نظر سے نہیں دیکھ رہا، کیونکہ وہ انیسمس کو اُس کے مالک کے ہاں واپس بھیج رہا ہے۔ بلکہ وہ اسے ایک اہم سبق سکھا رہا ہے۔ انیسمس کا واپس جا کر فلیمون سے دوبارہ ملنا آسان کام نہیں تھا۔ پولس رسول سمجھتا تھا کہ انیسمس اور فلیمون کے لئے باہمی اختلافات، خفگی اور ناراضگی کو ختم کر کے پر محبت رشتہ قائم کرنا اور تعلقات کی بحالی بہت ضروری ہے۔ انیسمس جب تک اپنے مالک کے ساتھ صلح نہ کرتا وہ خداوند میں ترقی اور افزائش نہیں کر سکتا تھا۔ اسی طرح اگر فلیمون بھی انیسمس کو دل سے معاف نہ کرتا تو اُس کی روحانی ترقی کا عمل رُک جاتا تھا۔ ہمیں اپنے کشیدہ تعلقات اور ٹوٹے رشتوں کی فکر کرنی چاہیئے۔ ہمیں اپنے کسی بھی بھائی یا بہن کے تعلق سے نامعاف کرنے والا دل نہیں رکھنا چاہیئے۔ ایسا نہ ہو کہ ایسی ناراضگی، خفگی اور تعلقات کی کشیدگی ہماری روحانی ترقی میں رکاوٹ بن جائے۔

پولس رسول نے انیسمس کو واپس فلیمون کے ہاں تعلقات کی بحالی کے لئے بھیجا تھا۔ وہ فلیمون کو بتاتا ہے کہ وہ اگر چاہتا تو اسے اپنے پاس بھی رکھ سکتا تھا کیونکہ وہ اس کے لئے اس کی قید کی حالت میں بڑا مفید ثابت ہوا تھا۔ (10 آیت) لیکن اُس نے ایسا کرنا نہ چاہا۔ کیونکہ وہ فلیمون کی رضامندگی کے بغیر ایسا کرنا نہیں چاہتا تھا۔ اس لئے اُس نے انیسمس کو فلیمون کے ہاں واپس بھیج دیا تاکہ وہ آزادی اور دلی خوشی کے ساتھ اس بات کا چناؤ کرے کہ اُس نے اس غلام کے تعلق سے کیا فیصلہ کرنا ہے۔

15 آیت میں پولس رسول فلیمون کو باور کراتا ہے کہ جو کچھ بھی ہوا اس کے پیچھے خدا کا ایک مقصد تھا جو پورا ہو چکا ہے۔ فلیمون کا غلام اُس کے ہاں سے بھاگ کر چلا گیا لیکن خدا اُس کے لئے ایک مقصد اور منصوبہ رکھتا تھا۔ انیسمس کے اپنے مالک کے ہاں سے بھاگ جانے کا نتیجہ بالکل عیاں ہے۔ اب وہ خداوند یسوع مسیح کو جان چکا تھا اور اب اُس نے

فلیمون اور اُس کے گھرانے کے لئے بڑا مفید اور کارآمد ثابت ہونا تھا۔ خدا نے کچھ دیر کے لئے اسے فلیمون کے گھرانے سے الگ کیا تاکہ اُس کی زندگی میں اپنے کام کو پورا کرے۔ فلیمون کے ہاں سے بھاگ جانے والا شخص اب پہلے جیسا نہیں رہا تھا بلکہ یکسر بدل چکا تھا۔ جب وہ فلیمون کے ہاں سے بھاگا تھا تو محض ایک غلام تھا لیکن اب خداوند یسوع مسیح میں اُس کا بھائی بن چکا تھا۔ اب وہ ایسا بھائی بلکہ عزیز بھائی تھا جو پولس رسول کو بھی بہت عزیز تھا۔

اَب فلیمون نے انیسمس کا ایسے ہی استقبال کرنا تھا جیسے کہ اگر پولس رسول اس کے پاس آتا تو وہ اس کا استقبال کرتا۔ اب پولس رسول انجیل کے مقصد کے پیشِ نظر اسے اپنا ہم خدمت سمجھتا تھا۔ 18 آیت میں پولس رسول فلیمون سے وعدہ کرتا ہے کہ اگر انیسمس نے اس کا کوئی نقصان کیا ہے یا اس نے اگر اس کا کچھ دینا ہے تو وہ خود ادا کرے گا۔ 19 آیت میں ہم دیکھتے ہیں کہ یہ وعدہ پولس رسول فلیمون کے لئے اپنے ہاتھ سے لکھ رہا ہے۔ ایسا کرنے سے پولس رسول اپنے وعدے کو قانونی حیثیت دے رہا تھا۔ اُس نے قانونی حیثیت سے انیسمس کو قبول کر کے اس کا قرض بھی ادا کرنے کی ذمہ داری قبول کر لی۔ پولس رسول فلیمون کو یاد کراتا ہے کہ وہ اپنی زندگی کے لئے پولس رسول کا قرضدار ہے۔ (یہ اشارہ اس بات کو ظاہر کرتا ہے کہ فلیمون نے پولس رسول کی خدمت کے وسیلہ خداوند یسوع مسیح میں نئی زندگی پائی تھی) پولس رسول فلیمون سے التماس کرتا ہے کہ جو واجب او رمناسب ہے وہی کرے اور اُس کے لئے باعثِ برکت ہو۔ (21 آیت) پولس رسول نے فلیمون پر اپنے ارادے کو ظاہر کیا کہ وہ آکر اس سے ملاقات کرنا چاہتا ہے۔ اس لئے وہ اُسے ایک مہمان خانہ تیار کرنے کو کہتا ہے۔ پولس رسول کا یہ بھروسہ تھا کہ خداوند اسے بہت جلد قید خانہ سے رہائی بخشے گا کیونکہ بہت سے

مقدسین اس کے لئے دُعا کر رہے تھے۔

پولس رسول اِپفراس کی طرف سے سلام لکھتے ہوئے اس خط کا اختتام کرتا ہے جو کہ اُس کے ساتھ انجیل کی خاطر قید تھا۔ (23 آیت) وہ مرقس، لوقا، دیماس اور اَرسترخس کی طرف سے بھی سلام بھیجتا ہے جو اَنجیل کے کام میں اس کے ہم خدمت تھے۔ پولس رسول اس بات کا خواہشمند تھا کہ خدا کا فضل فلیمون کی روح کے ساتھ رہے۔ یہ بالکل واجب اور مناسب ہے کہ پولس رسول نے خدا کے فضل کا اس خط میں فلیمون کے لئے ذکر کیا ہے۔ خداوند یسوع مسیح نے بھی فلیمون کو معاف کرتے اور قبول کرتے ہوئے اپنے فضل کو اس پر ظاہر کیا تھا۔ پولس رسول کی یہی دُعا اور تمنا ہے کہ فلیمون اسی فضل اور کرم کا اظہار اپنے غلام انیسمس کے ساتھ اپنے تعلقات کی بحالی کے لئے کرے۔

چند غور طلب باتیں

☆ پولس رسول کا فلیمون کے نام یہ خط تبدیلی لانے کے لئے لوگوں کو آزادی دینے اور اُن کے ذہن کو تبدیل کرنے کے تعلق سے ہمیں کیا تعلیم دیتا ہے؟ خدا پر توکل اور بھروسہ کرنے کی بجائے، کیا آپ نے کبھی دوسروں پر کسی طرح کی تبدیلی ٹھونسنے کی کوشش کی ہے؟

☆۔ پولس رسول کا انیسمس غلام کے ساتھ کیسا رشتہ اور تعلق دکھائی دیتا ہے؟ اس سے ہمیں کیا سیکھنے کو ملتا ہے؟ وہ کون سے لوگ ہیں جن کے ساتھ آپ کو محبت کرنا مشکل محسوس ہوتا ہے؟

☆۔ جب سے آپ خداوند یسوع کے پاس آگئے ہیں، اس وقت سے اب تک کیسی اور کون کون سی تبدیلیاں آپ کی زندگی میں واقع ہوئی ہیں؟

☆۔اپنے مسیحی بھائیوں اور بہنوں کے ساتھ صلح کا طالب ہونا کس قدر اہم ہے؟ کس طرح نہ معاف کرنے والا روّیہ اور دل خداوند میں ہماری روحانی ترقی اور رفاقت کو متاثر کر سکتا ہے؟

☆۔ناخوشگوار صورتحال اور نامساعد حالات کو خدا کس طرح اپنے مقصد اور منصوبے کی تکمیل کے لئے استعمال کر سکتا ہے؟

چند اہم دُعائیہ نکات

☆۔خداوند سے ایسے لوگوں کو معاف کرنے کی توفیق اور فضل چاہیں جنہوں نے کسی بھی طرح سے آپ کا کوئی قصور کیا ہے۔

☆۔ایسے وقتوں کے لئے بھی خدا سے معافی مانگیں جب آپ نے اپنی رائے اور مرضی دوسروں پر مسلط کرنے کی کوشش کی۔خداوند سے دوسروں کے ساتھ اپنے روّیے کے لئے صبر و تحمل مانگیں۔

☆۔خداوند سے لوگوں کو اسی نظر سے دیکھنے کے لئے توفیق چاہیں جس نظر سے خداوند اُنہیں دیکھتا ہے۔نہ کہ اپنے نکتہ نظر، رنگ و نسل، ذات پات اور قبیلے کی بنیاد پر۔

☆۔خداوند کی شکر گزاری کریں اس کی قدرت کے لئے کہ ہمارے ساتھ خواہ کچھ بھی ہو، خدا اس صورتحال کو ہماری برکت اور اپنے جلال کے لئے استعمال کرنے کی قدرت رکھتا ہے۔

عبرانیوں کا تعارف

مصنف:۔ اس خط کا مصنف نا معلوم ہے۔ کئی ایک خیال پائے جاتے ہیں کہ پولس، اپلوس، برنباس یا سیلاس اس خط کا مصنف ہے۔ لیکن اس خط کے متن سے کوئی بھی ایسا اشارہ نہیں ملتا کہ اس خط کا مصنف کون ہے۔ زیادہ تر لوگوں کی یہی رائے ہے کہ پولس رسول ہی اس خط کا مصنف ہے لیکن ہمارے پاس اس کی کوئی دلیل اور ثبوت نہیں ہے کہ واقعی میں پولس ہی اس خط کا لکھاری ہے۔

پس منظر:۔

متن سے اس بات کا پتہ چلتا ہے کہ یہ خط ان یہودیوں کے نام لکھا گیا جو اب مسیح یسوع کو قبول کر چکے تھے۔ خط کی زبان دانی سے علم ہوتا ہے کہ خط کے قارئین کو یہودی مذہب اور اُس کی روایات سے اچھی طرح واقفیت تھی۔ یہ بھی واضح ہے کہ اُنہیں مسیح یسوع پر اپنے اس نئے ایمان اور عقیدے کی بنا پر کئی ایک دُکھوں اور مشکلات سے بھی گزرنا پڑا تھا۔ (عبرانیوں 10 باب 32-34 اور 12 باب کی پہلی چار آیات، اسی طرح 13 باب کی 3 آیت) جس وقت یہ خط لکھا گیا، اس وقت خط کے قارئین کا ایمان ڈانوا ڈول ہو چکا تھا۔) شاید مسیح یسوع پر ایمان لانے اور ایذاہ رسانی کا سامنا کرنے کے سبب سے) اُنہوں نے روحانی زندگی میں خاطر خواہ ترقی نہیں کی تھی۔ (5 باب 11-14) ابھی تک وہ دُنیا اور اُس کی آزمائشوں اور آرائشوں میں اُلجھے ہوئے تھے۔ خط کا مصنف اُنہیں زر کی دولت سے خالی رہنے کی تلقین کرتا ہے۔ (13 باب 5 آیت) بعض غلط تعلیمات کا شکار تھے۔ (13 باب 19 آیت) کچھ ایسے بھی تھے جو اپنے راہنماؤں اور قائدین کی عزت اور احترام

کرنے میں کمزور پڑ چکے تھے۔ 13 باب 17 آیت) بعض دوسرے بھائیوں اور بہنوں کے ساتھ رفاقت سے پیچھے ہٹ چکے تھے۔ (10 باب 25 آیت)

خط میں مصنف قارئین کی توجہ خداوند یسوع مسیح کی ذاتِ اقدس اور صلیبی کام کی طرف مبذُول کراتا ہے۔ مصنف قارئین کو بتاتا ہے کہ خداوند یسوع فرشتوں سے افضل ہے۔ حتیٰ کہ وہ موسیٰ سے بھی اعلیٰ مقام رکھتا ہے، اگرچہ خدا کی شریعت موسیٰ کے وسیلہ ہی ملی تھی۔ مصنف یہ واضح کرتا ہے کہ کس طرح خداوند یسوع مسیح نئے طرزِ کا سردار کاہن ہو کر آیا جس کے قواعد وضوابط اور عہد بھی بالکل منفرد اور نئی طرز کا ہے۔ عہدِ عتیق اسی سردار کاہن یسوع اور اُس کے کام کی طرف اشارہ کرتا ہے۔ خداوند یسوع کے صلیبی کام کی بدولت اب ہم پرانے عہد کی شریعت سے رہائی پا گئے ہیں۔ اب تو خداوند یسوع مسیح پر ہمارا ایمان ہی اصل بات ہے۔

خداوند یسوع مسیح کی ذات اقدس کی طرف اپنے قارئین کی توجہ مبذُول کرانے کے بعد، مصنف قارئین کو خداوند یسوع مسیح کے صلیبی کام پر بھروسہ کرتے ہوئے اس پر اپنا ایمان اور اعتماد قائم کرنے کے لئے کہتا ہے۔ وہ انہیں ثابت قدم رہنے اور اُس کی خاطر اور بھی دُکھ سہنے کی تلقین کرتا ہے۔

دَورِ حاضرہ میں کتاب کی اہمیت:۔

اس وقت جب قارئین کا جوش وجذبہ ماند پڑ چکا تھا اور وہ روحانی زبوں حالی کا شکار تھے۔ اُن کے حوصلے پست ہو چکے تھے۔ مصنف اُن کی توجہ مسیح کی ذاتِ اقدس اور صلیب پر اُس کی طرف سے ہمارے لئے سر انجام دیئے گئے کام کی طرف کراتا ہے۔ یہ ایماندار روایتوں اور شریعت کے معاملات میں اُلجھ چکے تھے لیکن کسی طرح سے اطمینان اور تسلی نہیں پا رہے تھے۔ مسیح کی ذاتِ اقدس اور اُس کے صلیبی کام کو ایک بار پھر نئے طور سے دیکھنے پر

ہی اُن کے اندر ایمان کا بجھتا ہوا شعلہ پھر سے شدت اختیار کر سکتا تھا۔ ایسا کرنے سے ہی اُن کے حوصلوں کو ایک نئی جلا مل سکتی تھی اور وہ پھر سے مسیح یسوع کے وفادار اور ثابت قدم پیروکار بن سکتے تھے۔ یہ بات ہمارے لئے بھی اسی طرح سے ہے۔ عبرانیوں کے نام لکھا گیا یہ خط مسیح کی ذات اقدس اور اُس کے صلیب پر سر انجام دئے کام پر ہی ہماری توجہ مرکوز کرتا ہے۔ خداوند یسوع پر پھر سے اور نئے طور پر نظر کرنے سے ہمارے ایمان کو تازگی اور اُس کی پیروی کے لئے ہمارے جذبوں میں ایک نئی تقویت آتی ہے۔

عبرانیوں کے نام لکھا گیا یہ خط بڑی اہمیت کا حامل ہے۔ کیونکہ یہ خداوند یسوع کی ذاتِ اَقدس اور مبارک ہستی کو فرشتوں اور موسیٰ سے افضل قرار دیتا اور ہماری توجہ اُس کے صلیبی کام پر مبذول کراتے ہوئے ہمارے ایمان کو تازگی اور ہمارے حوصلوں اور جذبوں کو حیاتِ تازہ بخشتا ہے۔ یہ خط ہمیں تعلیم دیتا ہے کہ خداوند یسوع نئے طرز کا سردار کاہن ہے۔ ایماندار اب موسیٰ کی معرفت ملنے والی شریعت اور اُس کے ضابطوں اور روایتوں کے پابند نہیں ہیں۔ نجات کی راہ اب ہمارے اس نئے سردار کاہن اور اُس کے صلیبی کام پر ایمان پر منحصر ہے جس نے شریعت کے تمام تقاضوں کو بخوبی پورا کرتے ہوئے ہمیں گناہ اور اُس کی سزا سے رہائی بخش دی ہے۔

عبرانیوں کے خط کے قارئین کا ایک مسئلہ یہ بھی تھا کہ وہ مسیح یسوع میں اپنے اس نئے ایمان میں پختہ اور مضبوط نہیں ہوئے تھے۔ محسوس ہوتا ہے کہ ابھی تک وہ شریعت کے معاملات میں اُلجھے ہوئے تھے اور پرانا طرزِ زندگی اپنائے ہوئے تھے۔ یہ خط ہمارے طرزِ فکر میں گہری تبدیلی پیدا کرتا ہے کہ ہم اپنی توجہ خداوند یسوع مسیح کے صلیبی کام پر کرتے ہوئے غور کریں کہ مسیح کے آنے سے کیسے سب کچھ یکسر بدل گیا ہے۔ یہ خط ہمیں خود کو جانچنے پرکھنے کی بھی تلقین کرتا ہے کہ ہم جائزہ لیں کہ آیا ہم واقعی خداوند یسوع

مسیح کے صلیب پر سرانجام دیئے گئے کام کی روشنی میں زندگی بسر کر رہے ہیں۔

باب 10

مسیح اور فرشتے

1 باب 1-14 آیات کا مطالعہ کریں

یہ کتاب یہودیت سے مسیحی ہونے والے ایمانداروں کو لکھی گئی اور اِس کتاب کی تحریر و تصنیف کا مقصد اُن مسیحی ایمانداروں کو مسیحی ایمان میں شریعت کا مقام دکھانا تھا۔ مصنف اپنے قارئین کو یہ بات یاد دلاتے ہوئے آغاز کرتا ہے کہ کس طرح خدا باپ نے ماضی میں اپنے نبیوں کے وسیلہ سے اپنے لوگوں سے مختلف طریقوں سے کلام کیا۔ بعض اوقات خدا اپنے نبیوں سے خوابوں اور رویتوں میں کلام کرتا، کئی دفعہ وہ اپنے کانوں میں خدا کی آواز سنتے تو بعض اوقات خدا اُن سے تصویروں اور علامات کے وسیلہ سے کلام کرتا۔ خدا نے عہدِ عتیق اور عہدِ جدید میں اپنے لوگوں سے کلام کرنے کے لئے نبیوں کو بڑے زبردست طریقہ سے استعمال کیا تاکہ وہ خدا کے دل کی بات اس کے لوگوں تک پہنچا سکیں۔ صرف منتخب لوگوں کو ہی خدا کے ساتھ اس طرح سے گفتگو کرنے کا شرف حاصل ہوتا تھا۔

2 آیت میں عبرانیوں کا مصنف اپنے قارئین کو بتاتا ہے کہ آخری زمانہ میں (مسیح کی پہلی آمد کے بعد) خدا نے اپنے بیٹے خداوند یسوع مسیح کے وسیلہ سے کلام کرنے کا چناؤ کیا۔ عبرانیوں کے مصنف کے ذہن میں یہ بات بڑے گہرے طور پر سمائی ہوئی ہے۔ خداوند یسوع مسیح کے صلیب پر سرانجام دئے گئے کام کے وسیلہ سے ہم خدا کے ساتھ شخصی اور گہرے رشتہ میں استوار ہو سکتے ہیں۔ اب ساری رکاوٹیں اور جدائی کی دیواریں مسمار ہو چکی ہیں۔ خدا کے بیٹے یسوع مسیح کے وسیلہ سے ہم خدا کے ساتھ اب براہِ راست ایک تعلق

اور رشتہ قائم کر سکتے ہیں۔ یوں محسوس ہوتا ہے کہ جو کچھ خداوند یسوع مسیح نے صلیب پر سرانجام دیا ہے، اس کے باعث مصنف کا دل شکر گزاری اور خدا کی تعریف اور پرستش سے معمور ہے۔ آئندہ چند آیات میں مصنف مسیح کی ذاتِ اقدس کو بیان کرتا ہے جس نے خدا اور انسان کے درمیان حائل ساری رکاوٹوں کو دُور کیا ہے۔ آئیں تفصیل سے دیکھیں کہ مصنف مسیح کی ذاتِ اَقدس کے تعلق سے ہمیں کیا بتاتا ہے۔

وہ سب چیزوں کا مختار مقرر کیا گیا ہے۔(2 آیت)

خدا باپ نے اپنے بیٹے خداوند یسوع کو سب چیزوں کا مختار مقرر کیا ہے۔ بالکل ایسے ہی جیسے ایک باپ اپنا سب کچھ اپنے بیٹے کے نام کر دیتا ہے۔ اس کے صلیب پر سرانجام دیے گئے کام سے موت اور گناہ پر فتح اور غلبہ پالیا گیا ہے۔ وہ بادشاہوں کا بادشاہ اور خداوند کا خدا ہے۔ لازم ہے کہ ہر ایک گھٹنا اُس کے آگے جھکے۔ خدا نے اُسے عزت کا مقام بخشا ہے۔ وہ سب سے اعلیٰ و بالا ہے۔ لازم ہے کہ ہر ایک چیز اُس کے تابع ہو۔

اُس نے عالم پیدا کئے ہیں۔(2 آیت)

خدا باپ نے اپنے بیٹے خداوند یسوع مسیح کے وسیلہ سے جہاں پیدا کئے ہیں۔ بطور بیٹا ہوتے ہوئے وہ تخلیق کائنات کے کام میں شامل تھا۔ ہر ایک چیز اسی کی ہے۔ اور ہر ایک چیز اپنے وجود کے لئے اُس کے اس تخلیقی کام کی مرہونِ منت ہے جو اس نے خدا باپ اور خدا پاک روح کے ساتھ مل کر کیا ہے۔

خدا کے جلال کا پرتو(3 آیت)

خداوند یسوع خدا کے جلال کا پرتو ہے۔ اُس نے اپنی زمینی زندگی کے دوران کامل طور سے خدا کے کردار کو اپنی زندگی سے منعکس کیا۔ 3 آیت ہمیں بتاتی ہے کہ وہ خدا کے جلال کا

پر تو تھا یعنی خدا کا ہو بہو عکس تھا۔ باالفاظ دیگر اُس نے ہم پر ظاہر کیا کہ خدا کون اور کیسا ہے۔ اگر آپ خدا کو جاننا چاہتے ہیں تو پھر آپ صرف کریں کہ خداوند یسوع مسیح کی ذات اقدس پر غور کریں۔ اس نے خدا کو ہم پر ظاہر کیا۔ وہ خدا کا عکس ہے۔ وہ خدا ہے۔

اپنے کلام کی قدرت سے سب چیزوں کو سنبھالنے والا (3 آیت)

خداوند یسوع کو محض سب چیزوں پر اختیار ہی نہیں دیا گیا بلکہ وہ اپنے کلام کی قدرت سے سب چیزوں کو سنبھالتا ہے۔ ہم ہر ایک چیز کے لئے خداوند یسوع مسیح کے مرہونِ منت ہیں۔ وہی ہمیں سب چیزیں عطا کرتا ہے۔ وہ ہمیں زندگی بخشتا ہے۔ جسمانی بھی اور کثرت کی یعنی ابدی زندگی بھی اسی کے وسیلہ سے ملتی ہے۔ اس کے منہ سے چند الفاظ نکلتے ہیں تو طوفان رُک جاتے ہیں۔ بدرُوحیں بھاگ جاتی ہیں۔ وہی سب چیزیں عطا کرتا ہے۔ زندگی اور سانس یہ سب کچھ اسی کی عطا ہے۔ ہماری زندگیاں اُسی کے ہاتھ میں ہیں۔ اس دُنیا کا مستقبل بھی اسی سے وابستہ ہے۔ اس کے بغیر ہمارا وجود قائم نہیں رہ سکتا۔

اُس نے گناہوں کی صفائی کا انتظام کیا (3 آیت)

ہم پہلے ہی دیکھ چکے ہیں کہ خداوند یسوع ہمیں گناہ اور اُس کے اثرات سے بچانے کے لئے اس دُنیا میں آیا۔ اُس کی صلیبی موت نے درکار تقاضوں کو پورا کرتے ہوئے ہمیں قانونی طور پر سزا سے رہائی بخش دی ہے۔ خداوند یسوع کے صلیبی کام کی بنا پر ہم خدا کے حضور راستباز اور پاک صاف ہو کر کھڑے ہو سکتے ہیں۔ گناہ کے گہرے اور اَن مٹ نقوش و داغ صرف اور صرف خداوند یسوع مسیح کے خون سے دُور ہو گئے ہیں۔

وہ خدا کے دہنی طرف بیٹھ گیا (3 آیت)

3 آیت کے مطابق خداوند یسوع نے جب اپنی صلیبی موت کے وسیلہ سے اپنا کام مکمل کر

لیا تو پھر وہ آسمانی باپ کے پاس واپس جانے کے لئے دوبارہ زندہ ہوا۔ اَب وہ خدا باپ کے دہنی طرف جلال اور وقار سے سر بلند ہو چکا ہے۔ دہنا ہاتھ عزت اور وقار کی علامت ہے۔ اُسے یہ عزت اس لئے ملی ہے کیونکہ اُس نے بڑے اعلیٰ اور شاندار طریقہ سے اس کام کو پایہ تکمیل تک پہنچایا ہے جو خدا باپ نے اسے کرنے کے لئے اس دُنیا میں بھیجا تھا۔ اُس نے گناہوں کے دھونے کا انتظام کیا اور اپنے لوگوں کو گناہ اور اُس کے بد اثرات سے رہائی بخش دی۔ اسی لئے اُسے عزت، جلال اور وقار خدا باپ کے دہنے ہاتھ بیٹھنے کی صورت میں ملا ہے۔ وہ ہماری شکر گزاری، تعریف اور ستائش کا مستحق ہے۔ واجب ہے کہ ہم اپنی زندگیوں سے اُس کے نام کو جلال دیں۔ اُس کی شکر گزاری اور تعریف و تمجید کریں۔

فرشتوں سے اعلیٰ رُتبہ پایا(4 آیت)

بائبل مقدس کے دَور کے یہودی فرشتوں کے تعلق سے بڑی اعلیٰ رائے رکھتے تھے۔ فرشتے آسمانی مخلوق تھے جو خدا باپ کی حضوری میں اس کے ساتھ رہتے اور اس زمین پر اُس کے نمائندگان کی حیثیت رکھتے تھے۔ بعض دفعہ لوگ گمراہ ہو کر فرشتوں کی عبادت اور پرستش بھی کرنے لگتے تھے۔ پولس رسول کی کلیسوں 2 باب 18 آیت میں تنبیہ کو دیکھیں۔ عبرانیوں کے مصنف کو اُس دَور کے کلچر کے فرشتوں کے تعلق سے احساس و جذبات کو بخوبی علم تھا۔ وہ اپنے قارئین کو یاد دلاتا ہے کہ خداوند یسوع تو فرشتوں سے بھی اعلیٰ مقام اور رُتبہ رکھتا ہے۔ اس میں آسمانی مقام پر اعلیٰ مقام اور رُتبہ رکھنے والے فرشتگان بھی شامل ہیں۔ مصنف اپنے نکتہ نظر کو یوں بیان کرتا ہے۔

خداوند یسوع اپنے نام کے لحاظ سے فرشتوں سے مقدم ہے۔(4) اپنی اس بات کو ثابت کرنے کے لئے مصنف زبور 2 باب 7 آیت کا حوالہ عبرانیوں 5 آیت میں بیان کرتا ہے۔ اگرچہ فرشتوں کا اپنا ایک کردار ہے تو بھی خدا باپ نے فرشتوں میں سے کسی کو اپنا بیٹا نہیں

کہا۔ یہ مقام اور نام تو صرف اور صرف خداوند یسوع مسیح کے حصہ میں آیا ہے۔ اس سے ہم پر یہ واضح اور ثابت ہو جاتا ہے کہ خدا باپ کے ذہن میں خداوند یسوع کا نام اور مقام کسی بھی فرشتے سے کہیں بلند و اعلیٰ ہے۔ خدا باپ اس لئے اسے اپنا بیٹا کہتا ہے کیونکہ خداوند یسوع مسیح میں خدا کی ذاتِ الٰہی موجود ہے۔ خداوند یسوع کے فرشتوں سے اعلیٰ اور مقدم ہونے کی یہ ایک اور بڑی وجہ ہے۔ 6 آیت میں خدا نے اس بات کا تقاضا کیا کہ سبھی فرشتے اس کے بیٹے یسوع کے سامنے جھک کر اسے سجدہ تعظیمیہ پیش کریں۔ اگر فرشتوں سے یہ کہا جاتا ہے کہ اسے سجدہ کریں تو یہ بات واضح ہو جاتی ہے کہ وہ فرشتوں سے بلند و بالا ہے۔ وہی پرستش اور ستائش کے لائق ہے۔

جب خدا فرشتوں کی بات کرتا ہے تو اُنہیں ہوائیں اور آگ کے شعلے کہتا ہے (7 آیت)اس دُنیا میں آگ اور ہوا زبردست چیزیں ہیں۔ ہم میں سے ہر ایک کو معلوم ہے کہ جب کوئی طوفان، آندھی یا بادوباراں کا سما ہوتا ہے تو ہوا کس قدر طاقتور ہوتی ہے۔ ہم سب آگ کی تباہ کن قوت سے بھی واقف ہیں۔ فرشتوں کو ہوائیں اور آگ کہنے سے خدا یہ ظاہر کر رہا ہے کہ فرشتوں کو قوت اور اختیار دیا گیا ہے۔ وہ واقعی بڑے زبردست اور قوی ہیں۔ اپنے قارئین کو فرشتوں کے تعلق سے بتانے کے بعد، مصنف یہ بیان کرتا ہے کہ خداوند یسوع مسیح کا تخت ہمیشہ قائم رہے گا۔ راستبازی اُس کی سلطنت کا عصا ہوگا۔ 8 آیت میں آسمانی باپ اپنے بیٹے کو "خدا" کہتا ہے۔ بیٹا اب خدا کی حیثیت سے تخت نشین ہے اور راستی اور اختیار سے بادشاہی کر رہا ہے۔ خدا کے فرشتے بڑے زبردست اور قوی ہیں لیکن خداوند یسوع بادشاہوں کا بادشاہ اور خداوندوں کا خدا ہے جس کا تخت سلطنت ہمیشہ قائم رہے گا۔

چونکہ خداوند یسوع نے راستی سے محبت اور بدی سے نفرت رکھی ہے، اس لئے خدا باپ

نے اسے سب ناموں سے اعلیٰ نام دیا ہے۔ اُس نے اُسے شادمانی کے تیل سے مسح کیا ہے۔ بالفاظ دیگر، شادمانی کا یہ مسح قوت اور اختیار کا مسح تھا۔ اب وہ خدا کی حیثیت سے اس دُنیا کی تخلیق پر قوت اور اختیار کے ساتھ بادشاہی کرے گا۔ اپنے مسح، اختیار اور قدرت کے لحاظ سے بھی خداوند یسوع فرشتوں سے افضل اور مقدّم ہے۔

خداوند یسوع تخلیق کائنات میں اپنے کام کی بنا پر بھی فرشتوں سے افضل ہے۔ بطور خدا اس کی کوئی ابتدا نہیں ہے۔ اس نے زمین کی بنیاد رکھی۔ اسی نے کائنات تخلیق کی ہے۔ (10 آیت) ایک دن یہ کائنات ختم ہو جائے گی۔ یہ کپڑے کی طرح لپیٹ دی جائے گی۔ لیکن خداوند یسوع ہمیشہ رہے گا۔ کائنات کا خاتمہ خداوند یسوع کی شخصیت اور مقام پر اثر انداز نہ ہو گا۔ یسوع نے کائنات تخلیق کی۔ وہ ہمیشہ رہے گا۔ کوئی فرشتہ بھی اس قسم کے دعویٰ جات نہیں کر سکتا۔

خدا نے کسی فرشتے سے نہیں کہا کہ تو میری دہنی طرف بیٹھ (13 آیت) یہ مقام صرف اور صرف خداوند یسوع کے لئے ہی مخصوص تھا۔ فرشتگان تو خدمت گزار روحیں ہیں۔ وہ اُن لوگوں کی خدمت اور معاونت کے لئے خداوند یسوع مسیح کی طرف سے بھیجی جاتی ہیں جو خداوند یسوع کی خدمت کرتے ہیں۔ (14 آیت) خداوند یسوع بطور خدا، خدا باپ کی دہنی طرف سربلند ہوا۔ اب فرشتے اس کے لوگوں کی خدمت کرنے کے وسیلہ سے اس کے مقصد کی تکمیل میں اپنا کردار ادا کر رہے ہیں۔ یہاں پر پھر سے یہ بات بالکل واضح ہے کہ خداوند یسوع فرشتوں سے افضل ہے۔

عبرانیوں کا مصنف خداوند یسوع کے تعلق سے بڑے زبردست بیان سے اس کتاب کا آغاز کرتا ہے۔ مصنف کو خداوند یسوع کے خدا کے بیٹے ہونے پر کوئی شک نہیں ہے۔ وہی ساری عزت اور جلال اور قدرت کے لائق ہے۔

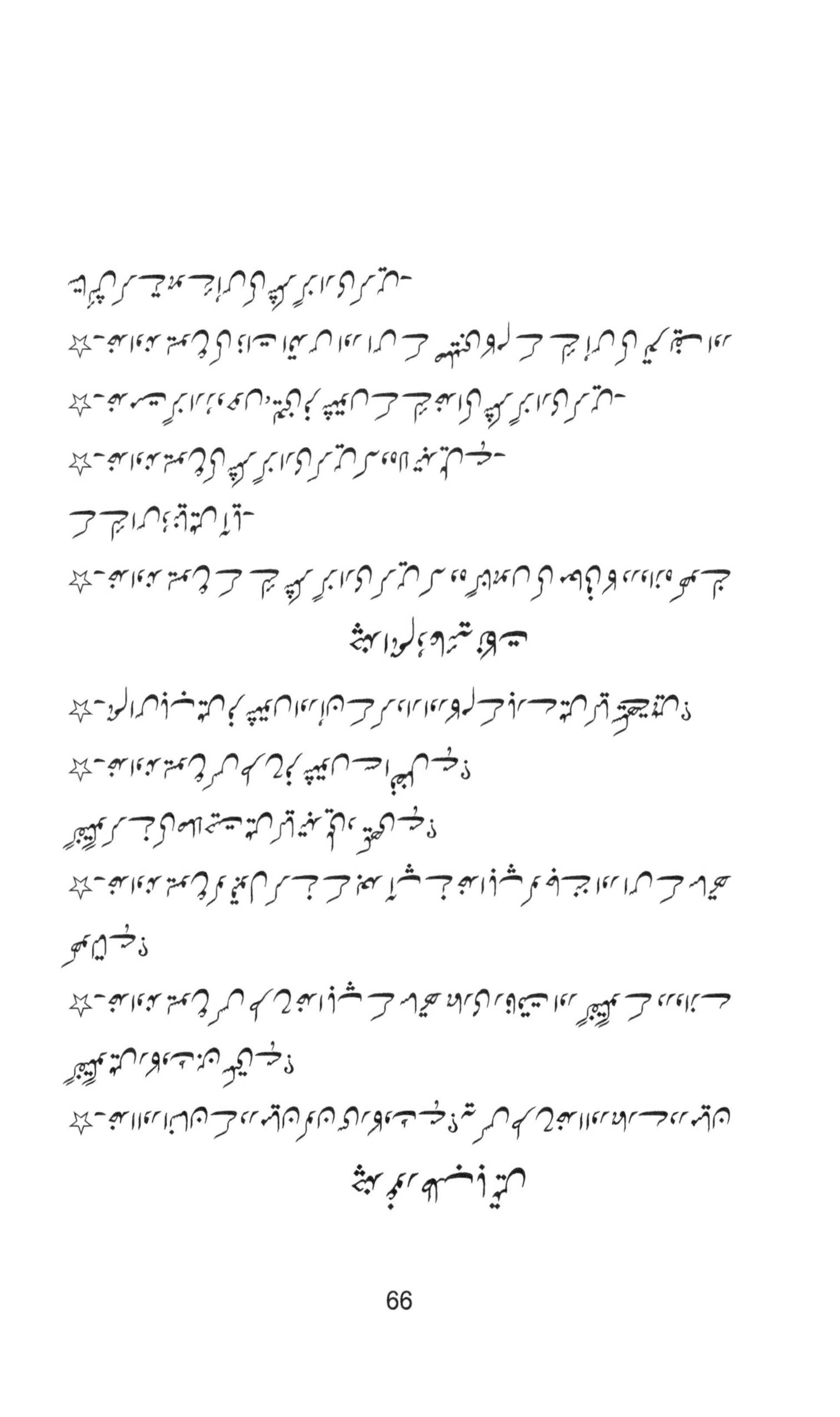

باب 11

آدم اور فرشتے

2 باب 1-9 آیت کا مطالعہ کریں

پہلے باب میں مصنف نے خداوند یسوع کا فرشتگان سے موازنہ کیا ہے۔ اگرچہ فرشتگان بڑے طاقت ور ہیں۔ تو بھی وہ خدمت گزار روحیں ہیں۔ خداوند یسوع بادشاہوں کا بادشاہ اور خداوندوں کا خدا ہے۔ فرشتے خداوند یسوع کے تابع اور خدمت گزار ہیں۔ خداوند یسوع فرشتوں سے کہیں اعلیٰ و بالا ہے۔ اس باب میں ہم انسان کے تعلق سے فرشتوں کی خدمت کا جائزہ لیں گے۔ 1

آیت میں مصنف اپنے قارئین کو انتباہ کرتا ہے کہ جو کچھ اُنہوں نے سنا ہے، وہ اُس پر غور کریں تاکہ وہ اُس سے دُور نہ چلے جائیں بلکہ اس پر قائم رہیں جو کچھ ہم نے پہلے باب میں دیکھا ہے اور جو کچھ اس آیت میں کہا جا رہا ہے، ہمیں اس کے درمیان تعلق پر غور کرنا ہو گا۔ پہلے باب میں ہم نے دیکھا کہ گزرے وقتوں میں خدا نے اپنے فرشتوں کے وسیلہ سے انسان کے ساتھ کلام کیا لیکن اب وہ اپنے بیٹے خداوند یسوع مسیح اور اُس کے صلیبی کام کے وسیلہ سے ہم سے کلام کرتا ہے۔ مصنف یاد دہانی کراتا ہے کہ خداوند یسوع فرشتوں یا کسی بھی پیامبر سے اعلیٰ و بالا ہے۔ وہ خداوندوں کا خدا اور بادشاہوں کا بادشاہ ہے۔ اس نے کائنات کو خلق کیا ہے۔ اسی سیاق و سباق کے ساتھ ہمیں پہلی آیت کو سمجھنا ہو گا۔ یعنی خداوند یسوع مسیح کا فرشتوں سے بلند مقام اور صلیبی کام ہی وہ سچائی ہے جس سے ہمیں دُور نہیں جانا چاہئے۔

یہ بات قابلِ غور ہے کہ اس سے ظاہر ہوتا ہے کہ دُور چلے جانے کا امکان موجود ہے۔ یاد رہے کہ دشمن خدا کے کلام کی واضح تعلیم کے تعلق سے شک و شبہات پیدا کرنے کی ہمیشہ کوشش کرتا رہتا ہے۔ اس نے باغ عدن میں یہی کچھ کیا تھا اور آج بھی یہی کچھ کر رہا ہے۔ مسیح کی تعلیم پر قائم رہنے کے لئے ہمیں غور کرنا ہوگا، دھیان دینا اور اُسے دل میں رکھنا ہوگا۔ دُشمن کئی ایک مکارانہ طریقوں سے ہم تک رسائی حاصل کرتا ہے۔ بعض اوقات تو ہمیں اُس کی موجودگی کا پتہ بھی نہیں چلتا اور ہم سچائی پر سمجھوتہ کر لیتے ہیں۔ ہمیشہ خبردار، ہوشیار اور بیدار رہیں۔ سچائی کے خلاف جنگ ہو رہی ہے۔ ہمیں ہتھیار پہن کر، بیدار اور ہوشیار رہنا ہوگا، کہیں ایسا نہ ہوگا کہ ابلیس چالاکی سے کام لے اور ہم سچائی سے بہہ کر دُور چلے جائیں۔ لازم ہے کہ ہم ابلیس کی مکاری کو سمجھتے اور اس سے خبردار رہتے ہوئے خدا کے کلام کی مضبوط بنیاد پر قائم اور ثابت قدم رہیں۔

مصنف قارئین کو یاد کراتا ہے کہ اگر اس پیغام اور کلام کی نافرمانی کی پوری پوری سزا ملی جو فرشتوں کے وسیلہ سے پہنچا تھا تو کس قدر اس پیغام کی سزا ملے گی جو خود خداوند کی طرف سے ہم تک پہنچا ہے۔ بائبل مقدس میں ہم دیکھتے ہیں کہ خدا نے اپنے فرشتوں کو لوگوں کو آگاہ اور تنبیہ کرنے کے لئے بھیجا۔ پیدائش 19 باب میں فرشتے لوط کے پاس آئے۔ اُسے بتایا گیا کہ خدا سدُوم اور عمُورہ کو برباد کرنے والا ہے۔ اگر لوط اس پیغام کو نظرانداز کر دیتا تو اس کا کیا انجام ہوتا؟ متی 2 باب 12 آیت میں بھی فرشتہ یوسف کے پاس آیا اور اُسے آگاہ کیا کہ بچے (خداوند یسوع) کی جان کو خطرہ ہے۔ یوسف کو بتایا گیا کہ وہ اس علاقہ کو چھوڑ کر چلا جائے۔ اگر یوسف اس پیغام کو نظرانداز کر دیتا تو کیا انجام ہوتا؟ فرشتوں کی طرف سے ملنے والے پیغام کو سنجیدگی سے لیا جاتا تھا۔ اگر فرشتوں کی معرفت ملنے والا پیغام اس قدر سنجیدگی سے لیا جاتا تھا تو خداوند یسوع کی معرفت ملنے والا پیغام اور کلام کس

قدر زیادہ اہمیت کا حامل ہے، کیونکہ یسوع فرشتوں سے اعلیٰ و بالا ہے۔

3 آیت میں مصنف یاد کراتا ہے کہ نجات کا پیغام خداوند یسوع کے صلیبی کام کے وسیلہ سے ہم تک پہنچا ہے۔ اگر کسی فرشتے کے پیغام کو نظرانداز کرنے کا انجام موت ہو سکتا ہے تو کس قدر اہم ہے کہ خداوند یسوع مسیح کی نجات کے پیغام کو سنجیدگی سے لیا جائے، اس پر غور کیا جائے اور اُسے قبول کر کے اس پر عمل کیا جائے۔ خداوند یسوع مسیح کی نجات کے پیغام کی تصدیق سننے والوں سے ہوئی۔ (3 آیت) صرف یہ نہیں کہ سننے والے چند لوگوں نے اس کی تصدیق کی بلکہ انہوں نے شخصی طور پر اس نجات کی حقیقت کی گواہی بھی دی جو اس پیغام کو سن کر اُنہیں حاصل ہو گئی تھی۔ اُن کی زندگیاں یکسر بدل گئیں تھیں۔ اُنہوں نے اس پیغام کی سچائی کی گواہی دی۔

خدا کی طرف سے معجزات اور نشانات کے وسیلہ سے بھی اس پیغام کی تصدیق ہوئی۔ خداوند یسوع اور اس کے خدام کے وسیلہ سے خدا کی قدرت کے ظہور کے وسیلہ سے خدا نے اس پیغام کی تصدیق کی جو خداوند یسوع مسیح نے دیا تھا۔ معجزات اور نشانات نے اس بات کی تصدیق کی کہ وہ پیغام خدا کی طرف سے ہے اور اسے سنجیدگی سے لیا جائے۔

جو پیغام خداوند یسوع لایا اس پر کسی قسم کا کوئی شک اور سوال پیدا ہی نہیں ہوتا۔ سننے والوں سے اس کی تصدیق ہوئی۔ معجزات اور نشانات سے بھی اس کی گواہی دی گئی کہ وہ خدا کی طرف سے اور سچا ہے۔ خدا نے اس کلام اور پیغام کی تصدیق کے لئے سب کچھ کیا۔ آج ہمارے دَور میں بھی اس پیغام کی تصدیق ہو رہی ہے۔ خداوند اپنے خدام کو بلاتا، اُنہیں تیار کرتا اور قوت اور قدرت سے لبریز کر کے بھیجتا ہے اور پیغام کی تصدیق اور پھیلاؤ کے لئے اپنی قدرت کو ظہور میں لاتا ہے۔ اس پیغام کو تحریری صورت میں ہم تک پہنچایا گیا ہے۔ بے شمار زندگیاں اس پیغام کی وساطت سے تبدیل ہوتی رہتی ہیں۔ اُسے نظرانداز

کرنا اس پیغام کو رد اور نظر انداز نہیں کرنا ہے جس کی خدا نے تصدیق کی اور آج بھی اپنی قدرت کے ظہور کے وسیلہ سے اس کی تصدیق کرتا رہتا ہے۔

اس زبردست، اور کامل پیغام کی اہمیت اور سنجیدگی کو جو خداوند یسوع مسیح کے وسیلہ سے پہنچا اپنے قارئین پر واضح کرنے کے بعد مصنف 5 آیت میں ان لوگوں کی بات کرتا ہے جن تک وہ پیغام پہنچا تھا۔ یہ پیغام آسمانی فرشتوں کے پاس نہیں بلکہ آپ اور میرے جیسے انسانوں تک پہنچا تھا۔ جو پیغام انسانوں تک پہنچا وہ گناہوں کی معافی اور خداوند یسوع کے ساتھ راج اور بادشاہی کرنے کے بارے میں تھا۔ خدا کے دل میں بنی نوع انسان کے لئے خاص مقام اور جگہ ہے۔ اس کے صلیبی کام اور نجات کے پیغام کا مرکز و محور بنی نوع انسان ہی ہیں جن تک یہ پیغام پہنچا۔ ہم جیسے انسانوں کے لئے ہی خداوند یسوع اس دنیا میں آیا۔ آسمانی مقاموں میں بنی نوع انسان ہی کے لئے جگہ تیار کی جارہی ہے۔ انسانوں کی خدمت کے لئے ہی خدا فرشتگان کو متحرک کرتا ہے۔ انسان اور خدا کی توجہ کا مرکز! یہ بات سمجھنے اور قبول کرنے میں مشکل محسوس ہوتی ہے۔ حتیٰ کہ زبور نویس کو بھی یہ سمجھنے میں دقت محسوس ہوئی کہ انسان خدا کے دل میں بڑا مقام رکھتا ہے۔ 6 تا 8 آیت میں عبرانیوں زبور 8 باب 4-6 آیت کا حوالہ دیتا ہے۔

"تو پھر انسان کیا ہے کہ تو اُسے یاد رکھے اور آدم زاد کیا ہے کہ تو اُس کی خبر لے؟ کیونکہ تو نے اُسے خدا سے کچھ ہی کمتر بنایا ہے۔ تو نے اُسے اپنی دست کاری پر تسلط بخشا ہے۔ تو نے سب کچھ اُس کے قدموں کے نیچے کر دیا ہے۔"

غور کریں کہ مصنف یہاں پر کس چیز کو واضح کر رہا ہے۔ اُسے حیرت ہے کہ خدا انسان پر توجہ کرتا اور اس کا خیال رکھتا ہے۔ ہماری حیثیت ہی کیا ہے کہ خدا اس طرح سے ہم پر توجہ دے اور ہمارا خیال رکھے۔؟ زبور نویس کو حیرت ہے کہ خدا کو انسان میں کون سی ایسی چیز

دکھائی دیتی ہے کہ وہ اس پر توجہ کرتا اور اس کا خیال رکھتا ہے اور اسے عزت کا مقام بخشتا ہے۔ اسے حیرت ہے کہ خدا کس طرح گنہگار مرد و زن کا خیال رکھتا ہے۔ چونکہ خدا کے دل میں انسان کی بڑی قدر ہے، اسی لئے تو اس نے اس کے لئے اس قدر بڑی اور بیش قیمت نجات کا بندوبست کیا ہے۔ بے شک انسان خدا کی نظر میں بڑی قدر و منزلت رکھتا ہے اسی لئے تو وہ اس کے لئے قربان تک ہو جانے کے لئے تیار ہو گیا۔ ہم شائد یہ تو نہ سمجھ پائیں کہ خدا کو ہم میں کون سی خوبی دکھائی دیتی ہے لیکن ہم اس بات کو سمجھ سکتے ہیں کہ ہم اُس کی نظر میں قابلِ قدر اور قیمتی ہیں۔

زبور نویس کے مطابق انسان فرشتوں سے کچھ ہی کمتر بنایا گیا ہے۔ (7 آیت) اس کا ہرگز یہ مطلب نہیں کہ وہ فرشتوں سے کمتر یا کم اہمیت کا حامل ہے۔ دراصل یہ بیان کرنے سے کہ ہم فرشتوں سے کچھ ہی کمتر ہیں، مصنف ہمیں یاد دلاتا ہے کہ انسان اپنی بشریت میں کمزور ہے۔ ہمارے بدن کمزور ہو جاتے اور تھکاوٹ کا شکار ہو جاتے ہیں۔ ایک دن ہمارے بدن ختم ہو جائیں گے۔ فرشتے کئی ایک لحاظ سے غیر محدود ہیں جبکہ ہم انسان کئی ایک چیزوں میں محدود ہیں۔ اس کے بعد ہمیں یہ بھی سمجھنے کی ضرورت ہے کہ جب فرشتگان (ابلیس اور اُس کے ساتھی فرشتگان) مجرم ٹھہرائے جانے کے بعد آسمانوں سے گرا دئے گئے تو ان کا فیصلہ اور انجام طے ہو گیا یعنی وہ جہنم کے وارث ٹھہرے۔ لیکن جب انسان مجرم ٹھہرا تو خدا نے اُن کے لئے قربان ہونے کے واسطے اپنے بیٹے خداوند یسوع کو اس دُنیا میں بھیج دیا۔ کیا آپ سمجھتے ہیں کہ خدا کا فرزند ہونا کس قدر بڑے شرف کی بات ہے۔ اس محبت کا تجربہ کرنا کس قدر بڑا استحقاق ہے جس کا تجربہ فرشتے بھی نہ کر سکے؟ خدا نے آسمانی مقاموں سے گرنے والے فرشتوں کے لئے نجات کا بندوبست نہیں کیا۔

خدا نے کمزور انسان کو عزت اور جلال بخشا ہے۔ وہ ہمیں نجات پیش کرنے کے لئے اس

دنیا میں آگیا۔ وہ اُنہیں اپنا پاک روح دینے کے لئے اس دُنیا میں آیا۔ اس نے انسان کے اختیار میں بہت کچھ دے دیا ہے۔ خدا نے انسان کو اس زمین پر بھی اختیار بخشا ہے۔ وہ اپنے نام سے ہمیں اس دُنیا میں نجات کے پیغام کی منادی کرنے کے لئے بھیجتا ہے۔

عبرانیوں کے مصنف نے قارئین کو یاد کرایا کہ کوئی ایسی چیز نہیں ہے جو خدا نے انسان کے تابع نہیں کی۔ اُسے اشرف المخلوقات ہونے کا حق بخشا ہے۔(8 آیت) اگرچہ انسان خدا کے تابع ہے تو بھی فرشتگان انسان کی خدمت کے لئے مستعد اور تیار رہتے ہیں۔ خدا نے انسان کے تابع یہ زمین اور اُس کی معمور کر دی ہے تاکہ وہ اُسے اپنے فائدے اور برکت کے لئے استعمال میں لائے۔(پیدائش 1 باب 28 آیت) گناہ کے باعث اب سب کچھ اُس کے تابع نہیں رہا۔ بیماریاں، کمزوریاں، طوفان اور آفات سبھی کچھ گناہ کا نتیجہ ہیں۔ جو نہی گناہ اس دُنیا میں داخل ہوا، اسی لمحہ یہ کائنات اور انسان زوال کا شکار ہو گیا۔ گناہ نے اُس پر اپنے بد اثرات مرتب کئے۔ گناہ آلودہ انسانی فطرت اس دُنیا پر اثر انداز ہوئی، قتل وغارت، لوٹ مار، دھوکہ بازی اور ہر طرح کے جرائم یہ سب کچھ انسانی معاشرے پر بُری طرح اثر انداز ہو رہا ہے۔ یہ سب کچھ انسان کے دل میں ہی پیدا ہو رہا ہے اور یہ سب کچھ زوال کا نتیجہ ہی تو ہے۔

اگرچہ ہم گناہ اور اس کے اثرات کے ساتھ اس دُنیا میں رہ رہے ہیں جو ہم اس دُنیا میں خود ہی لائے تھے۔ اب ہمارے پاس مسیح کی تسلی موجود ہے(9 آیت) ہماری طرح مسیح بھی کچھ وقت کے لئے فرشتوں سے کچھ ہی کم تر کیا گیا۔ وہ ہماری طرح اس زمین پر رہا، چلا پھرا، ہماری طرح اس نے بھی دُنیا میں دُکھ اُٹھایا۔ اس نے موت بھی قبول کی۔ تاکہ ہمارے گناہوں کو قبر میں لے جائے۔ وہ ہماری سزا کے لئے مر گیا۔ وہ گناہ اور موت پر غالب آیا۔ وہ اس لئے مر گیا تاکہ ہم تا ابد زندہ رہیں۔ گناہ اور اُس کے اثرات پر بالآخر مکمل غلبہ پالیا

جائے گا۔ موت، بیماری اور ہر طرح کا زوال اگرچہ اس وقت پورے طور پر مغلوب نہیں ہے لیکن ایک دن اُن پر مکمل فتح حاصل کر لی جائے گی اور ہم ہمیشہ خداوند کی حضوری میں رہیں گے۔

اس حوالہ سے ہمیں انسان کی قدر و منزلت معلوم ہوتی ہے جو خدا کی نظر اور دل میں اُس کے لئے ہے۔ اُس نے کائنات میں ہمیں عزت کا مقام دیا ہے۔ وہ چاہتا ہے کہ ہم اُس کی قربت میں رہیں تاکہ وہ ہمیں زیادہ سے زیادہ مسیح کی مانند بناتا چلا جائے۔ اس کے فرزند ہونا کس قدر بڑے شرف کی بات ہے۔ کس قدر بڑا استحقاق ہے کہ وہ اپنے دل میں ہمارے لئے گہری محبت رکھتا ہے۔

چند غور طلب باتیں

☆۔ وہ کون سا پیغام ہے جو خداوند یسوع مسیح دینے کے لئے اس دُنیا میں آگیا۔

☆۔ ابلیس کس طرح خدا کے کلام کی سچائیوں کے تعلق سے آپ کے دل میں شکوک پیدا کرنے کی کوشش کرتا رہا ہے؟ اس نے کس طرح کلیسیا اور آپ کے معاشرے میں ایسا کرنے کی کوشش کی ہے؟

☆۔ ہمارے لئے اس پیغام کو مثبت طور پر قبول کرنا کیونکر اہم ہے جو مسیح دینے کے لئے آیا تھا؟ اس پیغام کی کس طرح ہمارے لئے تصدیق ہوئی؟

☆۔ خدا آپ کو کس قدر اہمیت دیتا ہے؟ آپ اس کی نظر میں کس قدر اہم اور قیمتی ہیں؟

چند اہم دُعائیہ نکات

☆۔ خداوند کی شکر گزاری کریں کہ اس نے نجات کے اس پیغام کو سمجھنے میں آپ کی مدد کی جو وہ دینے کے لئے اس دُنیا میں آیا تھا۔

☆۔ خداوند کی شکر گزاری کریں کہ وہ ہم سے کس قدر محبت رکھتا اور ہمارا خیال رکھتا ہے۔

☆۔ گناہ اور موت پر فتح کے لئے خداوند کی شکر گزاری کریں۔ فتح میں چلنے کے لئے خدا سے قوت اور فضل مانگیں۔

باب 12

مسیح کے بھائی

عبرانیوں 2 باب 10-18 آیت کا مطالعہ کریں

اس باب میں ہم نے خدا اور اُس کے لوگوں کے درمیان اُس کے خاص تعلق اور رشتہ کی بات کی ہے۔ یہ وہ رشتہ اور شرف و استحقاق ہے جو فرشتوں کو بھی حاصل نہیں ہے۔ اگرچہ وہ انسان سے اعلیٰ مخلوق تخلیق ہوئے ہیں لیکن تو بھی انہیں یہ تجربہ حاصل نہیں ہے۔ مصنف 2 باب کے باقی حصہ میں اس نکتہ کو مزید وضاحت کے ساتھ بیان کرتا ہے۔ 7 اور 8 آیت میں ہمیں یاد کرایا گیا ہے کہ خدا نے اپنے لوگوں کو عزت اور جلال سے تاجدار کیا ہے اور ہر ایک چیز ان کے تابع کر دی ہے۔ کیونکہ اس عزت اور جلال کی راہ میں جو رکاوٹ حائل تھی اسے خداوند یسوع مسیح کے وسیلہ سے ختم کر دیا گیا ہے۔ خدا باپ نے اپنے بیٹے خداوند یسوع مسیح کو اس دُنیا میں ہمارے گناہوں کی سزا اپنے اُوپر لینے کے لئے بھیجا۔ خداوند یسوع نے جسم اختیار کیا اور اس دُنیا میں انسانوں کے درمیان رہا۔ اس نے ہماری طرح دُکھ اُٹھایا اور ہماری طرح مختلف آزمائشوں کا سامنا کیا۔ اس نے رکاوٹوں کا سامنا کیا اور اُن میں سے ہر ایک پر غالب آیا تاکہ ہم اس پر ایمان لا کر نجات کی شادمانی سے معمور ہو جائیں اور خدا باپ کے ساتھ ابدی میراث حاصل کریں۔

10 آیت قابلِ غور ہے کہ ہماری نجات کے بانی خداوند یسوع مسیح کو دُکھوں کے ذریعہ کامل کیا گیا۔ اس آیت کو پہلی نظر میں سمجھنا دشوار معلوم ہوتا ہے۔ بطور خدا، خداوند یسوع مسیح کامل تھا لیکن انسان ہوتے ہوئے اسے ہماری طرح تمام آزمائشوں اور دُکھوں

سے گزرنا ضرور تھا۔ بطور ایک بچہ اسے دیکھنا اور درجہ بدرجہ جسمانی، ذہنی اور روحانی طور پر اُسے بڑھنا اور ترقی کرنا

ضرور تھا جیسا کہ ایک عام انسان زندگی کے مختلف مراحل سے گزرتا ہے۔ جوان ہوتے ہوئے اسے جسمانی، ذہنی اور روحانی طور پر پختہ اور مضبوط ہونے کی ضرورت تھی۔ اُسے اپنے باپ کے بارے میں جاننے اور اُس کی محبت میں کامل اور مضبوط ہونے کی ضرورتھی۔ اسے اپنے ہم عمر بچوں کی طرح یہ سب کچھ سیکھنے کی ضرورتھی۔ خدا باپ نے اپنے بیٹے یسوع کو اس دُنیا کے حالات و واقعات اور آزمائشوں اور مختلف طرح کی صورتحال کے وسیلہ سے مضبوط اور پختہ کرنے کا چناؤ کیا۔ خدا باپ نے بالکل اسی طرح سے آزمائشوں اور مختلف طرح کے کٹھن حالات کے وسیلہ سے اس کی کانٹ چھانٹ کی جس طرح کہ وہ ہمیں درجہ بدرجہ اپنی صورت پر ڈھالتا اور بناتا چلا جاتا ہے۔ اگرچہ خداوند یسوع مسیح نے کبھی گناہ نہیں کیا تھا تو بھی بطور ایک مرد اسے مضبوط اور پختہ ہونے کی ضرورت تھی۔ خدا باپ نے دُکھوں اور آزمائشوں کو استعمال کیا جن سے گزر کر خداوند یسوع پختہ اور مضبوط مرد بنا۔ اس دُنیا میں آکر ہماری طرح دُکھ اُٹھا کر اور آزمائشوں کا سامنا کرتے ہوئے خداوند یسوع ہمارے مشابہ ہو گیا۔ خدا کے کلام کی رُو سے وہ ہر طرح سے ہمارا بھائی بن گیا۔ ہماری طرح اس کا بھی خون اور بدن تھا۔ اس نے بھوک اور پیاس کا سامنا کیا۔ اس نے دُکھ درد برداشت کیئے۔ اسے ہماری طرح جسمانی، روحانی اور ذہنی طور پر سیکھنے کی ضرورت تھی۔ اگرچہ وہ اس وقت آسمان پر موجود ہے تو بھی وہ ہمیں اپنے بھائی اور بہنیں کہنے سے نہیں شرماتا۔

اپنے اس نکتہ کی وضاحت کے لئے مصنف پرانے عہد نامہ سے دو حوالہ جات پیش کرتا ہے۔ اگرچہ یہ حوالہ جات خداوند یسوع مسیح کی پیدائش سے قبل تحریر کیئے گئے تھے تو بھی

یہ خداوند یسوع مسیح اور اُس کے لوگوں کے درمیان رشتے اور تعلق کو بیان کرنے کے لئے نبوتی حوالہ جات کی حیثیت رکھتے ہیں۔ مصنف عہدِ عتیق کے ان دو حوالہ جات کو اپنے یہودی قارئین کو یہ سمجھانے کے لئے استعمال کرتا ہے کہ جو کچھ وہ بیان کر رہا ہے اُس کی ٹھوس بنیاد خدا کے کلام (عہدِ عتیق) پر ہے۔

پہلا حوالہ زبور 22:22 ہے اور اسے 12 آیت میں بیان کیا گیا ہے۔

زبور نویس کے وسیلہ سے خداوند ہم کلام ہے۔ وہ بیان کرتا ہے کہ وہ اپنے باپ کا نام اپنے " بھائیوں " سے بیان کرے گا۔ کس طرح مسیح کے بھائی بھی ہو سکتے ہیں؟ یہودی ذہنیت کے مطابق خدا کو اپنا بھائی کہنا گویا کفر بکنے کے مترادف تھا۔ خدا اسی صورت میں ہمارا بھائی ہو سکتا ہے اگر وہ ہماری طرح جسم اختیار کرے اور ہماری طرح دُکھوں اور آزمائشوں سے گزرے۔ عبرانیوں کا مصنف تصدیق کرتا ہے کہ خداوند یسوع ہماری طرح انسان بن گیا۔ اس نے جسم اختیار کیا اور ہمارے درمیان رہا۔

دوسرا حوالہ یسعیاہ 18 باب 17 اور 18 آیت سے لیا گیا ہے۔ 13 آیت میں ہمیں یسعیاہ کے حوالہ میں سے دو چیزوں کو دیکھنا ہو گا۔ اوّل۔ غور کریں کہ کس طرح مصنف خدا پر توکل اور بھروسہ کرنے کی بات کرتا ہے۔ اس باب میں ہم بات کر رہے ہیں کہ کس طرح خداوند یسوع نے ہماری طرح جسم اختیار کرے ہماری طرح دُکھوں اور آزمائشوں کا سامنا کیا۔ کس طرح ان دُکھوں اور آزمائشوں کا سامنا کیا؟ وہ خدا پر توکل اور بھروسہ کرتے ہوئے ان ساری چیزوں کا سامنا کرنے کے قابل ہوا۔ ہمیں یاد کرایا گیا ہے کہ کس طرح خداوند یسوع اپنے باپ پر توکل اور بھروسہ کرتے ہوئے ہماری طرح جسم اختیار کر کے دُکھ اٹھانے کے قابل ہوا۔ مصنف اپنے قارئین کو بتانا چاہتا ہے کہ عہدِ عتیق کی پیش گوئیوں کے مطابق خداوند یسوع کا دُکھ اٹھانا ضرور تھا۔ یسعیاہ کے اس حوالہ سے دوسری

چیز ہمیں یہ سمجھنے کی ضرورت ہے کہ خداوند یسوع کے اس طرح دُکھ اٹھانے سے کون سا کام پایہ تکمیل کو پہنچا۔ دُکھ اُٹھانے کے بعد ہی خداوند یسوع یہ کہہ سکا۔ "یہ وہ بچے ہیں جو خدا نے مجھے عطا کئے ہیں۔"

یہاں پر میرے ذہن میں ایک بیوی کی تصویر اجاگر ہوتی ہے جو بچے کی پیدائش کے دُکھ درد سے گزر کر بچے کو جنم دیتی ہے اور پھر اُسے اپنی بانہوں میں اُٹھا کر بڑی خوشی کے ساتھ اپنے شوہر سے اس بچے کا تعارف کراتے ہوئے یہ کہتی ہے۔ " یہ ہے وہ بچہ جو خدا نے مجھے عطا کیا ہے۔"

خداوند یسوع مسیح نے بھی ایسے ہی کیا۔ اس نے اس زمین پر آکر جسم اختیار کیا۔ دُکھ اٹھایا اور اُن سب کو زندگی عطا کی جو خدا باپ کی طرف سے اسے سونپے گئے تھے۔ خداوند یسوع مسیح کے صلیبی کام کو قبول کرنے والے خدا کے فرزند بن جاتے ہیں۔ مسیح ان کی خاطر دُکھ اٹھانے کے بعد اب شادمان ہے۔ اُسے اپنے لوگوں کا تعارف خدا باپ سے کراتے ہوئے خوشی محسوس ہوتی ہے۔ عہدِ عتیق کے ان حوالہ جات کا مقصد یہودی قارئین کو یہ بتانا تھا کہ خداوند یسوع خدا باپ سے اپنے لوگوں کا تعارف کراتے ہوئے خوشی محسوس کرتا ہے۔ وہ مسیح جس کے تعلق سے عہدِ عتیق کے انبیاء نے پیش گوئیاں کی تھیں وہ اپنے لوگوں کو بھائی اور بہنیں کہتے ہوئے فخر محسوس کرتا ہے۔

ہمیں وہ بڑی قیمت بھی یاد کرائی گئی ہے جو خداوند یسوع نے ہمارے لئے ادا کی تاکہ ہم خدا کے فرزند بن سکیں۔ خداوند یسوع کو جسم اختیار کر کے ایک ہولناک اور بھیانک موت کا سامنا کرنا پڑا۔ جسم میں خداوند یسوع نے ہمارے دُشمن ابلیس اور موت کا سامنا کیا۔ خداوند یسوع کو ان تمام دُکھوں اور آزمائشوں کا علم ہے جن سے ہم گزرتے ہیں۔ تاہم اُس نے ہمیں گناہ اور موت کی قوت اور اختیار سے آزاد کر دیا ہے۔

جب سے ابلیس نے حوا کو باغِ عدن میں آزمایا تھا، اس وقت سے اب تک ہم موت اور گناہ کی قوت اور اختیار کے نیچے تھے۔ یسوع نے ہم پر سے گناہ اور موت کے اَثر کو زائل کر دیا۔ خداوند یسوع نے موت اور آنے والی عدالت کے خوف سے ہمیں رہائی بخش دی ہے۔ اب ہم قبر سے آگے ابدیت میں خداوند کے حضور جانے کی اُمید سے معمور ہیں۔ موت اب خدا کے فرزندوں کے لئے ایک سنگِ میل یا ایک دروازے کی حیثیت اختیار کر گئی ہے۔ اب ایماندار عدالت کے خوف سے آزاد ہیں۔ گناہ اور موت کی دہشت اور وحشت ختم ہو گئی ہے۔ کیونکہ گناہ پر غلبہ پالیا گیا ہے۔ کیونکہ خداوند یسوع مسیح کے صلیبی کام کے وسیلہ سے گناہوں کی معافی کا انتظام ہو گیا ہے۔

جو کچھ خداوند یسوع مسیح نے بنی نوع انسان کے لئے سر انجام دیا ہے اسے سمجھتے اور جانتے ہوئے عبرانیوں کا مصنف محوِ حیرت ہے۔ اُس نے 16 آیت میں اپنے قارئین کو یاد کرایا کہ خداوند یسوع مسیح نے فرشتوں کے لئے ایسا نہیں کیا۔ خداوند یسوع نے فرشتوں میں سے ایک کی مانند بننے کے لئے اپنی الوہیت اور جلال سے علیحدگی اختیار نہیں کی۔ ابلیس کے ساتھ آسمانی مقاموں سے گرانے والے فرشتگان ہمیشہ کے لئے کھو چکے ہیں۔ (یہوداہ 6 آیت) خدا نے اُنہیں اُن کی گناہ آلودہ حالت ہی میں چھوڑ دیا ہے۔ وہ انہیں بچانے کے لئے آگے نہیں بڑھا۔ خدا کے فرزند اور خداوند یسوع مسیح کے بھائی ہونے کا شرف اور استحقاق کس قدر بڑا ہے! خداوند یسوع نے کیسی اُتم محبت کا اظہار ہم سے کیا۔ الوہیت چھوڑ کر ہماری طرح جسم اختیار کیا۔ دُکھوں اور موت کا سامنا کیا۔ اور ہمیں خدا کے فرزند اور اپنے بھائی اور بہنیں بنا کر ابدی سزا سے ہمیشہ کے لئے محفوظ کر لیا ہے۔

17 آیت میں ہمیں بتایا گیا ہے کہ خداوند یسوع ہر طرح سے ہماری طرح بن گیا تاکہ وہ کامل طور سے ہمارے مشابہ ہو۔ وہ انہی دُکھوں اور آزمائشوں سے ہماری طرح گزرا تاکہ وہ

ہمارے لئے ایک ترس سے بھرا ہوا سردار کاہن بن جائے۔ لوگوں سے مشابہت پیدا کرنے کا ایک ہی طریقہ ہے اور وہ یہ کہ ہم اُن جیسے حالات، مسائل اور مشکلات سے گزریں، تب ہی ہم انہیں سمجھ سکتے اور ان کی مانند بن سکتے ہیں۔ جب ہم کسی مشکل سے دوچار ہوتے ہیں تو پھر ہی ہمیں اُن لوگوں کی کیفیت اور حالت کا اندازہ ہوتا ہے جو کسی مشکل وقت اور صورتحال سے گزر رہے ہوتے ہیں۔ خداوند یسوع اس لئے بھی ہمیں سمجھتا ہے کیونکہ وہ اُن سب دُکھوں اور آزمائشوں سے گزر چکا ہے جن سے ہم اب گزرتے ہیں۔ وہ دُکھوں اور آزمائشوں میں ہمارا بھائی ہے۔ وہ ترس سے بھرا ہوا اور ہمیں سمجھتا ہے، کیونکہ وہ ہماری طرح دُکھوں سے گزر چکا ہے۔ ہماری طرح دُکھ اٹھا کر اس نے یہ سب کچھ سیکھا ہے۔

مسیح کے دُکھوں اور موت کا ایک اور بھی مقصد ہے۔ اُس کی موت اور دُکھوں سے ہمارے گناہوں کا کفارہ ہوا۔ (آیت 17)

بالفاظ دیگر خداوند یسوع کی موت سے ہمارے گناہوں کے لئے قانونی تقاضے پورے ہوئے ہیں۔ خداوند یسوع کی موت سے ہم خدا کے حضور راستباز ٹھہر چکے ہیں اور خدا باپ کے ساتھ ہمارا رشتہ اور تعلق بحال ہو گیا ہے۔ عہدِ عتیق میں گناہ کا کفارہ بیل یا بکرے کی موت سے ہوتا تھا۔ قربان کیا جانے والا بیل یا بکرا بغیر کسی خامی یا بے نقص ہوتا تھا۔ خداوند یسوع بے خطا زندگی بسر کرنے بعد خدا باپ کے حضور بے نقص برّہ بن گیا تاکہ ہمارے گناہوں کا کفارہ دے۔ وہ ہمارے گناہوں کی کامل قربانی بن گیا۔ انسان گناہ آلودہ ہوتے ہوئے کبھی بھی گناہ کی قربانی کے لئے موزوں نہیں ہو سکتا تھا۔ خدا کے بیٹے یسوع مسیح کی کامل قربانی ہی قانونی تقاضوں کو پورا کرتے ہوئے ہمارے گناہوں کے لئے کامل قربانی ہو سکتی تھی۔ خداوند یسوع کی کامل قربانی سے ہی قانونی تقاضے پورے ہو سکتے تھے۔

ہماری مانند بننے سے ہی خداوند یسوع کامل قربانی بن کر ہمارے گناہوں کا کفارہ دے سکتا تھا۔ تاکہ خداباپ کے ساتھ ہمارا رشتہ بحال ہو سکے۔

جو لوگ خداوند یسوع مسیح کی قربانی، دُکھوں اور موت کو قبول کرتے ہیں اُن کا خداباپ کے ساتھ رشتہ اور تعلق بحال ہو جاتا ہے۔ اس سے یہ بھی ظاہر ہوتا ہے کہ وہ ہماری کمزوریوں، دُکھوں اور آزمائشوں میں ہمارے مشابہ ہو گیا۔ اس نے ہماری طرح آزمائشوں اور دکھوں کا سامنا ہی نہیں کیا بلکہ اُن پر فتح اور غلبہ بھی پایا۔ اُسے علم ہے کہ کس طرح آزمائشوں کو شکست دینی ہے۔ اُسے معلوم ہے کہ اگر آپ اُس سے درخواست کریں گے تو آپ کے دُکھوں اور آزمائشوں میں کس طرح اُس نے آپ کی مدد کرنی ہے۔ وہ آپ کو اپنا بھائی اور بہن سمجھتا ہے۔ اگر آپ اُس سے مدد چاہیں تو وہ ضرور آپ کی مدد کرے گا تاکہ آپ خداباپ کے جلال کے لئے زندگی بسر کر سکیں۔

چند غور طلب باتیں

☆۔ جب مصنف یہ بیان کرتا ہے کہ ہماری نجات کے بانی کو کامل ہونے کی ضرورت تھی، تو اس سے وہ کیا بتانا چاہتا ہے؟

☆۔ اپنی الٰہی فطرت اور الوہیت سے الگ ہونے کا خداوند یسوع کے نزدیک کیا معنی و مفہوم تھا؟

☆۔ ہم کس طرح سے خداوند یسوع مسیح کو اپنا بھائی کہہ سکتے ہیں؟

☆۔ خداوند یسوع مسیح کس طرح موت کی دہشت اور اُس کی قوت کو ہم سے دُور کرتا ہے؟

☆۔ ایک ایماندار کا خدا کے ساتھ رشتہ اور تعلق کس طرح فرشتوں کے خدا کے ساتھ

رشتے سے مختلف ہے؟

چند اہم دُعائیہ نکات

☆۔خداوند کی اتم محبت کے لئے اُس کی شکرگزاری کریں کہ اس محبت کے وسیلہ سے ہم اُس کے بھائی اور بہنیں ہیں۔

☆۔خداوند کی شکرگزاری کریں کہ وہ ہر طرح سے ہمارے مشابہ ہو گیا اور ہماری طرح دُکھوں اور آزمائشوں کا سامنا کیا۔

☆۔خداوند کی شکرگزاری کریں کہ اُس نے ہمارے گناہوں کی قیمت ادا کر کے موت کی دہشت اور زور کو ہم پر سے توڑ دیا ہے۔

☆۔خداوند سے فضل اور توفیق مانگیں تاکہ آپ اِس رشتہ اور تعلق اور گہری قربت کو سمجھ سکیں جو وہ ہم سے رکھنا چاہتا ہے۔

☆۔اس بڑی قیمت کے لئے خداوند کی شکرگزاری کریں جو وہ ہمارے گناہوں کے لئے چکانے کے لئے تیار اور آمادہ ہو گیا۔

باب 13

مُوسیٰ سے افضل

عبرانیوں 3 باب 1-6 آیت کا مطالعہ کریں

دوسرے باب کے آخری حصہ میں، ہم نے دیکھا کہ کس طرح خدا نے انسان کو عزت اور جلال سے تاجدار کیا ہے۔ ہمیں یاد کرایا گیا ہے کہ کس طرح خداوند یسوع مسیح نے انسانی فطرت اختیار کی، ہمارے مشابہ ہو گیا۔ ہماری طرح اس زمین پر زندگی بسر کی اور ہماری طرح دُکھوں اور آزمائشوں سے گزر کر کامل ہوا۔ اس نے ہمارے گناہوں کی قیمت چکانے کے لئے بخوشی او رضا اپنی جان صلیب پر قربان کر دی۔ 1 آیت میں عبرانیوں کے مصنف نے اپنے قارئین کو یہ بتایا کہ جو اس کی آسمانی بلاہٹ میں شریک ہوتے ہیں، لازم ہے کہ وہ اپنا دھیان خداوند یسوع مسیح پر لگائیں۔ بالفاظ دیگر ضرورت اس بات کی ہے کہ وہ خداوند یسوع کو اپنے خیالات اور اعمال کا مرکز بنائیں۔ جو کچھ اس نے ہمارے لئے سر انجام دیا ہے، اس کی بنا پر لازم ہے کہ وہ ہمارا خداوند اور بادشاہ ہو۔ لازم ہے کہ ہم اس کے اور اُس کے مقصد کے پورے طور پر تابع اور پابند ہو جائیں۔

1 آیت پر غور کریں کہ خداوند یسوع رسول اور ہمارا سردار کاہن ہے جس کا بطور مسیحی ایماندار ہم اقرار کرتے ہیں۔ رسولوں کو خاص طور پر ابتدائی کلیسیا کے بانی ہونے کے لئے چنا گیا تھا۔ مسیحی زندگی اور خدمت کے میدان میں راہیں ہموار کرنے کے لئے وہ خدا کے چنے ہوئے وسیلے تھے۔ خداوند یسوع مسیح نے اس سلسلہ میں رسول کا کردار ادا کیا ہے۔ کیونکہ وہ سب سے پہلے دُشمن کی قوت کو زیر کرنے کے لئے آگے بڑھا۔

وہی خدا کی بادشاہی کا بانی اور سردار ہے۔ خداوند یسوع مسیح صرف رسول ہی نہیں بلکہ ہمارا سردار کاہن بھی ہے۔ سردار کاہن کا کام خدا اور انسان کے درمیان کھڑے ہونا ہوتا تھا۔ وہ خدا کے حضور روزمرّہ قربانیاں پیش کیا کرتا تھا۔ ہر لحاظ سے خداوند یسوع مسیح نے ہمارے لئے سردار کاہن کا کردار ادا کیا ہے۔ اُس نے کامل قربانی کے طور پر اپنی جان قربان کر دی تاکہ گناہ کی پوری قیمت چکائی جا سکے۔ وہ خدا اور ہمارے درمیان خلا کو پُر کرنے کے لئے کھڑا ہو گیا اور ہمیں خدا کی قربت میں لے آیا۔ اب ہم ہر ایک کام اور کلام میں خداوند یسوع مسیح کا ہی اقرار کرتے ہیں۔ رسول ہوتے ہوئے اُس نے اس زمین پر اپنی بادشاہی قائم کی ہے۔ اس نے انسان اور خدا کے درمیان خلا کو ختم کر کے اُنہیں ایک دوسرے سے ملا دیا ہے۔

2 آیت میں مصنف اپنے قارئین کو یاد کراتا ہے کہ خداوند یسوع مسیح موسیٰ کی طرح اپنے مقرر کرنے والے کا وفادار رہا۔ خداوند یسوع مسیح نے بڑی وفاداری سے خدا باپ کی خدمت سر انجام دی۔ موت بھی اس پاک بلاہٹ کا نافرمان ہونے کے لئے اُس پر اثر انداز نہ ہو سکی۔ اُس نے خدا باپ کی مرضی کی تابعداری کرتے ہوئے بخوشی و رضا ہمارے لئے صلیب پر جان قربان کر دی۔

شریعت دینے والے کی حیثیت سے موسیٰ اپنی زندگی میں خدا کی بلاہٹ کا وفادار اور تابعدار رہا۔ تاہم خداوند یسوع موسیٰ سے کہیں زیادہ عزت اور جلال کے لائق ٹھہرا۔ (3 آیت) ہم پہلے ہی دیکھ چکے ہیں کہ خداوند یسوع فرشتوں سے افضل ہے۔ یہاں پر عبرانیوں کا مصنف اپنے قارئین کو یاد کراتا ہے کہ خداوند یسوع موسیٰ سے بھی افضل اور اعلیٰ و بالا ہے۔ (3 آیت)

یہودی سوچ کے مطابق مردِ خدا موسیٰ کا بڑا نام اور مقام تھا۔ چونکہ شریعت موسیٰ کے

وسیلہ سے آئی، اس لئے مردِ خدا موسیٰ کا بڑا نام اور وقار تھا۔ اس نے خدا کے جلال کو دیکھا تھا اور خدا نے اسے بڑی قوت اور قدرت سے استعمال بھی کیا تھا۔ بنی اسرائیل اسی کی قیادت اور رہنمائی میں ملکِ مصر یعنی غلامی کے گھر سے آزاد ہوئے تھے۔ خدا نے اپنے اس بندہ کے وسیلہ سے بڑے اہم معجزات اور نشانات دکھائے تھے۔ عبرانیوں کا مصنف اپنے قارئین کو یاد کراتا ہے کہ اگرچہ موسیٰ کا بڑا نام اور مقام تھا لیکن تو بھی خداوند یسوع مردِ خدا موسیٰ سے افضل اور مقدم ہے۔

عبرانیوں کا مصنف موسیٰ اور اُس کی خدمت کا ذکر کرتا ہے۔ مردِ خدا موسیٰ شریعت دینے جبکہ خداوند یسوع اپنی صلیبی موت کے وسیلہ سے گناہوں کی معافی دینے کے لئے اس دُنیا میں آیا۔ اگرچہ موسیٰ کی معرفت ملنے والی شریعت اچھی تھی تو بھی وہ گناہ کے مسئلہ کا کامل حل نہیں تھا۔ موسیٰ کی معرفت ملنے والی شریعت نہ تو کسی جان کو بچا سکی اور نہ ہی انہیں گناہ کی قوت سے رہائی دے سکی۔ شریعت انسانی فطرت کو تبدیل کرنے سے قاصر رہی۔ خداوند یسوع کامل نجات دینے کے لئے اس دُنیا میں آیا۔ اُس نے آکر محض ظاہری اعمال ہی نہیں بلکہ دلوں کو یکسر بدل کر رکھ دیا۔

خداوند یسوع محض اپنی ذاتِ اقدس کے سبب ہی موسیٰ سے اَفضل و مقدّم نہیں بلکہ جو کچھ اس نے اپنی صلیبی موت کے وسیلہ سے سرانجام دیا ہے اس بنا پر بھی وہ مردِ خدا موسیٰ سے افضل اور اعلیٰ و بالا ہے۔ اپنے نکتہ نظر کی وضاحت کے لئے مصنف گھر اور اس کے بنانے والے کی مثال کو پیش کرتا ہے۔ کون زیادہ عزت کے لائق ہے؟ گھر یا گھر کا بنانے والا؟ ہو سکتا ہے کہ گھر فن تعمیر کی ایک بڑی زبردست مثال ہو لیکن اصل میں تو گھر کا بنانے والا ہی مقدم ٹھہرے گا جس نے اس کاریگری کو وجود بخشا۔ گھر کی تعمیر کرنے والا عزت افزائی کا مستحق ہوتا ہے۔ اسی طرح خداوند یسوع مسیح بھی کامل نجات پیش کرنے پر شکر گزاری،

تعریف اور تمجید کا مستحق ہے۔ کیونکہ اس نے بطور نجات کا بانی ایک زبردست کام سر انجام دیا ہے۔ اُس نے وہ کام سر انجام دیا جو موسیٰ شریعت دینے والا بھی سر انجام نہ دے سکا۔ اس نے خدااور انسان کے درمیان پائے جانے والے خلا کو ختم کر دیا ہے۔

موسیٰ خدا کے گھرانے میں دیانتدار اور وفادار تھا۔ (5 آیت) اس نے حائل رکاوٹوں کو عبور کرتے ہوئے اپنی خدمت سر انجام دی۔ ہر بار اُس کو عزت افزائی اور پذیرائی نہ ملی۔ بہت سے لوگ اس کی زندگی میں موجود خدا کی بلاہٹ اور اس کی قوت اور قدرت کی بنا پر اس سے حسد کرتے تھے۔ اس نے برسوں لوگوں کی بُڑبڑاہٹ اور کُڑکڑاہٹ کو سنا۔ کچھ لوگ تو اُسے مار بھی دینا چاہتے تھے۔ خدا کا بندہ ہوتے ہوئے اس نے جو کچھ خدا کی طرف سے سنا اُس کی وفاداری سے لوگوں کے سامنے گواہی دی۔ موسیٰ خدا کا خادم ہوتے ہوئے وفادار رہا، جبکہ خداوند یسوع بطور خدا کا بیٹا وفادار رہا۔ خدا کا بیٹا ہوتے ہوئے وہ خدا کے سارے گھرانے پر مقرر تھا۔ مرد خدا موسیٰ خادم جبکہ خداوند یسوع مسیح خدا کا بیٹا اور مالک تھا۔ خدا کے گھر میں اپنے مقام اور رُتبے کے باعث خداوند یسوع موسیٰ سے افضل تھا۔

6 آیت پر غور کریں یہودی قارئین جن کے لئے یہ خط لکھا گیا تھا وہ خدا کے گھرانے کا حصہ تھے بشرطیکہ وہ اپنی امید اور حوصلے کو نہ چھوڑتے۔ یہ بہت اہم بیان ہے جو ہمارے لئے قابل توجہ ہونا چاہئے۔ بعض لوگ اس کی تشریح یہ بھی کر سکتے ہیں کہ اگر ایماندار اپنی اُمید پر قائم نہ رہے تو وہ اپنی نجات کھو سکتا ہے۔ لیکن سمجھنے والی بات یہ ہے کہ مذکورہ حوالہ یہ بیان نہیں کر رہا کہ آیا ہم اپنی نجات کھو سکتے ہیں بلکہ یہ حوالہ بیان کرتا ہے کہ کس طرح ہم معلوم کر سکتے ہیں کہ آیا ہم خدا کے گھرانے کا حصہ ہیں۔ خداوند یسوع مسیح نے واضح طور پر کہا تھا کہ بہت سے لوگ اسے خداوند خداوند کہیں گے لیکن وہ دراصل اُس کے لوگ نہیں ہوں گے۔ آج ہماری کلیسیائیں ایسے لوگوں سے بھری ہوئی ہیں جو مسیحی

ایماندار ہونے کا دعویٰ کرتے ہیں۔ خداوند یسوع کا اقرار کرنے والے سبھی لوگ حقیقی ایماندار اور خدا کے گھرانے کا حصہ نہیں ہوتے۔

آپ کس طرح بتا سکتے ہیں کہ آیا کوئی شخص حقیقی ایماندار ہے یا نہیں؟ عبرانیوں کا مصنف واضح طور پر بیان کرتا ہے کہ ایک حقیقی ایماندار کی نشانی یہ بھی ہے کہ وہ آخر تک اپنی اُمید اور حوصلے کا دامن ہاتھ سے نہیں چھوڑتا۔ بالفاظ دیگر حقیقی ایماندار ثابت قدم اور قائم رہتے ہیں۔ ان کے دلوں کو خداوند نے چھوا ہوتا ہے۔ اُن کے باطن تبدیل ہو چکے ہوتے ہیں۔ وہ خداوند یسوع کو اپنی آخری اُمید اور سہارا سمجھتے ہوئے اس پر نگاہ کرتے ہیں۔ دُنیا کی لذتوں اور رنگینوں سے متاثر ہو کر وہ اپنی نگاہیں خداوند یسوع سے ہٹا نہیں لیتے۔ حقیقی ایماندار تو ثابت قدم اور قائم رہتا ہے۔ بہت سے لوگ ایماندار ہونے کا دعویٰ کرتے ہیں لیکن جب دُکھ اور پریشانیاں اور ایذا رسانیاں آتی ہیں تو وہ اپنے ایمان کا انکار کر دیتے ہیں۔

اگرچہ عہدِ عتیق میں مردِ خدا موسیٰ نے لوگوں کی قیادت کی تو بھی وہ خدا کے گھرانے کا ایک مختار اور خادم ہی تھا۔ اس کے برعکس خداوند یسوع خدا کے گھرانے کا سربراہ ہے۔ اپنے دشمنوں پر فتح اور غلبہ پانے کے لئے اس نے بخوشی ورضا اپنی جان قربان کر دی۔ یہ وہ کام تھا جو مردِ خدا موسیٰ نہیں کر سکتا تھا۔ جو اس نجات کو پہچان چکے ہیں اُن کے لئے لازم ہے کہ وہ اپنے حوصلہ اور اُمید کو نہ چھوڑیں۔ یہ نجات یسوع لایا ہے۔ اس کے نام میں فتح ہے۔ ہم موسیٰ اور اس شریعت پر بھروسہ نہیں کرتے جو اُس نے لوگوں کو دی۔ یسوع ہی ہمارا واحد بھروسہ اور اُمید ہے۔

چند غور طلب باتیں

☆۔ خداوند یسوع پر دھیان لگانے اور اُس پر غور کرنے کا کیا معنی و مفہوم ہے؟ اس سے ہمارے طرزِ زندگی اور طرزِ عمل پر کیا اثر پڑتا ہے؟

☆۔ خداوند یسوع کس طرح ہمارا رسول اور سردار کاہن ہے؟

☆۔ خداوند یسوع کس طرح موسیٰ سے عظیم ہے؟ کس طرح اُس کا کام موسیٰ سے بڑا ہے؟

☆۔ مسیح یسوع نے ہمیں کیسی اُمید بخشی ہے؟ کیا آپ نے اپنا دھیان مسیح یسوع پر لگا لیا ہے؟

چند اہم دُعائیہ نکات

☆۔ خداوند کی شکرگزاری کریں کہ مسیح یسوع وہ نجات دینے آیا ہے جو مردِ موسیٰ خدا کی معرفت ملنے والی شریعت نہ دے سکی۔

☆۔ اس تبدیلی کے لئے خداوند کی شکرگزاری کریں جو خداوند اس وقت آپ کی زندگی اور دل میں لے کر آیا جب آپ اس کے پاس آ گئے۔

☆۔ اس عظیم اور خوبصورت اُمید کے لئے خدا کی شکرگزاری کریں جو مسیح یسوع کے وسیلہ سے آپ کو مل گئی ہے کہ آپ ابدیت میں خداوند کے ساتھ رہیں گے۔

☆۔ خداوند سے فضل مانگیں تاکہ آپ اپنے ہر کام میں خداوند یسوع مسیح پر اپنی نظریں لگا سکیں۔

☆۔ روحانی طور پر آگے بڑھتے رہنے کے لئے خداوند سے ہمت اور ثابت قدم رہنے کی توفیق مانگیں۔ خداوند کی شکرگزاری کریں کہ اپنا دھیان اُس پر لگاتے ہوئے ہم ثابت قدم اور قائم رہ سکتے ہیں۔

باب 14

اپنے دلوں کو سخت نہ کرو

عبرانیوں 3 باب 7-19 آیت کا مطالعہ کریں

میری زندگی میں ایسے وقت آئے جب میں اپنے دل میں روح القدس کی دھیمی آواز کو سن سکتا تھا لیکن جسمانی سوچ اور دل کی خواہشیں اور رغبتیں اس قدر غالب تھیں کہ میں نے اُس آواز کو نظر انداز کیا جو مجھے کسی چیز کے تعلق سے خبر دار کر رہی تھی۔ عبرانیوں کے مصنف کے دل کی لالسا یہی ہے کہ اُس کے قارئین اس سچائی کو سمجھیں اور جانیں جو وہ یہاں پر بیان کر رہا ہے۔ وہ ان کی توجہ خداوند یسوع مسیح کی ذاتِ اقدس کی طرف مبذول کرنے کی کوشش کر رہا ہے کہ وہ جانیں کہ خداوند یسوع مردِ خدا موسیٰ اور فرشتگان سے عظیم تر ہے۔ وہ اُنہیں بتا رہا ہے کہ خداوند یسوع اُنہیں وہ نجات پیش کرنے کے لئے آیا جو موسیٰ کی معرفت ملنے والی شریعت بھی نہ دے سکی۔ مصنف یہاں پر اپنے قارئین کو اس سچائی کے تعلق سے دل سخت نہ کرنے کی تنبیہ کر رہا ہے جس کی وہ اُنہیں یہاں پر تعلیم دے رہا ہے۔

8 آیت میں مصنف اپنے قارئین کو اس دَور کی یاد دلاتا ہے جب بنی اسرائیل بیابان میں محوِ سفر تھے۔ بیان میں سفر کرتے ہوئے کئی بار اُنہوں نے خدا کے خلاف بغاوت کی۔ بنی اسرائیل خدا اور اُس کی راہوں کے خلاف کئی بار بُڑبڑائے اور کُڑکڑائے۔ اُنہوں نے اُس کے احکامات ماننے سے انکار کیا اور اپنی نافرمانی کے باعث شکست پر شکست کھائی۔ خدا اور اُس کے مقصد کے خلاف بغاوت اور ہٹ دھرمی کا مظاہرہ کرتے ہوئے چالیس سال سے

زیادہ عرصہ وہ اُس کے رحم وترس کو آزماتے اور اُس کا امتحان کرتے رہے۔ خدا کے لوگوں نے بیابان میں خدا کی آواز کو سنا۔ اُنہوں نے اپنے درمیان اُس کے زبردست کاموں کو بھی دیکھا جو اُس نے اُن کے لئے سر انجام دیئے تھے۔ اُس نے اُن کے کھانے پینے کی تمام ضروریات کو پورا کیا۔ اُس کی حضوری کے باعث پہاڑ نے جنبش کھائی اور ان کے درمیان اتر آیا۔ زمین نے منہ پسارا اور باغیوں کو نگل گئی۔ خدا کے لوگوں نے بیابان میں سفر کرتے ہوئے مختلف طریقوں سے اس کی آواز کو سنا۔ پھر بھی اُنہوں نے کوئی توجہ نہ دی اور اپنی ڈگر پر چلتے رہے۔ اُن کے دل مسلسل گمراہ اور برگشتہ ہوتے رہے۔ (10 آیت)

اس کے نتیجہ میں خدا اپنے لوگوں سے سخت خفا ہوا۔ جن بھی ملکوں سے وہ گزرے اُن کے دیوتاؤں کے طالب ہوئے۔ اُنہوں نے خدا کی شریعت کی تابعداری نہ کی۔ اگرچہ اُنہوں نے خدا کی راہوں پر چلنے کے تعلق سے سنا لیکن پھر بھی نظر انداز ہی کرتے رہے۔

اس باغیانہ روّیہ کے باعث خدا نے اُن کے خلاف ایک عہد کا اعلان کیا۔ 11 آیت میں اُس نے وعدہ کیا۔ " وہ میرے آرام میں کبھی داخل نہ ہونے پائیں گے۔ بیابان میں موجود بنی اسرائیل کے لئے اس کا مطلب یہ تھا کہ وہ اس وعدہ کی سرزمین میں کبھی داخل نہ ہوں گے جس کا وعدہ خدا نے اُن کے باپ دادا سے کیا تھا۔ اُن میں سے بہت سے اپنی سخت دلی کے سبب سے بیابان میں مر گئے۔ اسی طرح وہ لوگ بھی خدا کے آرام میں داخل نہ ہو پائیں گے جو خداوند یسوع کی معرفت دستیاب نجات کو نظر انداز کر دیتے ہیں۔

اسی لئے تو عبرانیوں کی کتاب کا مصنف فکر مندی کا اظہار کرتے ہوئے لکھتا ہے کہ تم میں سے کوئی رہا ہو معلوم نہ ہو۔ کوئی ایسا سخت دل نہ ہو کہ اپنی بے ایمانی کے سبب سے خدا سے دُور گمراہی کی راہ پر چلا جائے۔ اگرچہ یہ انتباہ غیر نجات یافتہ لوگوں اور ان لوگوں کے لئے بھی ہے جو خداوند یسوع مسیح پر ایمان نہیں رکھتے۔ تاہم نجات یافتہ اور ایماندار بھی کئی

طرح سے گمراہی، بے اعتقادی اور سخت دلی کا مظاہرہ کرسکتے ہیں۔ ہم جسم کی خواہشوں کی طرف مائل ہونے اور جسم کی آواز سننے سے بھی ایسا کرسکتے ہیں۔ داؤد آزمائش میں گر گیا اور زنا بھی کرڈالا اور ایک بندے کو بھی مرواڈالا۔ پطرس نے تین بار خداوند کا انکار کردیا۔ جو کچھ خدا ہمیں بتاتا ہے اُس پر ایمان نہ لاکر، اپنی بے اعتقادی اور عدمِ اعتماد کا مظاہرہ کرتے ہوئے بھی ہم اپنی سخت دلی کا مظاہرہ کرسکتے ہیں۔ خدا کے کلام کو قبول کرنے اور اُس کے مطابق عمل کرنے کی بجائے ہم اُسے نظر انداز کردیں اور اپنی من مانی سے کام کریں تو یہ بھی سخت دلی اور گناہ ہے۔ لازم ہے کہ ہم دانستہ طور پر خدا کی تابعداری کرنے اور اسی کے طریقہ سے کام کرنے کا عزم کریں۔ کئی دفعہ خدا کی راہیں ہماری سمجھ سے بالاتر ہوتی ہیں اور ہم سوچنے لگتے ہیں کہ آیا واقعی خدا اپنے وعدہ کے مطابق ہی عمل کرے گا۔ بہت سے لوگ مشکل وقت، آزمائشوں اور کھٹن حالات میں خدا سے منہ پھیر لیتے اور اُس کی طرف اپنی پشت کردیتے ہیں۔

ہم کس طرح دلوں کو سخت کرنے کے گناہ سے بچ سکتے ہیں؟ ہم کس طرح دُشمن پر غالب آکر جسم کی خواہشوں اور اُس کی رغبتوں کو پامال کرتے ہوئے مکمل تابعداری کی زندگی بسر کرسکتے ہیں؟ 13 آیت میں "آج کے دن" سے مراد یہ ہے کہ جب تک ہم اس دُنیا میں ہیں ہم ایک دوسرے کی ہمت بندھاتے رہیں، ایک دوسرے کے حوصلے کو بلند کرتے رہیں تاکہ وہ خدا کی مکمل تابعداری اور اطاعت میں زندگی بسر کرے۔

13 آیت میں استعمال ہونے والے لفظ "ENCOURAGE کے بڑے وسیع معنی ہیں۔ اس کا معنی تسلی دینا اور نصیحت کرنا بھی ہوسکتا ہے۔ اس میں تعلیم دینے اور مضبوط کرنے کا مفہوم بھی پایا جاتا ہے۔ بالفاظ دیگر اگر ہمیں دُشمن کا سامنا کرنا اور خداوند کی اطاعت اور تابعداری میں زندگی بسر کرنی ہے تو پھر ہمیں ایک دوسرے کو نصیحت اور تسلی

دینا، تنبیہ کرنا، آگاہ کرنا اور ایک دوسرے کو تعلیم کے ذریعہ ایمان اور کلام میں مضبوط کرنا ہو گا۔

تصور کریں کہ ایک ہی فوجی مخالف فوج کا سامنا کر رہا ہو۔ کیا یہ مضحکہ خیز نہیں کہ ایک فوجی مخالف فوج کے سامنے کھڑا ہو کر ان کے خلاف لڑنے اور اُنہیں شکست دینے کی کوشش کر رہا ہو۔ اکثر و بیشتر ہماری مسیحی زندگی بھی ایسی ہی تصویر کشی کر رہی ہوتی ہے۔ خدا نے ہمیں ایک گھرانے میں شامل کیا ہے۔ اُس نے روح کی نعمتیں کسی ایک شخص کو عطا نہیں کیں بلکہ اِس کی بجائے۔ روح کی نعمتوں کی تقسیم اس طرح سے کی گئی ہے کہ ہمیں ایک دوسرے کی ضرورت محسوس ہوتی رہے۔ اگر ہمیں اس جنگ کو فتح کرنا ہے تو پھر ہمیں اپنے بھائیوں اور بہنوں کے ہاتھوں، کانوں، آنکھوں اور مدد و معاونت کی ضرورت رہے گی تاکہ وہ ہمیں آنے والے خطرہ سے آگاہ کر سکیں۔ ہمیں اُن کے بازوؤں کی ضرورت پڑے گی تاکہ وہ آزمائش اور مشکل گھڑی میں ہمیں دُعاؤں کے وسیلہ سے اپنے بازوؤں کے حصار میں لے لیں۔ مشکل اور درد بھرے لمحات میں ہم آگے بڑھتے رہیں اس کے لئے ہمیں ان کے فہم و فراست، مدد، تسلی اور سہارے کی ضرورت پیش آئے گی۔ ہمیں فتح مند مسیحی زندگی کے لئے ایک دوسرے کی ضرورت ہے۔

خدا کے فرزند ہوتے ہوئے ہم مسیح کے دُکھوں میں شریک ہوں گے۔ دنیا ہمیں رد کرے گی، ہم دُشمن کے تیروں کا نشانہ بنیں گے۔ دُنیا ہمیں سمجھ نہ پائے گی، کیونکہ دنیا خداوند یسوع مسیح کو بھی نہ سمجھ پائی۔ بعض کو اپنے ایمان کے باعث جان سے بھی ہاتھ دھونا پڑیں گے۔ تاہم 14 آیت میں یہ وعدہ ہے کہ اگر ہم ثابت قدم اور قائم رہیں، تو ہم مسیح کے جلال میں بھی شریک ہوں گے، بالکل ایسے جیسے اس دُنیا میں رہتے ہوئے ہم اُس کے دُکھوں میں شریک ہوتے ہیں۔ اگر سخت دلی اختیار کرتے ہوئے بغاوت میں چلنے کے نتائج

خطرناک اور شدید ہیں تو دوسری طرف تابعداری اور وفاداری سے چلنے کا اجر بھی عظیم ہے۔ ہم کس طرح غالب آسکتے ہیں؟ 13 آیت میں ہم ایک دوسرے کی ضرورت اور اہمیت کو پہلے ہی دیکھ چکے ہیں۔14 آیت میں ہمیں اس بڑی اُمید کی یاددہانی کرائی گئی ہے جو ہمیں مسیح یسوع میں حاصل ہے۔ غالب آنے کے لئے ہمیں اسی سوچ کو مدِ نظر رکھنا ہو گا۔ ہمیں اپنے آپ کو ان وعدوں کی یاددہانی کرانی ہو گی جو خداوند نے ثابت قدم اور قائم رہنے والوں کے ساتھ کئے ہیں۔ وہ عارضی دُکھ، مشکلات اور حالات جن کا سامنا ہمیں اس عارضی دنیا میں ہوتا ہے ان کا موازنہ ان ابدی برکات سے نہیں کیا جا سکتا جو ہمیں مسیح یسوع میں حاصل ہیں۔ ضرورت ہے کہ ہم اسی اُمید اور ایمان کو موقع دیں کہ وہ ہمارے ارادوں اور عزم کو جلا بخشے تاکہ ہم وفادار، ثابت قدم اور قائم رہتے ہوئے خداوند مسیح میں اور اس کے مقصد اور بلاہٹ کے مطابق آگے بڑھتے رہیں۔

مصنف اس 3 باب کا اختتام ایک بار اپنے قارئین کو بنی اسرائیل کے بیابان کی سفر کی مثال پیش کرتے ہوئے کرتا ہے۔ اُنہیں تنبیہ کی گئی کہ وہ اُس کے مقصد اور منصوبے کے خلاف اپنے دل کو سخت نہ کریں۔ چالیس برس تک اُنہوں نے خدا کے رحم و ترس اور صبر کی آزمائش کی۔ خدا نے اُن کی بڑبڑاہٹ اور شکایت بازی کو سن کر برداشت کیا لیکن جن لوگوں نے اپنے دلوں کو سخت کیا وہ اس وعدہ کی گئی سرزمین کو کبھی دیکھنے نہ پائے۔ وہ بیابان میں ہی ڈھیر ہو گئے اور اس آرام میں کبھی داخل نہ ہو پائے جس کی وہ تلاش میں تھے۔(18 آیت) اپنے گناہ آلودہ اور بے ایمان دلوں کے باعث وہ خدا کی برکات کو پورے طور پر دیکھنے اور حاصل کرنے سے وہ قاصر رہ گئے۔ اگر ہم وفادار رہیں، مکمل تابعداری کی زندگی بسر کریں تو پھر ہی ہم اپنی زندگیوں میں خدا کی برکات کو معموری اور بھرپوری کا تجربہ کر سکتے ہیں۔ اگر ہم ایسا چاہتے ہیں تو پھر ضرورت ہے کہ ہمارے ہم

ایمان بھائی، بہنیں بھی شانہ بشانہ ہمارے ساتھ چلیں تا کہ مشکل وقت اور سخت حالات کی صورت میں وہ ہماری اور ہم اُن کی ہمت بندھاتے رہیں تا کہ کوئی بے دل ہو کر پیچھے نہ رہ جائے۔ مسیح یسوع میں ہمیں ہر ایک اجر اور صلہ کو بھی سامنے رکھنا ہو گا تا کہ ہماری کمریں کسی رہیں، ہمارے چراغ جلتے رہیں تا کہ ہم آگے ہی آگے بڑھتے رہیں۔ اور کبھی ہمت نہ ہار بیٹھیں۔ اور ابلیس، دُنیا کی لذتوں اور جسم کی خواہشوں اور رغبتوں سے مغلوب ہو کر ہمار ے دل سخت نہ ہو جائیں۔

چند غور طلب باتیں

☆۔ آج کون سی چیز ہمیں خدا کی آواز سننے سے روکتی ہے؟ کیا آپ نے کبھی خود کو خدا کی دھیمی آواز، تنبیہ یا ہدایت کو رد کرتے ہوئے پایا؟ وضاحت کریں۔

☆۔ خدا کے کلام، اس کی ہدایت اور منصوبوں کے تعلق سے دلوں کو سخت کرنے کا کیا نتیجہ بر آمد ہوتا ہے؟ کیا ایک ایماندار بھی اپنے دل کو سخت کر سکتا ہے؟

☆۔ عبرانیوں کا مصنف دلوں کی سخت ہونے سے بچاؤ کی کون سی احتیاطی تدابیر پیش کرتا ہے؟

☆۔ کیا آپ کے اردگرد ایسے لوگ ہیں جن کے دل سخت ہو چکے ہیں؟ ایسے لوگوں کے تعلق سے آپ کی کیا ذمہ داری ہے؟

چند اہم دُعائیہ نکات

☆۔خداوند سے دُعا کریں تا کہ وہ آپ کو اپنی زندگی کا کوئی ایسا حصہ دکھائے جہاں پر آپ کا دل سخت ہو چکا ہے؟ خداوند سے اس سخت دلی کے خاتمے کے لئے دُعا کریں۔

☆۔خداوند کی شکر گزاری کریں کہ اگرچہ ہم اس دُنیا میں طرح طرح سے دُکھ اٹھاتے ہیں تو بھی مسیح یسوع میں ہمیں ایک زندہ امید حاصل ہے؟

☆۔خداوند سے دُعا کرے اور راہنمائی مانگیں کہ آپ کسی ایسے ایماندار کی کس طرح حوصلہ افزائی کر سکتے ہیں جو بے دلی اور مایوسی کا شکار ہو چکا ہے اور اِن دنوں بڑے مشکل حالات اور کٹھن مراحل سے گزر رہا ہے۔

باب 15

آرام میں داخل ہونا

عبرانیوں 4 باب 1-11 آیت

پچھلے باب میں عبرانیوں کی کلیسیا کے لئے یہی چیلنج تھا کہ وہ خدا کی بلاہٹ کے شنواہ ہوں اور خدا اور اُس کے مقصد کے پیشِ نظر اپنے دلوں کو سخت نہ کریں۔ خدا اور اُس کی صداقت کے تعلق سے دل سخت کرنے کے بھیانک نتائج سے بھی انہیں آگاہ اور انتباہ کیا گیا۔ ان نتائج کی روشنی میں عبرانیوں کی کلیسیا کو بہت محتاط ہونے کی ضرورت تھی تا کہ کہیں ایسا نہ ہو کہ وہ خدا کے آرام میں داخل ہونے سے محروم رہ جائیں۔(1 آیت)پہلی آیت پر غور کریں کہ خدا کے آرام میں داخل ہونے کا وعدہ ابھی تک قائم ہے۔ غور کریں کہ خدا کے ساتھ صلح اور نجات کا وعدہ اب بھی ان کے لئے حقیقت بن سکتا تھا۔ شائد آپ چونک گئے ہوں کہ آیا آپ بھی خدا کے ساتھ ایسی صلح اور رفاقت قائم کرسکتے ہیں۔ شائد آپ بھی اپنی زندگی میں کسی نہ کسی مشکل صورتحال اور کٹھن دَور سے گزر رہے ہوں اور اس بات کے منتظر ہوں کہ شائد آپ کو بھی اس مشکل صورت حال سے آرام ملنے کی کوئی اُمید باقی ہے۔ عبرانیوں کے مصنف نے اُنہیں بتایا کہ خدا کے آرام میں داخل ہونے کا وعدہ ابھی تک باقی ہے۔ خداوند یسوع مسیح نے اپنی زمینی زندگی کے دوران بتایا کہ اُس کے پاس آنے والے اس آرام میں داخل ہوسکتے ہیں۔ ہم متی 11 باب 28 اور 29 آیت میں پڑھتے ہیں ۔"اَے محنت اُٹھانے والو اور بوجھ سے دبے ہوئے لوگو سب میرے پاس آؤ میں تم کو آرام دوں گا۔ میرا جُوا اپنے اُوپر اُٹھالو اور مجھ سے سیکھو۔ کیونکہ میں حلیم ہوں

اور دل کا فروتن تو تمہاری جانیں آرام پائیں گی۔"

خداوند یسوع مسیح نے اپنی زمینی زندگی کے دوران جو وعدے کئے تھے وہ اب بھی قائم اور اٹل ہیں۔ خداوند یسوع آج بھی آرام کی پیش کش کرتا ہے۔ خواہ ہم کیسی بھی صورتحال میں مبتلا ہیں، خداوند کے پاس آکر ہم اُس کے آرام میں داخل ہونے کا تجربہ حاصل کرسکتے ہیں۔ یہ وعدہ خداوند کی نجات کے متلاشیوں اور اُس کے ساتھ ساتھ ان ایمانداروں کے لئے بھی ہے جو گناہ اور اُس کے اپنی زندگی میں اثرات پر غالب زندگی گزارنا چاہتے ہیں۔ خداوند یہی چاہتا ہے کہ ہم اُس کے آرام میں داخل ہونے کا تجربہ کریں۔

پہلی آیت میں یہی انتباہ ہے کہ ہم اس نجات میں داخل ہونے سے محروم نہ رہ جائیں جو خداوند یسوع مسیح ان سب کو پیش کرتا ہے جو اس کے پاس آتے ہیں۔ یہ کس قدر بڑا المیہ ہوگا کہ خدا نے اایماندار لوگوں سے یہ وعدہ بھی کیا ہے اور وہ اس آرام میں داخل ہونے کے تجربہ سے محروم رہ جائیں۔ کس قدر افسوس کی بات ہے کہ فتح ان کی ہو چکی ہے لیکن پھر بھی وہ اس فتح کا تجربہ نہ کرسکیں جو خداوند یسوع مسیح میں اُنہیں حاصل ہے۔ کتنے ہی ایسے ایماندار ہیں جو گناہ پر فتح، اپنے روّیوں، طرزِ عمل اور طرزِ زندگی میں گہری اور یکسر تبدیلی کا تجربہ کئے بغیر ہی اس دُنیا میں زندگی گزار کر ابدیت میں داخل ہو جائیں گے۔ کتنے ہی غیر ایماندار نجات کا پیغام تو سن لیں گے لیکن وہ کبھی مسیح یسوع کے پاس نہیں آئیں گے۔ وعدہ تو اب بھی قائم ہے لیکن ہمیں اس وعدہ کے حصول کے لئے اپنے دلوں کو کھولنا ہوگا۔ یہ کس قدر دُکھ اور افسوس کی بات ہے کہ کتنے ہی ایماندار خدا کی برکات کی معموری کا تجربہ حاصل کرنے سے معمور رہ جاتے ہیں۔

2 آیت پر غور کریں کہ یہودیوں نے اَنجیل کا پیغام سن تو لیا تھا لیکن ان کی زندگیوں میں اس پیغام کی کوئی اہمیت اور قدر نہیں تھی کیونکہ یہ ایمان کے ساتھ ان کے دلوں میں نہیں

بیٹھا تھا۔ یعنی انہوں نے اپنے دلوں کو اس پیغام کے لئے نہیں کھولا تھا۔ ایمان یہی کہ خدا کے کلام کو ایمان سے قبول کیا جائے۔ خدا آج بھی ہم سے اپنے آرام کا وعدہ کرتا ہے۔ خدا کے وعدوں کا اعتبار کریں اس کے کلام کا یقین کریں۔ جب تک آپ خدا کے آرام، اس کی برکات کی معموری کا تجربہ نہ کرلیں اس وقت تک اطمینان سے نہ بیٹھیں چھوٹی موٹی برکات پر مطمئن ہو کر نہ بیٹھ جائیں۔ جن برکات کا وعدہ آج بھی قائم ہے، آپ اُن سے کیوں محروم رہ جائیں؟ اپنے دلوں کو کھولیں اور ان ساری برکات کو لے لیں جن کا وعدہ خداوند یسوع مسیح کرتا ہے۔ ایمان لانے والے ہی خدا کے آرام میں داخل ہونے کا تجربہ کرتے ہیں۔(3 آیت) مصنف جس آرام کا یہاں پر ذکر کر رہا ہے وہ ایمان سے ہی ملتا ہے۔ ہمیں اس آرام کا تفصیلی جائزہ لینا ہو گا۔

عبرانیوں کے نام خط بنیادی طور پر یہودیوں کو لکھا گیا تھا۔ جس آرام کا مصنف یہاں پر ذکر کر رہا ہے (ایمان سے ملتا ہے) یہودیوں کی سوچ اور خیال بلکہ فہم وادراک سے بھی باہر تھا۔ 3 آیت میں مصنف وضاحت کرتا ہے کہ جس آرام کا وہ ذکر کر رہا ہے وہ سبت کے روز نہیں ملتا۔ پیدائش 2:2 سے معلوم ہوتا ہے کہ جب خدا نے کائنات کو خلق کیا تو اس نے ساتویں دن آرام کیا۔ یہودی ہر سبت اسی آرام کو مناتے تھے۔ یہودیوں کے نزدیک یہ دن بڑی اہمیت کا حامل تھا۔ اس دن کام کرنا ایسا جُرم تھا جس کی سزا موت ہی تھی۔

(خروج 31 باب 15 آیت)" سبت" کی اصطلاح میں آرام کو سمجھنا یہودیوں کے لئے بہت آسان تھا۔ عبرانیوں کا مصنف یہودیوں کو باور کراتا ہے کہ سبت کے آرام سے بھی بڑا آرام دستیاب ہے۔ انہیں مزید وضاحت اور بہتر طریقہ سے سمجھانے کے لئے وہ زبور 95 اس کی 11 آیت کا حوالہ دیتا ہے۔ "چنانچہ میں نے اپنے غضب میں قسم کھائی ہے کہ یہ لوگ میرے آرام میں داخل نہ ہوں گے۔"

یہ حوالہ خدا کے اُن لوگوں کے تعلق سے لکھا گیا جو بیابان میں سے گزر رہے تھے۔ خدا اُنہیں بتا رہا تھا کہ وہ اپنے گناہ کے باعث اس وعدہ کی سرزمین میں داخل نہ ہو پائیں گے۔ وہ چالیس برس بیابان میں بے منزل و بے ٹھکانہ بھٹکتے پھرے۔ عبرانیوں کا مصنف 4 آیت میں وضاحت کرتا ہے کہ خدا کے آرام کا سبت کے آرام سے موازنہ نہیں کیا جا سکتا۔ اس وقت خدا کے لوگ سبت کے آرام کو مناتے تھے اور آنے والے سالوں میں بھی اُنہوں نے ایسا ہی کرنا تھا۔ زبور نویس 95 باب 11 آیت میں جس آرام کا ذکر کر رہا ہے یہ کوئی اور آرام ہے نہ کہ سبت کا آرام۔

اگر اسی مفہوم میں دیکھا جائے تو یہ آرام اُنہیں اس وعدہ کی سرزمین یعنی ملکِ کنعان میں مل سکتا تھا جس کا وعدہ خدا نے اُن کے باپ دادا سے کیا تھا۔ یہ اُس آرام کی بات ہے جو بیابان میں بھٹکنے اور ملکِ مصر کی غلامی سے انہیں مل جانا تھا۔ یہ مصر کی غلامی سے آرام تھا۔ جس آرام کا یہاں پر ذکر ہے وہ وعدہ کی سرزمین کا حصول اور اُس ملک میں خدا کی کثرت کی برکات تھیں۔

6 آیت میں مصنف اپنے قارئین کو بتاتا ہے کہ موسیٰ کے دَور کی طرح آج بھی ایسے لوگ ہیں جو اس آرام میں داخل نہیں ہوئے۔ اگرچہ اُنہیں انجیل کا پیغام سنایا گیا ہے۔ لیکن وہ خدا کے آرام میں داخل نہیں ہو سکے۔ اس کا مطلب یہ ہوا کہ آرام کا تعلق انجیل کے پیغام کو سننے، قبول کرنے اور خدا کے وعدہ کے آرام کو جاننے سے ہے۔

زبور 95، 7 اور 8 آیت میں زبور نویس نبوتی طور پر بیان کرتا ہے " اگر آج تم اُس کی آواز سنو تو اپنے دلوں کو سخت نہ کرو۔" یہ کلام بیابان میں چلنے والے خدا کے لوگوں سے کیا گیا تھا۔ جب داؤد خدا کے روح کی تحریک سے بولتا ہے تو یہ اُن لوگوں سے ہی کلام نہ تھا جو بیابان میں مر گئے۔ بلکہ یہ کلام آج کے لوگوں کے لئے ہے۔ اُس نے آج کے دَور میں

موجود خدا کے لوگوں کے لئے اس کلام کو دھرایا ہے۔ وہ اُنہیں یاد دہانی کرا رہا ہے کہ وہ اپنے باپ دادا کی طرح اپنے دلوں کو سخت نہ کریں، کہیں ایسا نہ ہو کہ وہ خدا کی اُن برکات سے محروم رہ جائیں جس کا وعدہ خداوند یسوع مسیح پر ایمان لانے والوں سے کیا گیا ہے۔

ہو سکتا ہے کہ بہت سے یہودی اس بات پر ایمان رکھتے ہوں کہ زبور نویس نے اس آرام کی بات کی ہے جو اُنہیں مصر کی غلامی سے نکل کر وعدہ کی سر زمین میں داخل ہو کر ملا تھا۔ ایک دفعہ پھر سے ہمیں یہ سمجھنا ہو گا کہ مصنف جس آرام کا یہاں پر ذکر کر رہا ہے وہ سبت کے آرام سے ہٹ کر ایک منفرد اور مختلف آرام ہے۔ نہ ہی یہ وہ آرام تھا جو مصر کی غلامی سے چھوٹ کر وعدہ کی سر زمین میں داخل ہو کر انہیں ملا تھا۔ 9 آیت میں مصنف انہیں باور کراتا ہے کہ یشوع نے انہیں خدا کے اس آرام میں داخل نہ کیا تھا جس کا خدا نے وعدہ کیا تھا۔ اگرچہ یشوع نے ملکِ کنعان فتح کر لیا تھا تو بھی یہ وعدہ قائم تھا کہ خدا اپنے لوگوں کو آرام کی پیش کش کرتا ہے۔ خدا کے لوگوں کے لئے ایک اور سبت کا آرام باقی ہے۔ (9 آیت)یعنی وعدہ شدہ آرام نہ تو سبت کے دن کو ماننے اور نہ ہی وعدہ کی سر زمین میں داخل ہونے سے ملتا ہے۔

عبرانیوں کے خط کے مصنف کے مطابق، خدا کے وعدہ شدہ آرام میں داخل ہونے والے، خدا کی طرح اپنے کاموں سے فراغت پاتے ہیں۔(10 آیت)موسیٰ کی شریعت کے تحت چلنے والے یہودی اس آرام کو سمجھ نہ سکے۔ کلیسیائی تاریخ میں مرد وزن نے خود کو منظم کیا اور اپنی خودی کا انکار کرتے رہے۔ بعضوں نے تنہائی اختیار کر لی، کئی ایک اپنے جسم کو طرح طرح سے دُکھ دیتے رہے تا کہ کسی نہ کسی طرح سے خدا کے ساتھ اُن کا تعلق اور رشتہ درست ہو جائے۔ وہ بار بار روحانی مشقت کرتے رہے، اپنی خودی کا انکار کرتے رہے اور بڑی جانفشانی کرتے رہے تا کہ کسی نہ کسی طرح خدا کے معیار پر پورا اُتر سکیں۔ مصنف

جس آرام کا یہاں پر تذکرہ کر رہا ہے وہ ان لاحاصل کاوشوں اور روحانی تپسیاؤں کا خاتمہ ہی تو ہے۔ جس سبت اور آرام کا یہاں پر ذکر کیا گیا ہے وہ جسمانی کام سے سبت کے دن آرام کا نام نہیں ہے۔ اس سے وہ آرام بھی مراد نہیں جب خدا کے لوگوں کو ملکِ مصر کی غلامی سے رہائی مل گئی اور بالآخر وہ وعدہ کی سرزمین میں داخل ہو گئے۔ جس آرام کا یہاں پر ذکر کیا گیا ہے اس سے مراد تمام جسمانی کاوشوں، روحانی تپسیاؤں اور نیک اعمال سے رہائی ہے جو خدا کے معیار تک رسائی کی خاطر کئے جاتے ہیں۔ یہ وہ آرام ہے جو ہمیں اس وقت ملتا ہے جب خدا کے ساتھ ہماری صلح ہو جاتی ہے اور ہم خدا کے ساتھ اپنے تعلق اور رشتے کے بارے میں پُریقین ہو جاتے ہیں۔ یہ وہ آرام ہے جو ہمیں اس یقین دہانی کے بعد حاصل ہوتا ہے کہ خداوند یسوع مسیح نے خدا کے ساتھ ہمارا تعلق اور دُرست رشتہ قائم کرنے کے لئے ہمارے لئے سبھی کچھ پہلے سے سرانجام دے دیا ہے۔ اور اب ہمیں اس تعلق سے کچھ بھی کرنے کی ضرورت نہیں ہے۔ ہمیں صرف اور صرف یہ کرنا ہے کہ جو کچھ خداوند یسوع مسیح نے صلیب پر ہمارے لئے سرانجام دیا ہے اُس کو ایمان سے قبول کر لیں۔

عہدِ عتیق میں خداوند گاہے بگاہے اپنے لوگوں کو یاد دلاتا رہا کہ ایک آرام ہے جس کا وعدہ کیا گیا ہے لیکن ابھی تک وہ اس آرام میں داخل نہیں ہوئے۔ اس آرام کا تجربہ صرف اور صرف مسیح یسوع میں بھی حاصل کیا جا سکتا ہے۔ خداوند یسوع مسیح وہ کچھ پیش کرنے کے لئے آ گیا جو مردِ خدا موسیٰ اور شریعت خدا کے لوگوں کو نہ دے سکی۔ وہ خدا کے ساتھ صلح کے وسیلہ سے آرام پیش کرنے کے لئے اس دُنیا میں آیا۔ مصنف اپنے قارئین سے التماس کرتا ہے کہ وہ اس آرام میں داخل ہونے کے لئے ہر ممکن جانفشانی اور کوشش کریں۔

چند غور طلب باتیں

☆۔ کیا ہم خدا کے وعدوں سے محروم ہو سکتے ہیں؟ وضاحت کریں۔

☆۔ کیا آپ کو شخصی طور پر خدا کی برکات کی معموری کا تجربہ ہوا ہے؟ کیا آپ ایمان رکھتے ہیں کہ خدا آپ کو اور بھی زیادہ برکات سے معمور کرنا چاہتا ہے؟

☆۔ کیا آپ خدا کے آرام میں داخل ہو چکے ہیں؟ یہ آرام کیا ہے؟ اس آرام کے باعث آپ کی زندگی میں کون سی تبدیلیاں رونما ہوئی ہیں؟

☆۔ جن کی زندگیوں میں ایمان نام کی کوئی چیز نہیں، اُنہیں اِن وعدوں سے کیا حاصل ہو گا؟ وضاحت کریں۔

☆۔ یہودی اس آرام کو کس طرح سمجھتے تھے؟ وہ کون سی چیز حاصل نہ کر سکے؟

چند اہم دُعائیہ نکات

☆۔ اُن وعدوں کے لئے خداوند کی شکر گزاری کریں جو اُس نے ہم سے کئے ہیں۔ خداوند سے ایمان اور فضل مانگیں تاکہ آپ آگے بڑھ کر اُن وعدوں کو اپنی زندگی میں حاصل کر سکیں۔

☆۔ خداوند سے دُعا کریں کہ وہ آپ کو مزید آرام میں داخل کرے۔ خداوند سے یہ بھی درخواست کریں کہ آپ کی زندگی میں اُن حصوں کو بھی منکشف کرے جو ابھی تک پورے طور پر اُس کے تابع نہیں ہوئے۔

☆۔ خداوند کی شکر گزاری کریں کہ یسوع نے ہمارے لئے وہ سب کچھ سر انجام دے دیا ہے جو ہماری نجات کے لئے ضرُوری ہے۔ خدا کے ساتھ صلح اور دُرست رشتے کی جو یقین دہانی آپ کو حاصل ہے اس کے لئے بھی خدا کی شکر گزاری کریں۔

باب16

آؤ رسائی حاصل کریں

عبرانیوں 4 باب 12 تا16 آیت

عبرانیوں کا مصنف اپنے قارئین سے آرام میں داخل ہونے کی بات کر رہا ہے۔4 باب کے اس آخری حصہ میں وہ اُنہیں فضل کے تخت کے پاس دلیری سے آنے کے لئے کہہ رہا ہے تاکہ وہ اس آرام میں داخل ہو سکیں۔ وہ اُنہیں اس وعدہ شدہ آرام میں داخل نہ ہونے کے بھیانک اور المناک نتائج سے بھی آگاہ کرتا ہے۔

اس حصہ کا آغاز اس بات سے ہوتا ہے کہ خدا کا کلام زندہ اور مؤثر ہے۔ خدا کے کلام میں اس قدر قوت اور تاثیر پائی جاتی ہے کہ یہ پڑھنے والوں کو یکسر تبدیل کر کے رکھ دیتا ہے۔ اُنہیں گناہ اور اپنے باغیانہ روّیہ پر ملامت اور قائلیت ہونے لگتی ہے۔ خدا کا کلام تابعداری کرنے والے کے لئے باعث برکت جبکہ کلام کو رد کرنے والے لعنت کے وارث ہوتے ہیں۔ برسوں سے لوگ خدا کے کلام کو تباہ کرنے کی کوشش کرتے چلے آئے ہیں۔ کسی کو اس سلسلہ میں کامیابی حاصل نہیں ہوئی۔ مگر خدا کا کلام آج بھی دُنیا بھر میں زندگیوں کو تبدیل کر رہا ہے۔ خدا نے اپنے کلام میں زندگی رکھی ہے۔ خدا خود اس کلام میں موجود ہے ۔جب ہم اس کے طالب ہوتے ہیں تو وہ اس کلام کے وسیلہ سے خود کو ہم پر ظاہر کرتا ہے۔ ہر وہ شخص جو خدا کے آرام میں داخل ہونے کا خواہشمند ہے، اس کے لئے لازم ہے کہ وہ خدا کے کلام کے ساتھ وقت گزارے۔

خدا کے کلام کے لئے اپنے دلوں کو کھولنا ہمیشہ آسان نہیں ہوتا۔ خدا کا کلام دو دھاری

تلوار سے بھی زیادہ تیز ہے۔ یہ ہماری روح اور جان کی گہرائیوں میں گزر جاتا ہے۔ غور کریں کہ کس طرح مصنف بیان کرتا ہے کہ خدا کا کلام ہماری روح، جان اور بند بند اور گودے گودے کو جدا کر کے گزر جاتا ہے۔ بیان کرنے کا مقصد یہ ہے کہ خدا کا کلام ہمارے وجود کی گہرائیوں میں گہرا اثر دکھاتا ہے۔ یہ ہمارے دل کے رویوں اور سوچوں کو جانچتا اور پرکھتا ہے۔ یہ ہمارے اعمال اور افعال کے لئے ہمیں جوابدہ ٹھہراتا ہے۔ (12 آیت) آپ اس کلام سے چھپ نہیں سکتے۔ یہ ایسے گناہوں کو بھی آپ پر منکشف کر دیتا ہے جن سے آپ بالکل بھی آگاہ اور واقف نہیں ہوتے۔ یہ آپ کے خیالات اور روّیوں کو بھی یکسر بدل کر رکھ دیتا ہے۔ یہ آپ کے وجود کے ہر ایک حصہ پر اپنا اثر دکھاتا ہے۔ اگر آپ اس آرام میں داخل ہونا چاہتے ہیں جو خداوند یسوع مسیح دینے کے لئے آیا تھا تو پھر آپ کو اس پُر اثر اور پُر تاثر اور گہرائیوں میں اُتر جانے والے کلام کی حقیقت کا سامنا کرنا ہو گا۔

یہ بہت اہم ہے کہ ہم اس بات کو مدِ نظر رکھیں کہ خدا کا کلام دو دھاری تلوار سے زیادہ تیز اور مؤثر ہے۔ خدا کے کلام کے لئے اپنے دلوں کو کھولنے والے جلد ہی معلوم کر لیتے ہیں کہ خدا کا کلام صرف گناہوں کی قائلیت ہی نہیں بخشتا اور مُجرم نہیں ٹھہراتا بلکہ خدا کے کلام میں گہری تسلی اور اطمینان بھی پایا جاتا ہے۔ یہ قبول کرنے اور اطاعت کرنے والوں کو تازگی، روئیدگی اور مضبوطی بھی عطا کرتا ہے۔ خدا کا مقصد ہمارے گناہوں کو ہم پر منکشف کرنا نہیں بلکہ خدا کا ارادہ یہ بھی ہے کہ ہمیں اُن گناہوں پر فتح سے بڑھ کر غلبہ عطا کرے تا کہ ہم غالب زندگی بسر کر سکیں۔ خدا کے کلام کو قبول کرنے سے تعلیم، قوت اور تربیت کے ساتھ ساتھ تازگی اور مضبوطی بھی ملتی ہے۔ اگر ہم خدا کے آرام میں داخل ہونے کے متمنی ہیں تو پھر ہمیں اپنے دلوں کو اس کے لئے کھولنا ہو گا تا کہ خدا کا کلام ہم پر

ہمارے گناہوں، خطاؤں اور غلطیوں کو منکشف کریں۔ ہمیں توبہ اور اطاعت کے لئے قائل کرے ، راہِ مستقیم پر ہماری رہنمائی کرے۔ اور راستبازی کی زندگی بسر کرنے کے لئے ہماری تربیت کرے۔

اگر ہم خدا کے آرام میں داخل ہونا چاہتے ہیں تو ہمیں ایک اور سچائی کو بھی سمجھنا ہو گا۔ خداوند یسوع ہمارا عظیم سردار کاہن ہے۔

(14 آیت) عہدِ عتیق میں سردار کاہن سال بھر میں ایک بار لوگوں کے گناہوں کا کفارہ دینے کے لئے پاک ترین میں داخل ہوا کرتا تھا۔ خداوند یسوع مسیح ہمارے گناہوں کے کفارہ کے لئے قربان ہو کر آسمان پر لوٹ گیا۔ صلیب پر مرنے اور پھر زندہ ہونے کی صوت میں اُس نے ہماری نجات کے لئے پوری پوری قیمت ادا کر دی ہے۔ اب خداوند یسوع مسیح میں ہماری نجات مکمل طور پر محفوظ ہے۔ جس آرام کا مصنف یہاں پر بیان کر رہا ہے اگر ہم اسے اپنی زندگی میں لینا چاہتے ہیں تو پھر ہمیں اپنے عظیم سردار کاہن، خداوند یسوع مسیح کے صلیب پر ہمارے لئے انجام دیے گئے کام کو سمجھنا، قبول کرنا اور اس میں محفوظ ہوتے ہوئے مسیح یسوع کی پیروی کرنا ہو گی۔

عہد عتیق میں صرف سردار کاہن ہی پاک ترین مقام میں داخل ہو کر لوگوں کے گناہوں کے لئے مخصوص قربانیاں گزران سکتا تھا۔ اسی طرح خداوند یسوع مسیح بھی ہمارا عظیم سردار کاہن ہوتے ہوئے اس قابل ہے کہ ہمارے گناہوں کے لئے ضروری، ناگزیز اور اہم قربانی گزران سکے۔ خداوند یسوع مسیح کے علاوہ کوئی بھی اس قربانی کو گزران نہیں سکتا۔ اگر آپ گناہوں کی معافی پانا اور خدا کے آرام میں داخل ہونا چاہتے ہیں تو پھر آپ کو خداوند یسوع مسیح کے وسیلہ ہی سے خدا باپ کے پاس جانا ہو گا۔

ہمارا سردار کاہن ہوتے ہوئے خداوند یسوع مسیح جانتا ہے کہ ہمیں اس زمینی زندگی میں کن

چیزوں کا سامنا ہے۔ خداوند یسوع مسیح کو ہماری ضروریات کا علم ہے۔ اُس نے اس زمین پر اُن سب چیزوں کا سامنا کیا جن کا ہمیں روزمرّہ زندگی میں سامنا ہوتا ہے۔ وہ ہماری طرح آزمایا بھی گیا تو بھی بے گناہ رہا۔ (15 آیت) ہم میں اور خداوند میں یہ فرق ہے کہ اُس نے تمام آزمائشوں سے نبرد آزما ہوتے ہوئے اُنہیں شکست دی۔ یہ ہمارے لئے کس قدر حوصلہ افزا بات ہے۔ خداوند یسوع مسیح جانتا ہے کہ ہر ایک آزمائش کا کس طرح سامنا کرنا ہے۔ اس نے ثابت کر دیا ہے کہ کس طرح ان کا سامنا کرنا اور اُنہیں شکست فاش دینی ہے۔ اس نے ثابت کر دیا ہے کہ وہ اُنہیں شکست دینے کی قدرت رکھتا ہے۔ جس آزمائش سے آپ دوچار ہیں، ہو سکتا ہے کہ آپ اس پر غالب نہ آسکیں۔ لیکن وہ ہر ایک آزمائش پر غالب آیا ہے۔ روزمرّہ زندگی میں جن بھی آزمائشوں کا ہمیں سامنا ہے۔ وہ اُن میں سے ہر ایک پر غالب آنے کی قوت آپ کو دے سکتا ہے کیونکہ ہمارا سردار کاہن ہوتے ہوئے ہماری کمزوریوں اور ضروریات سے بخوبی واقف ہے۔ اگر آپ خدا کے آرام میں داخل ہونا چاہتے ہیں تو پھر آپ کو خداوند یسوع مسیح کی طرف رجوع کرنا اور اُس کے صلیب پر سر انجام دیئے گئے کام پر بھروسہ کرنا ہوگا تاکہ وہ اپنی حضوری میں آپ کو خدا کے کامل آرام میں داخل کرے۔

ان حقائق کی روشنی میں ہمیں خدا کے فضل کے تخت کے پاس آنے کی دلیری ملتی ہے۔ فضل کا تخت اس لئے کہا جاتا ہے کہ کیونکہ جس لمحے ہم اس کے سامنے سجدہ ریز ہوتے، اپنے دلوں کو جھکاتے ہیں تو اسی لمحہ ہمیں خداوند یسوع مسیح کے صلیب پر سر انجام دیئے گئے کام کی بنیاد پر گناہوں کی معافی مل جاتی اور ہم پر رحم اور فضل ہو جاتا ہے۔ کیونکہ خداوند یسوع مسیح ہمارا سردار کاہن ہے اور اُس نے ہمارے لئے تمام کاموں کو پہلے ہی سے صلیب پر انجام دے دیا ہے۔ اب ہمیں صرف اور صرف اس کے انجام دیئے گئے کام کو

سمجھنا اور قبول کرنا ہے۔ اسی فضل کے تخت کے پاس آنے سے ہمیں مدد اور شفا اور درکار تسلی ملتی ہے۔ فضل کے تخت کے پاس آنے سے ہی ہم خدا کے آرام میں داخل ہوتے ہیں۔

اس باب میں عبرانیوں کا مصنف ہمیں یہی بتا رہا ہے کہ اگر ہم نے خدا کے آرام میں داخل ہونا ہے تو پھر ہمیں اپنے دلوں کو کھولنا ہو گا کہ خدا کا کلام ہماری زندگیوں سے کلام کرے۔ وہ ہمارے گناہوں کو ہم پر منکشف کرے اور ہمیں توبہ کے لئے قائل کرے اور اپنی تسلی، معافی اور شادمانی سے معمور کر دے۔ ہمیں اپنے گناہوں کو خداوند یسوع مسیح کے پاس جو ہمارا سردار کاہن ہے لانا ہو گا کیونکہ وہ ہمارے گناہوں کے علاج سے واقف ہے۔ ہمارے سردار کاہن خداوند یسوع مسیح کے وسیلہ ہی سے ہمیں گناہوں کی معافی مل سکتی ہے۔ صرف اسی میں ہماری جانوں کو مکمل آرام اور تسلی مل سکتی ہے۔ عبرانیوں کا مصنف اپنے قارئین کو اس آرام کو حاصل کرنے کے لئے دلیری سے خدا کے فضل کے تخت کے پاس آنے کے لئے اُبھارتا ہے۔ جو خداوند یسوع کے فضل کے تخت کے پاس آئیں گے ان پر رحم اور فضل ہو گا اور اُنہیں وعدہ شدہ آرام مل جائے گا۔ جو کچھ خداوند ہمیں مفت میں پیش کر رہا ہے اُسے رد کرنا کس قدر بھیانک ہو گا!

چند غور طلب باتیں

☆۔ جب عبرانیوں کا مصنف یہ کہتا ہے کہ خدا کا کلام زندہ اور مؤثر ہے تو اس سے اس کا کیا مطلب ہے؟ خدا کے کلام نے آپ کی زندگی میں کیا اثرات مرتب کئے ہیں؟

☆۔ خداوند یسوع کس طرح بطور سردار کاہن ہمارے لئے کام سرانجام دیتا ہے؟ خداوند یسوع مسیح کی کہانت کس طرح عہدِ عتیق کے سردار کاہنوں سے مختلف اور منفرد ہے؟

☆۔ خدا کے تخت کو " فضل کا تخت " کیونکر کہا گیا ہے؟ خدا کا کلام خدا کے آرام میں داخل ہونے کے لئے ہماری زندگیوں میں کیا کردار ادا کرتا ہے؟

چند اہم دُعائیہ نکات

☆۔ خداوند کی کر شکر گزاری کریں کہ اُس نے ہمیں اپنا کلام بخشا ہے۔ خدا کے کلام کے باعث ہماری زندگیوں میں جو گہرے اثرات مرتب ہوئے ہیں اُن کے لئے بھی خدا کی شکر گزاری کریں۔ جو کچھ خدا اپنے کلام کے وسیلہ سے بیان کر رہا ہے اُس کو قبول کرنے کے لئے خدا سے توفیق مانگیں۔

☆۔ خداوند یسوع مسیح کی شکر گزاری کریں کہ وہ ہماری زندگیوں میں آنے والی آزمائشوں اور مشکلات سے واقف اور آگاہ ہے۔

☆۔ خداوند یسوع مسیح کی شکر گزاری کریں کہ وہ فضل کے تخت پر بیٹھا ہے جہاں اُن سب کو تسلی، معافی اور شفا ملتی ہے جو اُس کے سامنے جھک جاتے ہیں۔

باب 17

مسیح ہمارا سردار کاہن

عبرانیوں 5 باب 1-10 آیت

عہدِ عتیق میں سردار کاہنوں کا چناؤ آدمیوں میں سے کیا جاتا تھا۔ وہ اُن جیسا ہی انسان ہوتا تھا جن کے لئے وہ کہانت کی خدمات سرانجام دے رہا ہوتا تھا۔ اسے لوگوں کو خدا کے حضور پیش کرنے اور لوگوں کی طرف سے قربانیاں خدا کے حضور پیش کرنے کے لئے چُنا جاتا تھا۔ یہاں پر ہمیں ایک اہم نکتہ سمجھنا ہوگا۔ یہ بہت ضروری تھا کہ سردار کاہن ایک مرد ہو۔ اُس کا کام اپنے لوگوں کو خدا کے حضور پیش کرنا ہوتا تھا۔ اگر اُسے مرد وزن کو خدا کے حضور پیش کرنا تھا تو پھر لازم تھا کہ وہ اُن ہی جیسا ہو۔ کوئی شخص کس طرح اپنے لوگوں کی نمائندگی کر سکتا ہے اگر وہ ان کی ضروریات سے واقف نہ ہو اور اُن سے کوئی تعلق واسطہ اور سروکار نہ رکھتا ہو؟ اسی لئے ضروری تھا کہ خداوند یسوع مسیح انسانی رُوپ اختیار کرے۔ اُسے انسانوں کی نمائندگی کرنا تھا۔ اگر اُسے مرد وزن کو خدا کے حضور پیش کرنا تھا تو پھر ضرور تھا کہ وہ اُن کے مشابہ ہو۔ اگر وہ ہمارے درمیان نہ رہتا، ہماری صورت اختیار نہ کرتا تو کس طرح ہماری نمائندگی کر سکتا تھا؟ اس نے انسانی صورت اختیار کرتے ہوئے الوہیت کو ایک طرف رکھ دیا۔ تاکہ اُن آزمائشوں اور دُکھوں اور مشکلات میں سے گزر سکے جن کا ہم روزمرّہ زندگی میں سامنا کرتے ہیں۔ وہ کامل طور پر ہمارے مشابہ ہو گیا اور خدا باپ کے سامنے ہماری نمائندگی اختیار کی۔ 2 آیت اس بات پر زور دیتی ہے کہ عہدِ جدید کا سردار کاہن ہماری طرح کمزور بن گیا۔ اس لئے وہ کمزوروں کے ساتھ بڑی

شائستگی سے پیش آتا تھا۔ کیونکہ وہ ہماری طرح کمزوریوں اور آزمائشوں سے گزرا۔ بعض اوقات خدا ہمیں کئی ایک طرح کی آزمائشوں اور مشکلات سے گزارتا ہے تاکہ ہم اُن لوگوں کے ساتھ شائستگی سے پیش آنے اور اُن کی بہتر خدمت کے لئے تیار اور مسلح ہو سکیں جو ہماری طرح آزمائشوں اور مشکلات سے گزر رہے ہوتے ہیں۔

عہدِ عتیق کے کاہن کامل نہیں ہوتے تھے لیکن خدا کے حضور لوگوں کی نمائندگی کرنے میں اُن کا ایک اہم کردار ہوتا تھا۔ وہ ان لوگوں کی طرح ہی گنہگار ہوتے تھے جن کے لئے وہ خدا کے حضور قربانیاں گزران رہے ہوتے تھے۔ یہی وجہ ہے کہ اُنہیں اپنے گناہوں کے لئے بھی قربانیاں گزراننا ہوتی تھیں بالکل ایسے ہی جس طرح وہ لوگوں کے لئے قربانیاں گزران رہے ہوتے تھے۔ (3 آیت)

یہ حیرت انگیز بات ہے کہ خدا اپنے مقاصد کی تکمیل کے لئے گنہگاروں کو بھی استعمال کر سکتا ہے۔ ہم سب خدا کے اس معیار سے کہیں نیچے گر چکے ہیں جو اُس نے اپنے کلام میں ہمارے لئے قائم کیا ہے۔ لیکن پھر بھی یہ کس قدر خوشی کی بات ہے کہ ہماری ناکاملیت کے باوجود بھی خدا ہمارے ساتھ مل کر کام کرنا چاہتا اور خدا کی بادشاہی کے لئے ہمیں استعمال کرنا چاہتا ہے۔ ہمیں اپنے ہم ایمان بھائیوں اور بہنوں کے ساتھ بھی ایسا ہی طرزِ عمل، صبر اور شائستگی اپنانی چاہئے۔

خدا گنہگاروں کو بھی اپنے مقاصد کی تکمیل لئے استعمال کر سکتا تھا۔ اس کا ہرگز یہ مطلب نہیں کہ جو شخص بھی چاہتا وہ سردار کاہن بن سکتا تھا۔ بلکہ یہ ایسا اعزاز و استحقاق تھا جو صرف ان لوگوں کے لئے ہوتا تھا جنہیں خدا خاص طور پر اپنی اس خدمت کے لئے بلاتا تھا۔ ہم میں سے کون اس قدر کامل ہے کہ خدا کے کلام کی سچائیوں میں خدا کے لوگوں کی قیادت اور راہنمائی کر سکے؟ مجھے یاد ہے جب زمانہ ماضی میں، میں نے اِس طرح دُعا کی

تھی۔" خداوند تیرے لئے زندگی گزارنے ، اپنی خطاؤں اور گناہوں کے ساتھ جنگ لڑنے میں ہی میری ساری قوت اور وقت صرف ہو جاتا ہے، میں کس طرح اُن لوگوں کے لئے تیری خدمت سرانجام دے سکتا ہوں جو تونے میری نگہداشت میں رکھے ہیں؟" مجھے یاد ہے کہ میں کس طرح لوگوں کی قیادت کی بھاری ذمہ داری کے بوجھ تلے دبا ہوا تھا اور پھر مجھے گناہ پر فتح اور خدا کے اور بھی زیادہ قریب ہو کر چلنے کا تجربہ ہوا۔ یہ ایک احساس ہے جہاں پر ہمیں اس طرح کی کمزوری کا احساس ہوتا ہے۔ ہمیں خدا کے کاہن ہونے کے رُتبہ اور مقام کو معمولی نہیں لینا چاہئے۔ ہم میں سے کوئی بھی اس کے معیار کے مطابق کام کرنے کا اہل نہیں ہے۔

حتیٰ کہ خداوند یسوع مسیح نے بھی اپنے تئیں کہانت کی خدمت نہیں لی بلکہ خدا کی طرف سے اسے دی گئی۔ (5 آیت) ہم غور کریں تو پتہ چلتا ہے کہ خدا باپ نے خداوند یسوع مسیح کو سردار کاہن ہونے کے لئے بلایا۔ 5 اور 6 آیت) مصنف اس بات کو عہدِ عتیق کے دو حوالہ جات کی مدد سے واضح کرتا ہے۔ "میں اُس فرمان کو بیان کروں گا۔ خداوند نے مجھ سے کہا تو میرا بیٹا ہے آج تو مجھ سے پیدا ہوا۔" (زبور 2 باب 7 آیت)

یہ بات دلچسپی کی حامل ہے کہ جب خداوند یسوع مسیح نے پانی سے بپتسمہ پایا تو یہ آواز آئی۔ " یہ میرا پیارا بیٹا ہے جس سے میں خوش ہوں۔" (متی 3 باب 17 آیت) زبور نویس نے مستقبل میں نبوتی طور پر دیکھتے ہوئے اس بات کا دعویٰ کیا کہ مسیح مسح شدہ بیٹے کی صورت میں آئے گا۔ انسانی صورت اختیار کرتے ہوئے وہ ابنِ آدم بن گیا۔ تاکہ اسے پورے طور پر انسانی ضرورت کا احساس ہو سکے۔ خداوند یسوع مسیح نے انسانی روُپ میں پیدائش لے کر زبور نویس کی اس نبوت کو پورا کر دیا۔ عبرانیوں کے مصنف کے مطابق یہی وہ ہستی اور ذاتِ اقدس ہے جسے خدا نے ہماری نجات کی ضرورت کو پورا کرنے

کے لئے چنا۔ "خداوند نے قسم کھائی ہے اور پھرے گا نہیں کہ تو ملکِ صدق کے طور پر ابد تک کاہن ہے۔"(زبور 110 باب 4 آیت)

اس حوالہ کو سمجھنے کے لئے ہمیں ملکِ صدق کے تعلق سے سمجھنا ہو گا۔ ہم پیدائش کی کتاب 14 باب 18-20 آیات میں اس کہانت کی خدمت کے تعلق سے پڑھتے ہیں۔ ایک روز جنگ سے واپسی پر ابرہام اس سے ملا اور اُس کے پاس جو کچھ بھی تھا اُس نے اُس کا دسواں حصہ اُسے دیا۔ ملکِ صدق سالم (یروشلیم) کا بادشاہ تھا۔ یہ اس وقت کی بات ہے جب بنی اسرائیل ابھی وہاں رہائش پذیر نہیں تھے۔ ہمیں ملکِ صدق کے تعلق سے کئی ایک چیزوں کو دیکھنا ہو گا۔

ملکِ صدق کے نام کا مطلب ہے " راستبازی کا بادشاہ "جو کچھ یروشلیم شہر میں آنے والا تھا یہ اُس کی علامت تھا۔ کس قدر دلچسپ اور حیرت انگیز بات ہے کہ بنی اسرائیل کے اُس شہر میں مقیم ہونے سے پہلے ہی وہاں پر " راستبازی کا بادشاہ " تھا۔ یہ ایک نبوتی واقعہ تھا۔ ایک دن آنا تھا جب خداوند یسوع مسیح نے اس شہر میں راستبازی کے بادشاہ کی نبوت کی تکمیل کرنی تھی۔ اُسے حقیقی طور پر راستبازی کا بادشاہ بننا تھا۔

پیدائش 14 باب 18 آیت کے مطابق ملک صدق حق تعالیٰ کے سردار کاہن کے طور پر سالم میں خدمات سر انجام دیتا تھا۔ وہ ہارون یا بنی اسرائیل کے کاہنوں کی اولاد میں سے نہیں تھا۔ بلکہ وہ ایک الگ طور سے خدمت سر انجام دیتا تھا۔ یعنی ملِک صدق کے طور پر چونکہ ملِک صدق کاہن تھا اس لئے ابرہام نے اپنے مال کی دہ یکی اُسے پیش کی۔ ملکِ صدق کے تعلق سے یہ بات دلچسپی کی حامل ہے کہ وہ ایک منفرد انداز سے حق تعالیٰ کے لئے خدمات سر انجام دیتا تھا۔۔۔۔۔ یہاں پر بھی یہ بات نبوتی رنگ میں نظر آتی ہے۔ خداوند یسوع مسیح موسوی شریعت کے مطابق ہارون کی طرح کا کاہن بن کر نہیں بلکہ ملکِ صدق

کے طور پر کاہن ہونے کے لئے آیا۔ خداوند یسوع مسیح اپنے لوگوں کو شریعت سے آزاد کرنے کے لئے ملکِ صدق کے طور پر کاہن ہو کر آیا۔ اسے مردِ خدا موسیٰ کے دَور کے کاہنوں کی طرح نہیں بلکہ اُن سے مختلف اور منفرد کاہن ہونا تھا۔

6 آیت ہمیں بتاتی ہے کہ ایک دَور آنا تھا جب ایک اور طرح کی کہانت قائم ہونا تھی۔ اس میں کاہن کو پرانے عہد نامہ میں موجود ہارون کاہن کی طرح نہیں ہونا تھا۔ ہارون کی کہانت کے تحت خدمات سرانجام دینے والوں کو پہلے اپنے گناہوں کے لئے قربانیاں گزراننا پڑتی تھیں۔ ہارون کاہن سے قطعی مختلف ملکِ صدق کی طرز کے کاہن کو" راستبازی کا بادشاہ" ہونا تھا۔ اُس نے راستبازی میں گناہ سے مبرہ کاہن ہونا تھا۔ ایک اور منفرد بات اس ملکِ صدق کی طرز کے کاہن کو ایک مخصوص عرصہ کے لئے نہیں بلکہ ہمیشہ کے لئے کاہن ہونا تھا۔

خداوند یسوع مسیح کو نہ صرف ہمارا سردار کاہن ہونے کے لئے بلایا گیا بلکہ اُس نے بے گناہ، لاخطا اور پاک ہوتے ہوئے اپنا کردار بخوبی نبھایا اور کامل طور پر اپنی خدمات ہمارے واسطے سرانجام دیں۔ خداوند یسوع مسیح نے آسمانی باپ کی مکمل تابعداری میں زندگی بسر کی۔ وہ ہمارے گناہوں کے لئے صلیب پر کامل قربانی کے طور پر قربان ہوا۔ اُس نے گناہ اور قبر پر فتح پائی۔ (7 آیت) یہ وہ کام تھا جو عہدِ عتیق کا کوئی بھی کاہن ہمارے لئے سرانجام نہ دے سکا۔

خداوند یسوع مسیح کو فتح آسانی سے نہیں مل گئی۔ اُس نے دُکھ اُٹھا اُٹھا کر فرمانبرداری سیکھی۔ (8 آیت) جسمانی طور پر نشو و نما پاتے ہوئے وہ آسمانی باپ کے فہم و ادراک میں ترقی کرتا اور بڑھتا چلا گیا۔ اس نے آسمانی باپ کی راہوں اور طریقوں کو سمجھا۔ اُس نے درجہ بدرجہ پختگی اختیار کی، اس نے ہماری طرح آزمائشوں اور دُکھوں کا سامنا کیا اور آسمانی باپ

کے ساتھ ساتھ چلتا رہا۔ اس نے دُکھوں اور آزمائشوں پر غالب زندگی گزارنا سیکھا۔

خدا باپ نے خداوند یسوع مسیح کو ہمارا سردار کاہن ہونے کے لئے بلایا تھا۔ لیکن اُس نے آزمائشوں، دُکھوں اور ہر طرح کی صورتحال پر غالب آکر بھی یہ ثابت کیا کہ وہ اس لائق ہے کہ بنی نوع انسان کا سردار کاہن ہو اور تا ابد کاہن ہو۔ صرف وہی اِس لائق تھا کہ ہمارا سردار کاہن ہو۔ اُس نے ہماری طرح ہر ایک دُکھ سہا، آزمائشوں سے گزرا اور ہر ایک مشکل کا سامنا کیا جن کا آج ہمیں اس زمین پر زندگی گزارتے ہوئے سامنا ہوتا ہے۔ وہی ہمارے لئے ایک کامل قربانی تھا۔

ایک کامل سردار کاہن ہوتے ہوئے وہ ان سب کی نجات کا مبدہ بھی ہے جو اُس کے پاس آتے ہیں۔ا (9 آیت) وہ ایک نئی طرز کی کہانت کا سردار کاہن ہے۔ (ملکِ صدق یعنی شریعت سے ہٹ کر راستبازی کا بادشاہ) اِس طرز کی کہانت میں صرف ایک ہی کاہن موجود ہے۔ صرف ایک ہی شخصیت ہے جس کو " راستبازی کا بادشاہ "کہا جا سکتا ہے۔ خداوند یسوع جو کامل، لاخطا اور بے گناہ ہے، وہی راستبازی کا بادشاہ ہوتے ہوئے اس طرز کی کہانت میں خدمات سر انجام دے سکتا ہے۔ کامل کاہن اور راستبازی کا بادشاہ ہوتے ہوئے اب وہ خدا باپ کے سامنے ہماری نمائندگی کر رہا ہے۔

چند غور طلب باتیں

☆۔ یہ کیونکر ضروری تھا کہ سردار کاہن ہماری طرح کا انسان ہو؟

☆۔ خداوند یسوع مسیح کو ہماری طرح کا انسان بننے کی ضرورت کیونکر پیش آئی؟ اس سے آپ کو کیا تسلی اور حوصلہ افزائی ملتی ہے؟

☆۔ اس باب میں ہمیں اس تعلق سے کیا سیکھنے کو ملتا ہے کہ خداوند ہم جیسے کمزور انسانوں کو بھی اپنی بادشاہی کی وُسعت کے لئے استعمال کر سکتا ہے؟

☆۔ ملکِ صدق کی طرح کی کہانت کیا ہے؟ یہ ہارون کے گھرانے کی کہانت سے کس طرح مختلف ہے؟ خداوند یسوع مسیح کیونکر ملکِ صدق کی طرح کا کاہن ہو کر اس دُنیا میں آیا نہ کہ عہدِ عتیق میں ہارون کے گھرانے کے کاہن کے طور پر؟

☆۔ فرمانبرداری کس طرح سیکھی جاتی ہے؟ کیا ہم کبھی کبھی فرمانبرداری سیکھنا چھوڑ جاتے ہیں؟

چند اہم دُعائیہ نکات

☆۔ شکر گزاری کریں کہ خداوند ہماری طرح انسان بننے کے لئے تیار ہو گیا تاکہ وہ ہمارے مشابہ ہو کر ہمارا سردار کاہن بن سکے۔

☆۔ خداوند یسوع سے مکمل تابعداری میں زندگی بسر کرنے کے لئے مدد اور توفیق مانگیں۔

☆۔ خداوند کی شکر گزاری کریں کہ ہم عہدِ عتیق کی کہانت سے آزاد ایک نئی طرح کی کہانت کے ماتحت ہیں۔ خداوند کی شکر گزاری کریں کہ خداوند یسوع ہمارا عظیم سردار کاہن ہوتے ہوئے ہمیں خداباپ کے سامنے پیش کرنے کی قدرت رکھتا ہے۔ وہ ہمارے گناہوں کو معاف کرنے اور ہمارے گناہوں کو دھو کر ہمیں پاک صاف کرنے کے قابل ہے۔

باب 18

ٹھوس غذا

عبرانیوں 5 باب 11-14 آیت

عبرانیوں کا مصنف اپنے قارئین سے خداوند یسوع مسیح کے بطور سردار کاہن ہونے کی بات کر رہا ہے۔ وہ اُنہیں بتا رہا ہے کہ خداوند یسوع ہارون کا ہن یا عہدِ عتیق کے کاہنوں کی طرح نہیں تھا۔ بلکہ خداوند یسوع مسیح کی کہانت منفرد اور مختلف تھی۔ اُس نے ملکِ صدق کی طرز کا کاہن ہوتے ہوئے ہماری طرح جسم اختیار کیا اور نبیوں کی باتوں کی تکمیل کرتے ہوئے ہمارے لئے ایک کامل قربانی بن گیا۔ اس نے مردِ خدا موسیٰ کی معرفت ملنے والی شریعت اور اس کے تقاضوں سے ہٹ کر ایک حیرت انگیز نجات پیش کی ہے۔

ان صداقتوں کو سمجھنا یہودیوں کے لئے بڑا مشکل تھا۔ کس طرح خدا ہارون کی کہانت کے سلسلہ کو ختم کر سکتا ہے۔ خدا کس طرح ایک بیٹا پیدا کر سکتا ہے؟ کس طرح خدا انسانی جسم اختیار کر سکتا ہے؟ خدا کس طرح مر سکتا ہے؟ کس طرح خداوند یسوع مسیح کی موت نجات کا باعث ہو سکتی ہے؟ موسیٰ کی شریعت کے تقاضوں سے ہٹ کر اور کس طرح نجات کا بندوبست ہو سکتا ہے؟ عبرانیوں کا مصنف بخوبی سمجھتا ہے کہ یہ ساری صداقتیں یہودی سوچ سے بالاتر تھیں۔ وہ اُنہیں بتاتا ہے کہ اُس کے پاس انہیں بتانے اور سمجھانے کے لئے مزید کئی ایک نکات ہیں لیکن ابھی تک وہ سمجھنے میں بڑے سُست رفتار ہیں۔

سیکھنے میں سُست رفتاری اس وجہ سے نہیں تھی کہ وہ سمجھنے کی اہلیت نہیں رکھتے تھے۔ 12 آیت ہمیں بتاتی ہے کہ اس وقت تک اُنہیں تعلیم دینے کے قابل ہو جانا چاہئے تھا۔ اس

سے معلوم ہوتا ہے کہ قارئین ان اہم صداقتوں کو سمجھنے کی پوری صلاحیت رکھتے تھے۔

اصل مسئلہ یہ ہے کہ وہ ابھی تک پرانے طور طریقوں سے لپٹے ہوئے تھے۔ اُنہیں بچپن ہی سے موسوی شریعت کی تعلیم اور ہدایت اور رہنمائی ملی تھی۔ پرانے اعتقادات اور ایمان کو ایک طرف رکھنا اُن کے لئے کوئی آسان کام نہیں تھا۔12

آیت میں مصنف اپنے قارئین سے یہ کہہ رہا ہے کہ اس وقت تک اُنہیں بطور استاد لوگوں کو مسیح اور اُس کی کہانت اور قربانی جیسی صداقتوں کی تعلیم دینے کے قابل ہو جانا چاہئے تھا۔ لیکن ابھی تک مسئلہ یہ تھا کہ نہ تو وہ خداوند میں اور نہ ہی کلام کی صداقتوں میں پختہ اور مضبوط ہوئے تھے۔ اُنہیں خداوند یسوع مسیح کے صلیب پر سرانجام دئے گئے کام کا مکمل فہم وادراک حاصل نہیں ہوا تھا۔ خداوند کی خدمت میں ابھی تک وہ محض شیر خوار اور نومولود ہی تھے۔ ابھی تک اُنہیں خدا کے کلام کے دُودھ کی ضرورت تھی۔ (12 آیت)

جو کچھ مصنف اپنے قارئین سے یہاں پر بیان کر رہا ہے، اسے ہمارے لئے سمجھنا بہت ضروری ہے۔ ان آیات کے بعد خداوند یسوع مسیح بطور سردار کاہن کے موضوع پر گفتگو کا سلسلہ شروع ہوتا ہے۔ یہ گفتگو خداوند یسوع مسیح کی نئ طرز کی کہانت، ہمارے گناہوں کے لئے کامل قربانی اور ہمارے گناہوں کے لئے صلیب پر فدیہ کے تعلق سے ہے۔

مصنف اپنے قارئین کو یہی بتاتا چلا آرہا ہے کہ خداوند یسوع موسیٰ سے افضل ہے اور اُس نے ایک بہتر راہ تیار کی ہے۔

یہی وہ صداقتیں و معرفت کی باتیں تھیں جو اُس دَور کے یہودیوں کے لئے سمجھنا بہت ہی مشکل تھا۔ یہودیوں کی پرورش روایتی شریعت میں ہوئی تھی۔ اُن کے نزدیک تو موسیٰ کی شریعت سے ہٹ کر کوئی نجات ہو ہی نہیں سکتی تھی۔ ان کے نزدیک نجات کا دارومدار اسی بات پر تھا کہ وہ کس قدر موسیٰ کی شریعت اور اُس کے تقاضوں کی پاسداری کرتے

ہیں۔ عبرانیوں کا مصنف راستبازی کے تعلق سے ایک نئی تعلیم پیش کر رہا ہے۔ جس راستبازی کی مصنف یہاں پر بات کر رہا ہے وہ موسیٰ کی شریعت اور اُس کے تقاضوں کی تابعداری کے بغیر ہی مل جاتی ہے۔ وہ ایک نئے کاہن کی بات کر رہا ہے جس نے موسیٰ سے بہتر راہ تیار کی ہے اور ایک ایسی نجات تیار کی ہے جو شریعت کی تابعداری اور اُس کے تقاضوں کی پاسداری کے بغیر ہی مل جاتی ہے۔

عبرانیوں کے مصنف کے دل کی یہی لالسا ہے کہ اُس کے قارئین خداوند یسوع مسیح کے اس کام کو سمجھ جائیں جو اس نے صلیب پر اُن کے لئے سر انجام دیا ہے۔ مصنف اپنے قارئین کو یہی بتانا اور سمجھانا چاہتا ہے کہ خداوند یسوع جو نئی طرز کا کاہن ہے وہ اپنے ایمان لانے والوں کو ایسی نجات دے سکتا ہے جو مُوسیٰ اپنے لوگوں کو نہ دے سکا۔ نجات اور خدا کے حضور راستباز ٹھہرنے کے لئے صرف اور صرف خداوند یسوع مسیح کا صلیب پر انجام دیا گیا کام ہی کافی تھا۔ انہیں نجات یا راستبازی کے لئے خود سے کچھ بھی کرنے کی ضرورت نہیں تھی۔ اُنہیں کرنا تو بس یہ کرنا تھا کہ اس کام کو قبول کر لیتے جو خداوند یسوع مسیح نے ان کے لئے صلیب پر سر انجام دیا تھا۔ خداوند یسوع مسیح کے صلیب پر انجام دئے گئے کام ہی میں گناہوں کی معافی اور شریعت کے تقاضوں کی پاسداری کے بوجھ سے آرام ملتا ہے۔ ہم نے یہ دیکھا ہے کہ پختہ اور مضبوط شخص وہی ہوتا ہے جو راستبازی اور گناہوں کی معافی کے تعلق سے تعلیمی باتوں اور خداوند یسوع مسیح کے صلیب پر سر انجام دئے گئے کام کو بہتر اور گہرے طور پر سمجھتا اور جانتا ہے کہ کس طرح ہم خداوند یسوع مسیح میں گناہوں کی معافی پا کر خدا باپ کے سامنے راستباز ٹھہر کر کھڑے ہوتے ہیں۔ 14 آیت کے مطابق تعلیمی طور پر ایمان میں مضبوط شخص مسلسل اس سچائی کو اپنی زندگی میں لئے رہتا ہے اور اپنے آپ کی تربیت کرتا ہے تاکہ وہ اچھائی اور برائی اور غلط اور درست میں امتیاز کر سکے۔

جس دَور میں یہ خط تصنیف کیا گیا اس وقت بہت سی غلط تعلیمات ایمانداروں کے درمیان گردش کر رہی تھیں۔ کچھ ایسے اساتذہ کرام بھی تھے جو ایمانداروں کو پرانے طور طریقوں، شریعت کی پابندی اور اس کے تقاضوں کے بوجھ تلے لانا چاہتے تھے۔ وہ پھر سے اُنہیں یہودی ایمان کے تحت زندگی گزارنے کے لئے کہہ رہے تھے۔ وہ اس بات پر ایمان رکھتے تھے کہ نجات پانے کے لئے تمام مسیحیوں کو ختنہ کرانا اور شریعت کی تابعداری اور فرمانبرداری میں زندگی گزارنا لازم ہے۔ بصورت دیگر وہ خدا کے حضور راستباز اور پاک نہیں ٹھہر سکتے۔ ایک مضبوط اور تعلیمی طور پر پختہ شخص کو اس بات کا علم ہوتا ہے کہ یہ تعلیم خداوند یسوع مسیح کی اس راستبازی سے مطابقت نہیں رکھتی جو اس نے ہمیں اپنے صلیبی کام کی بنیاد پر فراہم کی ہے۔ یہ مسیح کی اس راستبازی سے قطعی تضاد رکھتی ہے جو اُس نے شریعت کے تقاضوں کے بغیر ہمیں فراہم کی ہے۔

یہ محض تعلیمی نہیں بلکہ عملی باتیں ہیں، ایک مضبوط اور پختہ شخص کو علم ہوتا ہے کہ مسیح کے صلیبی کام کی بنیاد پر کس طرح راستبازی ملتی ہے۔ ایسا شخص خداوند یسوع مسیح کے صلیب پر انجام دئے گئے کام پر ہی اپنا بھروسہ، توکل اور اعتماد قائم رکھتا ہے۔ وہ نجات پانے کے لئے اپنے نیک اعمال پر نہیں بلکہ خداوند یسوع کے صلیب پر انجام دئے گئے کام پر ہی اعتماد کرتا ہے۔

غور کریں کہ ایک مضبوط اور پختہ شخص بھلائی اور برائی میں امتیاز کرنے کے لئے اپنی تربیت کرتا ہے۔ ہماری راستبازی کی بنیاد ہمارے نیک اور اچھے کام نہیں ہیں۔ وہ شخص جسے یہ فہم و ادراک حاصل ہو جاتا ہے کہ نجات صلیب پر خداوند یسوع مسیح کے کام کی بنیاد پر خدا کی طرف سے ایک تحفہ ہے۔ وہ پھر بُرائی اور بھلائی میں امتیاز کے لئے اپنی تربیت کرتا ہے۔ وہ خداوند کی راہوں پر چلنے کے لئے خود کو مضبوط اور تیار کرتا ہے۔ ایسا شخص خدا کے

معیار تک رسائی کے لئے کچھ نہیں کرتا بلکہ خدا کی مرضی، اس کے منصوبے اور اُس کی راہیں اور اُس کے احکامات کی تکمیل و تعلیم ہی اُس کی خوشنودی بن جاتی ہے۔ مسیح پر ایمان لے آنے والوں کہ یہی تمنا اور خواہش ہوتی ہے کہ وہ روز بروز مسیح کی مانند بنتے اور اُس کے ساتھ اپنے تعلق، رشتے اور رفاقت میں گہرے اور مضبوط ہوتے چلے جائیں۔ مسیح کے بدن میں خدمت سر انجام دیتے ہوئے وہ پھل دار اور فعال ایماندار بننا چاہتے ہیں۔ وہ خدا کی بادشاہی میں ہاتھ پر ہاتھ رکھ کر نہیں بیٹھنا چاہتے۔ وہ یہ سب کچھ اِس لئے کرنا چاہتے ہیں کیونکہ اُن کے دل یکسر تبدیل ہو چکے ہوتے ہیں اور مسیح کی مرضی اور اُس کی عقیدت اُن کے لئے دلوں میں گہرے طور پر گھر کر چکی ہوتی ہے۔ یہ سب کچھ اِس لئے ہوتا ہے کیونکہ وہ جان چکے ہوتے ہیں کہ مسیح ہی اُن کا منجی، اُن کی راستبازی اور اُن کا سب کچھ ہے۔

راستبازی میں اپنی تربیت آسان کام نہیں ہے۔ یہ ہمیں خداوند کی طرف سے ایک بخشش کے طور پر ملی ہے۔ (گناہوں کی معافی اور خدا کے حضور راستباز ٹھہرنا) لیکن اب یہ ہماری ذمہ داری ہے کہ ہم اِس نئے رشتہ کے مطابق نیا طرزِ زندگی اپنائیں۔ اس کا یہ مطلب بھی ہے کہ ہمیں گاہے بگاہے مسیح کی خاطر دُکھ بھی اٹھانا پڑے گا۔ اس کا مطلب یہ بھی ہے کہ ہم اپنی گناہ آلودہ خواہشوں اور رغبتوں کا بھی انکار کرتے رہیں۔ اس کا مطلب دُعا اور کلام میں وقت گزارنے کے لئے جانفشانی سے کام لینا بھی ہو سکتا ہے۔ کسی بھی طرح کی تربیت ایک سخت اور محنت طلب کام ہوتا ہے۔ اس کا مفہوم، سخت محنت، نظم و ضبط اور راہ کی دشواریوں پر غالب آنا بھی ہو سکتا ہے۔ جو کچھ ہمیں مسیح کی طرف سے بخشش کے طور پر ملا ہے، لازم ہے کہ اب ہم اُس کی حفاظت کریں اور اُسے سنبھال کر رکھیں۔ ہماری زندگیوں کی سب سے پہلی بلاہٹ اور خدا کا مقصد ہمارے لئے یہی ہے کہ ہم اس راستبازی میں چلیں، آگے بڑھیں اور بڑھتے ہی چلے جائیں جو خداوند یسوع مسیح میں ہمیں ایک

بخشش کے طور پر مل چکی ہے۔

جس طرح ہم اپنے بدن کو چست، خوبصورت اور سمارٹ رکھنے کے لئے جسمانی ورزش کرتے ہیں اسی طرح ضروری ہے کہ ہم راستبازی میں چلنے کی مشق جاری رکھیں۔ ہمیں راستبازی کے اس نئے طرزِ زندگی میں آگے بڑھنا اور بڑھتے چلے جانا ہے۔ راہ کی دشواریاں اور رکاوٹیں آڑے نہ آنے پائیں۔ لازم ہے کہ ہم ایمان میں مضبوط اور پختہ ہوں اور جو کچھ مسیح یسوع نے ہمارے لئے سرانجام دیا ہے اس پر ہمارا توکل اور بھروسہ بھی قائم رہے۔ لازم ہے کہ تابعداری اور فرمانبرداری میں اور وفاداری میں خداوند کے ساتھ ساتھ چلے رہیں۔ عبرانیوں کے مصنف کا یہ مقصد ہے کہ نجات اور راستبازی ہمیں مسیح یسوع کے صلیبی کام کی بنا پر بخشش کے طور پر مل چکی ہے۔ لیکن اب ہمیں آگے بڑھنا اور خداوند میں مضبوط اور پختہ ایماندار اور اُس کے وفادار پیروکار بننا ہے تاکہ اُس کے مقصد اور منصوبوں کو اپنی زندگی کے وسیلہ سے سرانجام دے سکیں۔ ہمیں راستبازی کی ٹھوس غذا لینے کے قابل ہونا ہے۔

چند غور طلب باتیں

☆۔ عبرانیوں کے خط کے قارئین راستبازی کی تعلیم کو سمجھنے اور اُسے قبول کرنے میں سُست ایمان تھے۔ جو کچھ خدا کا روح آج ہمیں سکھانا چاہتا ہے اسے سمجھنے میں کون کون سی رکاوٹیں حائل ہو سکتی ہیں؟

☆۔ ایک ایماندار ہوتے ہوئے آپ نے خداوند میں کس قدر ترقی کی ہے؟ چند مثالیں دیں کہ کس طرح گزرے سالوں میں آپ نے ترقی کی ہے۔

☆۔ آپ ایک پختہ ایماندار کی تعریف کس طرح بیان کریں گے؟ کیا ممکن ہے کہ درست

تعلیم ہوتے ہوئے بھی کوئی شخص پختہ ایماندار اور مضبوط مسیحی نہ بن سکے؟

☆۔ خدا کے کلام کے روحانی دُودھ اور راستبازی کی ٹھوس غذا میں کیا فرق ہے؟

☆۔ راستبازی میں ترقی کرنے اور آگے بڑھنے کی اہمیت کے تعلق سے ہم یہاں پر کیا سیکھتے ہیں؟

چند اہم دُعائیہ نکات

☆۔ خداوند سے سیکھنے کے لئے اس سے درخواست کریں کہ آپ کے دل کو کھول دے۔ خداوند سے دُعا کریں کہ وہ آپ کی زندگی سے ہر ایک رکاوٹ کو دُور کر دے جو خداوند سے سیکھنے میں رکاوٹ بنی ہوئی ہے۔ اورآپ کی زندگی میں خداوند کی مرضی اور اس کے منصوبوں کی تکمیل میں آڑے آرہی ہے۔

☆۔ خداوند کی شکر گزاری کریں کہ وہ ہمیں اپنی شادمانی سے لطف اندوز ہونے اور آگے بڑھنے اور ترقی کرنے کے لئے بلا رہا ہے۔

☆۔ خداوند سے دُعا کریں کہ آپ کے دل میں گہری تڑپ اور خواہش پیدا کرے تا کہ آپ اس میں نشو و نما اور ترقی کرتے ہوئے آگے بڑھتے رہیں۔ وہ چاہتا ہے کہ آپ اس کے ساتھ تعلق، رشتے اور رفاقت میں مضبوط ہوتے چلے جائیں۔ خداوند سے دُعا کریں تا کہ آپ پر واضح کرے کہ راستبازی میں تربیت کے لئے آپ کی زندگی میں کیا کچھ ہونے کی ضرورت ہے۔

باب 19

ابتدائی تعلیم

عبرانیوں 6 باب 1-3 آیت

گزشتہ باب میں عبرانیوں کے مصنف نے اس حقیقت کو بیان کیا کہ عبرانیوں کی کلیسیا کے ایماندار ابھی تک روحانی طور پر بچے ہیں۔ وہ ایمان میں پختہ نہیں ہوئے اور ابھی تک انہیں خدا کے کلام کی ٹھوس غذا کی بجائے روحانی دُودھ کی ضرورت تھی۔ ابھی تک وہ راستبازی کی ٹھوس تعلیم کو لینے، سمجھنے یا قبول کرنے کے قابل نہیں ہوئے تھے۔

6 باب کی پہلی تین آیات میں ہم روحانی دُودھ (ابتدائی تعلیم) اور ٹھوس غذا یا راستبازی کے تعلق سے ٹھوس تعلیم کے فرق کو سمجھیں گے۔(عبرانیوں 5 باب 13،12 آیات)

1 آیت پر غور کریں کہ مصنف اپنے قارئین کو مسیحی تعلیم کی ابتدائی تعلیم کی باتوں کو چھوڑ کو پختگی اور مضبوطی کی طرف قدم بڑھانے کے لئے کہہ رہا ہے۔ ہو سکتا ہے کہ پہلی نظر میں ہمیں مصنف کا یہ بیان تھوڑا عجیب لگے۔ لیکن آئیں اس کو تفصیل سے دیکھیں۔ چھوڑ دینے سے مراد بھُول جانا نہیں ہے۔ کوئی بھی شخص، عورت یا مرد اگر اپنے گھر سے الگ ہوتا ہے یا کہیں اور چلا جاتا ہے تو اُس گھر سے ملنے والی تربیت یا تعلیم اُس کی زندگی سے الگ نہیں ہوتا۔ بلکہ وہ اُس کے طرزِ زندگی کا حصہ ہی بنا رہتا ہے۔ وہ کسی بھی صورت میں فراموش نہیں کی جاتی۔

جب میں نے سیمنری میں اپنی تعلیم مکمل کرلی، میں نے اِس ادارے سے رُخصت لی لیکن وہاں سے حاصل کی گئی تعلیم آج بھی میری زندگی پر گہرے اثرات مرتب کئے ہوئے

ہے۔ جو کچھ عبرانیوں کا مصنف یہاں پر بیان کر رہا ہے اسے سمجھنے کے لئے اس اصول کو مدِ نظر رکھیں۔ جب مسیح کی ابتدائی تعلیم کی باتوں کو چھوڑنے کے لئے کہا جارہا ہے تو اس کا ہر گز یہ مطلب نہیں کہ ہم اس تعلیم کا انکار یا اسے فراموش کر دیں۔ یہاں پر مصنف یہ بیان کر رہا ہے کہ ہم اس بنیاد سے آگے پختگی کی طرف بڑھیں جو ابتدائی تعلیم نے ہمیں عطا کی ہے۔

تصور کریں ایک معمار گھر تعمیر کرنے کے لئے گہری بنیاد رکھنے کے لئے گہری بنیاد کھودتا، پھر اس میں کنکریٹ بھرتا ہے۔ اگر وہ یہ سب کچھ کر کے وہاں سے چلا جائے اور اسے بھول جائے تو یہ کس قدر بیوقوفی ہوگی۔ اُس نے کیونکر گہری بنیاد کھودی، سیمنٹ اور دیگر لوازمات، اپنا وقت اور وسائل ضائع کئے اور پھر اپنے کام کو مکمل بھی نہ کر سکا؟ بنیاد تو محض ایک آغاز ہوتا ہے۔ ہم مسیح کے تعلق سے جو تعلیم ہم نے پائی ہے وہ محض بنیاد ہے، ہمیں کبھی اس کو بھولنا یا فراموش نہیں کرنا چاہئے۔ مسیح کے تعلق سے ٹھوس تعلیم پر ہی اپنی زندگیوں کی تعمیر کرتے ہیں یعنی وہ کون ہے۔ اس نے ہمارے لئے کیا کچھ سرانجام دیا ہے جس پر ہمیں اپنی زندگیوں کی تعمیر کرنی ہے۔ تاہم، یہی پر ٹھہر جانا سمجھداری نہیں ہے۔ بلکہ ہمیں اس بنیاد سے آگے پختگی، کاملیت اور مضبوطی کی طرف اپنا روحانی سفر جاری رکھنا ہوگا۔ یہ ممکن ہے کہ آپ مسیح کے تعلق سے بہت زیادہ علم رکھتے ہوں لیکن پھر بھی آپ پختہ اور مضبوط نہ ہوں۔ ہو سکتا ہے کہ آپ کے پاس بائبل مقدس کا بہت زیادہ علم ہو لیکن پھر بھی آپ پختہ اور مضبوط مسیحی ایماندار نہ ہوں۔ یاد رہے کہ پختگی کا اس بات سے کوئی تعلق نہیں کہ آپ کے پاس کس قدر علم و معرفت موجود ہے۔ علم ایک بنیاد ہے۔ یہ بہت ضروری ہے۔ اسی پر تو ہم اپنی زندگیوں کی تعمیر کرتے ہیں۔ لیکن بہت زیادہ علم و معرفت پختگی اور مضبوطی کی بنیاد نہیں ہے۔

یہ ابتدائی تعلیم کیا ہے جس کے تعلق سے مصنف یہاں پر بات کر رہا ہے؟ مصنف یہاں پر کلیسیا میں ملنے والی بہت سی مختلف تعلیمات کا ذکر کر رہا ہے۔ 1 آیت میں چند مثالیں بھی دی گئی ہیں۔ عبرانیوں کا مصنف ان ابتدائی تعلیمات میں مسیح کے تعلق سے ہدایات کو بھی شامل کرتا ہے۔ مثال کے طور پر کہ مسیح کون ہے، وہ اس دُنیا میں کس کام کو سرانجام دینے کے لئے آیا؟ یہ بہت اہم تعلیم ہے بلکہ ایک بنیادی حیثیت رکھتی ہے۔ ہمیں اس سچائی کی بنیاد پر روحانی تعمیر و ترقی کرتے چلے جانا ہے۔ یہ بھی ممکن ہے کہ آپ کے پاس یہ علم ہو کہ مسیح کون ہے اور وہ کس مقصد کے لئے اس دُنیا میں آیا، اس علم کے باوجود بھی آپ غیر پختہ اور روحانی طور پر بچے ہو سکتے ہیں۔ بہت سے ایسے مسیحی ہیں جو خداوند یسوع مسیح کے تعلق سے درست باتوں کو جانتے ہیں لیکن ابھی تک وہ اپنے ایمان میں ایک جمود اور سکوت کا شکار ہیں۔ وہ اپنے ایمان میں آگے بڑھتے ہوئے ممکنہ ترقی نہیں کر پائے۔

1 آیت موت کی طرف لے جانے والے کاموں سے توبہ کرنے کی دوبارہ بنیاد ڈالنے کی بھی بات کرتی ہے۔ توبہ کی تعلیم بھی بڑی اہم اور بنیادی حیثیت کی حامل ہے۔ ہم سب موت کی راہ پر گامزن تھے۔ ہمارا گناہ آلودہ طرزِ زندگی ہمیں پاک خدا سے دُور رکھے ہوئے تھا۔ اپنے گناہوں سے توبہ کرنے اور خداوند یسوع مسیح کے صلیبی کام پر بھروسہ کرنے اور اس پر ایمان لا کر خداوند یسوع کو اپنا نجات دہندہ قبول کرنے سے ہمیں گناہوں کی معافی مل گئی۔ ہم خدا کے فرزند بن گئے۔ توبہ سے ہٹ کر نجات کا کوئی اور راستہ نہیں ہے۔ یہ اہم، ناگزیر اور قطعی ضروری ہے۔ یہ کلیسیا کی بنیادی لیکن ابتدائی تعلیم ہے۔ اپنے گناہوں سے توبہ کرنے کے باوجود آپ روحانی طور پر بچے اور غیر پختہ مسیحی ہو سکتے ہیں۔

1 آیت میں ابتدائی تعلیم خدا پر ایمان کے بارے میں ہے۔ یہ تعلیم توبہ سے منسلک ہے۔ جب ہم توبہ کرتے ہیں تو پھر ہمیں اپنے گناہوں سے دُوری اختیار کرتے ہوئے خدا کی

طرف ایمان سے رجوع لانا چاہئے۔ ہم اسے اپنی آنکھوں سے نہیں دیکھ سکتے۔ جو کچھ وہ فرماتا ہے، ہمیں اس کو ایمان سے قبول کرنا ہوگا۔ اس کے لئے ہمیں ایمان درکار ہوتا ہے۔ خدا پر ایمان کے بارے میں تعلیم اہم بھی ہے اور بنیادی بھی۔ نجات کے لئے خدا پر ایمان محض ایک آغاز ہوتا ہے۔ اگر ہمیں پختہ اور مضبوط مسیحی بننا ہے تو پھر ضرور ہے کہ خدا پر ایمان کی بنیاد پر ہم تعمیر و ترقی کرتے ہوئے آگے بڑھیں۔

2 آیت میں ایک اور ابتدائی تعلیم بپتسمہ کے تعلق سے ہے۔ بپتسمہ خدا کی طرف سے ایک حکم ہے۔ خدا چاہتا ہے کہ ہم بپتسمہ کے ذریعہ اپنے ایمان کا اظہار کریں۔ ہم یہ بھی جانتے ہیں کہ بعض لوگ بپتسمہ پا کر بھی مضبوط اور پختہ ایماندار نہیں بن پاتے۔ بپتسمہ اختتام نہیں بلکہ آغاز ہے۔ یاد رہے کہ بپتسمہ بھی ایک بنیاد ہے لیکن اہم بات یہ ہے کہ ہمیں اس بنیاد پر بھی اپنی روحانی تعمیر و ترقی کے سفر کو جاری رکھنا ہے۔ تب ہی ہم وہ کچھ بن سکیں گے جو خدا ہمیں بنانے کا ارادہ رکھتا ہے۔

2 آیت میں ایک اور ابتدائی تعلیم کا بیان ہے اور وہ ہے ہاتھ رکھنے کے بارے میں۔ یہاں پر ہاتھ رکھنے سے کیا مراد ہے؟ اس بات کو سمجھنے کے لئے ہمیں 2 تیمتھیس 4 باب 14 آیت پر غور کرنا ہوگا۔ مقدس پولس رسول یہاں پر تیمتھیس کو لکھتے ہیں۔

" اُس نعمت سے غافل نہ رہ جو تجھے حاصل ہے اور نبوت کے ذریعہ سے بزرگوں کے ہاتھ رکھتے وقت تجھے ملی تھی۔" 1 تیمتھیس 4 باب 14 آیت

خدا کے کلام میں دیکھیں تو پتہ چلتا ہے کہ جب ہاتھ رکھے جاتے تھے تو اس کے ساتھ کئی ایک طریقوں سے رُوح کا ظہور بھی ہوتا تھا۔ جب کلیسیائی بزرگ ایمانداروں پر ہاتھ رکھتے تھے روح القدس کی نعمتیں عطا ہوتی تھیں یا پھر پہلے سے موجود روحانی نعمتوں کی تصدیق ہو جاتی تھی۔ بعض اوقات ہاتھ رکھنے سے لوگ جسمانی بیماریوں اور کمزوریوں سے

شفا پا جاتے تھے۔ جب ہم ہاتھ رکھنے کی بات کر رہے ہیں تو اس کا مطلب یہ ہے کہ ہم قوت ملنے یا کسی کام کو کرنے کی اہلیت مل جانے کی بات کر رہے ہیں۔ یہ بہت اہم ہے کہ ہم اپنی خدمت کے لئے روحانی قوت کی ضرورت کو سمجھیں۔ ہم اپنی طاقت، سمجھ اور حکمتِ عملی کے تحت خدمت کرنے کا سوچ بھی نہیں سکتے۔ خدا ہمیں بلا رہا ہے کہ ہم اس کی قوت اور اس کے زور سے جو روح القدس سے ملتا ہے، اس کی خدمت کو سر انجام دیتے ہوئے اس کے مقصد اور بلاوے کو اپنی زندگی میں پورا کریں۔ ہمیں اس بات کو سمجھنے کی ضرورت ہے کہ ہم کئی ایک روحانی نعمتیں اور خدمتیں رکھتے ہوئے بھی پختہ اور مضبوط مسیحی نہیں ہو سکتے۔ ہم نے روحانی نعمتیں اور خدمتیں رکھنے والوں کو گناہ اور آزمائشوں کی تاب نہ لا کر پانی کی لہروں کی مانند اُچھلتے، گرتے اور تباہ ہوتے دیکھا ہے۔ خدا نے اُنہیں بڑے زور اور قوت سے استعمال تو کیا لیکن وہ پختگی اور مضبوطی کے اس درجہ تک نہ پہنچ پائے جہاں پر وہ فتح مند مسیحی زندگی گزار سکتے۔ نعمتیں اور قوت اور قدرت خدمت میں ناگزیز ہے۔ ہمیں کبھی بھی یہ نہیں سمجھ لینا چاہیئے کہ خدا نے ہمیں نعمتیں عطا کی ہیں ہم قوت اور قدرت سے معمور ہیں تو اس کا یہ مطلب ہے کہ ہم روحانی طور پر پختہ ، مضبوط اور غالب زندگی گزارنے کے قابل ہو گئے ہیں۔ قوت اور پختگی کو آپس میں گُڈمُڈ نہ کریں۔ ہاتھ رکھنا اور قوت اور قدرت سے معمور ہاتھ محض آغاز ہے۔ یہ سب کچھ بھی ابتدائی تعلیم کے زمرے میں ہی آتا ہے۔ ہمیں اس تعلیم کو بھی بنیاد کے طور پر لیتے ہوئے اس پر تعمیر و ترقی کرنا اور آگے بڑھتے جانا ہے۔

اِس فہرست میں مُردوں کی قیامت اور روزِ عدالت کا ذکر بھی موجود ہے۔ ہمیں اِس بات کو سمجھنا اور اُس پر ایمان رکھنا چاہیئے کہ وہ دن دُور نہیں جب خداوند یسوع مسیح اس دُنیا میں دوبارہ آئے گا۔ وہ مُردوں کو زندہ کر کے اُن سے اُن کے اعمال و افعال کا حساب مانگے گا۔

خداوند یسوع مسیح پر ایمان رکھنے والے نجات پائیں گے اور ہمیشہ خداوند یسوع مسیح کے ساتھ رہیں گے۔ سچائی کی یہ حقیقت ہماری مدد کرے تاکہ ہم خداوند کے ساتھ وفاداری اور دیانتداری سے چلتے رہیں۔ ہمیں ہر روز اس طرح سے زندگی بسر کرنی ہے کہ خداوند یسوع مسیح عدالت کرنے کے لئے بہت جلد اس دُنیا میں آنے والا ہے۔ پھر مُردے جی اُٹھیں گے اور اُن کا حساب کتاب ہو گا۔ اگر ہمیں خداوند کی خدمت میں آگے بڑھنا ہے تو یہ سچائی بہت اہم ہے۔ لیکن قیامت اور عدالت کا علم پختگی کی علامت نہیں ہے۔ جو کچھ عبرانیوں کا مصنف یہاں پر بیان کر رہا ہے ہمارے لئے اس کو سمجھنا بہت اہم ہے۔ ہمارے دَور کی کلیسیا نے خداوند کے ساتھ چلنے کے لئے تعلیم پر بہت زور دیا ہے بلکہ یہ کہنا بے جا نہ ہو گا کہ اُسے انتہائی اہم اور ناگزیر چیز کے طور پر بیان کیا گیا ہے۔ حتیٰ کہ پاسبانوں کا تعین اور چناؤ بھی اُن کے تعلیمی بیان اور عقیدے کی بنا پر ہی کیا جاتا ہے۔ ہم اس بات کو جاننے کی تگ و دَو میں ہوتے ہیں کہ لوگوں کا عقیدہ کیا ہے اور پھر اسی بنا پر ہم ان کے تعلق سے رائے قائم کرتے ہیں۔ ہمارا عقیدہ بڑی اہمیت کا حامل ہے لیکن یہ ایمان کی پختگی اور مضبوطی کی ضمانت نہیں ہے۔

مصنف کسی طور پر بھی عقیدے اور تعلیم کی اہمیت یا قدر کو کم نہیں کر رہا۔ اگر آپ لکھنا پڑھنا چاہتے ہیں تو سب سے پہلے آپ کو حروف تہجی سیکھنا پڑتے ہیں۔ لازم ہے کہ گھر کی تعمیر کے لئے مضبوط بنیاد ڈالی جائے۔ درست تعلیم اور عقیدے کا ہونا بڑی اہمیت کا حامل ہے۔ آپ کمزور بنیاد پر اچھا گھر تعمیر نہیں کر سکتے۔ اگر ہمیں پختگی، مضبوطی اور بڑھوتی کی طرف قدم بڑھانا ہے تو پھر لازم ہے کہ ہم سچائی سے واقف ہوں۔ تاہم یہ پختگی اور مضبوطی نہیں بلکہ اس کی جانب ایک قدم ہو سکتا ہے۔ میں ایسے مرد وزن سے مل چکا ہوں جنہوں نے اپنی مضبوط مسیحی پختگی اور مضبوطی سے مجھے شرمسار کر ڈالا۔ اُن کے پاس علم

الٰہیات کی اِس قدر گہری تعلیم نہیں جس قدر میرے پاس ہے۔ وہ میری طرح سیمنری یافتہ بھی نہیں تھے۔ پھر بھی وہ ایمان اور مسیحی پختگی میں مجھ سے چند قدم آگے ہی تھے۔ ان کا خدا کے ساتھ تعلق مجھ سے بھی گہرا اور انہیں خدا کی حضوری اور نزدیکی کا مجھ سے بھی زیادہ تجربہ تھا۔ جیسا کہ میں پہلے بھی بیان کر چکا ہوں کہ لکھنے پڑھنے کے لئے حروف تہجی کا جاننا بہت ضروری ہے۔ جب آپ اس کتاب کو پڑھ رہے ہیں تو آپ حروف تہجی کے بارے میں بالکل بھی نہیں سوچیں گے۔ کیونکہ اب آپ اس مرحلے سے گزر چکے ہیں اور آپ کو لکھنے پڑھنے کے لئے ا، ب، پ یا اے۔ بی۔ سی کو سیکھنے سمجھنے کی ضرورت نہیں ہے۔ ہم میں ایسے خواتین و حضرات جو کار چلانا سیکھ چکے ہیں۔ وہ یاد کر سکتے ہیں کہ شروع میں یوں معلوم ہوتا تھا کہ جیسے سیکھنے اور یاد رکھنے کے لئے بہت سی باتیں ہیں۔ ہمیں جاننا پڑتا تھا کہ گاڑی چلاتے وقت کس قدر ایکسیلیٹر پر دباؤ ڈالنا ہے۔ کس وقت اور کس قدر سٹیرنگ گھمانا ہے اور پھر یہ کہ کس وقت گیئر کم کرنا یا بڑھانا ہے۔ لیکن وقت کے ساتھ ساتھ اب ہمیں کچھ بھی یاد رکھنے کی ضرورت نہیں۔ سپیڈ، گیئر اور ایکسیلیٹر پر ہمارے ہاتھ اور پیر کا استعمال ایک معمول بن چُکا ہے۔ اب ہم بغیر سوچے اور کچھ بھی یاد کئے گاڑی چلاتے رہتے ہیں۔ عبرانیوں کا مصنف یہی اپنے قارئین کو بتا رہا ہے۔

وہ اپنے قارئین سے یہ کہہ رہا ہے کہ ابتدائی باتوں پر ہی غور نہ کرتے رہے بلکہ جس طرح وہ شخص وقت کے ساتھ ساتھ اے بی سی یا الف ب پ کو یاد نہیں کرتا جو لکھنا پڑھنا سیکھ چکا ہوتا ہے، اسی طرح اب وہ بھی ان باتوں پر سے توجہ ہٹا کر آگے بڑھیں اور بڑھتے ہی رہیں جس طرح گاڑی چلانے والا، گیئر، سٹیرنگ یا ایکسیلیٹر کے بارے کچھ یاد کئے بغیر آگے بڑھتا رہا ہے۔ کیونکہ وہ اس کی یادداشت، طرزِ ڈرائیونگ اور معمول کا حصہ بن چکی ہوتی ہیں۔ مصنف اپنے قارئین سے یہ کہہ رہا ہے کہ ابتدائی تعلیمی باتیں اس قدر اُن کے

طرزِ زندگی، یاداشت اور خیالات کا حصہ بن جائیں کہ اُن کے فیصلہ جات اور خیالات اُن کے گرد ہی گھومیں۔ یہ سب کچھ ان کے طرزِ فکر کا حصہ بن جائے۔ وہ چاہتا ہے کہ یہ سب کچھ اُن کے لئے اس قدر فطری عمل بن جائے جس قدر سانس لینا اُن کے لئے معمول کی بات ہے۔

خدا ایسے لوگوں کی تلاش میں ہے جن کی سچائی کے تعلق سے بنیاد ٹھوس اور مضبوط ہو۔ اسے ایسے لوگوں کی تلاش ہے جو اس سچائی پر ہی اپنی روحانی تعمیر و ترقی کا سلسلہ جاری رکھیں۔ اب جب کہ آپ سچائی سے واقف ہو چکے ہیں، خدا توقع کرتا ہے کہ آپ اس سچائی کے تعلق سے کچھ عملی قدم اُٹھائیں۔ خدا کو محض ایسے لوگوں کی تلاش نہیں ہے جو صرف علم و معرفت سے اپنے ذہنوں اور لائبریریز کو سجائے بیٹھے ہوں۔ خدا کو ایسے لوگوں کی تلاش ہے جو علم و معرفت کی بنیاد پر اپنی اور دوسروں کی روحانی ترقی بھی کریں۔ ابتدائی تعلیم پر سوچ و فکر اور بہت زیادہ وقت صرف کرنے سے ہم خدا کے مقصد اور ہمارے لئے اس کے منصوبے کو نظر انداز کر سکتے ہیں۔ خدا کسی بھی سچائی اور معرفت کو ہمیں اس لئے نہیں دیتا کہ ہم اُس کی نمائش کریں یا اُس کی پوجا شروع کر دیں۔ بلکہ خدا ہمیں کوئی بھی سچائی اور روشنی اس لئے دیتا ہے تا کہ ہم اس کے ساتھ گہری رفاقت اور رشتے میں مضبوط ہوتے ہوئے اور بھی زیادہ دلجمعی سے اُس کی خدمت اور پرستش کر سکیں۔ عبرانیوں کے خط کا مصنف یہی کہتا ہے۔ " اور خدا چاہے تو ہم یہی کریں گے " (3 آیت)

چند غور طلب باتیں

☆۔ اچھی اور ٹھوس بنیاد کا ہونا کس قدر اہم ہے؟

☆۔ سچائی کے تعلق سے ٹھوس بنیاد ہونے کا یہ مطلب ہے کہ ہم پختہ اور مضبوط مسیحی ایماندار ہیں؟ اس دھوکے اور پھندے کا شکار ہو جانا کس قدر آسان ہے کہ تعلیم، علم و

معرفت کا ہونا اس بات کی ضمانت ہے کہ ہم پختہ اور مضبوط ایمان رکھنے والے مسیحی ہیں۔

☆۔ خداوند کے ساتھ چلتے ہوئے آپ نے کس طرف زیادہ توجہ دی ہے؟ کیا آپ نے بنیاد پر ہی توجہ مرکوز رکھی یا پھر اس بنیاد پر تعمیر کا سلسلہ بھی جاری رکھے ہوئے ہیں؟ چند مثالوں سے واضح کریں کہ حالیہ سالوں میں آپ نے کس طرح روحانی ترقی کی ہے؟

چند اہم دُعائیہ نکات

☆۔ خداوند سے دُعا کریں کہ آپ اس سچائی کی بنیاد پر اپنی روحانی ترقی کر سکیں جو اُس نے آپ پر منکشف کی ہے۔

☆۔ عبرانیوں کے اس حصہ میں جو کچھ آپ نے سیکھا ہے، خداوند سے پوچھیں کہ اِس کی روشنی میں آپ کی ترجیحات کیا ہونی چاہئے؟

☆۔ خداوند سے پوچھیں کہ آپ کو زندگی کے کس حصہ میں مضبوط اور پختہ ہونے کی ضرورت ہے؟ اپنا دل کھولیں تا کہ خداوند آپ پر زندگی کے اُن حصوں کو منکشف کرے جہاں پر آپ کو پختگی اور مضبوطی کی ضرورت ہے۔

باب 20

گر جانا

عبرانیوں 6 باب 4-8 آیت کا مطالعہ کریں

کئی برسوں سے اس حوالہ پر بحث ہو رہی ہے۔ ان چند آیات پر بائبل مقدس کے مفکرین کی رائے مختلف ہے۔ عبرانیوں کا مصنف اپنے قارئین کو بتا رہا ہے کہ کچھ ایسے لوگ تھے جو گر گئے اور پھر توبہ کرنے کی توفیق نہ پا سکے۔ میرا شخصی ایمان یہ ہے کہ جو کچھ ہم نے گزشتہ باب میں دیکھا اور غور کیا ہے یہ آیات اس موضوع سے مطابقت رکھتی ہیں۔ گزشتہ باب میں ہم نے دیکھا کہ ایسے مسیحی ایماندار بھی ہیں جن کے پاس مسیحی تعلیمات کا بہت زیادہ علم موجود ہے لیکن وہ کبھی بھی پختگی اور مضبوطی کے درجہ تک رسائی حاصل نہیں کر پاتے۔ ہماری کلیسیائیں ایسے لوگوں سے بھری ہوئی ہیں۔ لیکن وہ کبھی بھی اپنے ایمان اور عقیدے میں مضبوط نہیں ہو پاتے۔ اُن کا ظاہری طرزِ زندگی اور طرزِ عمل یہی ظاہر کرتا ہے کہ وہ مضبوط مسیحی ایماندار ہیں لیکن در حقیقت وہ پختگی اور مضبوطی کی سطح سے بہت نیچے ہوتے ہیں۔ ایسے لوگوں کے دل بالکل بھی تبدیل شدہ نہیں ہوتے۔ اُن کے کلام و اعمال میں گہرا تضاد پایا جاتا ہے۔ ایسے خواتین و حضرات کے تعلق سے مصنف کیا بتاتا ہے۔ آئیں اس پر غور کریں۔

ایک دفعہ وہ روشن ہو چکے ہیں

4 آیت میں ہم دیکھتے ہیں کہ ایسے لوگوں کے دل ایک دفعہ سچائی کی روشنی سے منور ہوئے تھے۔ اس کا ہرگز یہ مطلب نہیں کہ اُنہوں نے کبھی نجات پائی تھی یا پھر اُنہیں نئی پیدائش

کا تجربہ ہوا تھا۔ دل روشن ہونے کا مطلب و مفہوم یہ ہے کہ اُنہوں نے سچائی کو سمجھا تھا۔ یعنی جب اُنہوں نے سچائی کا پیغام سنا تو اُن کے فہم و ادراک میں سچائی کی روشنی چمکی۔ اور سچائی کے بارے جانکاری حاصل ہو گئی تھی۔ ہو سکتا ہے کہ وہ نجات یا انجیل کا پیغام دوسروں کو سکھانے کی سمجھ سے بھی معمور ہو گئے ہیں۔ لیکن انہیں معاف کئے جانے اور نئ زندگی پانے کا شخصی تجربہ بالکل بھی نہیں ہوا تھا۔

وہ آسمانی نعمتوں کا مزہ چکھ چکے ہیں

ایسے لوگوں کے تعلق سے دوسری بات جو ہم یہاں پر دریافت کرتے ہیں وہ یہ ہے کہ آسمانی نعمتوں اور بخششوں کا مزہ لے چکے ہوتے ہیں۔ غور کریں کہ ایسے لوگ صرف آسمانی بخششوں کا مزہ لے چکے ہوتے ہیں۔ یہاں پر جو یونانی لفظ استعمال ہوا ہے اس کا معنی ہے کسی چیز پر تجربہ کرنا، کسی چیز کو آزمانا یا چیک کرنا ہے۔ جب اُن کے دل روشن ہوئے تو وہ اس فیصلہ پر پہنچے جو خداوند چاہتا تھا کہ وہ کریں۔ ہو سکتا ہے کہ ایک وقت میں اُنہوں نے خداوند کی حضوری کو محسوس کیا ہو۔ اس کی شادمانی اور اطمینان کا بھی تجربہ کیا ہوا۔ ہو سکتا ہے کہ اُنہوں نے اپنی زندگی میں تبدیلی بھی محسوس کی ہو لیکن متی 13 باب میں موجود تمثیل کی طرح جب کٹھن حالات اور مشکلات کا سامنا ہوا تو وہ قائم نہ رہ سکے۔ یہ بھی ممکن ہے کہ انہیں خداوند کے ساتھ ایک خاص قسم کا تجربہ بھی ہوا ہو۔ ہو سکتا ہے کہ خداوند نے اُنہیں ایک خاص طور سے چھوا بھی ہو۔ خدا غیر ایمانداروں کو بھی اپنی شادمانی اور اطمینان بخش سکتا ہے۔ خدا اُن لوگوں کو بھی باطنی اور جسمانی شفا دے سکتا ہے جو اُس کے فرزند نہیں بنے ہوتے ہیں۔ یہ بھی ممکن ہے کہ خدا خواب اور رویا میں اُن سے کلام کرے۔ خدا اُنہیں اپنی بادشاہی کے لئے کسی خاص مقصد کی تکمیل اور خدمت کی انجام دہی کے لئے تیار اور استعمال بھی کر سکتا ہے۔ بہت سے لوگ جنہیں خدا نے بڑے

زبردست اور حقیقی طریقہ سے چھوا ہوتا ہے وہ خدا کے فرزند نہیں بنے ہوتے، انہیں نئی پیدائش اور نجات کا بالکل بھی تجربہ نہیں ہوتا۔ ایسے لوگ مزہ لینے تک ہی محدود ہوتے ہیں۔ اُنہیں بس یہی شوق ہوتا ہے کہ خدا کے کلام میں کیا لکھا ہے، کون سی برکات اور کون کون سے واقعات درج ہیں۔ لیکن اُنہوں نے کبھی بھی اپنا آپ مکمل طور پر خداوند کو نہیں دیا ہوتا اور نہ ہی انہیں نئی پیدائش کا تجربہ ہوتا ہے۔

روح القدس میں شامل ہو چکے ہیں

قابلِ غور بات یہ ہے کہ ایسے لوگ روح القدس میں بھی شریک ہو چکے ہوتے ہیں۔ ہمیں یاد رکھنا ہوگا کہ خدا صرف انہیں ہی استعمال کرنے تک محدود نہیں جو اُس کے اپنے ہوتے ہیں۔ خدا نے اپنی قدرت بنی اسرائیل پر آشکارہ کرنے کے لئے پرانے عہد نامہ میں فرعون کو استعمال کیا ہے۔ خدا نے یوناہ کو استعمال کرنے کے لئے ایک بڑی مچھلی کو استعمال کیا۔ ممکن ہے کہ کوئی شخص بہت زیادہ استعمال ہو رہا ہو اور خدا کی بادشاہی کے لئے بہت کچھ کر رہا ہو لیکن پھر بھی وہ اپنے گناہ ہی میں مر جائے۔ اور ابدیت میں داخل نہ ہو سکے۔ خدا کی بادشاہی کے لئے استعمال ہونا ابدی زندگی، گناہوں کی معافی اور نئی پیدائش کی ضمانت نہیں بلکہ بالکل ضمانت نہیں ہے۔ ہم دیکھتے ہیں کہ یہ افراد روح القدس کی خدمت میں شامل ہوئے۔ ہو سکتا ہے کہ روح القدس نے اُنہیں اپنی بادشاہی میں کسی خاص کام کی تکمیل کے لئے استعمال کیا ہو۔ 1 سموئیل 19 باب میں ہم دیکھتے ہیں کہ کس طرح ساؤل اور اس کے ساتھی داؤد کو مارنے کے لئے بُرے منصوبے بنا رہے تھے جو خدا کا ممسوح تھا۔ جب ساؤل اور اُس کے شریک کار اس شہر میں آئے جہاں پر داؤد ٹھہرا ہوا تھا، ان پر خدا کے پاک روح کا اتنا گہرا مسح اور حضوری تھی کہ اُنہوں نے نبوت کرنا شروع کر دی۔

(1 سموئیل 19 باب 20 آیت) یہاں پر لوگوں کا ایک ایسا جتھا موجود تھا جو ایک برائی

کرنے پر تُلے ہوئے تھے لیکن خدا کے پاک روح نے ان کی زندگی میں گہرا اثر کیا۔ اُنہوں نے اپنی زندگیوں میں خدا کے پاک روح کے کام کا تجربہ کیا۔ جب خداوند یسوع مسیح اس زمین پر خدمت کرتے تھے تو اُنہوں نے روح القدس کی قدرت سے بہت سے بیماروں کو اچھا کیا لیکن اُن میں سے اکثر کبھی بھی توبہ کرنے یا خداوند کی طرف رجوع لانے کے مقام پر نہ آسکے۔ حالانکہ خدا کے پاک روح نے اُنہیں جسمانی شفا کے لئے چھوا اور بھلا چنگا بھی کر دیا تھا۔ برکت اور شفا پانے کے بعد وہ آگے بڑھ گئے۔ ممکن ہے کہ کوئی شخص روح القدس کی قوت اور قدرت کا اپنی زندگی میں تجربہ کرے لیکن وہ اپنا آپ خداوند کو نہ دے۔ عہدِ عتیق ایسی مثالوں سے بھرا ہوا ہے جہاں پر یہ واضح طور پر دیکھا جا سکتا ہے کہ خدا کے پاک روح نے لوگوں کی زندگیوں کو زبردست طریقہ سے چھوا لیکن پھر بھی وہ خدا کی طرف رجوع نہ لائے۔ بلکہ بار بار اُسے رد ہی کرتے رہے۔

آنے والے جہاں کی قوتوں اور عمدہ کلام کا ذائقہ

عبرانیوں کا مصنف یہاں پر ایسے لوگوں کی بات کر رہا ہے وہ آنے والے جہاں کی قوت اور عمدہ کلام کا ذائقہ بھی لے چکے ہوتے ہیں۔ اُنہیں خدا کی بادشاہی کی قدرت کا بھی تجربہ ہو چُکا ہوتا ہے۔ اس کا یہ مطلب ہے کہ اُنہیں خدا کے کلام کی تعلیم اچھی لگی، اُنہوں نے اُسے سراہا بھی تھا۔ وہ اُس سے مسرور اور محضوظ بھی ہوئے۔ اس میں اُنہیں آنے والے زمانہ کی شادمانی اور خوشی کا تجربہ بھی ہوا۔ اُنہوں نے دشمن پر خدا کی غالب قدرت کو بھی دیکھا ہو گا۔ اُنہوں نے یہ بھی دیکھا کہ سچائی کی قدرت لوگوں کو گناہ اور بدی کے پھندے سے چھڑانے کی قدرت رکھتی ہے۔ وہ بدی پر خدا کی قدرت کو بڑے واضح طور پر دیکھتے ہیں۔ ہو سکتا ہے کہ کسی وقت وہ خدا کے کلام کی قدرت سے تبدیل بھی ہوئے ہوں۔ اس کے باوجود جو کچھ اُنہوں نے دیکھا اور سنا تھا اُس کی طرف سے اُنہوں نے اپنی پشت پھیر

لی۔ ہم یہ دیکھ چکے ہیں کہ ایسے لوگوں کا طرزِ عمل بالکل واضح ہوتا ہے۔ جب وہ خدا کی طرف اپنی پشت پھیر لیتے ہیں یا اُس کی پیش کردہ نجات کو ٹھکرا دیتے ہیں تو اُنہیں یہ سب کچھ علم ہوتا ہے۔ ایسا بالکل نہیں کہ وہ نادانستہ طور پر ایسا کرتے ہیں۔ وہ انجیل کے پیغام کو سن کر سمجھتے بھی ہیں لیکن جب قبول کرنے کا وقت آتا ہے تو اپنے دلوں کو سخت کر لیتے ہیں۔ وہ اپنے اردگرد کے لوگوں کی زندگیوں میں انجیل کی قدرت کو کام کرتے ہوئے دیکھتے ہیں۔ حتیٰ کہ اُنہوں نے اپنی زندگی میں بھی اس کی قدرت کا مزہ چکھا ہوتا ہے۔ پھر بھی وہ اس کو رد ہی کرتے رہتے ہیں۔ اُنہیں خوشخبری کے پیغام کو سمجھنے اور قبول کرنے کا ہر ایک موقع میسر آیا لیکن اُنہوں نے ہر ایک موقع گنوا دیا۔

چونکہ ایسے لوگوں نے خداوند اور توبہ کے لئے اس کی طرف سے ہر ایک بلاہٹ کو رد کیا ہوتا ہے، اس لئے ایسے لوگوں کے لئے کوئی امید باقی نہیں ہوتی کہ وہ توبہ کر سکیں اور خدا کے ساتھ اپنا تعلق اور رشتہ بحال کر سکیں۔ عبرانیوں کا مصنف یہ بیان کر رہا ہے کہ ایسے لوگ گر چکے ہوتے ہیں۔ یہاں پر جو یونانی لفظ استعمال کیا گیا ہے اس کا معنی ہے منحرف ہونا یا، رُخ موڑ کر آگے بڑھ جانا۔ اس کا مطلب یہ ہے کہ اپنے علم اور تجربہ کے باوجود وہ خداوند اور اُس کے پیغام کو رد کرنے کا چناؤ کرتے ہیں اور اپنی ڈگر اور راہوں پر آگے بڑھتے رہتے ہیں۔

6 آیت پر غور کریں کہ ایسے لوگ خداوند یسوع مسیح کو اعلانیہ ذلیل اور بار بار مصلوب کرتے ہیں۔ جب خداوند یسوع مسیح اس دُنیا میں آیا تو اُسے اُن ہی مرد و زن نے رد کیا جنہیں اُس نے خود خلق کیا تھا۔ اُنہوں نے اس کی طرف اپنی پشت پھیر دی۔ انہیں رد کرنے والوں میں وہ لوگ بھی شامل تھے جنہیں اس نے شفا بخشی تھی۔ انہیں رد کرنے والے ایسے لوگ بھی تھے جنہیں اُن کی تعلیم دل پر لگی تھی اور وہ جانتے تھے کہ وہ صاحب

اختیار کی طرح تعلیم دیتا ہے۔ اس کے تعلق سے علم و معرفت رکھتے ہوئے بھی اُنہوں نے اُسے مصلوب کرنے کا چناؤ کیا۔ اُنہوں نے اعلانیہ ذلیل کرنے کے لئے اُسے سرِ عام صلیب پر لٹکا دیا تھا۔ خداوند یسوع مسیح کو اعلانیہ ذلیل کیا گیا تھا۔ خداوند اور اُس کی نجات کو رد کرتے ہوئے یہ لوگ آج بھی ایسا ہی کر رہے ہیں۔ یہ لوگ اُس ہجوم کی مانند ہیں جنہوں نے اپنی زندگیوں میں اس کی قدرت کا تجربہ کیا۔ اُس کے معجزات دیکھے لیکن پھر بھی چلا چلا کر کہتے رہے، "اسے مصلوب کر، اسے مصلوب کر۔"

عدمِ معرفت کی بنا پر خداوند کو قبول نہ کرنے اور علم اور تجربہ کے باوجود خداوند اور اُس کی نجات کی پیش کش کو رد کرنے میں فرق پایا جاتا ہے۔ ساؤل (پولس رسول) نے خداوند یسوع کو جاننے سے قبل کلیسیا کو بہت نقصان پہنچایا۔ لیکن اسے معاف کر دیا گیا کیونکہ اس نے یہ سب کچھ نادانی اور عدمِ معرفت کی حالت میں کیا تھا۔ ہم 1 تیمتھیس 1 باب 13 آیت میں پڑھتے ہیں۔

جن لوگوں کی ہم یہاں پر بات کر رہے ہیں اُن کی صورتحال پولس رسول سے قطعی مختلف ہے۔ یہ وہ لوگ ہیں جو سچائی کی پہچان حاصل کر چکے ہیں۔ بعضوں کو خدا کے کلام اور اُس کے روح کے ساتھ گہرا تجربہ بھی ہو چکا ہوتا ہے۔ ایسے لوگوں کے پاس کوئی بہانہ نہیں ہوتا۔ ایسے لوگ نادانستہ طور پر ایسا طرزِ عمل اختیار نہیں کئے ہوتے بلکہ یہ لوگ کھلم کھلا باغیانہ روّیہ اختیار کرتے ہوئے اپنی ڈگر پر چل رہے ہوتے ہیں۔ ایسے لوگ سچائی کو جانتے اور پہچانتے ہوئے بھی اس سے انحراف کر جاتے ہیں۔

ہم سب گناہ میں گرے، اور سچائی کی راہ سے گمراہ ہو گئے۔ پطرس رسول نے خداوند یسوع مسیح کو جانتے ہوئے بھی اس کا تین بار انکار کیا تو بھی اسے معاف کر دیا گیا۔ کتنی ہی بار ہمیں علم ہوتا ہے کہ ایک کام غلط ہے لیکن بار بار ہم وہی کام کرتے ہیں؟ خداوند یسوع مسیح اپنے

پاس آنے اور توبہ کرنے والوں کو معاف کرنے کے لئے تیار رہتا ہے۔ جو کچھ پطرس نے کیا تھا، اُسے فوری طور پر اس کا احساس ہو گیا، وہ زار زار رویا اور اپنے گناہ پر پچھتایا۔ خداوند یسوع نے اُسے معاف کر دیا۔ مصنف یہاں پر ایسے لوگوں کی بات ہر گز نہیں کر رہا جو کسی کمزوری کی بنا پر گناہ میں گر جاتے ہیں۔

مصنف اپنے نکتہ نظر کو واضح کرنے اور ہمیں بہتر طور پر سمجھانے کے لئے اپنے قارئین کے سامنے ایک مثال رکھتا ہے۔ وہ بیان کرتا ہے کہ دو طرح کی زمینیں ہوتی ہیں۔ ایسی زمین جو پانی جذب کرتی اور اچھی فصل پیدا کرتی ہے۔ ایسی زمین بھی ہوتی ہے جو صرف کانٹے اور اونٹ کٹارے ہی پیدا کرتی ہے۔ دوسری قسم کی یہ زمین بے کار قسم کی زمین ہوتی ہے۔ ایسی زمین لعنت اٹھانے اور جلائے جانے کے خطرہ سے دوچار رہتی ہے۔ بارش تو دونوں طرح کی زمین پر ہوتی ہے۔ ایک زمین اچھی فصل پیدا کرتی ہے جبکہ دوسری قسم کی زمین غیر مفید کانٹے اور اُونٹ کٹارے پیدا کرتی ہے۔ ایک قسم کی زمین خدا کی طرف سے باعثِ برکت دوسری جلائے جانے اور لعنت اُٹھانے کے خطرہ سے دوچار ہوتی ہے۔

حقیقی ایماندار اچھی قسم کی زمین کی مانند ہوتے ہیں۔ کیونکہ وہ اچھی فصل پیدا کر رہے ہوتے ہیں۔ وہ خدا کے پاک روح کے کام کی بدولت اپنی زندگی سے خدا کی بادشاہی کے لئے اچھا پھل لاتے ہیں۔ جبکہ ایمان نہ لانے والے خدا کے کام کو اپنی زندگیوں میں قبول نہیں کرتے اور اپنی زندگی سے لاحاصل جڑی بوٹیاں، کانٹے اور جھاڑیاں ہی پیدا کرتے ہیں جن سے خدا کی بادشاہی کے کام کو وُسعت اور بڑھوتی بالکل بھی نہیں ملتی۔ بہت سے لوگ ایسے ہوتے ہیں جنہیں خدا کی حضوری کا تجربہ ہوتا ہے لیکن اُن کے اعمال و افعال اور طرزِ زندگی ظاہر کرتا ہے کہ وہ کبھی بھی حقیقی طور پر خداوند پر ایمان لائے ہی نہیں تھے۔

چند غور طلب باتیں

☆۔ کیا آپ کی ملاقات کسی ایسے غیر ایماندار سے ہوئی ہے جو خوشخبری کا پیغام سنانے کی اہلیت رکھتا ہو لیکن اُس کی زندگی میں انجیل کے پیغام کی قدرت بالکل بھی نظر نہ آتی ہو یعنی شخصی طور پر اُسے انجیل کے پیغام کی قدرت کا کوئی تجربہ نہ ہوا ہو؟ سمجھے اور قبول کرنے میں کیا فرق ہوتا ہے۔

☆۔ مزہ چکھنے اور پورے طور پر تجربہ کرنے میں کیا فرق ہوتا ہے؟

☆۔ کیا خدا اپنے مقصد کی تکمیل کے لئے کسی غیر ایماندار کو بھی استعمال کر سکتا ہے؟ وضاحت کریں۔

☆۔ کیا خدا غیر ایمانداروں کو اُن کے گناہوں پر فتح اور غلبہ عطا کرتا ہے؟ کیا اس کا مطلب ہے کہ وہ خدا کے فرزند بن چکے ہیں؟

☆۔ گناہ میں گرنے اور خدا کو رد کرنے کے گناہ میں کیا فرق ہے؟

☆۔ ہمارے دلوں اور زندگیوں میں خدا کے پاک روح کا کیا کام ہوتا ہے؟ یہ کیوں کر اہم ہے کہ ہم پاک روح اور اس کے کام کے تابع ہو جائیں؟

☆۔ یہ باب حقیقی اور زندہ ایمان کے کون سے شواہد ہمارے سامنے رکھتا ہے؟

چند اہم دُعائیہ نکات

☆۔ خداوند کی شکر گزاری کریں کہ اُس نے انجیل کے پیغام کے لئے ہمارے دلوں کو نرم کیا۔

☆۔ خداوند سے کہیں کہ وہ آپ کے دل میں نجات کی یقین دہانی بخشے۔ خداوند سے دُعا کریں کہ وہ آپ پر ظاہر کرے کہ آپ ان لوگوں کی مانند نہیں جو اُس کا ہونے کا اقرار کرتے ہیں لیکن در حقیقت اُس کے نہیں ہیں۔

☆۔ کیا آپ کا کوئی ایسا عزیز یا دوست ہے جو سچائی سے واقف ہے لیکن سچائی سے منحرف ہو چکا ہے۔ اس کے لئے چند لمحات دُعا میں گزاریں اور شفاعت کریں کہ خداوند اُسے حقیقی طور پر توبہ کی توفیق اور ایمان لانے کا فضل عطا کرے۔

باب 21

مضبوط اور محفوظ بنیاد

عبرانیوں 6 باب 9-20 آیت کا مطالعہ کریں

گزشتہ باب میں ہم نے دیکھا کہ مصنف نے اُن لوگوں کی بات کی جنہیں خدا کا تجربہ تو ہوا لیکن وہ اُس سے منحرف ہو کر ہمیشہ کے لئے کھو گئے۔ ہم اس حیرت میں ڈوب سکتے ہیں کہ آیا ہم تو ایسے لوگوں کی فہرست میں شامل نہیں ہوں گے۔ کیا ہم پُر یقین اور پُر اعتماد ہو سکتے ہیں کہ ہمارا ایمان حقیقی اور زندہ ہے اور ہم اُن لوگوں کی فہرست میں شامل نہیں ہو سکتے جن کا 6 باب کے آغاز میں ذکر کیا گیا ہے۔ عبرانیوں کا مصنف اپنے قارئین کو باور کراتا ہے کہ اُنہیں مسیح یسوع میں ایک زندہ اور قوی اُمید حاصل ہے۔

مصنف اپنے قارئین کو بتاتا ہے کہ اُسے اعتماد ہے کہ وہ اُن لوگوں کی فہرست میں شامل نہیں ہیں جن کا 6 باب میں ذکر کیا گیا ہے۔ وہ اپنے قارئین کے لئے اچھی چیزوں کے لئے پُر یقین اور پُر اعتماد ہے۔ مصنف کو پورا اعتماد اور یقین ہے کہ اُنہیں نجات کی پوری برکات اور فضائل حاصل ہیں۔ گویا مصنف ہمیں بھی یہ پیغام دے رہا ہے کہ ہم اپنی نجات کے لئے پُر یقین اور پُر اعتماد ہو سکتے ہیں۔

10 آیت میں مصنف اپنے قارئین کو خدا کا انصاف یاد دلاتا ہے کہ خدا اُن کے ساتھ انصاف سے پیش آئے گا۔ خدا نے ان کے دلوں میں موجود محبت اور اُس محنت کو دیکھا ہے جو وہ خداوند کے لئے کر رہے ہیں۔ قابلِ غور بات یہ ہے کہ خدا کے لئے اُن کی محبت کا اظہار اور نشاندہی اس بات سے ہوئی کہ اُنہوں نے لوگوں کے ساتھ کیسا برتاؤ کیا، ان کے

ساتھ کیسا سلوک اور روّیہ اختیار کیا۔ یاد رہے کہ کوئی شخص بھی اپنے نیک کاموں اور لوگوں کے ساتھ، پُر محبت روّیے اور سلوک کے باعث نجات نہیں پائے گا بلکہ یہ سب کچھ تو اس نجات کا نتیجہ ہوتا ہے جن کا اُنہیں تجربہ ہو چکا ہوتا ہے۔ خدا اپنی بادشاہی کے لئے اُن کی پر محبت کاوّشوں کو دیکھ کر اُنہیں اَجر دے گا۔ اُن کی نجات کا ثبوت خداوند کے لئے اُن کے دلوں میں موجود محبت اور خدا کے بادشاہی کے لئے اُن کی کاوشوں سے عیاں تھا۔

عبرانیوں کا مصنف اپنے قارئین کو ان کی نجات کے تعلق سے یقین دہانی اور اعتماد دلانے کے بعد اُن کی حوصلہ افزائی کرتا ہے کہ وہ اپنی امید کو محفوظ رکھنے کے لئے خداوند کے کام میں جانفشانی سے کام لیتے رہیں۔ مصنف طرزِ زندگی اور مسیح میں اُمید کو ایک دوسرے کے ساتھ منسلک کرتا ہے۔ ایک دفعہ ہمیں پھر سے اپنے طرزِ فکر میں محتاط ہونا ہے کہ ہم اپنے نیک اعمال سے نجات نہیں پاتے۔ اگرچہ ہم اپنے اعمال و افعال سے نجات تو نہیں پاتے لیکن ہمارے کام خدا کے ساتھ ہمارے رشتے اور تعلق کی نشاندہی ضرور کرتے ہیں۔ "درخت اپنے پھلوں سے اور آدمی اپنے کاموں سے پہچانا جاتا ہے۔" بالفاظ دیگر اگر میں مکمل طور پر خداوند یسوع کی خداوندیت میں آچکا ہوں تو پھر میری زندگی تبدیل ہو چکی ہو گی۔ جس کا اظہار میرے طرزِ فکر، طرزِ عمل اور طرزِ زندگی سے بالکل عیاں ہو گا۔ اب میں پہلے جیسا نہیں رہوں گا۔ جب میں اپنے دل کو دوسروں کی خدمت کے لئے تیار دیکھتا ہوں تو اس سے ظاہر ہو جاتا ہے کہ میری خداوند کے ساتھ پیوستگی اور رشتہ گہرا ہو چکا ہے۔ خداوند کے لئے گہری محبت، اُس کے کام کے لئے جانفشانی اور اُس کے نام کی خاطر دوسروں کی خدمت کے لئے مستعد رہنا، یہ سب کچھ حقیقی نجات کی علامات ہیں۔ اگر ہم اپنے دلوں کو ٹٹولیں اور خداوند کے لئے کوئی محبت اور اُس کے کام کے لئے کوئی جانفشانی اور جذبہ موجود نہ ہو تو پھر ہمیں اپنی نجات کے تعلق سے کیسا اعتماد اور یقین دہانی ہو سکتی

ہے؟

11 آیت میں نجات کی ایک اور علامت بھی موجود ہے۔ مصنف اپنے قارئین کو یاد کراتا ہے کہ وہ خداوند کے مقدسین کی خدمت کے لئے کمربستہ اور مستعد رہیں۔ وہ اُن کی حوصلہ افزائی کرتا ہے کہ وہ اس سلسلہ میں ثابت قدم اور قائم رہیں۔ "اور ہم اس بات کے آرزُومند ہیں کہ تم میں سے ہر ایک شخص پوری اُمید کے واسطے آخر تک اسی طرح کوشش ظاہر کرتا رہے۔"

اُس نے انہیں بتایا۔ ہم دیکھ چکے ہیں کہ کچھ ایسے لوگ بھی ہوتے ہیں جو خداوند کے ساتھ کچھ وقت چلتے ہیں لیکن پھر گناہ میں گر جاتے ہیں۔ (4-8 آیات) کانٹوں میں گرنے والے بیج کی مانند ایسے لوگ جلد ہی مرجھا جاتے ہیں اور اُن کا پھل قائم نہیں رہتا۔ خداوند کے لئے آخری دم تک ثابت قدم اور قائم رہتے ہیں۔ وہ چلتے چلتے پھسل سکتے اور کبھی گر بھی سکتے ہیں لیکن وہ پھر سے اُٹھ کھڑے ہوتے اور اپنا سفر جاری رکھتے ہیں۔ محض ہمارے کام ہی خداوند کے ساتھ ہمارے تعلق اور رشتے کی نشاندہی نہیں کرتے بلکہ اُن کاموں میں ہماری ثابت قدمی بھی اس بات کی مظہر ہوتی ہے کہ ہم کس قدر خداوند میں پیوستہ ہیں۔ مصنف اپنے قارئین کو ابھارتا ہے کہ خداوند کے ساتھ چلنے میں وہ سُست روّی کا شکار نہ ہوں بلکہ ان لوگوں کے نقشِ قدم پر چلیں جنہوں نے ایمان سے وعدوں کو میراث میں لیا۔ حقیقی ایمان ثابت قدمی اور خداوند کے لئے آخر تک وفاداری سے خدمت کرتے رہنے سے ظاہر ہوتا ہے۔ ہماری نجات کی حقیقت کے باطنی ثبوت سے بڑھ کر بھی نجات کی یقین دہانی کی ایک گارنٹی پائی جاتی ہے۔ عبرانیوں کا مصنف خدا اور اُس کے وعدوں کی طرف ہماری توجہ مبذول کراتا ہے جو ہماری نجات کی قوت اور یقینی اُمید ہیں۔ اپنے نکتہ نظر کو واضح کرنے کے لئے مصنف اپنے قارئین کو پرانے عہدنامہ کی طرف لے جاتا ہے۔

وہ اُنہیں یاد کراتا ہے کہ خدا نے ابرہام سے وعدہ کیا تھا کہ وہ اسے ایک بہت بڑی قوم بنائے گا۔ جب خدا نے ابرہام سے قسم کھا کر وعدہ کیا تھا تو اپنی ہی ذات کی قسم کھائی تھی کیونکہ خدا کو اپنے سے بڑا کوئی دکھائی نہ دیا۔ خدا نے اس سے وعدہ کیا کہ وہ اُسے برکت دے گا اور اُسے بہت سی اولاد عطا کرے گا (14 آیت) یہ سب کچھ یکدم تو نہیں ہوا تھا۔ ابراہام کو اِس پر کوئی شک نہیں تھا۔ (پیدائش 17:17) سارہ، ابرہام کی بیوی اس وعدے پر ہنسی بھی تھی۔ (پیدائش 18 باب 12 آیت) اس نے اپنی لونڈی بھی ابرہام کو دی تا کہ خدا کے وعدے کی تکمیل میں مدد کر سکے۔ (پیدائش 16 باب 2 آیت) خدا کا اپنا ایک منصوبہ تھا۔ وہ اپنے وعدہ میں وفادار رہا اور اُس نے سارہ کو وعدہ شدہ فرزند عطا کیا۔ ابرہام کو صبر سے کام لیتے ہوئے خدا کے وقت کا انتظار بھی کرنا پڑا۔ (15 آیت) جب اِس وعدے کی تکمیل ہوئی ابراہام بوڑھا تھا لیکن تو بھی خدا اپنے وعدے میں وفادار رہا۔

عبرانیوں کا مصنف قارئین کو یاد کراتا ہے کہ خدا نے اپنی ہی ذات کی قسم کھا کر ابرہام سے وعدہ کیا تھا۔ خدا نے اِس وعدے کی تکمیل کے تعلق سے تمام شک و شبہات کا خاتمہ اس وقت کر دیا جب اُس نے اپنے ہی نام کی قسم کھا کر ابراہام سے وعدہ کیا تھا۔ (16 آیت) خدا نے اپنا وعدہ پورا کیا۔ تاہم انسانی نکتہ نظر سے اس وعدے کی تکمیل ابرہام اور سارہ کے فہم و ادراک سے باہر تھی۔ خدا پر ایمان اور صبر سے اس کے وقت کا انتظار کرتے ہوئے اُنہوں نے اِس وعدے کی تکمیل کو دیکھا۔ ابرہام سے اِس وعدے کے ذریعہ خدا پوری دُنیا پر اپنی ذات اور نام کو ظاہر کرنا چاہتا تھا۔ اپنے ہی نام کی قسم کھا کر خدا اپنی شہرت اور ساکھ کو دُنیا کے سامنے پیش کر رہا تھا۔ (17 آیت)

18 آیت میں مصنف ہمیں دو لا تبدیل چیزیں پیش کرتا ہے جن سے ہماری اُمید کی حوصلہ افزائی ہوتی ہے۔ یہ دو لا تبدیل چیزیں خدا کی فطرت اور اس کا کلام ہے۔ خدا نے ابرہام

سے قسم کھائی کہ وہ اُسے ایک بیٹا عطا کرے گا۔ ابراہام نے خدا کا یقین کیا کیونکہ اسے خدا کی ذات، اس کی فطرت کا علم تھا، اس لئے اُس نے اُس کے کلام پر بھروسہ کیا۔ اُسے علم تھا کہ خدا جھوٹ نہیں بول سکتا اور کوئی چیز بھی اس کے وعدے اور کلام کی تکمیل میں آڑے نہیں آسکتی۔ اُس کا کردار اور کلام ہمارے پاس دو ٹھوس شواہد ہیں کہ خدا نے جو کچھ کلام کیا ہے وہ اس پر قائم رہے گا۔

عبرانیوں کا مصنف ہماری امید کو ہماری جان کے لنگر سے تشبیہ دیتا ہے۔ (19 آیت) جب ایک بحری جہاز مضبوطی سے ساحل پر لنگر انداز کر دیا جاتا ہے تو پھر وہ ادھر اُدھر کہیں بھی نہیں جا سکتا بلکہ اپنی جگہ پر قائم رہتا ہے۔ اگرچہ ارد گرد طوفان اور تند و تیز ہوائیں اور لہریں شور مچا رہی ہوں تو بھی جہاز اپنی جگہ پر قائم رہتا ہے۔ خداوند یسوع مسیح میں ہمارا یہی مقام ہے۔ ہمارے پاس ایک محفوظ اور ٹھوس امید ہے۔ 19 آیت پر غور کریں کہ یہ اُمید پردے کے اندر تک پاک ترین مقام تک رسائی حاصل کرتی ہے۔ یہاں ہیکل کا حوالہ دیا جا رہا ہے۔ پاک ترین مقام، پردے کے پیچھے ایک خاص حصہ ہوتا تھا جہاں پر عہد کا صندوق رکھا ہوا تھا۔ اس عہد کے صندوق پر خدا کی حضوری تھی۔ جب مصنف اپنے قارئین کو بتاتا ہے کہ اُن کی اُمید کا لنگر پردے کے پیچھے پاک ترین مقام تک رسائی حاصل کرتا ہے تو در اصل وہ یہ بتا رہا ہے کہ وہ خدا کے ساتھ لنگر انداز ہو چکے ہیں اور اب اُنہیں کبھی جنبش نہ ہو گی۔ اس سے بڑھ کر اور یقین دہانی اور اعتماد کیا ہو سکتا ہے؟ یہ لنگر اس لئے بھی آگے پیچھے نہیں ہو سکتا کیونکہ یہ خدا کی قوت سے اپنی جگہ پر قائم ہے۔

یہاں پر عبرانیوں کا مصنف ایسے لوگوں کی حوصلہ افزائی کرتے ہوئے اُنہیں ایک اُمید پیش کرتا ہے جو اس خوف اور عدمِ اعتماد کا شکار ہیں کہ شائد وہ اُن لوگوں کی فہرست میں ہیں جو گر چکے ہیں۔ اُس نے اُنہیں بتایا کہ اُس نے اُن میں حقیقی نجات کا ثبوت دیکھا ہے۔

اُن کے دلوں میں تبدیلی اور خداوند کی خدمت میں ثابت قدم اور وفادار رہنے کی خواہش اس بات کا واضح ثبوت تھا کہ وہ نجات یافتہ ہیں۔ اور پھر یہ کہ اُن کا ایمان خداوند کے وعدہ کے ساتھ مضبوطی سے پیوستہ تھا جسے کبھی بھی جنبش نہیں ہو سکتی تھی۔ اُن کی اُمید کے لنگر انداز ہونے کا اس سے مضبوط اور محفوظ مقام اور کیا ہو سکتا تھا؟

چند غور طلب باتیں

☆۔ ہم کس طرح جان سکتے ہیں کہ جس نجات کا ہم اقرار کر رہے ہیں وہ حقیقی ہے؟ جس نجات کا آپ اقرار کرتے ہیں اس کا کیا ثبوت موجود ہے؟

☆۔ نجات پانے کے لئے نیک کام کرنا اور نجات پانے کے نتیجہ میں نیک اعمال کرنے میں کیا فرق پایا جاتا ہے؟

☆۔ خدا کے ساتھ چلنے میں ایمان اور ثابت قدمی کیا کردار ادا کرتی ہے؟

☆۔ ہماری اُمید کی بنیاد کیا ہے؟ اس سے ہمیں کیا اعتماد حاصل ہوتا ہے؟

چند اہم دُعائیہ نکات

☆۔ اس یقین دہانی کے لئے خداوند کی شکر گزاری کریں کہ آپ اُس کے لوگ ہیں۔

☆۔ خدا کے کلام اور کردار پر آپ کو جو اعتماد ہے اس کے لئے خداوند کی شکر گزاری کریں۔ شکر گزار ہوں کہ خداوند اپنے کلام اور وعدوں میں اٹل ہے۔

☆۔ خداوند کی تعریف اور تمجید کریں کہ جس طور سے اس نے آپ کو اپنے ساتھ پیوستہ کیا ہے، کوئی چیز بھی آپ کو اُس کی محبت سے جدا نہیں کر سکتی۔

☆۔ سچائی کی راہ پر چلتے ہوئے راہ کی دشواریوں کا سامنا کرنے کے لئے ایمان اور صبر کی توفیق مانگیں۔

باب 22

ملکِ صدق کی کہانت

عبرانیوں 7 باب 1-28 آیت

عبرانیوں کی کتاب کے آغاز ہی میں ہم نے دیکھا تھا کہ خداوند یسوع مسیح ملکِ صدق کے طرز کا کاہن ہے۔ ہم پیدائش 14 باب 18 تا 20 آیت میں ملکِ صدق سے ملتے ہیں۔ جب ابراہام جنگ سے واپس آرہا تھا تو ملکِ صدق نے اس سے مل کر اُسے برکت دے۔ ابراہام نے لوٹ کے مال میں سے اُسے سب چیزوں کی دہ یکی دی۔ پہلی آیت میں اُسے سالم کا بادشاہ اور حق تعالی کا سردار کاہن کہا گیا ہے۔ آئیں ملکِ صدق کے بارے جاننے کے لئے کچھ وقت صرف کریں۔

ملکِ صدق سالم کا بادشاہ تھا۔ سالم یروشلیم کا شہر ہے۔ اُس وقت یروشلیم یہودیوں کا شہر نہیں تھا۔ تاہم خدا اپنے لوگوں کے لئے اس سرزمین کو تیار کر رہا تھا۔ اس سے پہلے کہ یہاں پر یہودی لوگ آباد ہوتے وہاں پر خدا نے ایک بادشاہ رکھا ہوا تھا جس کا نام ملکِ صدق تھا۔ جس کا معنی ہے راستبازی کا بادشاہ۔ وہ سالم شہر کا بادشاہ اور خدا تعالی کے کاہن کے طور پر خدمات سرانجام دیتا تھا۔

اگرچہ معلوم نہیں ہوتا کہ وہ اسرائیلی تھا۔ تاہم یہ بالکل واضح ہے کہ وہ اسرائیل کے خدا کو جانتا، اس کی عزت کرتا اور اُس کی خدمت کے لئے کمربستہ رہتا تھا۔ اس کی کہانت لاویوں کی کہانت جیسی نہیں تھی جیسا کہ پرانے عہد نامہ میں لکھا ہے۔ ہم بعد ازاں اس موضوع پر غور کریں گے۔

2 آیت پر غور کریں کہ سالم کا معنی ہے " سلامتی" اسے لئے تو ملکِ صدق کو سلامتی کے بادشاہ کے طور پر بیان کیا گیا ہے۔

3 آیت ہمیں بتاتی ہے کہ وہ بغیر ماں باپ کے تھے۔ اس کے لئے ہمیں مزید وضاحت کی ضرورت ہے۔ پیدائش کی کتاب میں بھی ملکِ صدق کا ذکر بغیر ماں باپ کے ہے۔ اس لحاظ سے یہ بات بڑی انوکھی معلوم ہوتی ہے کیونکہ اکثر و بیشتر لوگوں کا ذکر اُن کے والدین اور آباؤاجداد کے ساتھ آیا ہے۔

ملکِ صدق آنے والے مسیح یسوع کی نبوتی علامت تھا۔ اُس کی زندگی کے تعلق سے نبیوں نے پیش گوئیاں کر کے پہلے ہی بتا دیا تھا۔ حتیٰ کہ اس کی موت، مُردوں میں سے جی اُٹھنا، سب کچھ نبوتی طور پر پہلے ہی بیان کر دیا گیا تھا۔ اس کو راستبازی کے بادشاہ کے طور پر بیان کیا گیا جسے یروشلیم شہر سے آنا تھا۔ اُسے سلامتی کے بادشاہ اور حق تعالیٰ کے سردار کاہن کے طور پر بیان کیا گیا ہے۔ ملکِ صدق بادشاہ بھی تھا اور کاہن بھی۔ غور کریں خداوند یسوع مسیح بادشاہ بھی ہے اور ہمارا سردار کاہن بھی۔ وہ کاہن کے طور پر آیا تاکہ خدا باپ سے ہمارا میل کرا دے۔ وہ روحانی بادشاہت قائم کرنے کے لئے ایک بادشاہ کے طور پر آیا۔ جیسے ملکِ صدق کے والدین کا ذکر موجود نہیں ہے اسی طرح خداوند یسوع بھی ازل سے بغیر جسمانی والدین کے موجود ہے۔ عبرانیوں کا مصنف خداوند یسوع مسیح کا موازنہ عہد عتیق کے ملکِ صدق سے کرتا ہے۔ وہ ملکِ صدق کو خداوند یسوع مسیح کی زندگی اور خدمت کے لئے ایک نبوتی علامت اور نشانی کے طور پر دیکھتا ہے۔

جب پیدائش کی کتاب میں ابراہام کی ملاقات ملکِ صدق سے ہوئی تو اسے نے لوٹ کے مال سے دہ یکی دی (4 آیت)۔ ابرہام کا یہ عمل نبوتی تھا۔ ملکِ صدق پرانے عہد نامہ میں ایسا کاہن تھا جو لوگوں سے دہ یکی وصول کیا کرتا تھا۔ دہ یکی پیش کرتے ہوئے ابراہام اُسے

ایک کاہن تسلیم کر رہا تھا۔ ملک صدق کے تعلق سے یہ بات قابلِ غور ہے کہ ملکِ صدق کا حسب نسب لاویوں کے گھرانے سے نہیں ملتا۔ پرانے عہد نامہ میں صرف لاویوں کو ہی کہانت کی خدمت سر انجام دینے کا شرف حاصل تھا۔ اگرچہ ملکِ صدق لاویوں کے گھرانے سے نہیں تھا تو بھی ابراہام نے اسے کاہن تسلیم کرتے ہوئے اُس کی عزت افزائی کی۔

6 آیت میں ہمیں ایک اور تفصیل بیان کرنے کی ضرورت ہے۔ یہودی سوچ میں ابراہام کو بڑی اہمیت حاصل تھی۔ وہ ان کے ایمان کا بانی اور قوم کا باپ بھی تھا۔ ملک صدق نے ابرہام کو برکت دی۔ کس طرح ملِک صدق ابرہام جیسی شخصیت کو برکت دے سکتا تھا؟7 آیت میں عبرانیوں کا مصنف اپنے قارئین کو یاد کراتا ہے کہ بڑے لوگ اپنے سے چھوٹے لوگوں کو برکت دیا کرتے تھے۔ باپ اپنے بچوں کو اور کاہن اپنی قوم کے لئے برکت کی دُعا کیا کرتا تھا۔ عبرانیوں کا مصنف ہمیں یہی بتارہاہے کہ ملکِ صدق کو ابراہام سے افضل اور بڑی شخصیت کے طور پر بیان کیا گیاہے۔ اس کے پاس اختیار تھا کہ وہ ابراہام جیسی بڑی شخصیت کو برکت دے جو کہ قوم کا باپ تھا۔ یہاں پر ایک بار پھر ہمیں آنے والے مسیح کی تصویر دکھائی دیتی ہے۔ یہ بڑی دلچسپ بات ہے کہ یوحنا کی انجیل میں خداوند یسوع سے یہی سوال پوچھا گیا۔ "ہمارا باپ ابراہام جو مر گیا کیا تو اُس سے بڑا ہے؟ اور نبی بھی مر گئے تو اپنے آپ کو کیا ٹھہراتا ہے؟(یوحنا8 باب 53 آیت)

یہاں پر عبرانیوں کا مصنف بڑے مثبت انداز سے، ہر ایک شک و شبہ سے بالاتر ہو کر اس سوال کا جواب دیتا ہے۔ ملکِ صدق جو آنے والے مسیح یسوع کا عکس تھا، ابرہام سے افضل مقام رکھتا تھا۔ 8 آیت میں مصنف ملکِ صدق کی کہانت کا لاوّیوں کی کہانت سے موازنہ کرتا ہے۔

اگر لاویوں کی کہانت کو دیکھا جائے تو اس میں دہ یکی گنہگار لوگ وصول کرتے تھے جن کی زندگی مختصر اور انہیں موت کا مزا چکھنا ہوتا تھا۔ لیکن خداوند یسوع مسیح کی کہانت کو لیا جائے جو ملک صدق کے طور پر کاہن ہے تو وہ ہمیشہ زندہ رہنے والا کاہن ہے جو موت پر غالب آیا ہے۔ اس کا کوئی آخر نہیں ہے۔ اور اُس کی کہانت لازوال ہے۔ اُس نے صلیب پر اپنے کام کی بنیاد پر موت پر فتح پالی ہے۔

غور کریں کہ جب ابراہام ملکِ صدق سے ملا تو اُس وقت لاوی ابھی پیدا بھی نہیں ہوئے تھے۔ اُن کا کوئی نام ونشان اور وجود نہیں تھا۔ (10 آیت) اس زاویے سے دیکھیں تو پتہ چلتا ہے کہ ملکِ صدق کی کہانت لاویوں کی کہانت سے پہلے تھی۔ در حقیقت عبرانیوں کا مصنف اپنے قارئین کو یہ بتا رہا ہے کہ لاوی جو ابھی تک اپنے آباؤ اجداد میں تھے اور ابھی اس دُنیا میں پیدا نہیں ہوئے تھے انہوں نے بھی ملکِ صدق کو کاہن تسلیم کرتے ہوئے ابرہام کی وساطت سے اپنی دہ یکی پیش کی۔ جنہوں نے دہ یکی لینی تھی اُنہوں نے اپنی دہ یکی ملکِ صدق کو پیش کی۔ عبرانیوں کا مصنف یہ بیان کرنا چاہتا ہے کہ ملکِ صدق لاویوں سے پہلے اور اُس کی کہانت لاویوں سے افضل تھی۔ بلا شبہ خداوند یسوع جو ملکِ صدق کی طرز کا کاہن ہے اس کہ کہانت لاویوں سے افضل اور بہتر مقام رکھتی ہے۔

اگر لاویوں کہ کہانت میں اتنا دم خم ہوتا کہ وہ لوگوں کو کامل کر سکتے تو پھر کسی اور کہانت کی ضرورت ہی پیش نہ آتی۔ (11 آیت) پرانے عہد نامہ کی کہانت اس قابل نہیں تھی کہ لوگوں کو توبہ کے لئے مائل کر کے اُنہیں نجات پانے کی پیش کش کر سکتی جس کی تمام بنی نوع انسان کو بہ شدت ضرورت تھی۔ خدا کے کلام کی واضح تعلیم ہے کہ جو جان گناہ کرے گی وہ مرے گی۔ (حزقی ایل 18 باب 20 آیت) لاویوں کی کہانت ایک وقت کے لئے خدا کے غضب کو روک سکتی تھی۔ لیکن یہ ایک گنہگار انسان کے دل کو بدلنے سے قاصر

تھی۔ پرانے عہد نامہ میں ہم دیکھتے ہیں کہ بنی نوع انسان گناہ سے مغلوب ہو کر گناہ آلودہ زندگی بسر کرتے رہے۔ بار بار لوگ خدا کے معیار سے نیچے آتے رہے۔ کتنے زیادہ بیل، بکرے اور پرندے قربانی کے طور پر پیش کئے گئے ہیں؟ کیا یہ قربانیاں ان لوگوں کو تبدیل کر سکیں جنہوں نے یہ قربانیاں پیش کیں؟ کیا وہ قربانیاں بنی نوع انسان کو گناہ کے شکنجے سے آزاد کر سکیں؟ پرانے عہد نامے کے قارئین معلوم کر سکتے ہیں کہ لاویوں کی کہانت کے باوجود مرد و زن کے دلوں میں کوئی تبدیلی واقع نہ ہو سکی۔ گناہ انسان اور خدا کے درمیان دیوار بنا رہا۔ بنی نوع انسان کو ایسی کہانت کی ضرورت تھی جو خدا کے ساتھ اُن کی صلح کر سکے اور انہیں گناہوں کی معافی دلا سکے۔ کاہنوں کی تبدیلی اور شریعت کے تقاضوں کی پاسداری سے انسان کو گناہوں سے نجات نہ مل سکی۔ کہانت کے تبدیل ہوتے ہی نئی شریعت اور نئے تقاضے منظر عام پر آ گئے۔ ملک صدق کی کہانت میں نیا طرزِ زندگی ملتا ہے۔ راستبازی کا بادشاہ لاویوں کی کہانت اور اُن کے تقاضوں کے ماتحت نہیں ہے۔ خداوند یسوع لاوی کے قبیلہ سے نہیں آیا۔ پرانے عہد نامہ کی شریعت کے مطابق اسے کاہن ہونے کا حق حاصل نہیں ہے۔ (13 اور 14 آیت دیکھیں) خداوند یسوع مسیح کا اس دُنیا میں آنے کا یہ مقصد نہیں تھا۔ خداوند یسوع ایک نئی راہ متعارف کرانے کے لئے اس دُنیا میں آیا تھا۔

اب ہم جو اس دُنیا میں خداوند یسوع مسیح کی کہانت کے تحت زندگی بسر کر رہے ہیں۔ اس نئی راہ کا ہم پر گہرا اطلاق ہوتا ہے۔ یہ ممکن نہیں کہ آپ ایک ہی وقت میں لاویوں کی کہانت اور خداوند یسوع مسیح کی کہانت کے ماتحت ہوں۔ خداوند یسوع مسیح کی کہانت کے ماتحت آنے والوں کے لئے لازم ہے کہ وہ شریعت کے پرانے طریقوں اور تقاضوں سے خود کو الگ کر لیں۔ کیونکہ شریعت آپ کو کبھی گناہ کی غلامی اور قبضے سے نجات نہیں دے

سکے گی۔ ہزاروں برس کی تاریخ کے صفحات اُٹھا کر دیکھ لیں تو معلوم ہو گا کہ شریعت بنی نوع انسان کو نجات نہ دے سکی۔ یہ کام تو صرف اور صرف خداوند یسوع مسیح کی کامل قربانی نے ہی سر انجام دیا ہے۔ 16 آیت میں آپ لاوّیوں کی کہانت اور ملکِ صدق کی کہانت میں فرق کو دیکھ سکتے ہیں۔ پرانے عہد نامہ میں کہانت کا چناؤ حسب نسب کے لحاظ سے کیا جاتا تھا۔ باالفاظ دیگر لازم تھا کہ وہ کسی خاص گھرانے میں پیدا ہوئے ہوں۔ اس کے برعکس خداوند یسوع مسیح کی کہانت حسب نسب پر نہیں بلکہ غیر فانی زندگی کی قدرت پر مبنی ہے۔ (16 آیت) خداوند یسوع مسیح نے مُردوں میں سے زندہ ہو کر یہ ثابت کر دیا ہے۔ اس نے ہمارے گناہ کو اپنے اوپر لیا، صلیب پر مر گیا اور پھر گناہ اور موت پر فتح پا کر مُردوں میں سے زندہ ہو گیا۔ خداوند یسوع مسیح کی کہانت اُس کے حسب نسب کی بنیاد پر نہیں بلکہ اس قوت اور قدرت پر ہے جس کا اظہار اس نے گناہ اور موت پر کیا۔ یہاں پر ہم ایک بار پھر دیکھتے ہیں کہ اگرچہ شریعت اپنے طور پر کامل تھی لیکن تو بھی اس میں دلوں کو بدلنے کی قوت اور قدرت نہیں پائی جاتی تھی۔ (18 آیت) اس کا مقصد انسانی مسائل حل کرنا نہیں تھا۔ بلکہ اس کا مقصد ایک نجات دہندہ کی ضرورت کو بنی نوع انسان پر آشکارہ کرنا تھا۔ (17 آیت) خداوند یسوع مسیح میں اب ہم ایک بہتر، ٹھوس اور قوی اُمید رکھتے ہیں۔ اب ہم خدا کے نزدیک آسکتے ہیں۔ (19 آیت) یہ وہ کام ہے جو موسیٰ کی معرفت ملنے والی شریعت نہ کر سکی۔ عہدِ عتیق میں خداوند کے نزدیک آنا موت کو دعوت دینے کے مترادف تھا۔ لیکن اب خداوند یسوع مسیح میں ہم خدا کے نزدیک آسکتے بلکہ دلیری سے آسکتے ہیں کیونکہ خداوند یسوع مسیح نے ہمارے گناہوں کی قیمت چکا دی ہے۔ لاوی اور ملکِ صدق کی کہانت میں ایک اور فرق بھی پایا جاتا ہے۔ 20 آیت میں ہم دیکھتے ہیں کہ خداوند یسوع ملکِ صدق کی طرز کا کاہن ایک عہد کے تحت بنا۔ لاویوں کی کہانت اس طرز

کی نہیں تھی۔ خداوند یسوع مسیح نے ملکِ صدق کی طرز کی کہانت کے تعلق سے قسم کھائی تھی۔ 21 آیت میں ہم دیکھتے ہیں۔ "خداوند نے قسم کھائی ہے اور پھرے گا نہیں کہ تو ملکِ صدق کے طور پر ابد تک کاہن ہے۔" یہ زبور کی کتاب کا حوالہ ہے۔
(زبور 110 باب 4 آیت)

زبور کے اس حوالہ پر غور کریں جس کا 21 آیت میں ذکر کیا گیا ہے۔ حتیٰ کہ زبور نویس نے بھی پیش گوئی کے طور پر ملکِ صدق کے طرز کے کاہن کا ذکر کیا ہے۔ ہمیں یہاں پر یہ دیکھنے اور اس پر غور کرنے کی ضرورت ہے کہ عہدِ عتیق میں بھی خدا نے قسم کھا کر وعدہ کیا تھا کہ وہ ہمیشہ کے لئے ایک نئے طرز کی کہانت قائم کرے گا۔ کیونکہ ملک صدق کی کہانت ابدی کہانت تھی۔ اس میں بہتر اُمید پائی جاتی ہے۔ لاویوں کہ کہانت عارضی جبکہ خداوند یسوع مسیح کی کہانت ہمیشہ کے لئے ہے۔ وہ تا ابد بادشاہی کرے گا اور ہمارے لئے کہانت کی خدمات سر انجام دیتا رہے گا۔ لاوی اور اُس کے گھرانے کے لوگ دوسرے کاہنوں کی طرح اپنی خدمات سر انجام دینے کے بعد اس دُنیا سے چلے گئے۔ خداوند یسوع ابدی ہے۔ وہ ہمیشہ ہمیشہ ہمارے لئے دستیاب رہے گا۔ اس نے گناہ اور موت پر فتح پائی ہے۔ یہی وجہ ہے کہ اس میں ہمیں قوی اُمید حاصل ہے۔ موت کی وجہ سے لاوی کاہن اپنی خدمات جاری نہ رکھ سکے۔ (23 آیت) تاہم خداوند یسوع کی کہانت ابدی ہے۔ 24 آیت)
وہ ہمیشہ انسان اور خدا کے درمیان ایک پل کی طرح کام سر انجام دیتا رہے گا۔

خداوند یسوع ملکِ صدق کی طرز پر کاہن ہوتے ہوئے ہمیں نجات دینے اور ہماری ہر ایک روحانی ضرورت کو پورا کرنے کی اہلیت رکھتا ہے۔ وہ اس لئے ایسا کرنے کی قدرت رکھتا ہے کیونکہ پرانے عہد نامہ کے کاہنوں سے قطعی مختلف، وہ پاک، مقدس، بے عیب اور گنہگاروں سے الگ ہے۔ پرانے عہد نامہ میں موجود کاہن تو از خود گنہگار تھے وہ اپنے آپ

کو گناہ سے نہیں بچا سکتے تھے۔ خداوند یسوع کو گناہ پر مکمل غلبہ اور فتح حاصل ہے۔ وہ پاک اور بے عیب ہے۔ اگرچہ وہ ہماری طرح آزمایا گیا لیکن اس نے گناہ نہ کیا۔ بلکہ گناہ پر غالب آیا۔ اُس نے گناہ کے زور کو مغلوب کیا۔

27 آیت پر غور کریں کہ پرانے عہد نامہ میں کاہن کو نہ صرف اپنے لئے بلکہ اپنی قوم کے لئے قربانیاں گزراننے کا سلسلہ جاری رکھنا پڑتا تھا۔

خداوند یسوع مسیح نے ایک ہی قربانی دی جو پرانے عہد نامہ کی قربانیوں سے بھی زیادہ قیمتی ،کامل اور زیادہ پُر اثر ثابت ہوئی۔ اس قربانی نے قدوس خدا کے تمام تقاضوں کو پورا کر دیا۔ غور کریں کہ خداوند یسوع مسیح نے تمام گناہوں کے لئے ایک ہی بار اور ہمیشہ کے لئے قربانی پیش کر دی ہے۔ پرانے عہد نامہ میں جب بھی کسی سے کوئی گناہ سرزد ہوتا تھا تو انفرادی طور پر اس شخص کے لئے قربانی گزراننا پڑتی تھی۔ خداوند یسوع مسیح نے ایک بار اپنی جان قربان کی۔ اس قربانی میں ماضی ، حال اور مستقبل کے ان تمام گناہوں کا کفارہ موجود ہے جو کسی بھی انسان سے سرزد ہوئے یا مستقبل قریب یا مستقبل بعید میں ہو سکتے ہیں۔ یہ قربانی کسی ایک شخص کے لئے نہیں بلکہ ہر اس شخص کے لئے ہے جو اُس پر ایمان لا کر اُس کے پاس گناہوں کی معافی کے لئے آئے گا۔ خداوند یسوع کی قربانی کس قدر زبردست، کامل اور پُر قدرت تھی ! اس نے گناہ اور بدی کو مغلوب کر لیا اور کامل معافی کا بندوبست کر دیا۔ خدا کی نظر میں خداوند یسوع کی صلیب پر قربانی میں ہر ایک گناہ، بدی اور خطا کا کامل کفارہ ہو چکا ہے۔ ہمیں اس قربانی میں مزید کچھ اضافہ کرنے کا سوچ کر گناہ کرنے کی جسارت نہ کریں۔ یہ قربانی بالکل اور قطعی کامل ہے۔ کسی انسانی کاوش کی بالکل بھی ضرورت نہیں ہے۔ اب ہمیں کرنا تو صرف یہ کرنا ہے کہ ہم اس قربانی پر مکمل اعتماد اور بھروسہ کریں۔ خدا کی نظر میں یہ بالکل کامل اور کافی ہے۔

اب ہم خداوند یسوع مسیح کی کہانت کے تحت ایک نئے طور پر خدمت سرانجام دیتے ہیں۔ اب ہم پرانے طرز کی کہانت اور اس کے تقاضوں اور طریقوں کے ماتحت نہیں ہیں۔ مسیح خداوند نے ہمیں مکمل طور پر آزاد کر دیا ہے۔ اب ہمیں صرف اور صرف اُس پر نگاہیں لگانی اور اُسی سے اُمید رکھنی چاہئے کیونکہ اُس پر توکل کرنے والے کبھی شرمندہ نہ ہوں گے۔

چند غور طلب باتیں

☆۔ملک صدق کس طرح خداوند یسوع مسیح کی علامت ہے؟

☆۔کس طرح ملکِ صدق ابراہام سے عظیم ہے؟ کس طرح ملکِ صدق کی کہانت ،عہدِ عتیق میں لاوّیوں کی کہانت سے بہتر ہے؟

☆۔اگر لاویوں کی کہانت ہماری نجات کا باعث نہیں ہو سکتی تھی تو پھر خدا نے کیونکر لاوّیوں کی کہانت قائم کی؟

☆۔اس حوالہ میں ہم خداوند یسوع مسیح کی قربانی کی قوت اور قدرت کے تعلق سے کیا سیکھتے ہیں؟

چند اہم دُعائیہ نکات

☆۔ خداوند کی شکر گزاری کریں کہ اس نے مکمل نجات فراہم کی ہے۔ اب ہمیں اُس میں کچھ بھی اضافہ کرنے کی ضرورت نہیں ہے؟

☆۔ خداوند کی شکر گزاری کریں کہ اُس نے ہمیں ایسے نظام سے رہائی بخش دی ہے جو ہماری نجات کا باعث نہیں ہو سکتا تھا۔

☆۔ کیا آپ کسی ایسے شخص سے واقف ہیں جو نجات پانے کے لئے اپنے اعمال اور افعال کو بہتر کرنے کے چکر میں پڑا ہوا ہے؟ دُعا کریں کہ خداوند اُن پر ظاہر کرے کہ یہ سب کاوّشیں فضول اور لاحاصل ہیں۔ خداوند سے دُعا کریں کہ وہ اپنی راہیں اُس شخص پر ظاہر کرے۔

باب 23

ایک بہتر عہد

عبرانیوں 8 باب 1-13 آیت کا مطالعہ کریں

گزشتہ باب میں مصنف نے اپنے قارئین سے ملکِ صدق کی کہانت کے موضوع پر بات کی ہے۔ اُس نے اپنے قارئین کو بتایا کہ ملکِ صدق کی کہانت نے لاویوں کی کہانت کی جگہ لے لی ہے۔ اُس نے اپنے قارئین کو یہ بھی بتایا کہ اس کہانت کی تبدیلی کے ساتھ شریعت کے تقاضے بھی بدل گئے ہیں۔ ظاہری بات ہے کہ اگر کاہن تبدیل ہو گیا ہے تو پھر شریعت کا تبدیل ہونا بھی لازم ہے۔

اس کا مطلب یہ ہوا کہ اب وہ لاویوں کی کہانت کے ماتحت نہیں رہے۔ موسیٰ کہ معرفت ملنے والی شریعت نے ہمیشہ بر قرار نہیں رہنا تھا۔ اس شریعت کا مقصد اور مطلب تو لوگوں کی توجہ خداوند یسوع مسیح اور نئے طرز کی کہانت کی طرف مبذول کرانا تھا جو خداوند یسوع مسیح کے وسیلہ سے متعارف ہونا تھی۔

8 باب میں ہم دریافت کرتے ہیں کہ اس کہانت نے لاویوں اور ان کی اولاد کے وسیلہ سے سر انجام دی جانے والی کہانت سے مختلف اور منفرد ہونا تھا۔ پہلی آیت میں عبرانیوں کا مصنف اپنے قارئین کو بتاتا ہے کہ ہمارا سردار کاہن خدا باپ کی دہنی طرف بیٹھ گیا ہے۔ دہنی طرف بیٹھنا عزت اور وقار کی علامت ہے۔ خدا کی دہنی طرف بیٹھنا ایک بڑے عزت اور شرف کا مقام ہے جو کسی کو حاصل ہو سکتا ہے۔ خداوند یسوع اس مقام کو حاصل کرنے کے قابل ہوا۔ صرف اسی کو یہ مقام اور شرف حاصل ہوا۔ پرانے عہد نامہ کا کوئی

بھی سردار کاہن اس مقام کو حاصل کرنے سے قاصر رہا۔ خداوند یسوع مسیح میں سردار کاہن ہونے کی جو خوبیاں اور اوصاف پائے جاتے ہیں وہ عہد عتیق کے کسی بھی سردار کاہن سے اُتم درجہ ہیں۔ پرانے عہد نامہ کا کوئی بھی سردار کاہن خداوند یسوع کا ثانی نہیں ہے۔

ہمارے سردار کاہن خداوند یسوع مسیح کہ خدمت اور پرانے عہد نامہ میں موجود لاویوں کی کہانت میں ایک اور فرق بھی پایا جاتا ہے۔ اسرائیل کے سردار کاہن انسانی ہاتھ کے بنائے ہوئے خیمہ اجتماع میں خدمات سرانجام دیا کرتے تھے۔ اِس کے برعکس خداوند یسوع مسیح ایسے خیمہ میں بطور کاہن خدمات سرانجام دے رہا ہے جسے خدا نے خود کھڑا کیا ہے۔ جس خیمہ میں خداوند یسوع مسیح خدمت سرانجام دے رہا ہے وہ آسمانی خیمہ ہے نہ کہ انسانی خیمہ۔ اس کا مطلب اور مفہوم خدا باپ کی دہنی طرف موجود ہونا بھی ہو سکتا ہے جہاں پر وہ بطور سردار کاہن اور ایک شفاعت کنندہ کے طور پر خدمت سرانجام دے رہا ہے۔ اس سے بھی تھوڑا آگے بڑھ کر دیکھیں تو ہمارے بدن اب خدا کا مقدس ہیں۔

(1 کرنتھیوں 6 باب 19 آیت)اَب خداوند یسوع مسیح بطور سردار کاہن انسانی دلوں میں کہانت کی خدمت سرانجام دے رہا اور ہمارے دلوں پر بادشاہی کر رہا ہے۔

ہم زندہ خدا کا مقدس ہیں اور اب ہمارے دلوں میں خدا کا کام سرانجام دیا جا رہا ہے۔ عہدِ عتیق میں خدا کی حضوری ہیکل کے پاک ترین مقام میں ہوا کرتی تھی۔ آج وہ حضوری ہر اُس دل میں موجود ہے جو خداوند یسوع مسیح کی معرفت ملنے والی معافی اور کفارہ کو قبول کرتا ہے۔

پرانے عہد نامہ میں خدا کاہنوں کو مقرر کیا کرتا تھا تا کہ وہ اس زمین پر قربانی گزراننے کی خدمات سرانجام دیں۔ خداوند یسوع مسیح آسمان پر بطور کاہن خدمات سرانجام دے رہا ہے۔ وہ لاویوں کہ جگہ پر خدمت کرنے کے لئے نہیں آیا تھا،(4 آیت) ان کاہنوں کو

خدا کی طرف سے ایک مخصوص مقصد کے لئے مقرر کیا جاتا تھا۔ اُن کی خدمت اُن سب چیزوں کی نقل تھی جو کچھ آسمان پر ہو رہا تھا۔ ان کی خدمت اس بڑی خدمت کی ایمان سے منتظر تھی جسے خداوند یسوع نے آکر سرانجام دینا تھا۔ یعنی خداوند یسوع مسیح نے آکر ہمارا سردار کاہن بننا تھا۔ وہ زمینی ہیکل جس میں سردار کاہن خدمت سرانجام دیتے تھے اس بڑی آسمانی ہیکل کی علامت تھی جس میں خداوند یسوع مسیح نے آکر خدمت سرانجام دینی تھی۔

عبرانیوں کے مصنف کے مطابق یہی وجہ ہے کہ مردِ خدا موسیٰ نے خیمہ اجتماع کھڑا کرنے والوں کو تنبیہ کی کہ وہ خیمہ کھڑا کرتے وقت ہر ایک تفصیل اور ہدایت کو مدِ نظر رکھیں جو خدا نے اس کے لئے بتائی ہیں (5 آیت) زمینی خیمہ میں موجود ہر ایک چیز خداوند یسوع مسیح کی اس خدمت کی علامت ہے جو اس نے آسمان پر اپنے لوگوں کے لئے سرانجام دینی تھی۔ زمینی خیمہ جہاں پر لاوی کہانت کی خدمت سرانجام دیتے تھے۔ وہ نبوتی طور پر آنے والی بہتر چیزوں کی خبر دے رہا تھا۔ (6 آیت)

نہ صرف خداوند یسوع کی خدمت افضل ہے بلکہ وہ ایک بہتر عہد کا درمیانی بھی ہے۔ (6 آیت) اس نئے عہد کی بنیاد پرانے عہد نامہ کے وعدوں سے کہیں بہتر وعدوں پر رکھی گئی ہے۔ پرانا عہد نامہ تو اس بات کی علامت تھا کہ آنے والے وقت میں خدا اپنے لوگوں کے لئے وسیع پیمانے پر کیا کرنے والا ہے۔ پرانے عہد نامہ میں خدا نے دُنیاوی زمین کا اپنے لوگوں سے وعدہ کیا۔ نئے عہد نامہ میں خدا نے اپنے لوگوں سے آسمانی مقاموں پر جگہ کا وعدہ کیا ہے۔ پرانے عہد نامہ میں چاروں طرف کے دشمنوں سے سلامتی اور امن کا وعدہ کیا گیا تھا۔ نئے عہد کے تحت خدا کے ساتھ صلح، گناہ اور ابلیس پر فتح کا وعدہ کیا گیا ہے۔ نئے عہد کے وعدے بڑے زبردست وعدے ہیں۔ نئے عہد نامہ میں ہم سے نجات اور

گناہوں کی معافی اور عارضی فتح کا نہیں بلکہ ہمیشہ کی فتح کا وعدہ کیا گیا ہے۔

پرانے عہد کے انبیا کرام اس دن کے منتظر تھے جب خداوند یسوع مسیح نے اپنے لوگوں سے نیا عہد قائم کرنا تھا۔ پرانا عہد جو خدا نے اپنے لوگوں سے قائم کیا تھا وہ اُن کی نجات کا کام سر انجام نہ دے سکا۔ یہ لوگوں کے دلوں کو تبدیل کرنے سے قاصر رہا۔ خواہ کتنا ہی خون بہایا گیا، لوگ ویسے کے ویسے ہی رہے۔ پرانے عہد نامہ کی شریعت اور اس کے اصول و ضوابط نے ہر وہ کام سر انجام دیا جو خدا چاہتا تھا کہ انجام دیا جائے لیکن وہ قواعد و ضوابط، اصول اور ترتیب بنی نوع انسان کی نجات کا باعث نہ ہو سکی۔ خدا کو پہلے ہی سے معلوم تھا کہ اس عہد کے تحت نجات کا کام سر انجام نہیں دیا جا سکے گا۔ خدا کو علم تھا کہ اس سے مرد و زن کی روّشیں اور خواہشیں اور ترجیحات میں کچھ فرق پیدا نہ ہو گا۔ پھر بھی خدا نے ہمیں پرانے عہد نامہ کے تحت شریعت اور اس کے ضوابط اس لئے دئے تا کہ ہم معلوم کر سکیں کہ انسانی کاوّش نا تمام اور لا حاصل ہے۔ وہ چاہتا تھا کہ ہم جان لیں کہ ہم اپنی کوشش سے خدا کے معیار تک نہیں پہنچ سکتے۔ خدا نے شریعت اور پرانے عہد نامہ کو استعمال کیا تا کہ ہم اپنی ضرورت سے واقف ہو جائیں۔ یہ سب کچھ خداوند یسوع مسیح کی طرف اشارہ تھا جس نے آ کر بنی نوع انسان سے ایک نیا عہد قائم کرنا تھا۔

پرانے عہد نامہ میں یرمیاہ نبی کی پیشن گوئی اس نئے عہد کو بیان کرتی ہے جو خدا اپنے لوگوں سے باندھنے والا تھا جس کا حوالہ اس باب میں دیا گیا ہے۔ (یرمیاہ 31 باب 31-34) آئیں غور سے سنیں کہ یرمیاہ اس عہد کے تعلق سے کیا بیان کرتا ہے اور کس طرح اس عہد کا موازنہ اس عہد سے کرتا ہے جو خدا نے ابرہام سے باندھا تھا۔

8 آیت میں یرمیاہ کا حوالہ دیتے ہوئے عبرانیوں کا مصنف اس بات کو واضح کرتا ہے کہ شروع ہی سے خدا کا یہ مقصد اور منصوبہ تھا کہ وہ بنی نوع انسان سے ایک نیا عہد قائم

کرے۔ ایسا بالکل نہیں کہ خدا کو نئے عہد کا بعد میں خیال آیا تھا۔ حتیٰ کہ خداوند یسوع مسیح کے اس دُنیا میں آنے سے قبل بھی خدا کا یہی منصوبہ تھا کہ وہ بنی نوع انسان سے ایک نیا اور کامل عہد قائم کرے۔ پرانا عہد نامہ دراصل اس نئے عہد نامہ کہ تیاری تھا جو خدا نے اپنے بیٹے خداوند یسوع مسیح کے ساتھ باندھنا تھا۔ نئے عہد نامہ نے اس پرانے عہد نامہ سے قطعی مختلف ہونا تھا جو خدا نے بنی اسرائیل سے بیابان میں قائم کیا تھا۔ (9 آیت) یہ نیا عہد کئی لحاظ سے مختلف اور منفرد ہونا تھا۔ 10 آیت میں مصنف بیان کرتا ہے کہ اس نئے عہد کے تحت خدا نے اپنے قانون اور احکامات لوگوں کے ذہن نشین کرنے اور ان کے دلوں پر تحریر کرنے تھے۔ خدا کے لوگوں نے تحریر پڑھ کر خدا کے احکامات اور قواعد و ضوابط سے واقف نہیں ہونا تھا بلکہ اُن کے باطن میں یہ سب کچھ ڈال دیا جانا تھا کہ وہ خدا کی آواز کے شنواہ ہو کر خدا کی تابعداری میں زندگی بسر کریں۔ خدا نے اپنا پاک روح لوگوں کے دلوں میں رکھنا تھا۔ روح القدس نے اُن کے دِلوں میں رہتے ہوئے انہیں خدا کی راہوں کی تعلیم دینی اور انہیں خدا کے احکامات کی تابعداری کے لئے تیار کرنا تھا۔ روح القدس نے ان کے رویوں، دلوں اور کردار کو تبدیل کر دینا تھا۔ خدا نے اپنی باتوں کی دلچسپی اور بھوک پیاس لوگوں میں پیدا کرنی تھی۔ روح القدس نے خدا کے تقاضوں کو اپنے لوگوں کے دلوں میں منکشف کرنا اور انہیں وہ سب کچھ کرنے کے قابل بنانا تھا جو خدا چاہتا تھا کہ وہ کریں۔ اس نئے عہد کے تحت خدا کی حضوری نے اُن کی زندگیوں میں ہمیشہ کے لئے رہنا تھا۔

ہم 11 آیت میں یہ بھی پڑھتے ہیں کہ اس نئے عہد میں شامل ہونے والے لوگوں نے خدا کو جان لینا تھا۔ صرف وہی لوگ اس نئے عہد میں شامل ہونے تھے جن کے دلوں کو خدا کے پاک روح نے اپنا مقدس بنالینا تھا۔ یہ پرانے عہد نامہ سے قطعی مختلف ہونا تھا۔ پرانے

عہد نامہ کے تحت لوگ اسرائیلی قوم میں پیدا ہوتے تھے۔ وہ ابراہام کی اولاد کہلاتے تھے کیونکہ خدا نے اس سے عہد باندھا تھا۔ جب ہم بنی اسرائیل کی تاریخ کا جائزہ لیتے ہیں تو ہمیں معلوم ہوتا ہے کہ تمام بنی اسرائیل دل سے خدا کی راہوں پر نہیں چلتے تھے اور اس کے قوانین اور شریعت کو مدِ نظر نہیں رکھتے تھے۔ ان سب کے دلوں میں خدا اور اس کے کلام کی سچی محبت نہیں تھی۔ کئی ایک نے کھلم کھلا خدا کے کلام سے بغاوت کی۔ بہت سے لوگ اپنے گناہ کے سبب سے مر مٹے۔ نیا عہد بالکل بھی ایسا نہیں بلکہ قطعی مختلف اور منفرد ہے۔ نئے عہد میں شمولیت کرنے والے سبھی نے یعنی چھوٹے سے لے کر بڑے تک نے خدا کو جان لیا تھا۔ غریب، امیر، جوان اور بوڑھے لوگوں نے خدا کی پہچان اور عرفان کو حاصل کر لیا۔ ان میں ایک چیز مشترک تھی۔ اور وہ یہ کہ اُنہوں نے خدا کو جان اور اُس کی محبت سے معمور ہو کر اُس کی راہوں پر چلنا شروع کر دیا۔

12 آیت ہمیں بتاتی ہے کہ اُس نئے عہد نامہ میں شامل ہونے والوں کے گناہ معاف ہو جانے تھے۔ خدا نے اُن کی خطاؤں اور گناہوں کو یاد بھی نہیں کرنا تھا۔ گناہوں کی معافی کا صرف ایک ہی راستہ ہے۔ خداوند یسوع مسیح ہی گناہ معاف کرنے کا اختیار رکھتا ہے۔ اس نے صلیب پر ہماری جگہ لی اور ہمارے گناہوں کی پوری قیمت چکا دی۔

اس نئے عہد میں شامل ہونے والوں کے گناہ معاف ہو جاتے ہیں اور وہ خدا کے ساتھ اس نئے عہد کی بنیاد پر جو خداوند یسوع مسیح کے وسیلہ سے بنی نوع انسان سے باندھا گیا ہے خدا کے ساتھ ایک نئے رشتہ میں داخل اور شامل ہو جاتے ہیں۔ اس نئے عہد کے تحت گناہوں کی مکمل معافی مل جاتی ہے۔ پرانے عہد نامہ کے تحت زندگی بسر کرنے والوں کو یہ شرف و استحقاق حاصل نہیں تھا۔ انہیں بار بار ان کے گناہ یاد دلائے جاتے تھے۔ ہر ایک قربانی ان کے گنہگار ہونے کی یاد تازہ کرتی تھی۔ پرانے عہد نامہ کے تحت بار بار خون بہایا جاتا تھا۔

اب نئے عہد نامہ کے تحت بار بار خون بہانے کی ضرورت نہیں ہے۔ خداوند یسوع کا خون جو صلیب پر بہا تھا وہ ہمیشہ کے لئے کافی ہے۔

عبرانیوں کے مصنف نے اپنے قارئین کو یاد کرایا کہ جب اس عہد کو نیا عہد کہا جاتا ہے تو اس کا مطلب یہ ہوا کہ پرانا عہد منسوخ اور قابلِ عمل نہیں رہا۔ اگر کوئی شخص آج بھی پرانے عہد کے تحت زندگی بسر کرنا چاہتا ہے تو وہ اُن برکات اور فضائل کو حاصل نہیں کر پائے گا جو خداوند یسوع مسیح دینے کے لئے آیا تھا۔ خداوند یسوع مسیح ہمیں پرانی شریعت اور اس کے تقاضوں سے رہائی دینے کے لئے اس دُنیا میں آیا تھا۔ کیونکہ وہ پرانی شریعت ہماری نجات کا باعث نہیں تھی۔ خداوند یسوع مسیح اس لئے دُنیا میں آیا تاکہ ہم اس کے صلیب پر انجام دئے گئے کام کے وسیلہ سے شریعت سے ہٹ کر گناہوں کی مکمل معافی اور ایک نئی راستبازی کا تجربہ کر سکیں اور وہ بھی بالکل مفت۔ نیا عہد جس کا درمیانی خداوند یسوع مسیح ہے وہ پرانے عہد نامہ سے قطعی مختلف اور افضل ہے۔ اس نئے عہد میں گناہوں کی مکمل معافی حاصل ہے۔ خداوند یسوع مسیح یہ نیا عہد اُن سب سے قائم کرنا چاہتا ہے جو اس کے صلیب پر انجام دئے گئے کام کو قبول کرتے ہیں۔ وہ اُنہیں اپنا پاک روح بھی دیتا ہے جو اس نئے عہد پر مُہرِ تصدیق کی حیثیت رکھتا ہے۔ خدا کا پاک روح ہی خدا کے کلام اور احکام کو ہمارے دلوں پر تحریر کرتا اور ہمیں ان کی تابعداری اور پاسداری کے لئے تیار کرتا ہے۔ خدا کے پاک روح کے وسیلہ سے ہی ہم خدا کی گہری قُربت اور نزدیکی حاصل کرپاتے ہیں۔ اس نئے عہد نامہ میں ایمان لانے والے شخص کے گناہ معاف ہو جاتے بلکہ مٹادئے جاتے ہیں اور خدا کبھی ان کو یاد بھی نہیں کرتا۔ یہ کس قدر عظیم پیش کش ہے جسے کبھی بھی ٹھکرایا یا رد نہیں کیا جا سکتا۔ یہ وہ برکات اور فضائل ہیں جنہیں پرانے دَور کے انبیاء اپنی زندگی میں دیکھنے کے منتظر اور مشتاق تھے۔

پرانا عہد نامہ منسوخ ہو گیا۔ اب اس کی ضرورت باقی نہیں رہی کیونکہ اُس نے اپنا مقصد پورا کر دیا۔ یعنی اُس نے ہماری رہنمائی خداوند یسوع مسیح کی طرف کرنی تھی جو اُس نے کر دی۔ خیمہ اجتماع، شریعت کے تقاضے، شریعت کے تمام اصول وضوابط سب عظیم اور کامل سردار کاہن کی طرف اشارہ کرتے تھے جس کے کردار اور کام کو پرانے عہد نامہ کے کاہنوں سے قطعی مختلف اور منفرد ہونا تھا۔ خداوند یسوع مسیح نے پرانے عہد نامہ کے تمام تقاضے پورے کرتے ہوئے ہمیں شریعت سے ہٹ کر ایک نیا اور بہتر عہد پیش کیا ہے۔

چند غور طلب باتیں

☆۔ ازدواج کو دو شخصوں کے درمیان ایک عہد کے طور پر لیں۔ کس طرح ایک ازدواجی عہد کے طور پر خدا اپنے لوگوں سے عہد باندھتا ہے؟

☆۔ پرانے عہد نامہ اپنے اصول وضوابط اور قوانین کے ساتھ کیا مقصد رکھتا تھا؟

☆۔ کس طرح خیمہ اجتماع، کہانت اور پرانے عہد نامہ کے اصول وضوابط اور قوانین نبوتی طور پر ہم پر خداوند یسوع مسیح کے اس کام کو ظاہر کرتے ہیں جو اس نے اپنی زمینی خدمت کے دوران سرانجام دیا؟

☆۔ یرمیاہ نبی ہمیں نئے عہد نامہ کے تعلق سے کیا تعلیم دیتا ہے؟ یہ نیا عہد نامہ کس طرح پرانے عہد نامہ سے مختلف ہے؟

☆۔ کس طرح ایک شخص ایک عہد کے تحت خداوند یسوع کے ساتھ ایک رشتہ میں داخل ہوتا ہے؟

☆۔ جو لوگ ایک عہد کے تحت خداوند یسوع مسیح کے ساتھ نئے رشتہ میں داخل ہوتے ہیں، اُن لوگوں سے خدا کے کیا وعدے ہیں؟

چند اہم دُعائیہ نکات

☆۔ ان بیش قیمت وعدوں کے لئے خداوند کی شکر گزاری کریں جو اُن لوگوں کے لئے ہیں جو خداوند یسوع مسیح کے ساتھ ایک عہد کے تحت اپنا رشتہ استوار کرتے ہیں۔

☆۔ خداوند کی شکر گزاری کریں کہ آج وہ آپ کے ساتھ ایک عہد کے تحت اپنا رشتہ اور تعلق استوار کرنا چاہتا ہے؟

☆۔ اگر آپ خداوند یسوع مسیح کے ساتھ ایک عہد کے تحت رشتہ میں داخل نہیں ہوئے تو پھر آج اپنے دل کو اُس کے لئے کھولیں۔ اُس سے درخواست کریں کہ وہ آپ کے گناہ معاف کر کے آپ کو بطور اپنا بیٹا / بیٹی قبول کرلے۔

☆۔ خداوند کی شکر گزاری کریں کہ اُس نے اپنا پاک روح ہمیں دیا ہے جو اِس نئے عہد کے رشتہ میں زندگی بسر کرنے کے لئے ہمارا مددگار اور معاون ہے۔

باب 24

اور بھی زیادہ کامل خیمہ اجتماع

عبرانیوں 9 باب 1-12 آیت کا مطالعہ کریں

پرانے عہد نامہ میں خیمہ اجتماع خدا کے کلام میں مندرج ہدایات کے تحت کھڑا کیا گیا تھا۔ اس ترتیب اور تعظیم سے انحراف نہیں ہو سکتا تھا۔ خدا کی طرف سے یہ تقاضا تھا کہ پاک مقام میں شمعدان رکھا جائے اور ایک میز جس پر نذر کی روٹیاں ترتیب سے رکھی جائیں۔ (2 آیت) خداوند یسوع مسیح اس دُنیا کا نور ہے۔ (یوحنا 8 باب 12 آیت) اور زندگی کی روٹی ہے۔ (یوحنا 6 باب 35 آیت) شمعدان اور روٹیاں خداوند یسوع مسیح کے صلیب پر سرانجام دئے گئے کام کی علامت ہیں۔

پاک مقام سے پیچھے پاک ترین مقام تھا اور ایک پردہ کے ذریعہ ان دونوں کو الگ کیا گیا تھا۔ پردہ کے آگے سونے کا ایک شمعدان رکھا ہوا تھا جس پر بخور جلایا جاتا تھا۔ پاک ترین مقام میں عہد کا صندوق رکھا ہوا تھا۔ اس عہد کے صندوق کو سونے سے منڈھا گیا تھا۔ اس میں من، ہارون کا عصا جس میں پھول نکل آئے تھے اور پتھر کی دو لوحیں جن پر خدا کے دس احکامات لکھے ہوئے تھے۔ پاک ترین مقام میں رکھے گئے عہد کے صندوق میں موجود ہر ایک چیز خدا کے لوگوں کے لئے بڑی اہمیت کی حامل تھی۔ من اس بات کی نشانی اور یاددہانی تھی کہ کس طرح خدا نے اُنہیں مصر کی غلامی سے رہائی بخشی اور بیابان میں اُن کی خوراک کا بندوبست کرتا رہا۔ ہارون کا عصا اس بات کی علامت تھا کہ کس طرح خدا نے کہانت کا چناؤ کیا تاکہ وہ لوگوں کی طرف سے خدا کے حضور قربانیاں گزران سکے۔ دس

احکام خدا کے طرف سے تقاضے کی یاد تھے کہ خدا اپنے لوگوں سے کیسے طرزِ زندگی اور چال چلن توقع کرتا ہے۔

عہد کا صندوق سونے سے منڈھا ہوا تھا اور اُس پر سونے کے دو کروبی بھی تھے۔ سونے کا سرپوش جو صندوق کے اُوپر تھا اسے کفارے کا سرپوش کہا جاتا تھا۔ فرشتوں کے پروں کے درمیان خدا اپنی حضوری کو بنی اسرائیل پر ظاہر کرتا تھا۔ ان سب چیزوں کی ترتیب اور موجودگی میں کاہن پاک مقام (پہلا کمرہ) میں داخل ہو کر لوگوں کی طرف سے کہانت کے فرائض سرانجام دے سکتا تھا۔ یاد رہے کہ پاک ترین مقام میں صرف سردار کاہن ہی رسائی حاصل کر سکتا تھا۔ وہ سال بھر میں صرف ایک مرتبہ ہی اس پاک ترین مقام میں داخل ہو سکتا تھا۔ (7 آیت) تاہم اس پاک ترین میں داخل ہونے سے قبل اُسے اپنے اور لوگوں کے گناہوں کے لئے قربانیاں گزراننا پڑتی تھیں۔

8 آیت میں ہم دیکھتے ہیں کہ ان ساری قربانیوں کے باوجود پاک ترین مقام کی راہ سب کے لئے نہیں کھلی تھی۔ ہم یہ دیکھ چکے ہیں کہ پاک ترین مقام میں ہی خدا کی حضوری ظاہر ہوا کرتی تھی۔ گناہ کی وجہ سے ایک ہی شخص پاک ترین مقام میں سال بھر میں ایک بار داخل ہو سکتا تھا اور وہ بھی اپنے اور اپنی قوم کے گناہوں کی قربانی ادا کرنے کے بعد۔ پرانے عہد کا یہ خیمہ اُن لوگوں کو گناہ اور خدا سے جدائی کی یاد دلاتا تھا جو وہاں پر خدمت سرانجام دیتے تھے۔ وہ خون جو وہاں پر ہر روز بہایا جاتا تھا انہیں گناہوں کی معافی کی ضرورت کی یاد دلاتا تھا۔ پاک مقام اور پاک ترین مقام کو الگ کرنے والا پردہ خدا سے جدائی کی یاد تازہ کرتا تھا۔ وہ اس بات کی علامت تھا کہ خدا اور اُس کے لوگوں کے درمیان کوئی چیز رکاوٹ بنی ہوئی ہے۔ خدا تک رسائی کی راہ سب کے لئے دستیاب نہیں ہوئی تھی۔ خیمہ اجتماع میں گزرانی جانے والی تمام قربانیوں کے باوجود خدا اور انسان کو الگ کرنے والا

پردہ وہیں کا وہیں رہتا تھا۔ بے شمار اور بے حساب قربانیوں کے باوجود انسان اور خدا کے درمیان حائل اس پردے کو ہٹایا نہ جاسکا۔(9 آیت) یہ بات بڑی دلچسپی کی حامل ہے کہ جب خداوند یسوع مسیح نے صلیب پر اپنی جان قربان کی تو یہ پردہ بغیر ہاتھ لگائے اوپر سے نیچے تک پھٹ کر دو حصے ہو گیا۔(متی 27 باب 51 آیت) ہم یہ کہہ سکتے ہیں کہ جو کام مسلسل گزرانی جانے والی قربانیاں نہ کر سکیں، وہ خداوند یسوع مسیح کی ایک ہی قربانی نے ایک ہی بار کر دیا۔ اس کی قربانی نے پاک خدا کی حضوری میں داخل ہونے کے لئے بنی نوع انسان کے لئے راہ تیار کر دی ہے۔

پرانے عہد نامہ کے تحت خیمہ اجتماع کے تمام اصول وضوابط، شریعت کے تقاضے سبھی کچھ خداوند یسوع مسیح کے اس کام کی نشاندہی اور علامت تھا جسے خداوند یسوع مسیح نے صلیب پر سرانجام دینا تھا۔10 آیت میں ہم واضح طور پر دیکھ سکتے ہیں کہ یہ سارے تقاضے بالکل عارضی تھے اور اُس وقت تک کے لئے تھے جب تک نیا عہد نامہ قائم نہ ہو جاتا۔ خداوند یسوع ہمارا سردار کاہن بن کر آیا۔ وہ لاویوں کے گھرانے سے نہیں تھا۔ لاویوں کی کہانت نے وہ سب کچھ سرانجام دیا جو خدا چاہتا تھا کہ اُس کہانت کے وسیلہ سے پایہ تکمیل کو پہنچے۔ پھر خدا نے مسیح یسوع کے وسیلہ سے ایک نیا عہد قائم کیا۔ خداوند یسوع مسیح پاک ترین مقام میں خدا باپ سے ہماری خاطر ملاقات کے لئے داخل ہو گیا۔

پاک ترین مقام زمینی خیمہ اجتماع کی طرح انسان کا بنایا ہوا پاک ترین مقام نہیں تھا۔(11 آیت) خداوند یسوع براہِ راست خدا باپ کی حضوری میں داخل ہو گیا۔ خداوند یسوع بکروں اور بچھڑوں کی قربانی گزران کر خدا باپ کی حضوری میں داخل نہ ہوا۔ اس نے اپنے آپ کو ہمارے گناہوں کے لئے کامل قربانی کے طور پر پیش کر دیا(12 آیت)

لاویوں کی کہانت میں گزرانی جانے والی قربانیوں اور خداوند یسوع مسیح کی قربانی میں فرق

یہ ہے کہ خداوند یسوع کی قربانی بار بار نہیں گزرانی جائے گی جبکہ لاوّیوں کہ کہانت کے تحت بار بار قربانیاں گزرانی جاتی تھیں۔ خداوند یسوع مسیح کی کامل قربانی نے پاک خدا کے تمام تقاضے پورے کر دئے۔ خداوند یسوع مسیح نے اپنی ایک ہی کامل قربانی سے اپنے پاس آنے والوں کے لئے ابدی خلاصی کا بندوبست کر دیا ہے۔ کہنے کا یہ مطلب ہے کہ خداوند یسوع مسیح کی ایک کامل قربانی سے ہمارے گناہ ہمیشہ کے لئے مٹا دئے گئے ہیں۔ ماضی، حال اور مستقبل کے کسی بھی طرح کے اور کوئی بھی گناہ لوگوں کو ان کے آسمانی باپ سے جدا نہ کر پائیں گے۔ خداوند یسوع ایک کامل خیمہ میں داخل ہوا ہے۔ اُس نے ایک کامل نجات پیش کی ہے۔ خداوند یسوع اپنی ہی قربانی پیش کر کے پاک ترین مقام میں داخل ہوا اور پردے کو اُوپر سے نیچے تک چاک کر دیا جو خدا اور انسان کو ایک دوسرے سے جدا کئے ہوئے تھے۔ خداوند یسوع نے تمام حائل رکاوٹوں کا قلع قمع کر دیا ہے۔ اب خداوند یسوع مسیح کے صلیبی کام کی بدولت ہمیں دلیری سے آسمانی باپ تک رسائی حاصل ہو گئی ہے۔

چند غور طلب باتیں

☆۔ کاہنوں کے لئے یہ کیوں کر ضروری تھا کہ وہ ان تمام ہدایات کو مدِ نظر رکھیں جو خدا نے خیمہ اجتماع میں عبادت کے تعلق سے دیں تھیں؟

☆۔ خیمہ اجتماع میں خدا نے کس طرح ہماری نجات کے لئے اپنے آپ اور اپنے مقصد اور منصوبے کو ہم پر منکشف کیا؟

☆۔ کیا لاویوں کی کہانت اس پردے کو ہٹا سکتی تھی جو خدا اور انسان کو ایک دوسرے سے الگ کئے ہوئے تھا؟ اس بات کی کیا اہمیت ہے کہ خداوند یسوع مسیح کے قربان ہوتے ہی ہیکل کا پردہ اُوپر سے نیچے تک پھٹ کر دو حصے ہو گیا؟

☆۔ ہمارے لئے خدا باپ کی حضوری میں جانے سے قبل خداوند یسوع نے کیسی قربانی پیش کی؟ یہ قربانی پرانے عہد نامہ کے کاہنوں کی قربانیوں سے کس طرح بہتر تھی؟

چند اہم دُعائیہ نکات

☆۔ شکر گزاری کریں کہ اب ہم خداوند یسوع مسیح کی کامل قربانی کے باعث بڑی دلیری سے خدا کے نزدیک جاسکتے ہیں؟

☆۔ اس قربانی کے لئے خداوند یسوع کی شکر گزاری کریں جو اس نے آپ کے لئے دی ہے؟ اُس کی تعریف و تمجید کریں کہ اُس کی کامل قربانی سے گناہ کے لئے گزرانی جانے والی تمام قربانیوں کا خاتمہ ہو گیا۔

☆۔ خداوند سے فضل، مدد اور فہم مانگیں تا کہ آپ اور بھی دلیری سے اُس کی حضوری میں داخل ہو سکیں۔ اُس سے درخواست کریں کہ وہ اور بھی زیادہ اپنے آپ کو آپ پر منکشف اور عیاں کرے۔

باب 25

خُون اور عہد

9 باب 13-28 آیت کا مطالعہ

عبرانیوں 9 باب کے آغاز میں ہم نے دیکھا کہ خداوند یسوع مسیح آسمانی مقاموں پر ہماری خاطر بطور سردار کاہن پاک ترین مقام میں داخل ہوا۔ پرانے عہد نامہ کے کاہنوں کی طرح خداوند یسوع مسیح بھی ایک قربانی لے کر پاک ترین مقام میں داخل ہوا۔ لیکن یہ قربانی کسی بکرے یا بچھڑے کی قربانی نہیں تھی۔ یہ قربانی اُس کے بدن کی اپنی ہی قربانی تھی۔ اُس کی کامل قربانی نے ہمارے گناہوں کی تمام قیمت ادا کر کے پاک خدا کے تمام تقاضوں کو پورا کر دیا ہے۔ اب گناہ کے لئے کسی اور قربانی کی ضرورت باقی نہیں رہی۔ خداوند یسوع مسیح کی ایک ہی کامل قربانی سے ہر دَور کے گناہوں اور تمام بنی نوع انسان کے گناہوں کی قیمت چکا دی گئی ہے۔

13 آیت میں عبرانیوں کا مصنف اپنے قارئین کو یاد کراتا ہے کہ پرانے عہد نامہ میں لاویوں کی کہانت کے زیرِ انتظام جب بکرے، بچھڑے کا خون اور بچھیا کی راکھ کسی ناپاک شخص پر چھڑکی جاتی تھی تو وہ اُسے بیرونی طور پر خدا کے حضور پاک ٹھہرا دیتی تھی۔ یاد رہے کہ یہ خون اور راکھ کسی بھی شخص کے دل کو کسی طور پر تبدیلی نہ کر پاتے تھے۔ بیرونی طور پر عارضی پاکیزگی حاصل ہو جاتی تھی لیکن باطن میں کسی طرح کی کوئی تبدیلی واقع نہ ہوتی تھی۔ خداوند یسوع مسیح کی قربانی قطعی مختلف تھی۔ 14 آیت پر غور کریں کہ خداوند یسوع مسیح کی قربانی نہ صرف بیرونی طور پر پاک کرتی ہے بلکہ ضمیر کو بھی پاک صاف کر

دیتی ہے۔ خداوند یسوع مسیح کی قربانی ایمان لانے اور مسیح یسوع کو قبول کرنے والوں کو ہر طرح کے احساسِ جرم سے رہائی بخشتی ہے۔ خداوند یسوع سے خون سے دُھل کر ہم خدا کے حضور پاک اور بے عیب ہونے کی حالت میں اب کھڑے ہو سکتے ہیں۔ خداوند یسوع مسیح کی قربانی نے انسان اور خدا کے درمیان خلا کو پر کر دیا ہے۔ گناہوں سے دُھل کر اب ہم پاک ضمیر کے بغیر ملامت اس کی خدمت میں کھڑے ہو سکتے ہیں۔

خدا باپ کو شروع ہی سے علم تھا کہ شریعت کے تقاضے اور اُس کے اصول و ضوابط کسی طور پر بھی انسان کے دل میں تبدیلی نہ لا سکیں گے۔ اور نہ ہی انسان اور خدا کے درمیان خلا کو پُر کر کے اُنہیں ایک دوسرے کے قریب لا سکیں گے۔ پرانے عہد نامہ کے تحت شریعت کا یہ مقصد بھی نہیں تھا۔ بلکہ اس کا مقصد ہماری ضرورت کو ہم پر منکشف کر کے ہماری توجہ خداوند یسوع مسیح کی طرف مبذوُل کرنا تھا۔ خداوند یسوع مسیح نئے عہد کا درمیانی ہو کر آیا۔ 15 آیت پر غور کریں کہ نئے عہد کا مقصد خدا کے لوگوں کو گناہوں کی معافی کے وسیلہ سے اُن کی میراث میں لانا تھا۔

پرانے دَور میں ایک عہد قطعی ہوتا تھا اور اس کے لئے خون بہایا جانا بھی لازمی ہوتا تھا۔ خون کا بہایا جانا گویا مہرِ تصدیق ہوتی تھی۔ اس کے لئے ایک جانور ذبح کیا جاتا اور خون بہایا جاتا تھا تاکہ دو فریقین کے درمیان معاہدے کی تصدیق ہو جائے۔ خون بہائے بغیر معاہدے کی کوئی قانونی حیثیت نہیں ہوتی تھی۔ کسی کو جان دینا پڑتی تھی بصورت دیگر معاہدے کی کوئی اہمیت نہیں ہوتی تھی۔

(17 آیت پر غور کریں) درحقیقت دونوں فریقین یہ کہہ رہے ہوتے تھے کہ اگر وہ کسی طور پر وعدے یا معاہدے کی پاسداری کرنے میں ناکام ہوئے تو وہ قربان کئے گئے جانور کی طرح مرنے کے لئے تیار ہوں گے۔ اس سے بڑھ کر اور سنجیدہ بات کیا ہو سکتی ہے؟ یعنی

معاہدے کی خلاف ورزی کی سزا موت ہوتی تھی۔

یہی وجہ ہے کہ پرانے عہد نامہ کے تحت اس قدر خون بہایا گیا۔ پرانا عہد نامہ انسان اور خدا کے درمیان ایک قطعی اور قانونی معاہدہ ہوتا تھا۔ اور اس کی تصدیق بہت سے جانوروں کے خون سے ہوئی تھی۔ ہمارے پاس اس کی واضح مثال خروج 24 باب 4-8 آیت ہے جس کا حوالہ عبرانیوں 9 1 اور 20 آیت میں دیا گیا ہے۔

"چنانچہ جب موسیٰ تمام اُمت کو شریعت کا ہر ایک حکم سنا چکا تو بچھڑوں اور بکروں کا خون لے کر پانی اور لال اُون اور زوفا کے ساتھ اُس کتاب اور تمام اُمت پر چھڑک دیا۔ اور کہا کہ یہ اُس عہد کا خون ہے جس کا حکم خدا نے تمہارے لئے دیا ہے۔"

پس یہ بات بالکل واضح ہو گئی کہ پرانے عہد نامہ میں کسی بھی معاہدے کو قانونی حیثیت دینے کے لئے خون نے بہت اہم کردار ادا کیا۔ بہایا گیا خون معاہدے پر مہرِ تصدیق بن کر اسے قانونی حیثیت دیتا تھا۔ خون کے تعلق سے پرانے عہد نامہ میں ایک اور بات بھی پائی جاتی ہے۔ خدا نے تقاضا کیا تھا کہ ہر ایک چیز خون سے پاک کی جائے۔ (22 آیت) یہی وجہ ہے کہ موسیٰ لوگوں، خیمہ اجتماع اور ہر ایک چیز پر خون چھڑکا کرتا تھا۔ بہایا گیا خون لوگوں کو معاہدے کی خلاف ورزی اور گناہ کی سنجیدگی کی یاد دلاتا تھا۔ کیونکہ عہد یا معاہدہ کی بنیاد خون کے بہائے جانے پر ہوتی تھی۔ اس معاہدے کی خلاف ورزی کرنے کی معافی اسی صورت میں ہوتی تھی کہ مزید خون بہایا جائے۔ یہی وجہ ہے کہ عبرانیوں کا مصنف اپنے قارئین کو یاد دلاتا ہے کہ خون بہائے بغیر گناہوں کی معافی نہیں ہے۔ خون نہ صرف معاہدے کو قانونی حیثیت دیتا تھا بلکہ معاہدے کی خلاف ورزی کی معافی بھی خون بہانے سے ہی ہوتی تھی۔ ہر بار جب کسی سے گناہ سرزد ہوتا یا کسی معاہدے کی خلاف ورزی ہوتی، ایک جانور ذبح کیا جاتا اور خون بہایا جاتا تھا۔ پرانے عہد نامہ کے تحت خدا کے لوگوں کے

گناہوں کی معافی کے لئے لاکھوں قربانیاں گزرانی گئیں۔

وہ نیا عہد نامہ جو خداوند یسوع مسیح قائم کرنے کے لئے آیا وہ بھی اِنہی اصولوں پر مبنی تھا۔ اس نئے عہد نامہ کی تصدیق و توثیق کے لئے بھی خون بہایا جانا ضروری تھا۔ یسوع کے خون سے خدا اور انسان کے درمیان ایک نئے عہد کی تصدیق ہو گئی۔

پرانے عہد نامہ میں خدا نے بنی اسرائیل سے جو عہد باندھا تھا اور خداوند یسوع مسیح کے نئے عہد میں بہت اہم فرق پایا جاتا ہے۔25

آیت میں ہم نے دیکھا کہ پرانے عہد نامہ کے کاہنوں کی طرح خداوند یسوع مسیح کو بار بار خدا باپ کی حضوری یعنی پاک ترین مقام میں داخل ہونے کی ضرورت نہیں تھی۔ پرانے عہد نامہ کے تحت کاہنوں کو بار بار لوگوں اور اپنے گناہوں کی معافی کے لئے قربانیاں گزراننا پڑتی تھیں۔ حتیٰ کہ سردار کاہن بھی پہلے اپنے لئے اور پھر قوم کے لئے گناہ کی قربانی گزراننے کے بعد سال میں صرف ایک بار ہی پاک ترین مقام میں داخل ہو سکتا تھا۔ خداوند یسوع مسیح کی ایک بار کی قربانی نے ہر دَور کے گناہوں کو ڈھانپ لیا ہے۔ خداوند یسوع مسیح کی قربانی میرے گناہوں اور ان سب کے گناہوں کی قربانی کے لئے کافی ہے جو اس پر ایمان لاکر اُس کے پاس گناہوں کی معافی کے لئے آئیں گے۔ ایک ہی قربانی نے ماضی حال اور مستقبل کے گناہوں کا کفارہ دے دیا ہے اور اب ضرورت نہیں کہ بار بار گناہوں کی معافی کے لئے قربانیاں کی جائیں۔ جب خداوند یسوع اپنی ہی قربانی لے کر پاک ترین مقام یعنی آسمانی مقاموں پر خدا باپ کی حضوری میں داخل ہوا تو وہ ہمیشہ کے لئے وہاں داخل ہو گیا۔

عبرانیوں کا مصنف اپنے قارئین کو یاد دلاتا ہے کہ ہر مرد و زن کو مرنا اور پھر خدا کی عدالت کا سامنا کرنا ہے۔ تاہم خداوند یسوع مسیح کی قربانی سے بہتوں کے گناہ معاف ہو

گئے۔ ہمیں اپنی زندگی یا موت میں ایک ہی امید حاصل ہے۔28 آیت پر غور کریں کہ مصنف بیان کرتا ہے کہ خداوند یسوع مسیح کی قربانی سے " بہتوں کے گناہ اٹھالئے گئے"۔ اس سے معلوم ہوتا ہے کہ سب کے گناہ نہیں اُٹھائے گئے۔ بہتوں کے گناہ معاف ہو جائیں گے لیکن کچھ ایسے بھی ہوں گے جن کے گناہ معاف نہیں ہو پائیں گے۔ صرف اُنہی کے گناہ معاف ہوں گے جو ایمان رکھیں گے کہ خداوند یسوع مسیح نے اُن کی جگہ صلیب پر جان قربان کی ہے۔ جب تک ہم خداوند یسوع کے خون کی اہمیت اور قدر کو پہچانتے ہوئے اُسے قبول نہ کرلیں، ہمارے لئے گناہوں کی کوئی معافی نہیں ہے۔ وہ دن قریب ہے جب خداوند یسوع مسیح دوبارہ اس دُنیا میں آئے گا۔(28) ۔ پہلی دفعہ خداوند یسوع مسیح اپنی ہی جان کی قربانی پیش کرنے کے لئے اس دنیا میں آیا تاکہ ہمارے گناہ مٹادئے جائیں لیکن جب وہ دوبارہ آنے والا ہے تو وہ اس لئے آئے گا تاکہ اُن کو مکمل نجات مل سکے جو اُس کی آمد کے منتظر ہیں۔

اگرچہ ہماری نجات کا انتظام و انصرام خداوند یسوع مسیح کے صلیب پر سرانجام دئے گئے کام سے ہوا ہے تاہم ابھی تک ہمیں اس نجات کی معموری اور بھرپوری کا تجربہ نہیں ہوا۔ اس نجات کا مکمل تجربہ اسی وقت ہو گا جب خداوند یسوع مسیح ہمیں اپنے ساتھ آسمان پر لے جانے کے لیے دوبارہ اس دُنیا میں آئے گا۔ پھر ہم اپنی جسمانی فطرت کو اتار کر ہمیشہ خداوند کے ساتھ آسمانی مقاموں میں رہیں گے۔ خداوند یسوع مسیح انہیں ہی اپنے ساتھ لے جانے کے لئے آئے گا جو اُس کے صلیبی کام کو قبول کر کے اُس کے ہو چکے ہیں۔ وہ اُنہیں اپنی حضوری میں لے جائے گا جہاں وہ اُس کی نجات کی معموری سے دل شاد ہمیشہ ا ُس کے ساتھ رہیں گے۔ ہم پرانے اور نئے عہد نامہ میں خون کی اہمیت اور اُس کے کردار کو دیکھتے ہیں۔ خداوند یسوع مسیح نے اپنا ہی خون بہا کر اِس نئے عہد کو قانونی حیثیت دی

ہے۔ وہ اُن سب کے گناہ معاف کرتا ہے جو اُس کے صلیب پر انجام دئے گئے کام کو تسلیم اور قبول کر لیتے ہیں۔ اُس کی موت نے ہمارے سارے گناہ ڈھانپ لئے، صرف اس کے صلیب پر انجام دئے گئے کام کو قبول کرنے سے ہی ہم خدا باپ کے ساتھ نئے عہد میں داخل ہو سکتے ہیں۔ اس کا عہد پرانے دَور کے عہد سے زیادہ افضل اور بہتر ہے۔ اُس کی ایک دفعہ کی قربانی ہی ہمارے تمام طرح کے گناہوں اور ہر دور کے گناہوں کی معافی کے لئے کافی تھی۔ اس قربانی سے ہمارے ضمیر گناہ کے بوجھ سے آزاد ہو گئے ہیں۔ ہالیلویاہ۔ آمین۔

چند غور طلب باتیں

☆۔ خداوند یسوع مسیح اور پرانے عہد نامہ کی قربانیوں میں کیا فرق پایا جاتا ہے؟

☆۔ گناہوں کی معافی کے لئے خون بہایا جانا کیوں کر ضروری ہے؟ آج ہمیں کس طرح گناہوں کی معافی ملتی ہے؟ آج کے دَور میں خون کیا کردار ادا کرتا ہے؟

☆۔ خداوند یسوع مسیح نے نئے عہد نامہ کی تصدیق اور توثیق کے لئے اپنا خون بہایا یہ حقیقت ہمیں اس تعلق سے کیا تعلیم دیتی ہے کہ خدا اپنے لوگوں کے ساتھ اپنے عہد کو بڑی سنجیدگی سے لیتا ہے؟

☆۔ خداوند یسوع مسیح کی قربانی نے وہ کون سا ایسا کام سر انجام دیا ہے جو پرانے عہد نامہ میں گزرانی گئی قربانیاں سر انجام نہ دے سکیں؟

چند اہم دُعائیہ نکات

☆۔ خداوند کی شکر گزاری کریں کہ اس نے بخوشی و رضا اپنی جان قربان کر دی تا کہ ہم خدا کے ساتھ ایک نیا رشتہ استوار کرنے کے لئے اس کے عہد میں داخل ہو سکیں۔

☆۔ خداوند یسوع کے خون کے لئے اُس کی شکر گزاری کریں کہ اُس کا خون ہمارے گناہوں کی معافی کے لئے کامل اور کافی ہے۔

☆۔ ایسے وقتوں کے لئے خدا سے معافی مانگیں جب آپ نے خدا کے ساتھ اپنے رشتے کو سنجیدگی سے نہ لیا۔ خداوند سے فضل اور فہم مانگیں تا کہ ایک عہد کے تحت خدا کے ساتھ جو آپ کا رشتہ استوار ہو چکا ہے آپ اس کو بڑے فہم و ادراک کے ساتھ سنجیدگی سے لے سکیں۔

باب 26

اور کوئی قربانی نہیں

عبرانیوں 10 باب 1-18 آیت کا مطالعہ کریں

گذشتہ باب میں ہم نے ایک عہد کے تحت رشتہ اور تعلق قائم کرنے کے لئے خون کی اہمیت اور قدر پر غور کیا۔ عبرانیوں کا مصنف پرانے عہد نامہ کے اصول و ضوابط اور قوانین کا اُس نئے عہد کے ساتھ موازنہ کر رہا ہے جو خداوند یسوع مسیح اپنی ہی قربانی سے قائم کرنے کے لئے اس دُنیا میں آیا تھا۔ پچھلے باب میں مصنف نے خداوند یسوع کے خون کا اُس خون سے موازنہ کیا ہے جو پرانے عہد نامہ میں بار بار بہایا جاتا تھا۔ کیونکہ یسوع کا خون ایک ہی بار بہایا گیا۔ اس باب میں بھی مصنف اسی موضوع پر بات کو آگے بڑھا رہا ہے۔

1 آیت میں مصنف نے اپنے قارئین کو بتایا کہ پرانے عہد نامہ کی شریعت اچھی چیزوں کا عکس تھی۔ شاید آپ نے کسی شخص کا سایہ دیکھا ہو جو آپ کی طرف آرہا ہو۔ جب کوئی شخص آپ کی طرف آرہا ہوتا ہے تو اُس کا سایہ اس کے آگے آگے آپ کی طرف بڑھ رہا ہوتا ہے۔ سائے اور اُس شخص میں بڑا فرق پایا جاتا ہے جس کا وہ سایہ ہوتا ہے۔ پرانے عہد نامہ کی شریعت ایک سایہ تھی اور اس سائے کے پیچھے اصل چیز تھی۔ کسی بھی چیز کی حقیقت سایہ سے بہت بہتر ہوتی ہے۔ سایہ تو حقیقی چیز کا معمولی سا عکس ہوتا ہے۔

پرانے عہد کی شریعت خواہ کتنی ہی اچھی تھی تو بھی نجات کے لئے کافی نہ تھی۔ اس میں انسان کی نجات کے لئے کوئی بندوبست نہیں تھا۔

پرانے عہد نامہ کے تحت خواہ کتنی ہی قربانیاں گزرانی گئیں تو بھی وہ کسی ایک شخص کو بھی کامل نہ کر سکیں۔ (1 آیت) یاد رہے کہ آپ یہاں پر لفظ "کامل" سے مراد گناہ سے مبرہ اور بالکل آزاد ہونا نہ لیں۔ یہاں پر کامل کا معنی احساسِ جرم سے آزاد ہونا مراد ہے۔ بالفاظ دیگر پرانے عہد نامہ کی قربانیاں انسان کو اس کے احساس جرم سے آزاد کر کے خدا کے ساتھ اس کا تعلق اور رشتہ استوار نہ کر سکیں۔ اگرچہ سالوں سے ہر روز قربانیاں گزرانی جاتی تھیں تو بھی وہ انسان کے دل کو تبدیل کر کے اس کا خالق حقیقی سے رشتہ اور تعلق درست اور بحال کرنے میں ناکام رہیں۔ بہت زیادہ قربانیوں کے باوجود خدا کے لوگ گناہ میں گرتے رہے۔ (2 آیت) گناہ خدا اور انسان کے درمیان ایک رکاوٹ بنا رہا۔

اگر قربانیاں ہی خدا کے لوگوں کے گناہ کے مسئلہ کا حل ہوتیں تو وہ بار بار نہ دی جاتیں۔ بیلوں اور بکروں کی قربانیاں گناہ معاف کرنے اور دلوں کو تبدیل کرنے کے لئے کافی نہ تھیں۔ اُن جانوروں کی موت گناہ کے مسئلہ کو حل نہ کر سکی۔ ان جانوروں کی قربانیوں سے عارضی یا وقتی طور پر گناہ چھپ جاتا تھا لیکن انسان کے دل میں گناہ موجود رہتا تھا۔

اگر ان قربانیوں میں گناہ کے مسئلہ کا حل نہیں تھا تو پھر ان قربانیوں کا مقصد کیا تھا؟ عبرانیوں کا مصنف اپنے قارئین کو یاد کراتا ہے کہ اُن قربانیوں کا مقصد بنی نوع انسان کو اُن کے گناہوں اور خطاؤں کی یاد دلانا تھا۔ ہر دفعہ جب کوئی بیل، بکرا یا کوئی پرندہ ذبح کیا جاتا تھا تو بنی نوع انسان کے ذہن میں اس بات کو تازہ کیا جاتا تھا کہ گناہ ایک مسئلہ ہے۔ اُنہیں بتایا جاتا تھا کہ اصل حل آنا ابھی باقی ہے۔

کچھ ایسے لوگ بھی ہیں جن کا یہ ایمان ہے کہ پرانے عہد نامہ میں موجود مقدسین کو نجات ان کی قربانیوں سے ہی ملی تھی۔ ایسا بالکل بھی نہیں 4۔ آیت اس تعلق سے بالکل واضح بیان کرتی ہے۔ عبرانیوں کا مصنف تو اپنے قارئین کو یہ بتاتا ہے کہ ممکن نہیں تھا کہ بیلوں،

بکروں یا بچھڑوں کا خون گناہ دُور کر سکتا۔ بکروں یا بیلوں کے خون سے کسی ایک شخص کو بھی نجات نہ مل سکی۔ اگر ایسا ممکن ہوتا تو خداوند یسوع کبھی بھی اس دُنیا میں آکر اپنی جان قربان نہ کرتا۔

خداوند یسوع مسیح تو اسی لئے آیا تھا کیونکہ جانوروں کی قربانیاں اس کے لوگوں کو گناہ سے نجات نہ دے سکیں۔ زبور نویس 40 باب 6 تا 8 آیت میں بیان کرتا ہے جس کا یہاں پر 5-7 آیت میں حوالہ دیا گیا ہے۔ " قربانی اور نذر کو تو پسند نہیں کرتا۔ تو نے میرے کان کھول دیئے ہیں۔ سوختنی قربانی اور خطا کی قربانی تو نے طلب نہیں کی "زبور 40 باب 6-8 آیات

جو کچھ اس حوالہ میں بیان کیا گیا ہے اس پر غور کریں۔ زبور نویس جو خود پرانے عہد نامہ کے تحت تھا اس نے خود ایک ہوش رُبا بیان درج کیا ہے۔ وہ بیان کرتا ہے کہ خداوند قربانیاں اور ہدیے پسند نہیں کرتا۔ اُس دَور کے لوگوں نے اس بیان کو کس طرح سے لیا ہو گا؟ کیونکہ پرانے عہد نامہ میں تو خدا نے تقاضا کیا تھا کہ اُس کے حضور ہدیے اور گناہوں کی قربانیاں گزرانی جائیں۔ لیکن خدا یہ نہیں چاہتا تھا کہ ہمیشہ ہی یہ سلسلہ جاری رہے۔

غور کریں کہ گناہ کی قربانیاں اور سوختنی قربانیاں خدا کے دل کی خوشنودی نہیں تھیں۔ یہ قربانیاں جسمانی اور ظاہری طور پر پاکیزگی کے لئے تو ٹھیک تھیں لیکن اس سے دلوں میں کوئی تبدیلی واقع نہیں ہوتی تھیں۔ اُن قربانیوں سے عارضی طور پر خدا کا غضب ٹھنڈا پڑ جاتا تھا۔ لیکن یاد رہے کہ کوئی بھی قربانی خدا کے انصاف کے تقاضوں کو پورا نہ کر سکی۔ ان قربانیوں سے وقتی طور پر گناہ کا کفارہ ہوتا تھا لیکن ان قربانیوں میں گناہ کے مسئلہ کا حل موجود نہیں تھا۔

زبور کی کتاب کے حوالہ پر غور کریں کہ اگرچہ خدا قربانیوں اور ہدیوں سے خوش نہیں تھا تو

بھی اس نے ایک متبادل حل پیش کیا تھا۔ زبور کی کتاب میں مصنف اپنے قارئین کو بتاتا ہے کہ اس نے ایک بدن تیار کیا۔ جو بدن اُس نے تیار کیا وہ کیسا بدن تھا؟ یہ بدن خداوند یسوع مسیح کے بدن کے سوا اور کوئی نہیں ہو سکتا جو ایک کامل قربانی کے طور پر پیش کیا گیا۔ یہ سب کچھ واقع ہونے سے ہزاروں سال پہلے خدا کے روح نے زبور نویس پر یہ سب کچھ منکشف کر دیا تھا کہ خداوند یسوع مسیح اس دُنیا میں آکر اپنے آپ کو گناہ کی کامل قربانی کے طور پر پیش کرے گا۔ ازل سے خدا کا یہی مقصد اور منصوبہ تھا۔ اس سے ظاہر ہوتا ہے کہ خداوند یسوع مسیح کے آنے تک شریعت گناہ کے مسئلے کا عارضی حل تھی۔

جیسا کہ زبور نویس 7 آیت میں ہمیں بتا رہا ہے کہ خداوند یسوع مسیح اس دُنیا میں خدا باپ کی مرضی کو پورا کرنے کے لئے آیا تھا۔ اور وہ مرضی یہی تھی کہ خداوند یسوع مسیح ہمارے گناہوں کی معافی اور نجات کے لئے اپنے آپ کو کامل قربان کے طور پر پیش کر دے۔ خداوند یسوع مسیح اس دُنیا میں گناہوں کی قربانی کے لئے ایک کامل برّہ بن کر آیا۔

9 آیت سے یہ بات بالکل واضح ہے کہ خداوند یسوع مسیح کی قربانی سے سب کچھ بدل گیا۔ خداوند یسوع مسیح نے اپنی صلیبی موت سے پہلے عہد کو منسوخ کر دیا تا کہ وہ نئے عہد پر اپنے خون کی مہر لگا سکے۔ خداوند یسوع مسیح نے اپنی جان قربانی کر کے ایسی قربانی پیش کی جو پہلے کبھی بھی پیش نہیں کی گئی تھی۔ خداوند یسوع مسیح نے ایسی کامل، موثر اور کامیاب قربانی دی ہے کہ ایسی قربانی پھر کبھی پیش نہیں کی جا سکے گی۔ خداوند یسوع کی قربانی سے دیگر قربانیوں کا سلسلہ منقطع ہو گیا۔ خداوند یسوع مسیح کی قربانی سے پرانے عہد نامہ کی ضابطے اور تقاضے ختم ہو گئے جن میں جانوروں کی قربانیوں کا تقاضا کیا جاتا تھا۔ اب یہ تقاضا کبھی بھی دہرایا نہیں جائے گا۔ خداوند یسوع مسیح کی قربانی تمام گناہوں کے لئے کافی تھی۔

(10 آیت)

10 آیت پر غور کریں کہ ہم خداوند یسوع مسیح کی اس قربانی سے پاک ہوئے ہیں جو ہمارے گناہوں کے لئے اس نے دی ہے۔ ہم اچھی زندگی بسر کرنے کے سبب سے پاک نہیں ٹھہرتے۔ ہم تو خداوند یسوع کی قربانی سے پاک اور راستباز ٹھہرتے ہیں۔ خداوند یسوع مسیح کی قربانی ہی پرانے عہد نامہ اور نئے عہد نامہ کے تحت زندگی بسر کرنے والوں کے گناہ معاف کرتی اور انہیں خدا کے حضور راستباز ٹھہراتی ہے۔ خداوند یسوع مسیح پر ایمان لانے والے خواہ کامل نہ بھی ہوں تو بھی اُن کے گناہ معاف اور وہ خدا کے حضور راستباز ٹھہر چکے ہیں۔ اُن کے گناہ یسوع کے خون سے دھل چکے ہیں۔ اور وہ خدا کے پاک اور مقدس لوگ بن چکے ہیں۔

پرانے عہد نامہ کے تحت کاہن گناہوں کو ڈھانپنے کے لئے بار بار ایک ہی جیسی قربانیاں پیش کرتے تھے۔ (11 آیت) ہزاروں لاکھوں قربانیاں پیش کی گئی لیکن انسان کے دل اور ضمیر سے گناہ کا بوجھ نہ اُٹھ سکا۔ لوگ گناہ کے بوجھ تلے اور خدا سے جدا تھے۔ اس کے برعکس خداوند یسوع مسیح نے ہمیشہ کے لئے ایک ہی قربانی پیش کر دی ہے۔ قربانی پیش کرنے کے بعد خداوند یسوع مسیح آسمان پر جاکر خدا باپ کی دہنی طرف بیٹھ گیا۔ (12 آیت) دہنی طرف بیٹھنا عزت کی جگہ ہوتی ہے) اس کا خدا باپ کی دہنی طرف بیٹھنا اس بات کی تصدیق ہے کہ خدا باپ نے اُس کی قربانی کو قبول کرلیا ہے۔ خدا باپ نے اپنے بیٹے کی قربانی قبول کرتے ہوئے اُسے اپنی دہنی طرف بیٹھنے کا شرف اور حق بخشا۔

13 آیت بیان کرتی ہے کہ وہ مُردوں میں سے زندہ ہو کر خدا باپ کے پاس چلا گیا۔ خداوند یسوع مسیح خدا باپ کی دہنی طرف بیٹھا اس بات کا منتظر ہے کہ اُس کے دشمن اُس کے پاؤں تلے کی چوکی بنیں۔ پاؤں کی چوکی وہ جگہ ہوتی ہے جہاں پر ہم اپنے پاؤں رکھتے ہیں۔ اور اس سے مراد یہاں پر فتح پانا ہے۔ خداوند یسوع اس بات کا منتظر ہے کہ دنیا بھر

میں اس کے لوگ اس کے صلیبی کام کی بنیاد پر مطلوبہ نتائج اور ثمرات اپنی زندگیوں سے پیدا کریں۔ بالکل ایسے جس طرح ایک بیج زمین میں بویا جاتا ہے اُس کی قربانی اُگ کر بہت بڑی فصل پیدا کرے گی۔ ہم نے اپنی زندگیوں میں اس کی موت کے ثمرات اور نتائج دیکھیں ہیں کیونکہ شیطان کا زور ٹوٹ گیا ہے، ہمارے دل تبدیل ہو گئے ہیں اور ہم خدا کے فرزند بن چکے ہیں۔ خداوند یسوع مسیح کی قربانی کے ثمرات اس دُنیا میں تبدیلی کا سلسلہ جاری رکھے ہوئے ہیں۔ ہر قوم سے لوگ خداوند یسوع مسیح کے پاس آرہے ہیں۔ دہنے ہاتھ بیٹھا خداوند یسوع مسیح اس بات کا منتظر ہے کہ وہ ہر ایک کام پایہ تکمیل تک پہنچے جس کے لئے باپ نے اسے اس دُنیا میں بھیجا تھا۔

خداوند یسوع مسیح کی قربانی سے گناہ پر فتح پائی جارہی ہے۔ ہر روز ہم تبدیل ہوتے اور زیادہ سے زیادہ مسیح کی مانند بنتے چلے جارہے ہیں۔ خداوند یسوع مسیح کی قربانی دُشمن کے زور کو توڑ رہی ہے۔ جو کام خداوند یسوع مسیح نے صلیب پر شروع کیا تھا اب وہ پوری دُنیا میں پھیلتا چلا جارہا ہے۔ نسل در نسل لوگ اس کے صلیبی کام کا بیان سن کر اس کی طرف رجوع لا رہے ہیں۔ خدا کی بادشاہی میں وُسعت آتی جارہی ہے اور دشمن ابلیس اس پھیلاؤ کو روکنے سے قاصر ہے۔ خدا باپ کی دہنی طرف بیٹھا خداوند یسوع مسیح دیکھ رہا ہے کہ اُس کا صلیبی کام پوری دُنیا میں تبدیلی لا رہا ہے۔ اُس کے دشمن اُس کے پاؤں تلے کی چوکی بن رہے ہیں۔

یرمیاہ نبی اُس دن کا منتظر تھا جب خدا نے اپنے لوگوں کے ساتھ ایک نیا عہد قائم کرنا تھا۔ آیت 16 اور 17 میں عبرانیوں کا مصنف یرمیاہ 31 باب 33-34 آیت کا حوالہ دیتا ہے۔

غور کریں کہ یرمیاہ نبی اس نئے عہد کے تعلق سے دو چیزیں اپنے لوگوں کو بتاتا ہے۔ اوّل۔

نئے عہد کے تحت خدا اپنے لوگوں کے دلوں پر اپنے کلام کو لکھے گا اور اُن کے ذہن نشین کرے گا۔ جب روح القدس نازل ہوا تو یہ سب کچھ واقع ہوا۔ روح القدس نے آکر خدا کے لوگوں کو خدا کی راہوں کی تعلیم دی۔ اُس نے اُنہیں تیار اور مسلح کیا تاکہ وہ اُس کی راہوں پر وفاداری سے چل سکیں۔ روح القدس نے ایمان لانے والوں کے دلوں کو تبدیل کر دیا۔ روح القدس نے ایمان لانے والوں کو نئی فطرت عطا کی یعنی ایسی فطرت جو خدا کو سمجھے اور اُس کی بھوکی اور پیاسی ہو۔ یہ نئی فطرت پرانی فطرت سے قطعی مختلف ہوتی ہے۔ اس نئی فطرت کے تحت ایمان لانے والے خدا سے محبت رکھتے اور اُس کی راہوں پر چلتے اور اُس کے کلام کے مشتاق ہوتے ہیں۔

یرمیاہ کے مطابق نئے عہد کا دوسرا وصف یا خوبی یہ ہے کہ جو اس عہد میں شامل ہو جاتے ہیں ان کے گناہ بھی معاف ہو جاتے ہیں۔ خداوند یسوع مسیح کی قربانی اُن کے تمام گناہوں کو ڈھانپ لیتی ہے۔

اس کا مطلب یہ ہوا کہ آپ کو اپنی نجات کی تکمیل کے لئے مزید کچھ کرنے کی ضرورت نہیں ہے۔ آپ کو اپنے کاموں سے نجات حاصل کرنے کی ضرورت نہیں رہی۔ آپ کو اپنے اعمال اور افعال کو پاک کرنے کی فکر نہیں باقی نہیں رہی۔ آپ جیسے بھی ہیں اس صلیب کے پاس آجائیں جہاں پر آپ کے گناہوں کی قربانی دی گئی تھی اور قبول کریں بلکہ دعویٰ کریں کہ وہ قربانی آپ ہی کے لئے شخصی طور پر دی گئی تھی، آپ کے گناہ معاف، ضمیر صاف اور احساسِ جُرم جاتا رہے گا۔ خداوند یسوع مسیح کی کامل قربانی میں گناہوں کی مکمل معافی موجود ہے۔ جب ہم اس کے پاس آکر ایمان سے اس قربانی کو قبول کر لیتے ہیں تو پھر خدا باپ ہمارے گناہوں کو معاف کر دیتا ہے۔ وہ ہمارے دلوں پر اپنے احکامات لکھ دیتا ہے۔ ہماری فطرت کو تبدیل کر دیتا ہے۔ جو لوگ خداوند یسوع مسیح کے خون کے

وسیلہ سے اس نئے عہد میں شامل ہوتے ہیں وہ اپنے کردار، فطرت، خواہشات اور دل کی روِشوں میں تبدیلی کا گہرا تجربہ کرتے ہیں۔ وہ یکسر بدل جاتے ہیں اور روح القدس اُنہیں نئ مخلوق کے طور پر محفوظ کرلیتا ہے جب تک کہ وہ مستقل طور پر خدا کی حضوری میں نہ پہنچ جائیں۔ یہ وہ کام تھا جو پرانا عہد نامہ سر انجام نہ دے سکا۔

چند غور طلب باتیں

☆۔ جب عبرانیوں کا مصنف یہ کہتا ہے کہ پرانے عہد نامہ کی شریعت آنے والی چیزوں کا عکس تھی، تو اس سے اس کا کیا مطلب ہے؟

☆۔ پرانے عہد نامہ کے مقدسین کو گناہ سے کس طرح نجات ملی؟ کیا بیلوں اور بکروں کی قربانیاں کافی تھیں؟

☆۔ خداوند یسوع مسیح کی قربانی نے کون سے ایسا کام سر انجام دیا جو پرانے عہد میں قربانیاں سر انجام نہ دے سکیں؟

☆۔ ہمیں کیسے معلوم ہوتا ہے کہ خداوند یسوع مسیح کی قربانی خداباپ کی خوشنودی ہے؟

☆۔ آج کے دَور میں خداوند یسوع کی قربانی کا جاری رہنے والا اثر و نتیجہ کیا ہے؟ یہ قربانی شخصی طور پر آپ کی زندگی میں آج کے دَور میں کیسا کام سر انجام دے رہی ہے؟

چند اہم دُعائیہ نکات

☆۔ خداوند یسوع مسیح کی شکر گزاری کریں کہ آج آپ اس دَور میں زندگی بسر کر رہے ہیں جس کے تعلق سے عہدِ عتیق کے انبیاہ صرف بات کر سکتے اور ایمان سے اس کو واقع ہوتے ہوئے دیکھ سکتے تھے؟ اُس کی شکر گزاری کریں کہ آپ کو خداوند یسوع مسیح میں نئی زندگی مل چکی ہے اور اب اُس کا پاک روح آپ میں بسا ہوا ہے۔

☆۔ جس طور سے خداوند یسوع کی قربانی نے عہدِ عتیق میں موجود قربانیوں کا سلسلہ ختم کیا ہے۔ اُس کی شکر گزاری کریں۔ خداوند کی شکر گزاری کریں کہ اب ہمیں اپنی نجات کے لئے کچھ بھی کرنے کی ضرورت نہیں ہے۔

☆۔ اس بات کا اقرار کریں کہ آپ گنہگار ہیں اور آپ کو ایک قربانی کی ضرورت ہے۔ اپنے دلوں کو کھولیں اور اُس قربانی کو قبول کر لیں جو خداوند یسوع مسیح نے آپ کے لئے دے دی ہے۔

☆۔ خداوند یسوع مسیح کی قربانی کا آج آپ کی زندگی پر کیا اثر ہے؟ جس طور سے خداوند یسوع کی قربانی نے آپ کی زندگی کو یکسر بدل کر رکھ دیا ہے۔ اس کے لئے اُس کی شکر گزاری کریں۔

باب 27

آؤ

عبرانیوں 10 باب 19-25 کا مطالعہ کریں

عبرانیوں کا مصنف اپنے قارئین کو 19 آیت میں یاد کراتا ہے کہ خداوند یسوع مسیح نے جب سے اپنی کامل قربانی پیش کی ہے اس وقت سے لے کر خدا اور انسان کے درمیان جدائی کی دیوار باقی نہیں رہی۔ خداوند یسوع مسیح کی قربانی کے وسیلہ سے ہماری اب پاک ترین مقام میں رسائی ممکن ہوگئی ہے جہاں پر خدا سکونت پذیر ہے۔ سردار کاہن تو اُس پاک ترین مقام میں صرف سال بھر میں ایک ہی دفعہ داخل ہو سکتا تھا اور وہ بھی پہلے اپنے اور پھر اپنی قوم کے گناہوں کی قربانی گزراننے کے بعد۔ یہ پاک ترین مقام ایک پردہ کے ذریعہ ہیکل کے باقی حصہ سے الگ کیا گیا تھا۔ کوئی بھی ایسا شخص جسے وہاں داخلے کی اجازت نہیں ہوتی تھی وہ داخل ہونے پر وہیں کا وہیں ڈھیر ہو سکتا تھا۔ خدا تک جانے والے راستے میں ایک رکاوٹ حائل تھی۔ گنہگار انسان خدا تک رسائی حاصل نہیں کر سکتا تھا۔ جب خداوند یسوع مسیح نے صلیب پر اپنی جان دی تو ہیکل کا یہ پردہ اُوپر سے نیچے تک پھٹ کر دو حصے ہو گیا۔ (متی 27 باب 51 آیت) پردے کا دو حصے ہونا اس بات کا واضح نشان تھا کہ خدا تک رسائی کا راستہ کھل گیا ہے۔ حائل رکاوٹ دُور ہو گئی ہے۔ اس زبردست سچائی کی روشنی میں عبرانیوں کا مصنف اپنے قارئین کو چار کام کرنے کی نصیحت کرتا ہے۔ ان چاروں نصیحتوں کا آغاز لفظ " آؤ" سے ہوتا ہے۔ یہاں پر ہم اُن کا تفصیلی جائزہ لیں گے۔

آؤ قریب چلیں

چونکہ خداوند یسوع مسیح نے خدا تک رسائی کا راستہ کھول دیا ہے۔ اس لئے آؤ اب ہم اُس کے قریب چلیں۔ اُس کے قریب نہ جانا کس قدر افسوسناک بات ہو گی، حالانکہ حائل رکاوٹ دُور ہو چکی ہے اور ہمیں اُس کے قریب آنے کی دعوت بھی مل چکی ہے۔ چونکہ خداوند یسوع مسیح نے پوری قیمت ادا کر دی ہے۔ اس لئے اب ہم اس کے قریب جا سکتے ہیں۔ ہم اُس کے قریب کیوں کر جائیں؟ ہم رفاقت اور محافظت کے لئے ایسا کریں۔ عبرانیوں کا مصنف ہمیں اُبھار رہا ہے کہ ہم اُس کی حضوری کے تحفظ میں اُس کے ساتھ رفاقت رکھیں۔ پرانے عہد نامہ کے تحت ایسا ممکن نہیں تھا۔ 22 آیت پر غور کریں، ہمیں مخلص دل کے ساتھ اُس کے پاس آنے کی ضرورت ہے۔ مخلص دل وہ ہوتا ہے جس میں گناہ اور فریب نہ ہو۔ ہمیں یہ بھی بتایا گیا ہے کہ جب ہم پاک اور قدوس خدا تک رسائی حاصل کرتے ہیں تو ہمیں خالص نیت اور مخلص دل کے ساتھ اُس کے پاس آنا چاہئے، ہمیں اپنے دلوں پر اس کے خون کے چھینٹے لیتے ہوئے، ہر طرح کے احساسِ جرم سے آزاد اور پاک پانی سے اپنے بدنوں کو دھو کر اُس کے پاس آنا چاہئے۔ اگر ہم خدا تک رسائی حاصل کرنا چاہتے ہیں تو پھر ہمیں سب سے پہلے گناہ کے مسئلہ کو حل کرنا ہو گا جو ہمیں خدا سے دُور کرتا ہے۔ خداوند یسوع اسی مسئلہ کو حل کرنے کے لئے آیا تھا۔ وہ ہمیں تمام طرح کے گناہوں سے پاک کرتا ہے۔ متن سے ظاہر ہوتا ہے کہ ایسا پہلے ہی واقع ہو چکا ہے۔ ہمیں ایمان لانا چاہئے کہ خداوند یسوع مسیح نے ہماری خاطر جو کامل قربانی خدا باپ کے حضور پیش کی ہے اس سے ہمارے گناہ دُھل چکے ہیں۔ ہمارے دلوں پر یسوع کے خون چھڑکا جا چکا ہے تاکہ ہم ہر طرح کے احساسِ جرم سے آزاد ہو کر اُس سے گناہوں کی معافی حاصل کریں۔ ہم اس لئے خدا کے قریب جا سکتے ہیں کیونکہ یسوع نے ہمارے

گناہوں کو معاف کر دیا ہے اور ہمیں پاک اور راستباز ٹھہرا دیا ہے۔

22 آیت میں عبرانیوں کے مصنف نے اپنے قارئین کو یہ بھی بتایا کہ اُنہیں پورے بھروسے اور ایمان سے خدا کے پاس آنا چاہئے۔ اگر آپ خدا کے پاس آنا چاہتے ہیں تو ایمان بہت ضروری ہے۔ در حقیقت، خدا آپ پر ظاہر ہی نہیں ہو سکتا، اگر آپ ایمان اور بھروسے سے خالی ہیں۔ جس طرح مردِ خدا موسیٰ خدا کی آواز کانوں سے سنا کرتا تھا، آپ کو ایمان اور بھروسے کے بغیر اس کا تجربہ نہیں ہو سکتا۔ خدا کا تحریری کلام اور روح القدس کی قائلیت بھی موجود ہے۔ جو کچھ خدا فرماتا ہے اس پر بھروسہ کریں اور اپنی زندگی اس کے وعدوں کے سہارے کھڑی کر دیں۔ آپ کو اس ایمان سے اُس کے پاس آنا ہے کہ خداوند یسوع مسیح کی قربانی سے آپ کو خدا کے قریب جانے کا شرف اور حق حاصل ہو گیا ہے۔ دلیری سے خدا کے پاس آئیں۔ اپنی کسی خوبی اور لیاقت کی بنا پر نہیں بلکہ اُس ایمان کے ساتھ کہ جو کچھ خداوند یسوع مسیح نے آپ کے لئے صلیب پر سرانجام دے دیا ہے وہی کافی ہے اور اب آپ کو مزید کچھ کرنے کی ضرورت نہیں ہے۔ ہمیں خداوند یسوع سے گناہوں کی معافی اور دھل جانے کا تجربہ اور ایمان حاصل کر کے خدا کے پاس آنا چاہئے اور ساتھ میں یہ عہد بھی ہونا چاہئے کہ آپ کبھی گناہ کی طرف واپس نہیں لوٹیں گے۔ آپ خدا کے کلام پر قائم اور وفادار رہیں گے اور اس کے وعدوں پر بھروسہ اور توکل کریں گے۔

آؤ اُمید کو تھامیں رہیں

خداوند یسوع کے پاس آکر ہمیں اس اُمید کو تھامے رکھنا ہے جو ہمیں اُس میں حاصل ہو گئی ہے۔ (23 آیت) اس کا معنی ہے کہ ہم اس اُمید کو اپنے دلوں میں محفوظ کر لیں۔ عبرانیوں کا مصنف اپنے قارئین کو یہ بتا رہا ہے کہ وہ اس اُمید کو تھامیں رکھیں اور اُسے

اپنے ہاتھ سے جانے نہ دیں جس اُمید کا وہ اقرار بھی کرتے ہیں۔ یہ اُمید کیا تھی؟ یہ نجات اور ابدی زندگی کی اُمید تھی جو ہمیں خداوند یسوع مسیح کے صلیبی کام کی وجہ سے حاصل ہو گئی ہے۔ یہ گناہوں کی معافی اور خدا کے حضور پاک اور راستباز ٹھہرنے کی اُمید ہے۔

اگرچہ نجات کی بخشش بلا معاوضہ ہے ہمیشہ یہ آسان نہ ہو گا کہ آپ اپنی اُمید اور ایمان میں آسانی سے آگے بڑھ سکیں۔ راہ کی دشواریاں، آزمائش اور مشکلات اور مسائل آپ کو جگہ جگہ روکنے کی کوشش کریں کہ آپ خدا کے ساتھ نہ چل سکیں۔ خداوند یسوع مسیح کی زمینی زندگی سے ہمیں یہ سبق ملتا ہے کہ خدا کے لئے زندگی بسر کرنا کس قدر مشکل کام ہے۔ بے شمار ایمانداروں کو مسیح پر ایمان اور اُمید کے باعث ایذا رسانی کا سامنا کرنا پڑا اور بعضوں کو قتل بھی کر دیا گیا۔ ایمان اور بھروسے کے ساتھ خدا رسائی حاصل کرنے والوں کو اس بات کا چیلنج بھی دیا گیا ہے کہ وہ جان دینے تک وفادار رہیں۔ ہمیں ایسا کرنا ہے کیونکہ خدا کے سب وعدے سچے ہیں۔ جس نے ہم سے یہ وعدے کئے ہیں، وہ اُن وعدوں کو پورا بھی کرے گا۔ وہ جھوٹ نہیں بول سکتا۔ ہماری واحد امید خداوند یسوع مسیح ہی میں ہے۔ ہمیں کسی اور کا دروازہ کھٹکھٹانے کی ضرورت نہیں۔ جو مسیح یسوع کے ہیں وہ اس بات کو سمجھتے ہیں اور ہر طرح کے حالات اور صورتحال میں وہ اُس سے لپٹے رہیں گے۔ جو راہ خدا نے ان کے لئے متعین کر دی ہے وہ اس سے انحراف نہیں کریں گے۔ خواہ کیسی بھی قیمت ادا کرنی پڑے وہ اس سے پیچھے نہیں ہٹیں گے اور غیر متزلزل ایمان کے ساتھ اُس کے وعدوں سے لپٹے رہیں گے۔

آؤ ایک دوسرے کو ترغیب دیں

حالیہ وقتوں میں خدا نے مجھ پر ظاہر کیا کہ میں اپنے طور پر مسیحی زندگی نہیں گزار سکتا۔ آخر تک قائم رہنے کے لئے مجھے نہ صرف اس کی طرف سے طاقت، فضل اور توفیق کی ضرورت

بلکہ مجھے اپنے مسیحی ہم ایمان بھائیوں اور بہنوں کی بھی ضرورت ہے۔ خدا نے تمام مسیحی ایمانداروں کو طرح طرح کی نعمتوں، لیاقتوں اور خدمات سے نوازا ہے تاکہ وہ بوقت ضرورت میری مدد اور رہنمائی فرما سکیں۔

24 آیت میں عبرانیوں کا مصنف اپنے قارئین کو یاد کراتا ہے کہ انہیں ایک دوسرے کی ضرورت ہے۔ مصنف آنے والی مشکلات اور مسائل کی روشنی میں انہیں ایک دوسرے کی ایمان میں قائم رہنے کے لئے ہمت افزائی کرنے کی تلقین کرتا ہے۔ خاص طور پر اُنہیں تلقین کرتا ہے کہ وہ محبت سے ایک دوسرے کے ساتھ گٹھے رہیں اور نیک اعمال کرنے میں کبھی ہمت نہ ہاریں۔ مجھے اپنے ہم ایمان بھائیوں اور بہنوں کے ایمان کی نگرانی کرنی ہے۔ مجھے اُن کی اور اُنہیں میری مدد اور حوصلہ افزائی کی ضرورت ہے۔ خدا نے ہمیں ایک خاندان کی طرح اکٹھے رہنے کے لئے بلایا ہے۔ جیسے جیسے خداوند یسوع مسیح کی آمد قریب آرہی ہے، مسیحی ایمانداروں کو پہلے سے بھی زیادہ ایک دوسرے کی ضرورت ہے۔

آئیں جمع ہونے سے باز نہ آئیں

یہ اصول بھی پہلے سے بہت حد تک ملتا جلتا ہے۔ جو کچھ خداوند یسوع مسیح نے ہمارے لئے سرانجام دیا ہے اور آنے والی مشکلات کی روشنی میں ہمیں یہ عادت بنا لینی چاہئے کہ ہم اپنے ایمان لوگوں سے رفاقت کرتے رہیں۔ دوسرے ایمانداروں سے رفاقت کا سلسلہ کبھی ختم نہیں ہونا چاہئے۔ (25 آیت) یہ رفاقت کئی طرح سے ہو سکتی ہے۔ ضروری نہیں کہ یہ رفاقت صرف گرجہ گھر کے اندر ہی ہو۔ میں نے کئی دفعہ شخصی طور پر اپنے ایک بھائی کے ساتھ شخصی ملاقات میں خداوند کے تعلق سے بات چیت کرتے ہوئے بابرکت وقت گزارا ہے۔ ہمیں یہاں پر اس بات کے لئے اُبھارا جا رہا ہے کہ ہم حوصلہ افزائی کے پیشِ نظر اپنے ہم ایمان بھائیوں اور بہنوں سے ملتے رہیں۔ ہمیں ایک دوسرے کے سامنے جوابدہ ہونا

چاہیئے۔ ہمیں ایک دوسرے کی دُعاؤں اور حوصلہ افزائی کی ضرورت ہے۔

غور کریں کہ جب خداوند یسوع مسیح کی آمد قریب آرہی ہے تو یہ رفاقت ہر صورت میں قائم رہنی چاہیئے۔ وہ دن بھی قریب آرہا ہے جب ہمارے دشمن کو کھلی چھٹی دی جائے گی۔ اسے بدی اور ناپاکی کے کام سرانجام دینے کے لئے کھول دیا جائے گا۔ بائبل مقدس بیان کرتی ہے کہ جب اخیر وقت قریب آئے گا تو لوگ نوح کے دور کی طرح وہی کریں گے جو انہیں اچھا لگے گا۔ (متی 24 باب 37-39 آیات) کسی کو خدا اور اس کے مقصد اور منصوبے کی فکر اور دلچسپی نہیں ہوگی۔ (2 تیمتھیس 3 باب 1-5) معاشرہ ایمانداروں کو رد کر دے گا۔ (متی 24 باب 9 آیت) حالات اور ماحول تکلیف دہ، حوصلہ شکن اور پریشان کن ہو جائے گا۔ اس صورتحال کے پیش نظر ایمانداروں کو ایک دوسرے کے ایمان کی مضبوطی اور حوصلہ افزائی کے لئے رفاقت رکھنے اور جمع ہونے سے باز نہیں آنا۔

جو کچھ خداوند یسوع مسیح نے ہمارے لئے سرانجام دیا ہے اُس کی روشنی میں ہمیں پورے بھروسے اور اعتماد کے ساتھ خدا باپ کے پاس آنا چاہیئے۔ جو وعدے اُس نے ہمارے ساتھ کئے ہیں، ہمیں اُن کو تھامے رکھنا ہے۔ آنے والی مشکلات اور مسائل کے پیشِ نظر ہمیں ایک دوسرے کے ایمان کو مضبوط کرنا اور حوصلہ شکن صورتحال میں ایک دوسرے کی حوصلہ افزائی بھی کرنا ہے۔ خدا کی راہ پر چلنے میں بہت سی دشواریاں اور رکاوٹیں حائل ہوتی ہیں۔ ہمیں خدا باپ سے گہری رفاقت اور اُس کے وعدوں کی یاد دہانی اور اپنے مسیحی ہم ایمان بھائیوں اور بہنوں سے رفاقت کی ضرورت ہے۔ اس بنیاد پر مسیحی ایماندار اور خدا میں آخر تک اپنے ایمان میں مضبوط اور قائم رہ سکیں گے۔

چند غور طلب باتیں

☆۔ ہمیں کس طرح مسیح کے پاس آنا ہے؟ جو کچھ مسیح یسوع نے ہمارے لئے سرانجام دیا

ہے، کیا وہ سب کچھ ہمیں خدا کے پاس آنے میں مدد دیتا ہے؟

☆۔ جو اُمید ہمیں مسیح یسوع میں حاصل ہے، اُسے تھامے رکھنے سے کیا مراد ہے؟ اس اُمید کو تھامے رکھنے میں کیسی رکاوٹیں حائل ہو سکتی ہیں؟

☆۔ ہم یہاں پر مسیح کے بدن کی اہمیت کے تعلق سے کیا سیکھتے ہیں؟ خدا کے ساتھ چلنے اور اپنے ایمان میں قائم رہنے میں ہمارے ہم ایمان بھائی اور بہنیں کیا کردار ادا کرتے ہیں؟

☆۔ یہ حوالہ مشکلات اور مسائل کے وقتوں میں آخر تک قائم اور ثابت قدم رہنے کے تعلق سے کیا تعلیم دیتا ہے؟

چند اہم دُعائیہ نکات

☆۔ خداوند کے وعدوں کی پاسداری کے لئے اُس کی شکر گزاری کریں۔ شکر گزاری کریں کہ ہم اُس کے وعدوں پر بھروسہ کر سکتے ہیں۔

☆۔ خداوند سے طاقت اور جرات مانگیں تاکہ مشکل حالات میں بھی آپ مسیح یسوع میں حاصل شدہ اُمید کا دامن ہاتھ سے نہ چھوڑیں۔

☆۔ خداوند سے مدد اور رہنمائی مانگیں کہ آپ کس طرح اپنے کسی بھائی یا ہم ایمان بہن سے رفاقت کر کے اس کی حوصلہ افزائی کر سکتے ہیں۔

☆۔ کیا کسی مسیحی بھائی یا بہن نے آپ ایمان کے تازگی، مضبوطی اور حوصلہ شکن حالات اور صورتحال میں آپ کے لئے کوئی خدمت سر انجام دی ہے؟ جس طرح سے خدا نے انہیں آپ کی بہتری، ترقی، مضبوطی اور برکت کے لئے استعمال کیا، اس کے لئے خداوند کی شکر گزاری کرنے کے لئے چند لمحات دُعا میں گزاریں۔

باب 28

پیچھے ہٹنا

عبرانیوں 10 باب 26 تا 39 آیت کا مطالعہ کریں

گزشتہ باب میں ہم نے دیکھا کہ عبرانیوں کے مصنف نے اپنے قارئین کو اس اُمید کو تھامے رکھنے کے لئے اُبھارا جو اُنہیں مسیح یسوع میں حاصل ہے۔ وہ اُنہیں اس حقیقت کی روشنی میں ثابت قدم اور قائم رہنے کے لئے بھی کہتا ہے کہ خداوند یسوع مسیح نے اُن کے گناہوں کے لئے خود کو گناہ کی قربانی کے طور پر پیش کر دیا ہے۔ خداوند یسوع مسیح کی یہ قربانی اس بات کا تقاضا کرتی ہے کہ وہ گناہ سے منہ موڑ کر، خدا کی طرف پورے طور پر رجوع لاتے ہوئے اُس کے لئے پاک زندگی بسر کریں۔

26 آیت میں عبرانیوں کا مصنف انہیں انتباہ کرتا ہے کہ جب اُنہیں خداوند یسوع مسیح کے سرانجام دئے گئے کام کا علم ہو چکا ہے تو پھر دانستہ طور پر گناہ میں زندگی بسر کرنا انتہائی خطرناک ہو گا۔ دانستہ گناہ کرنے کے تعلق سے ہمیں کچھ سمجھنے اور وضاحت کی ضرورت ہے۔ جب ہم دانستہ گناہ کی بات کرتے ہیں تو یہ گناہ کسی کمزوری یا غفلت کا نتیجہ نہیں ہوتا۔ ہم سب سے کمزوری کی حالت میں گناہ سرزد ہو جاتا ہے۔ کبھی ہماری گفتگو سے اور کبھی ہمارے روّیوں میں گناہ کی نشاندہی ہو سکتی ہے۔ بعض اوقات خدا کے کلام سے ناواقفیت کے باعث بھی ہم سے گناہ سرزد ہو جاتا ہے کیونکہ ہمیں معلوم ہی نہیں ہوتا کہ ہم جو کچھ کرنے جا رہے ہیں وہ خدا کے کلام کے خلاف اور منافی ہے۔ یہ سب کچھ دانستہ گناہ کے زمرے میں نہیں آتا۔

26 آیت واضح کرتی ہے کہ دانستہ گناہ اس وقت سرزد ہوتا ہے جب ہمیں سچائی اور حقیقت کا مکمل علم ہوتا ہے۔ بالفاظ دیگر ہم کہہ سکتے ہیں کہ جب کوئی شخص گناہ کرتا ہے تو اُسے علم ہوتا ہے کہ جو کچھ وہ کرنے جارہا ہے وہ خدا کے کلام کے منافی اور گناہ ہے۔ لیکن پھر وہ باغیانہ روّیہ اختیار کرتے ہوئے وہ کام کر گزرتے ہیں۔ یہ ہے دانستہ گناہ کی وضاحت۔

دانستہ گناہ جسمانی کمزوری کا معاملہ نہیں ہے۔ سچائی سے واقف ہوتے ہوئے گناہ کرنے والے میں اتنی طاقت ہوتی ہے کہ وہ گناہ کے خلاف مزاحم ہوسکے لیکن وہ ایسا کرنے سے گریز کرتا اور گناہ کرنے کو ترجیح دیتا ہے۔ ایسے لوگ خدا کے ساتھ اپنا تعلق، رفاقت اور رشتہ درُست کرنے کے لئے وہ اہم تبدیلیاں اپنی زندگی میں لانے کے لئے ضروری قدم اُٹھانے کے لئے تیار نہیں ہوتے۔ خدا کا پاک روح انہیں گناہ پر ملامت بھی کرتا اور اُنہیں قائل بھی کرتا لیکن پھر بھی وہ اپنی بغاوت میں آگے بڑھتے اور اپنی ڈگر پر چلتے رہتے ہیں۔

ہمیں یہ بتایا گیا ہے کہ گناہ میں زندگی جاری رکھنے والے لوگوں کے لئے معافی نامے کی کوئی اُمید باقی نہیں ہے۔ کیونکہ ایسے لوگ اپنے گناہ یسوع مسیح کے خون کے نیچے لانے سے انکار اور اپنی روّشوں اور جسمانی لذتوں کو پیار کرتے ہیں۔ دراصل یہ لوگ کہہ رہے ہوتے ہیں۔ " میں تو گناہ کرنے کو ہی ترجیح دوں گا / دوں گی۔ مجھے اس کی کچھ پرواہ نہیں کہ یسوع مجھے گناہ سے آزاد کرنے کے لئے قربان ہوا تھا۔ میں اُس کی قربانی کو رد کر کے گناہ کی زندگی کو جاری رکھنے کو ترجیح دوں گا / دوں گی۔ " زندگی میں ایسی بے حسی، بغاوت اور سخت دلی کے مقام پر آجانا کس قدر خطرناک بات ہے!

اگر ہم خداوند یسوع مسیح اور اُس کی قربانی کو رد کردیں تو پھر ہمارے لئے کوئی اور اُمید باقی نہیں ہے۔ ہم یہ دیکھ چکے ہیں کہ گناہ قربانی کا تقاضا کرتا ہے اور گناہوں کو ڈھانپنے، مٹانے اور معاف کرنے کے لئے یسوع مسیح کی قربانی ہی کامل اور کارآمد ہے۔ اس کے لئے کوئی اور

قربانی اس سلسلہ میں موثر اور اثر انگیز نہیں ہے۔ اگر ایسا ہوتا تو پرانے عہد نامہ کی قربانیوں کا سلسلہ آج تک جاری رہتا۔ اور خداوند یسوع مسیح کو اس دُنیا میں آنے کی کوئی ضرورت نہیں تھی۔ اگر کوئی بھی شخص خداوند یسوع مسیح اور اس کی فراہم کردہ معافی کو رد کرتا ہے تو اُسے خدا کے غضب کا سامنا کرنا ہوگا۔ معافی کا انتظام خداوند یسوع مسیح کی ادا شدہ قیمت کی وجہ سے ہمارے لئے بالکل مفت دستیاب ہے۔ ہمیں کچھ ادا کرنے اور کچھ سر انجام دینے کی ضرورت نہیں ہے۔ جو اُس معافی کو رد کرتے ہیں خدا کا غضب اور اُس کا یومِ حساب اُن کا منتظر ہے۔(27 آیت)

پرانے عہد نامہ کے زیرِ انتظام ہم پر منکشف ہوا کہ گناہ کی سزا موت ہے۔ اکثر اُس گناہ کی سزا کے لئے جانور کو ہی مرنا پڑتا تھا۔ تاہم دو یا تین گواہوں کی صورت میں باغیانہ روّیہ اختیار کرنے والے کو اپنی جان سے بھی ہاتھ دھونے پڑتے تھے۔

اگر پرانے عہد نامہ میں دانستہ گناہ کرنے والوں سے یہ سلوک کیا جاتا تو یہ ایسا روّیہ نئے عہد میں کس قدر سنجیدہ معاملہ ہے جس کا درمیانی خداوند یسوع مسیح ہے۔ کچھ ایسے لوگ بھی ہیں جو یہ ایمان رکھتے ہیں کہ اگرچہ خدا نے پرانے عہد نامہ میں اس طرح سے لوگوں کی عدالت کی تاہم وہ نئے عہد نامہ رحیم و کریم خدا ہے اور وہ اس قدر سختی سے لوگوں کی عدالت نہیں کرے گا۔ جو کچھ عبرانیوں کا مصنف اپنے قارئین کو یہاں پر بتا رہا ہے وہ اس سوچ اور خیال سے قطعی مختلف اور متضاد ہے۔ وہ 29 آیت میں اپنے قارئین کو بتاتا ہے کہ وہ لوگ جو خداوند یسوع مسیح کی معافی اور اس کے صلیبی کام کو رد کر دیتے اور گناہ میں زندگی بسر کرتے رہتے ہیں وہ پرانے عہد نامہ سے بھی زیادہ سزا کے مستحق ہیں۔ ایسے لوگ خداوند یسوع مسیح کو پاؤں تلے روندتے ہیں۔ خداوند یسوع مسیح کی طرف رجوع نہ لانا اُسے رد اور پامال کرنے کے مترادف ہے۔ یہ بالکل ایسے ہی ہے جیسے ہم معافی کے تحفہ

کو دیکھیں، اسے زمین پر پٹک دیں اور پھر اسے پاؤں سے روندتے ہوئے اگے بڑھ جائیں۔ یہ اس بات کی نشاندہی اور واضح تشریح ہے کہ ہمیں اس بخشش سے کس قدر نفرت ہے۔ یہ اس شخص کی کتنی بڑی حقارت ہے جس نے ہماری معافی کے لئے صلیب پر اپنی جان قربان کی ہے۔ اگر پرانے عہد نامہ میں مقدس چیزوں کو چھونے والوں کو موت کی سزا ملتی تھی تو کس قدر زیادہ وہ لوگ سزائے موت کے مستحق ٹھہریں گے جو خداوند یسوع مسیح کو رد کر دیتے اور اس سے اظہارِ نفرت کرتے ہیں؟

خدا باپ ان لوگوں کی عدالت کرنے میں کسی طرح پس و پیش سے کام نہیں لے گا جو نجات اور گناہوں کی معافی کی اُس بخشش کو رد کر دیتے ہیں جس کے لئے مسیح یسوع نے اپنی جان قربان کی تھی۔ اس نکتہ کی وضاحت کے لئے عبرانیوں کا مصنف استثنا 35 باب 32 آیت کا حوالہ یہاں 30 آیت میں بیان کر رہا ہے۔ "انتقام لینا میرا کام ہے۔ بدلہ میں ہی دوں گا۔"

پرانے عہد نامہ میں خدا کا یہ وعدہ تھا کہ وہ گناہوں کا انتقام لے گا۔ وہ عدالت کرتے ہوئے گناہ کا بدلہ دے گا۔ یہ خدا کا وعدہ ہے جو کبھی جھوٹ نہیں بولتا۔ وہ گناہ اور بدی کی عدالت کرے گا۔ اس بات سے یقینی کوئی اور بات اور صورتحال نہیں ہو سکتی کہ خدا ہر صورت میں گناہ اور بدی کی عدالت کرے گا۔ زندہ خدا کے ہاتھوں میں پڑنا ہولناک بات ہے۔ (31 آیت) اس کا غضب اور انتقام لفظی باتیں نہیں بلکہ اٹل حقیقت ہیں۔ پرانے عہد نامہ میں ہم اس کے قہر و غضب کی ایک جھلک دیکھتے ہیں۔ روزِ انتقام ہم اُس کے انتقام کی پوری تصویر دیکھیں گے۔

عبرانیوں کا مصنف اپنے قارئین سے کہتا ہے کہ وہ ان دنوں کو یاد کریں جب وہ شروع میں خداوند یسوع مسیح کے پاس آئے تھے۔ (32 آیت) اس کلیسیا کے لئے وہ ابتدائی ایام

بڑے مشکل تھے۔ بہت سے دُکھوں، مشکلات اور مسائل کی صورت میں اُنہیں ثابت قدم اور قائم رہنا پڑا۔(33 آیت)بعضوں کو سرِ عام ذلت اور رسوائی کا سامنا کرنا پڑا۔ اُنہوں نے واقعی بڑی تکالیف اور پریشانیاں اٹھائیں تھیں۔ بعض اوقات وہ بغیر شرم محسوس کئے اپنے اُن بھائیوں کے ساتھ کھڑے ہوتے جنہیں مسیحی ایمان کی خاطر ذلیل و رسوا کیا جاتا تھا۔ وہ ثابت کرتے تھے کہ وہ مسیحی ایمان اور مقصد میں ایک ہیں۔(33 آیت)شروع شروع میں جب وہ ایمان لائے تھے، بعضوں کو قید و بند کی صعوبتیں بھی برداشت کرنا پڑیں۔ جب ان لوگوں کی جائیداد و املاک اُن سے چھین لی گئیں تو اُنہوں نے بخوشی اس نقصان کو قبول کیا، کیونکہ ان کا ایمان تھا کہ خداوند اُن کے لئے اِس سے بھی اچھی میراث رکھتا ہے۔(34 آیت)

عبرانیوں کا مصنف اپنے قارئین، مسیحی ایمانداروں کو اسی ایمان میں ثابت قدم اور قائم اور مضبوط رہنے کی تلقین کرتا ہے اس وقت ان میں دیکھنے میں آیا جب شروع میں اُنہوں نے مسیح یسوع کو قبول کیا تھا۔(35 آیت) وہ نہیں چاہتا کہ اُن کا اعتماد اور مسیح پر بھروسہ خطرے میں پڑ جائے۔ خدا اُنہیں اُن کی وفاداری اور ثابت قدمی کا اجر دے گا۔ اُنہیں خدا کی مرضی میں آگے بڑھتے جانے کے لئے ابھارا گیا۔ قید و بند کی صعوبتیں، ذلت و رسوائی، پریشانیاں، مشکلات اور مسائل تو آئیں گے۔ یہی زندہ اور حقیقی ایمان کی پرکھ کا وقت ہوگا۔ ان میں سے بعضوں کو اپنی جانیں بھی قربان کرنا ہوں گی۔ حوصلہ افزائی کی بات یہ ہے کہ اُن پر آنے والے ہر ایک دُکھ اور مشکل سے خدا بخوبی واقف تھا۔ وہ دن آنے تھے جب اُنہیں اپنی وفاداریوں کا اجر ملنا تھا۔ اُنہیں اس عہد کے خون کو یاد رکھنا تھا ان پر چھڑکا گیا تھا۔

اس کی آمد کا وقت قریب آ رہا ہے۔ وہ اپنے لوگوں کو لینے کے لئے آئے گا۔ ایک دن آئے

گا جب ہر طرح کے مسائل اور مشکلات ختم ہو جائیں گی، خدا کے لوگ ہمیشہ اس کے ساتھ رہیں گے۔ جب وہ خداوند یسوع مسیح کے ساتھ ابدیت گزاریں گے تو انہیں ان دُکھوں اور مشکلات کی قدر و اہمیت کا اندازہ ہو گا جو اُنہوں نے اُس کے نام اور کام کی خاطر اٹھائے تھے۔ جو دُکھ اور تکالیف اُنہوں نے اُٹھائیں تھیں اُن کا موازنہ خداوند یسوع مسیح کے ساتھ ہمیشہ رہنے کی خوشی اور شادمانی سے بالکل بھی نہیں کیا جاسکے گا۔

38 آیت میں عبرانیوں کا مصنف اپنے قارئین کو خدا کا وہ کلام یاد کراتا ہے جو حبقوق نبی کی معرفت بیان کیا گیا تھا۔ "لیکن صادق ایمان سے زندہ رہے گا۔" (حبقوق 2 باب 3-4 آیت) اس آیت کے مطابق راستباز ایمان سے زندہ رہے گا۔ ایک راستباز شخص کی آنکھیں خداوند اور اُس کے وعدوں پر لگی رہتی ہیں۔ ایمان سے زندگی بسر کرنے والا شخص خدا پر ہی توکل کرنے کا چناؤ کرتا ہے خواہ کیسی بھی مشکلات اور مسائل اس کی زندگی میں کیوں نہ آجائیں۔ جب ایذا رسانیاں اور پریشانیاں ان کی زندگی میں آتی ہیں تو وہ اپنی نگاہیں خدا پر اور اپنا بھروسہ اور توکل اس کے وعدوں اور کلام پر رکھتے ہیں۔ اُنہیں معلوم ہوتا ہے کہ خدا ہی اُنہیں ہر طرح کی مشکلات سے باہر نکلنے کی راہ پیدا کرے گا۔ ان کا خزانہ اس زمین پر نہیں ہوتا اور نہ ہی وہ مشکل گھڑی میں پیچھے ہٹتے ہیں۔ وہ خداوند یسوع مسیح پر نگاہیں لگائے ثابت قدم اور قائم رہتے ہیں۔

ہم 10 باب کو حوصلہ افزائی کے الفاظ کے ساتھ اختتام پذیر کرتے ہیں۔ عبرانیوں کا مصنف اپنے قارئین کو یاد دلاتا ہے کہ اسے بھروسہ تھا کہ اُن کا ایمان حقیقی تھا۔ وہ اُنہیں بتاتا ہے کہ اُنہیں اُن کے کردار کا بھی یقین تھا کہ وہ مشکل وقت میں پیچھے ہٹنے والے نہیں ہیں۔ اسے یقین ہے کہ وہ ثابت قدم رہ کر نجات پائیں گے۔ ہماری ثابت قدمی نجات کی ضمانت نہیں ہے۔ ہماری نجات کا اصل امتحان یہ ہے کہ ہم آخر تک ثابت قدم اور قائم

رہیں۔ خداوند یسوع مسیح کا اقرار کرنے والے بہت ہیں لیکن زیادہ تر مشکل گھڑی میں پیچھے ہٹ جاتے ہیں۔ حقیقی ایمان والے اگرچہ بہت دُکھوں اور مشکلات سے گزرتے ہیں لیکن خداوند کے لئے اُن کی محبت اور وہ ایمان جو روح القدس نے ان کے دلوں میں رکھا ہوا ہے، اُنہیں سنبھالے رہتا اور ثابت قدم رہنے کی توفیق دیتا ہے تاکہ وہ کسی بھی طرح کی ناگوار صورتحال اور مشکل گھڑی میں پیچھے نہ ہٹ جائیں۔

چند غور طلب باتیں

☆۔ دانستہ گناہ کیا ہوتا ہے؟ آپ کس طرح کہہ سکتے ہیں کہ کوئی شخص دانستہ گناہ کا مرتکب ہے؟

☆۔ عبرانیوں کا مصنف خداوند یسوع مسیح کی فراہم کردہ معافی کو رد کرنے والوں کے تعلق سے کیا بیان کرتا؟

☆۔ اس حوالہ میں ہم خدا کی عدالت کے تعلق سے کیا سیکھتے ہیں؟

☆۔ ہمارے حقیقی ایمان کو ظاہر کرنے میں ہماری ثابت قدمی کیا کردار ادا کرتی ہے؟

☆۔ جب مشکلات، امتحانات اور مسائل ہمارے ایمان کی راہ میں حائل ہوتے ہیں تو حقیقی ایمان کس طرح ہمیں ثابت قدم، قائم اور آگے بڑھنے میں ہماری مدد اور راہنمائی کرتا ہے؟

چند اہم دُعائیہ نکات

☆۔خداوند سے درخواست کریں کہ وہ آپ کو گناہ آلودہ زندگی میں واپس لوٹنے سے بچائے۔

☆۔اس زبردست اور خوبصورت گناہوں کی معافی کے لئے خدا کی شکر گزاری کریں جو ہمیں خداوند یسوع مسیح میں حاصل ہے۔

☆۔خداوند کی شکر گزاری کریں کہ وہ گناہ اور بدی کی عدالت کرے گا۔ اُس کی تمجید کریں کہ وہ پاک اور قدوس خدا ہے جو بدی کو دیکھ نہیں سکتا۔

☆۔ہر طرح کی ممکنہ ایذاہ رسانی برداشت کرنے کے لئے خداوند سے طاقت اور ایمان مانگیں۔ خداوند سے توفیق مانگیں کہ آنے والی مشکلات میں بھی آپ اپنی زندگی سے اس کی تمجید کر سکیں۔

باب 29

ایمان

عبرانیوں 11 باب 1- 16 آیت

پچھلے باب میں ہم نے دیکھا کہ حقیقی ایمان کی پرکھ ثابت قدمی ہے۔ حقیقی ایمان امتحانوں، ایذاہ رسانیوں اور مشکل حالات میں بھی غیر متزلزل رہتا ہے۔ عبرانیوں کا مصنف بڑا پُر یقین ہے کہ اُس کے قارئین حقیقی ایمان سے معمور ہیں۔ یہ حقیقت کہ زندہ اور حقیقی ایمان ثابت قدمی کا تقاضا کرتا ہے، یہ اس بات کی طرف بھی اشارہ ہے کہ مسیحی زندگی ہمیشہ پھولوں کی سیج نہیں ہوتی۔ بلکہ اس میں راہیں پُرخار، دشوار اور راستے کٹھن ہوتے ہیں۔ اس میں جانفشانی کر کے امتحانوں اور آزمائشوں پر غالب آنا پڑتا ہے۔ ایمانداروں کو ہمیشہ ہی قبول نہیں کیا جاتا بلکہ بعض اوقات انہیں اپنے ایمان سے وفاداری کی پاداش میں قتل بھی کر دیا جاتا ہے۔ جیلوں میں ڈال دیا جاتا اور طرح طرح سے ستایا اور دھمکایا بھی جاتا ہے۔ وہ ایماندار جو گزرے وقتوں میں اس دُنیا میں زندگی گزار کر چلے گئے اُنہوں نے بخوشی اپنے آپ کو خطرات کی نذر کر دیا لیکن اپنے ایمان سے پیچھے نہ ہٹے۔

11 باب کے آغاز ہی سے مصنف ایمان کی تعریف بیان کرتا ہے۔ وہ بتاتا ہے کہ ایمان اُمید کی ہوئی چیزوں کے تعلق سے پُریقین ہونے کا نام ہے۔ یہ نظر نہ آنے والی چیزوں کے بارے میں یقین دہانی کا نام بھی ہے۔ اس پر غور و خوص کرنے کے لئے ہمیں کچھ وقت صرف کرنا ہو گا۔

ایمان اُمید کی ہوئی چیزوں کے تعلق سے پُریقین ہونے کا نام ہے۔ اکثر و بیشتر جب ہم

لفظ "اُمید" استعمال کرتے ہیں تو اس میں کسی حد تک شک کا اظہار بھی موجود ہوتا ہے۔ "اُمید ہے کہ میں یہ یا وہ کام کر سکوں گا" اس کا مطلب یہ ہے کہ اگر زندگی رہی اور سب کچھ ٹھیک رہا تو میں یہ کام کر پاؤں گا۔ جس اُمید کا مصنف یہاں پر ذکر کر رہا ہے اس سے مُراد کسی چیز کو دیکھنے یا کسی کام کو کرنے کی غیر یقینی خواہش سے کہیں زیادہ ہے۔ جس اُمید کا مصنف یہاں پر ذکر کر رہا ہے وہ اس قدر یقینی اور اٹل ہے کہ ہم اُس کی خاطر اپنی جان کو بھی خطرے میں ڈال سکتے ہیں۔ اس سے مُراد خدا کے وعدوں پر قطعی بھروسہ اور توکل ہے۔

اپنے سامنے نظر آنے والی چیزوں کے تعلق سے پر یقین ہونا قطعی آسان کام ہوتا ہے۔ میں اس وقت اپنی کرسی پر بیٹھا اس کتاب کو لکھ رہا ہوں۔ مجھے اس تعلق سے کسی طرح کا شک و شبہ نہیں ہے۔ میں اپنے ارد گرد لوگوں کو دیکھ سکتا ہوں۔ مجھے پورا یقین ہے کہ وہ بھی اسی کافی شاپ میں موجود ہیں جہاں پر میں موجود ہوں، کیونکہ میں انہیں دیکھ رہا ہوں۔ اس طرح کی صورت حال کے لئے ایمان درکار نہیں ہوتا۔ کیونکہ میں سب کچھ اپنی آنکھوں سے دیکھ رہا اور کانوں سے سن رہا ہوں۔ اپنے ارد گرد آنکھوں سے نظر آنے والی اور کانوں سے سنی جانے والی چیزوں کے تعلق سے ہر کوئی پُر یقین اور پُر اعتماد ہو سکتا ہے۔ اس کے برعکس ایمان ان چیزوں کی یقین دہانی کا نام ہے جو آنکھوں سے نظر نہیں آ رہی ہوتیں۔ جب میں یہ کتاب لکھ رہا ہوں تو مجھے خدا نظر نہیں آ رہا لیکن ایمان کے ساتھ دیکھوں تو وہ یہاں پر موجود ہے جب میں اس کتاب کو تحریر کر رہا ہوں۔ مجھے یقین ہے اور میں جانتا ہوں کہ وہ میرے ساتھ ہے، کیونکہ اس نے وعدہ کیا ہے کہ نہ تو وہ مجھ سے دستبردار ہو گا اور نہ ہی وہ مجھے چھوڑے گا۔ (عبرانیوں 13 باب 5) اُس کا وعدہ میرے ساتھ ہے، خواہ میں اُسے اپنی آنکھوں سے نہ دیکھوں تو بھی وہ میرے ساتھ ہے۔ اُس کے کلام پر میرا

ایمان ہے کہ وہ سچا اور صادق القول خدا ہے۔ اس لئے وہ اپنے وعدہ کے مطابق میرے ساتھ موجود ہے۔

ایمان کا ایک اور پہلو بھی ہے جسے ہمیں دیکھنے کی ضرورت ہے۔ کچھ ایسے لوگ بھی ہوتے ہیں جنہیں خدا کے تعلق سے کچھ چیزوں کا علم ہو چکا ہوتا ہے۔ وہ اسے حاکمِ مطلق اور قادرِ مطلق خدا مانتے ہیں۔ وہ یہ سمجھتے ہیں کہ خدا سب کچھ جانتا اور سب کچھ کرنے کی قدرت رکھتا ہے۔ اگرچہ خدا کے تعلق سے علم و معرفت بہت ضروری ہے تاہم ایمان علم و معرفت ہی نہیں ہے۔ اس بات پر ایمان رکھنا کہ خدا سب کچھ کر سکتا ہے اور یہ یقین اور بھروسہ رکھنا کہ وہ آپ کی مخصوص صورتحال میں کچھ کرے گا قطعی مختلف بات ہے۔ اگر آپ اس بات کے لئے پُراعتماد اور پُریقین نہیں کہ خدا آپ کی مخصوص صورتحال میں کچھ کرے گا تو آپ یہ قطعاً نہیں کہہ سکتے کہ آپ حقیقی طور پر ایمان رکھتے ہیں۔ میں ایمان رکھ سکتا ہوں کہ خدا میری تمام ضروریات کو پورا کرے گا۔ لیکن آیا میں یہ ایمان رکھتا ہوں کہ جس صورتحال میں سے میں گزر رہا ہوں اس میں بھی خدا اپنی قدرت سے میری ضروریات فراہم کرے گا؟ آپ ہر صورتحال میں اپنی جان کو خطرے میں ڈال سکتے ہیں، اگر آپ پُریقین اور پُراعتماد ہوں کہ خدا آپ کی محافظت کرے گا اور ساری صورتحال کو اپنے جلال اور آپ کی بھلائی کے لئے استعمال کرے گا۔ ایمان علمی باتوں کا فہم و ادراک نہیں بلکہ یہ تو مکمل یقین دہانی اور اعتماد کا نام ہے۔ ایمان ہمارے ذہنوں کو ہی نہیں بلکہ ہمارے روّیوں کو بھی چھوتا ہے۔

جن لوگوں کے پاس زندہ اور حقیقی ایمان ہوتا ہے وہ ان چیزوں کے تعلق سے قطعی پُریقین اور پُراعتماد ہوتے ہیں جن پر ان کا ایمان ہوتا ہے۔ اتنے پُریقین اور پُراعتماد کہ وہ اپنی زندگیوں کو بھی خطرے میں ڈالنے سے نہیں گھبراتے۔ جب ان کے اردگرد حالات اور

ماحول انہیں کچھ اور بتا رہا ہوتا ہے۔ اُن کی آنکھیں کچھ اور دیکھ رہی ہوتی ہیں، حتیٰ کہ ان کے کان بھی خدا کے کلام سے قطعی مختلف آوازیں سن رہے ہوتے ہیں، وہ اس وقت بھی خدا کے کلام پر بھروسہ اور توکل کرتے ہیں۔ اسی ایمان کی بنا پر پرانے عہد نامہ کے ایمانداروں کو خراج تحسین پیش کیا گیا۔

ایمان ہی سے ہم اس بات کو تسلیم کرتے ہیں کہ کائنات خدا کے حکم سے وجود میں آئی۔ (3 آیت) جب کائنات خلق کی گئی، اس وقت کوئی بھی انسان موجود نہیں تھا۔ خدا نے کلام کیا اور کچھ نہیں سے کائنات وجود میں آگئی۔ ہم یہ سب کچھ کیسے جانتے ہیں؟ ہم سائنس کی مدد سے یہ سب کچھ ثابت نہیں کر سکتے۔ کائنات کے وجود کو ہم ایمان ہی سے تسلیم کرتے ہیں کہ یہ خدا کے حکم سے ہے، خدا نے اپنے کلام میں بتایا ہے کہ اُس نے اُس کائنات کو خلق کیا ہے۔ ہم اس بات کو ایمان سے قبول کرتے ہیں کیونکہ ہم خدا اور اُس کے کردار سے واقف ہیں۔ ہم نے خدا کو نہیں دیکھا۔ جب کائنات خلق کی گئی تو اس وقت ہم موجود نہیں تھے۔ تو بھی ہم اس بات کو ایمان سے تسلیم کرتے ہیں کیونکہ خدا کبھی جھوٹ نہیں بول سکتا۔ جو کچھ وہ فرماتا ہے ہم اس پر ایمان رکھتے اور اُسے تسلیم کرتے ہیں۔

ایمان ہی سے ہابل نے قائن سے بہتر قربانی گزرانی۔ (4 آیت) ہمیں اس بات کو سمجھنے کی ضرورت ہے کہ پرانے عہد نامہ کی شریعت کے مطابق ہابل اور قائن دونوں کی قربانیاں قابل قبول تھیں۔ کسی برّے کی قربانی گزراننا یا پھر باغ کا کوئی پھل خدا کے حضور پیش کرنا قابل قبول تھا۔ یہاں پر سمجھنے والی بات یہ نہیں کہ کس نے کون سی قربانی گزرانی بلکہ اہم نکتہ وہ ایمان ہے جو اُس قربانی کے ساتھ پیش کیا گیا۔ 4 آیت پر غور کریں کہ ہابل کی بطور ایک راستباز شخص تعریف بیان کی گئی ہے۔ ہابل کی قربانی اس لئے قبول نہیں ہوئی تھی کہ اُس نے ایک برّہ پیش کیا تھا بلکہ اس وجہ سے قبول ہوئی کیونکہ وہ ایک راستباز شخص تھا اور

اُس نے اپنی قربانی ایمان کے ساتھ خدا کے حضور پیش کی۔ اس کے برعکس قائن کا روّیہ درُست نہیں تھا۔ وہ ایمان کے ساتھ خدا کے حضور نہیں آیا تھا بلکہ اُس کے دل میں ایک تلخی اور کڑواہٹ موجود تھی۔ خدا نے ہابل کی قربانی کو اس ایمان کی وجہ سے قبول کر لیا جو اس نے قربانی کے ساتھ پیش کیا۔ اگر ہم چاہتے ہیں کہ ہماری عبادت خدا کے حضور قبول ہو تو ہمیں ایمان کے ساتھ اس کے حضور آنا چاہئے۔ ہمیں اس کے ساتھ ملاقات کی توقع کے ساتھ اس کے حضور آنا چاہئے۔ جو کچھ وہ فرماتا ہے اس پر ایمان رکھتے ہوئے ہمیں اس کی خدمت کرنی چاہئے۔ اگر ہم اس کی حضوری میں عبادت کے لئے تو آئیں اور ساتھ ہی ہمارے دلوں میں اُس کی ذات اور کلام کے تعلق سے سوالات اور شک و شبہات ہوں تو پھر ہماری عبادت نا قابلِ قبول ہو گی۔ جب ایمان سے عبادت کی جاتی ہے تو تب ہی خدا کے حضور قابل قبول ٹھہرتی ہے۔

حنوک نے بھی اپنے دور میں ایمان کا مظاہرہ کیا۔(5 آیت) یہ وہ دَور تھا جب لوگ خدا سے منحرف ہو رہے تھے لیکن حنوک نے خدا پر توکل کیا اور اُس کے لئے زندگی بسر کی۔ حنوک خدا کو اس قدر پسند آیا کہ اُس نے اُسے موت سے بچا لیا اور زندہ آسمان پر اُٹھا لیا۔ حنوک اپنے ایمان کی وجہ سے اپنے دور کی آزمائشوں اور امتحانوں پر غالب آیا۔ وہ دُنیاداری اور خدا سے انحراف کی صورتحال میں خدا سے وفادار رہا اور اُس پر توکل اور بھروسہ کیا۔ جب ہر کوئی خدا سے منحرف ہو رہا تھا تو اُس نے خدا پر ایمان رکھا اور خدا کی تابعداری اور فرمانبرداری کرتے ہوئے اپنے ایمان کا مظاہرہ کیا۔ خدا نے محسوس کیا کہ وہ دُنیا اس لائق نہیں کہ ایسا مردِ خدا اس میں رہے۔ پس اُس نے اُسے اپنے پاس آسمان پر زندہ ہی بلا لیا۔

6 آیت بالکل واضح کرتی ہے کہ اگر ہمارے پاس ایمان نہیں تو کسی صورت بھی ہم خدا کو پسند نہیں آسکتے۔ اگر آپ خدا کے پاس آئیں تو آپ کا یہ ایمان ہونا چاہئے کہ وہ موجود ہے

اور آپ کی دُعا کو سن کر آپ کو جواب دے گا۔ آپ کا ایمان اس قدر پختہ ہونا چاہئے کہ جب تک وہ اپنے آپ کو ظاہر نہ کرے آپ اُسے جانے ہی نہ دیں۔ کسی ایسے خدا اور معبود کے آگے چلانا اور کراہنا بے فائدہ ہے جس کے تعلق سے کسی انسان کا پختہ ایمان بھی نہ ہو کہ وہ موجود بھی ہے یا نہیں۔ اگر آپ کا یہ ایمان ہی نہیں کہ خدا دعاؤں کو سن کر جواب دیتا ہے تو پھر دُعا کرنے کا کیا فائدہ ؟ اگر ہمیں شک ہے کہ خدا اپنے وعدوں میں سچا ہے تو ہمارے اس روّیے سے خدا کی تعظیم نہیں تضحیک ہوتی ہے۔

7 آیت میں عبرانیوں کا مصنف انہیں یاد کراتا ہے کہ کس طرح نوح کو آنے والے طوفان سے آگاہ کیا گیا۔ آنے والے طوفان کا کوئی نام ونشان نہیں تھا۔ نوح کے پاس صرف خدا کا کلام تھا۔ اُس نے خدا کے کلام کا یقین کر کے ایک کشتی بنائی اور اس وقت بنائی جب اُس کے ارد گرد اُس کشتی کے تیرنے کے لئے پانی بھی موجود نہیں تھا۔ اگرچہ اُس کے آس پڑوس کے لوگ اسے بیوقوف سمجھتے رہے لیکن اس نے خدا کے کلام کو سن کر اس کا یقین کیا اور ایک کشتی بنانے کے لئے کئی مہینے وقف اور صرف کر دیئے۔

ایمان ہم سے تابعداری کا تقاضا کرتا ہے۔ ایمان تقاضا کرتا ہے کہ ہم اپنی نیک نامی اور شہرت کو بھی خطرے میں ڈال دیں۔ اس کے لئے سخت محنت اور کوشش کی ضرورت ہوتی ہے۔ حتیٰ کہ اس وقت بھی جب چیزوں کے فوری نتائج سامنے نہ آرہے ہوں اور کئی ایک چیزوں کی بالکل سمجھ نہ آرہی ہو۔ اسی قسم کا ایمان ہمیں خدمت میں اس وقت بھی رواں دواں رکھتا ہے جب ہمیں اپنی خدمت کا کوئی ثمر نظر نہیں آرہا ہوتا۔ پولس رسول کو منادی کرنے کے سبب سے جب سنگسار کیا گیا، ستایا اور دھمکایا گیا، تو یہ ایمان ہی تھا جس نے اسے شہر بہ شہر، قریہ قریہ اور گاؤں گاؤں منادی کے لئے متحرک رکھا۔ اگر آپ کے دل میں یہ گہری قائلیت اور ایمان نہ ہوتا کہ خدا نے آپ کو خدمت کے لئے بلایا ہے تو

آپ کب کے خدمت کو خیر باد کہہ چکے ہوتے۔ نوح خدا پر ایمان رکھنے کے سبب سے آج اس کتاب بلکہ بائبل مقدس کا حصہ ہے۔ وہ خدا کو پسند آیا۔ وہ ان تمام لوگوں کا باپ ہے جو آج بھی ایمان سے خدا پر توکل اور بھروسہ رکھتے ہیں۔

اسی طرح ابرہام نے بھی اپنے ایمان کا اظہار اپنے گھرانے اور ناطے داروں کو چھوڑ کر اس ملک کی طرف جانے سے کیا جہاں خدا اسے جانے کے لئے کہہ رہا تھا۔ (8 آیت) اُسے راہ کی دشواریوں کا بالکل بھی علم نہیں تھا۔ دوران سفر اپنے گھرانے کی ضروریات کی فراہمی کو وہ کیسے ممکن بنائے گا، اسے اس کا بھی کچھ علم نہ تھا۔ سب سے بڑھ کر یہ کہ اسے اپنی منزل کا بھی کچھ علم نہیں تھا۔ ابرہام کے لئے یہ بات ناقابل فہم تھی کہ وہ کسی نامعلوم منزل کی طرف اپنا سب کچھ چھوڑ کر چل دے۔ اُسے کیا علم کہ جہاں پر جا رہا ہے اُسے وہاں پر کیا ملے گا؟ کیا اس ملک کے لوگ دوستانہ روّیہ رکھنے والے ہوں گے یا اس کے خلاف اُٹھ کھڑے ہوں گے؟ ابرہام کے پاس ان سوالات کے جوابات نہیں تھے لیکن اس سے ابرہام کے ایمان اور فرمانبرداری پر کچھ اثر نہ ہوا۔ اس کے ایمان نے اسے خدا پر توکل کرنا سکھایا کہ مستقبل میں سب اچھا ہی ہو گا۔ اس کا ایمان تھا کہ اگر خدا اُس کی راہنمائی کر رہا ہے تو وہ اس کی ضروریات بھی فراہم کرے گا اور اس کے آگے آگے چلے گا۔ اسے خدا کے مقصد کی تکمیل فوری دکھائی نہ دی۔ وہ خیمے میں زندگی بسر کرتا اور صحراؤں کا سفر کرتا ہوا آگے بڑھتا رہا۔ وہ اس ملک میں اجنبی تھا جو آنے والے وقت میں اس کا ملک ہونا تھا۔ حتیٰ کہ اس کی اولاد اضحاق اور یعقوب کا طرزِ زندگی بھی اسی طرح سفر میں ہی گزرا۔ (9 آیت) وہ یہ نہ دیکھ سکے کہ کس طرح خدا وہ سرزمین اُن کی اولاد کو عطا کرے گا۔ ایمان ہی ہمیں ایسی صورتحال میں آگے بڑھاتا رہتا ہے۔ جب ہم ابرہام کی طرح ایمان سے چلتے ہیں نہ کہ آنکھوں دیکھے پر تو ہمیں ان سارے سوالات کے جوابات کی ضرورت پیش نہیں آتی۔

ابرہام کا یہ ایمان تھا کہ جو بھلا ہے خدا اپنے ٹھہرائے ہوئے وقت پر وہی کرے گا۔ اُس کے ایمان نے اُسے اس قابل بنایا کہ وہ نہ صرف اُس شہر کو دیکھ سکے جس کی بنیاد اس زمین پر ہو گی بلکہ اُس شہر کو ایمان سے دیکھے جسے خدا خود تعمیر کرے گا۔ (10 آیت)

ابرہام کے ایمان کا ایک اور پہلو اس کی اولاد سے متعلق ہے۔ خدا نے ابرہام سے وعدہ کیا تھا کہ وہ اُس کی اولاد کو ایک بڑی قوم بنائے گا۔ لیکن مسئلہ یہ کہ اُن کے ہاں تو اولاد بھی نہیں تھی۔ ابرہام اور اُس کی زوجہ محترمہ اولاد پیدا کرنے کی عُمر سے تجاوز کر چکے تھے۔ عبرانیوں کا مصنف اپنے قارئین کو بتاتا ہے کہ ابرہام نے اولاد کے حصول کے لئے خدا پر توکل کیا کہ وہ اُسے اولاد بخشے گا۔ (11 آیت) اگرچہ اس عمر میں اس کے لئے ممکن نہیں تھا کہ وہ اولاد حاصل کر سکے۔ ابرہام خدا کی وفاداری پر توکل اور بھروسہ کرتے ہوئے ایمان سے اس خدا پر نظریں لگائے رہا جس نے اُس سے اولاد کا وعدہ کیا تھا۔ نہ صرف خدا اپنے وعدہ اور قول کا سچا رہا بلکہ اُس نے اُسے اس قدر اولاد دی جس قدر آسمان کے ستارے ہوتے ہیں۔ (12 آیت)

ایمان اُس وقت بھی یقین رکھتا ہے جب کچھ بھی واقع ہونا مشکل بلکہ ناممکن دکھائی دیتا ہے۔ موت کی صورت میں بھی ایمان قائم رہتا اور زندگی کا یقین رکھتا ہے۔ شاید دُعا اور ایمان کا جواب اس دُنیا میں نہ ملے، لیکن ایمان اس زندگی سے آگے تک دیکھتا ہے۔ قبر تو میری اس زمینی زندگی کی حد ہے لیکن خدا کی وفاداری کی کوئی حد نہیں ہے۔ جب میں اس دُنیا سے کوچ کر جاؤں گا تو خدا پھر بھی میرے ساتھ وفادار ہی رہے گا۔

ایمان کے مردِ مجاہد اور ایمان سے معمور عورتیں اس دُنیا کے لوگ نہیں تھے۔ جسمانی طور پر وہ اس زمین پر زندگی بسر کرتے تھے لیکن ان کے دل آسمان پر تھے۔ وہ اس زمین پر اجنبی اور مسافر تھے۔ (13 آیت) وہ دوسرے لوگوں کی طرح چیزوں کو نہیں دیکھتے

تھے۔ ان کی نگاہیں دنیا کی چیزوں تک محدود نہ تھیں۔ اُنہوں نے ایمان کی نگاہوں سے دیکھا۔ اُنہوں نے اس دُنیا کے مال و متاع اور حالات و واقعات کی کچھ پرواہ نہ کی۔ یہ سب کچھ اُن کے لئے کوئی خاص اہمیت نہیں رکھتا تھا۔ اُن کے دل تو آسمانی چیزوں پر لگے ہوئے تھے۔ خدا انہیں اپنے لوگ کہنے سے نہ شرمایا۔ اُنہوں نے اپنے ایمان سے خدا کی تعظیم کی۔ وہ خدا کو پسند آئے۔ اُس نے اُن کے لئے ایک شہر تیار کیا (16 آیت) وہ وہاں پر ہمیشہ اُس کے ساتھ رہیں گے۔

چند غور طلب باتیں

☆۔اس ایمان میں عبرانیوں کا مصنف ایمان کی تعریف کس طرح بیان کرتا ہے؟

☆۔خدا سب کچھ کر سکتا ہے اور خدا کچھ کرے گا، ان دونوں میں کیا فرق پایا جاتا ہے؟

☆۔کیا آپ خدا کے وعدوں پر بھروسہ کرتے ہوئے اپنی زندگی کو خطرے میں ڈال سکتے ہیں؟

☆۔ایمان پرستش اور عبادت میں کیا کردار ادا کرتا ہے؟ کیا ہم ایمان کے بغیر خدا کی پرستش اور عبادت کر سکتے ہیں؟

☆۔ایمان اور عمل میں کیا تعلق پایا جاتا ہے؟ ایمان کس طرح ہمارے طرزِ زندگی پر اثر انداز ہوتا ہے؟

☆۔ایمان کس چیز کا خطرہ مول لے گا؟

☆۔اس باب میں ہم اس تعلق سے کیا سیکھتے ہیں کہ ایمان کس قدر خدا کی خوشنودی کا باعث ہوتا ہے؟

چند اہم دُعائیہ نکات

☆۔ آپ اپنے ایمان کا موازنہ ان لوگوں کے ایمان سے کیسے کریں گے جن سے ہم نے اس باب میں ملاقات کی ہے؟ خداوند سے اپنے ایمان کی بڑھوتی اور ترقی کے لئے دُعا کریں۔

☆۔ کیا آپ اس وقت اپنی زندگی میں کسی مخصوص صورتحال سے دوچار ہیں؟ اس صورتحال میں خدا پر توکل اور بھروسہ کرنے کی توفیق مانگیں۔

☆۔ خداوند کی شکرگزاری کریں کہ وہ اپنے وعدوں کی تکمیل میں ہمیشہ وفادار رہتا ہے۔ خداوند کی شکرگزاری کریں کہ ہم اس وقت بھی اس پر توکل اور بھروسہ کر سکتے ہیں جب کوئی صورتحال ہماری سمجھ سے بالاتر ہوتی ہے۔

باب 30

اور زیادہ ایمان

عبرانیوں 11 باب 17-40 آیت

ہم خدا کے ساتھ چلنے کے لئے ایمان کی اہمیت پر غور کر رہے ہیں۔ ہم نے یہ دیکھا ہے کہ ایمان خدا کی وعدہ شدہ چیزوں کی یقین دہانی ہے۔ یہ یقین دہانی اس قدر پختہ اور حقیقی ہوتی ہے کہ ہم کسی بھی طرح کی مشکل گھڑی میں گھبراتے نہیں اور اپنے آپ کو خدا کے ہاتھوں میں دے دیتے ہیں۔ عبرانیوں کا مصنف ہمیں حقیقی اور زندہ ایمان کی مزید عملی مثالیں بھی پیش کرتا ہے۔

17 آیت میں عبرانیوں کا مصنف ہمیں ابراہام کے ایمان کی وُسعت کے تعلق سے بتاتا ہے۔ اُس کے ایمان کی انتہاہ دیکھیں، وعدہ شدہ بیٹا مل جانے کے بعد وہ خدا کے حکم کے مطابق پہاڑ پر اُسے قربان کرنے کے لئے چل نکلا۔ اُسے خدا کے کلام کا اس قدر پختہ یقین تھا کہ اس نے بخوشی اور رضا اپنے قیمتی خزانے کو قربان کرنے کا چناؤ کر لیا۔ وہ جانتا تھا کہ خدا نے وعدہ کیا ہے کہ وہ اسے قوموں کا باپ بنائے گا۔ جو کچھ خدا اسے کرنے کے لئے کہہ رہا تھا وہ سب کچھ اُس کی سمجھ سے بالاتر تھا۔ وہ نہیں جانتا تھا کہ اگر وہ اُس لڑکے کو ذبح کر ڈالے گا تو خدا کیسے اُسے قوموں کا باپ بنائے گا۔ پھر بھی وہ اُس بچے کو قربان کرنے کے لئے تیار ہو گیا اور خدا پر توکل کیا کہ وہ اس لڑکے کو مُردوں میں سے بھی زندہ کر کے اپنے وعدہ کو پورا کرے گا۔

ابرہام کے ایمان نے خدا کے کلام پر گہری یقین دہانی اور اطمینان کا اظہار کیا۔ جو کچھ خدا

اُسے کرنے کے لئے کہہ رہا تھا، ابرہام کو اس تعلق سے کسی قسم کا کوئی شک وشبہ نہیں تھا۔ انسانی دلائل کی بجائے جو کچھ خدا اسے کرنے کے لئے کہہ رہا تھا اس نے اسی پر توجہ دی اور خدا پر ہی توکل اور بھروسہ کیا۔ کیا آپ ابرہام کی طرح خدا کی گہری رہنمائی کو محسوس کرنے کا تجربہ رکھتے ہیں کہ ابرہام کی طرح عملی قدم اُٹھا کر اپنے قیمتی بلکہ بیش قیمتی خزانے کو مذبح پر رکھ دیں؟ بعض اِس بات کا معنی اور مفہوم اس طرح سے لیں گے۔ گھر بار اور اپنے گھرانے کو چھوڑ کر دیارِ غیر (بیرونِ ملک) میں جا کر خدمت کرنا ہی اپنے بیش قیمت خزانے کو قربان کرنا ہے۔ بعض یہ سمجھیں گے کہ اس کا معنی اپنے آورہ گرد بچوں کو خدا کے تابع کرنا اور اس پر توکل اور بھروسہ کرنا ہے کہ وہ اُن کے باغیانہ روّیہ کو درست کرے گا۔ ایمان سب کچھ قربان کر کے خدا پر توکل اور بھروسہ کرتا ہے۔

یہی ایمان اور بھروسہ ابرہام کے بیٹے اضحاق میں منتقل ہو گیا۔ اضحاق نے اپنے دو بیٹوں یعقوب اور عیسو کو یہ کہہ کر برکت دی کہ خدا اُنہیں بڑھائے گا اور وہ سرزمین میراث کے طور پر دے گا جس کا وعدہ خدا نے اُس کے باپ ابرہام سے کیا تھا۔ اضحاق نے اس وعدہ کی تکمیل کو اپنی زندگی میں نہ دیکھا۔ لیکن اس نے توکل کیا کہ خدا وفاداری سے اپنے کلام کے مطابق وعدہ شدہ برکت عطا کرے گا۔ (20 آیت)

اضحاق کے بیٹے یعقوب نے بھی اس ایمان کو اپنی اولاد میں منتقل کیا۔ اُس نے اُنہیں اپنے بڑھاپے میں برکت دی۔ اور اُنہیں وہ وعدہ یاد دلایا جو خدا نے اُن کے بزرگ باپ دادا سے کیا تھا۔ (21 آیت)

22 آیت میں ہم دیکھتے ہیں کہ ایک اور پشت گزر گئی، پھر بھی کچھ ایمان والے لوگ ابھی باقی تھے جو اس وعدہ سے لپٹے رہے جو خدا نے ابرہام سے کیا تھا۔ جب وہ ملکِ مصر میں تھے تو یوسف نے کہا کہ وہ اُس کی ہڈیوں کو لے مصر سے لے جا کر اُس سرزمین میں دفن کریں

جس کا وعدہ خدا نے ابرہام سے کیا تھا۔ نسلوں کی نسلیں گزر گئیں لیکن پھر بھی وہ عدہ کی سر زمین کے لئے خدا پر توکل اور بھروسہ کرتے رہے۔

آپ خدا کو اس کے وعدوں کی تکمیل کے لئے کتنا وقت دیتے ہیں؟ اکثر اوقات ہم حالات کو مدِ نظر رکھتے ہوئے جلد ہی اُمید کا دامن ہاتھ سے چھوڑ دیتے ہیں لیکن یہاں پر ہم سیکھ رہے ہیں کہ ایمان کبھی دستبردار نہیں ہوتا بلکہ ثابت قدم رہتا ہے۔ حقیقی ایمان نسل در نسل منتقل ہوتا رہتا ہے۔ خدا اپنے وقت پر کام کرتا ہے۔ زندہ اور حقیقی ایمان انتظار بھی کرتا ہے۔

ہم مردِ خدا موسیٰ کی زندگی میں بھی ایمان کا بہت بڑا مظاہرہ دیکھتے ہیں۔ سب سے پہلے ہمیں یہ ایمان اس کے والدین کی زندگی میں دیکھنے کو ملتا ہے۔ انہوں نے تین ماہ تک بچے کو فرعون کے سپاہیوں سے چھپائے اور بچائے رکھا کیونکہ اُن کا ایمان تھا کہ اُن کا بچہ کوئی معمولی بچہ نہیں ہے۔ اُنہوں نے بچے کو فرعون سے محفوظ رکھا جو سب نر بچوں کو ہلاک کر دینا چاہتا تھا۔ اُنہوں نے اس بچے کو بچانے کے لئے اپنی جانوں کو خطرے میں ڈال دیا جس کے تعلق سے وہ ایمان رکھتے تھے کہ خدا اس بچے کے لئے ایک خاص مقصد اور منصوبہ رکھتا ہے۔

یہی ایمان مردِ خدا موسیٰ میں بھی منتقل ہو گیا۔ جب وہ بڑا ہوا تو اُس نے خود کو فرعون کی بیٹی کا بیٹا کہلانے سے انکار کر دیا۔ اُس نے اپنے لوگوں کے درمیان رہنے کے لئے مصر کے خزانوں کو پیچھے چھوڑ دیا۔ گناہ آلودہ مصر میں رہنے کے بجائے اس نے اپنے لوگوں کے ساتھ بدسلوکی برداشت کرنے کو ترجیح دی۔ اُس نے دُنیا کی نظروں میں عزت اور رسوائی کا چناؤ کیا۔ ملکِ مصر کے خزانوں کی بہ نسبت اس نے خدا کے ساتھ اپنے رشتے اور تعلق کو زیادہ بلکہ بہت زیادہ ترجیح دی۔ (26 آیت)

چالیس برس تک موسیٰ بیابان میں بھیڑوں کی نگہبانی اور دیکھ بھال کرتا رہا۔ اُس نے ایمان کو اپنی زندگی سے جانے نہ دیا۔ وہ خدا کا انتظار کرتا رہا۔ اس کا یہی ایمان تھا کہ ایک دن آئے گا جب خدا وفاداری سے اپنے وعدہ کو پورا کرے گا۔ (27 آیت) ایمان صبر سے کام لیتا اور ثابت قدم رہتا ہے۔ کیونکہ اُس نے نادیدنی خدا کو دیکھا تھا۔ (27 آیت) مردِ خدا موسیٰ کی نگاہیں، توکل اور بھروسہ بنی اسرائیل کے خدا پر تھا، حتیٰ کہ اس وقت بھی جب حالات و واقعات اُس کی سمجھ سے بالاتر تھے کہ خدا یہ سب کچھ کیسے کرے گا۔ خدا نے اُس کی ثابت قدمی کو برکت دے کر خود کو جلتی ہوئی جھاڑی میں اُس پر ظاہر کیا اور اُسے ملکِ مصر میں جا کر اپنے بھائیوں اور بہنوں کو چھڑانے کے لئے کہا۔

ایمان ہی سے ابرہام ملکِ مصر گیا اور فرعون کے سامنے جا کھڑا ہوا۔ اسے اس بات کا بالکل بھی فہم و ادراک نہیں تھا کہ خدا کس طرح بنی اسرائیل کو ملکِ مصر سے رہائی دینے کے لئے اسے استعمال کرے گا لیکن پھر بھی اس نے تابعداری کا چناؤ کیا۔ موسیٰ کو خدا پر توکل اور بھروسہ کرنا پڑا کہ جب وہ بیابان سے سفر کرتے ہوئے آگے بڑھیں گے تو خدا ان کی رہنمائی بھی کرے گا اور اُن کی ضروریات بھی فراہم کرے گا۔

20 لاکھ سے زیادہ لوگوں، ان کے بچوں اور مال مویشی کے پینے، کپڑے دھونے اور کھانے پکانے کے لئے کتنی بڑی مقدار میں پانی کی ضرورت ہوتی ہوگی۔ اتنے بڑے جمِ غفیر (بہت بڑا ہجوم) اور ان کے مال ڈنگر کے لئے کتنی بڑی مقدار میں خوراک درکار ہوتی ہوگی؟ کھانا پکانے کے لئے کتنی بڑی مقدار میں ہر روز ایندھن کی ضرورت پڑتی ہوگی؟ اتنے بڑے ہجوم کی خوراک اور دیگر ضروریات کی فراہمی کی مقدار سمجھ سے بالاتر ہے۔ اس صورتحال میں ایمان نے کیا کردار ادا کیا؟ کچھ ایسے وقت بھی ہوتے ہیں جب میں خود حیرت میں پڑ جاتا ہوں کہ خدا کس طرح میرے ماہانہ بلز کی ادائیگی کے لئے مالی ضروریات

پوری کرے گا۔ یہاں پر ہم موسیٰ کے ایمان بلکہ بہت عظیم ایمان کو دیکھ سکتے ہیں جس نے بھروسہ کیا کہ خدا اس بڑے ہجوم کی ہر طرح کی ضروریات کی فراہمی کو ممکن بنائے گا؟

جب خدا ابلاتا ہے تو پھر وہ آپ کو تیار اور مسلح بھی کرتا اور سب کچھ مہیا بھی کرتا ہے۔

موسیٰ کی زندگی میں صرف یہی ایک ایمان کا عملی مظاہرہ نہیں تھا بلکہ اس نے کئی ایک دیگر موقعوں پر بھی ایسے ہی ایمان کا اظہار کیا۔ جب ہلاک کرنے والا فرشتہ ملکِ مصر سے ہو کر گزرا تو مردِ خدا موسیٰ نے بنی اسرائیل سے کہا کہ وہ برّے کے خون کو دروازے کی چوکھٹوں پر لگائیں تاکہ ہلاک کرنے والا فرشتہ انہیں مارنے نہ پائے۔ خدا نے اُنہیں بتایا تھا کہ دروازے پر لگے خون کے نیچے وہ محفوظ رہیں گے۔ موسیٰ خدا کے اُس کلام پر ایمان لایا اَور یوں پوری قوم محفوظ رہی۔

جب فرعون اور اُس کی فوجیں بنی اسرائیل کا پیچھا کرتے ہوئے سر پر آگئیں، موسیٰ نے خدا کی آواز کو سنا اور ایمان سے قبول کرتے ہوئے بنی اسرائیل کو بھی تسلی دی کہ خدا اُنہیں فرعون کے ہاتھوں سے بچائے گا، حالانکہ بچنے کی کوئی صورت نظر نہیں آرہی تھی۔ کیونکہ آگے بحرِ قلزم اور پیچھے فرعون اور اُس کی فوج تھی۔ اس نے اپنے عصا کو ہوا میں بلند کیا اور خدا کو اس بڑے بحرِ قلزم کو دو حصوں میں تقسیم کرتے ہوئے دیکھا۔ خدا کے لوگ خشک راستہ سے گزر کر دوسری طرف پہنچ گئے۔ جب مصریوں نے بھی اس راستہ سے پار جانے کی کوشش کی تو دیوار بنا ہوا پانی اُن پر آگرا اور وہ اس بحرِ قلزم میں ہمیشہ کے لئے غائب ہو گئے۔ یہ سارے حالات و واقعات تقاضا کرتے تھے کہ مردِ خدا موسیٰ خدا پر توکل اور اُس کے کلام کی تابعداری کرے۔ مردِ خدا موسیٰ نے جو کچھ بھی کرنے کی کوشش کی وہ انسانی سمجھ سے بالاتر ہے۔ جب موسیٰ نے خدا اور اُس کے کلام پر ایمان رکھا تو خدا نے ناممکن کو ممکن کر دکھایا۔ ہالیلویاہ۔ (خدا کی حمد ہو!)

30 آیت میں ہم یشوع اور بنی اسرائیل کے واقعہ کو پڑھتے ہیں جب وہ یریحو شہر میں آئے۔ یریحو شہر ایک فصیلدار شہر تھا۔ خدا نے یشوع سے کہا کہ وہ اس شہر کے گرد سات دن تک چکر لگائے۔ یشوع کے لئے یہ عمل سمجھ سے بالاتر تھا۔ شہر کے گرد چکر لگانے سے اُنہیں وہ فتح کیسے مل جائے گی جس کے لئے وہ اس ملک میں پہنچے تھے؟

خدا کو ہمیں کچھ سمجھانے کی ضرورت نہیں۔ وہ صرف یہ تقاضا کرتا ہے کہ ہم اس کے کلام کی تابعداری کریں۔ اُنہوں نے خدا کے کلام کو سن کر اس کی تابعداری تو کی لیکن اِس کے ساتھ ہی اُنہوں نے اپنی جانوں کو بھی خطرے میں ڈال لیا تھا۔ وہ آسانی سے دشمن کے تیروں کا نشانہ بن سکتے تھے۔ دیواروں پر تعینات سپاہی اُس وقت اُنہیں اپنے تیروں کا نشانہ بنا سکتے تھے جب وہ یریحو شہر کے گرد چکر لگا رہے تھے۔ ہر ایک قدم جو اُنہوں نے اُٹھایا وہ ایمان کا قدم تھا۔ کئی بار ہمیں بھی میدانِ جنگ میں اُترنے کے لئے بلایا جاتا ہے۔ جس طرح یشوع نے لوگوں کی شہر کے گرد سات دن چکر لگانے میں راہنمائی کی تھی، اُنہیں یاد دلایا گیا کہ خدا اُن کا محافظ ہے۔ وہ اُن کے لئے جنگ لڑے گا۔ جب سات دن پورے ہو گئے تو خدا نے اُس دیوار کو مسمار کر کے اپنے لوگوں کو فتح سے ہمکنار کر دیا۔ ایمان خدا کے طریقہ سے کام کرتا ہے نہ کہ انسانی حکمت پر توکل کرتا ہے۔

ایسا بالکل نہیں کہ بائبل مقدس کے بڑے بڑے سورماؤں اور مقدسین نے ہی بہت بڑے ایمان کا مظاہرہ کیا۔ راحب فاحشہ نے بھی خدا پر ایمان کا مظاہرہ کیا۔ جب جاسوس اس ملک کا حال دریافت کرنے کے لئے گئے تو اُس نے اُنہیں پہچان لیا کہ وہ اسرائیل کے لوگوں میں سے ہیں۔ وہ اپنے دل میں جانتی اور اس بات پر ایمان رکھتی تھی کہ خدا اُن لوگوں کو اُس کی قوم پر فتح سے ہمکنار کرے گا۔ جاسوس سپاہیوں کی مدد کرتے ہوئے اس نے اپنی جان کو بھی خطرے میں ڈالا لیا۔ کیونکہ اسے معلوم تھا کہ خدا اُنہیں فتح بخشے گا۔

جاسوسوں کی مدد کرنے اور اسرائیل کے خدا کی قدرت پر ایمان رکھنے سے نہ صرف اُس کی بلکہ اس کے گھرانے اور عزیز واقارب کی بھی جان بچ گئی۔(31 آیت)

خدا پر توکل اور ایمان کا اظہار کرنے والوں کی فہرست بہت طویل ہے۔32 آیت ہمیں جدعون، سمسون، برک، داؤد، افتح اور دیگر انبیاء کرام کی یاد دلاتی ہے۔اُنہوں نے ایمان سے قوموں کو تسخیر کیا۔ خدا کے لوگوں کے لئے انصاف کی فراہمی کو ممکن بنایا۔ اُنہوں نے خدا کے وعدوں پر توکل کیا اور ان وعدوں کی تکمیل کو دیکھا۔

دانی ایل کے لئے شیروں کے منہ بند ہو گئے اور اس کے دوستوں کے لئے آگ کی شدت میں کمی واقع ہو گئی۔ دانی ایل، اس کے دوست اور ان جیسے کئی اور مرد ایمان تلوار کی دھار سے خدا پر توکل کرنے کے سبب سے بچ گئے۔ کیونکہ خدا کی محافظت اور رہنمائی ان کے شامل حال رہی۔ وہ کوئی خاص لوگ نہیں تھے بلکہ عام لوگ تھے جنہیں خدا نے اپنی کمزوری کے باوجود استعمال کیا۔ خدا پر توکل کرنے اور اس کے کلام پر بھروسہ کرنے کے وسیلہ سے وہ زور آور بن گئے۔

صرف مردوں ہی نے ایمان کا مظاہرہ نہیں کیا تھا بلکہ عورتوں نے بھی ایمان سے اپنے مُردہ بچوں کو زندہ واپس پایا۔ بعضوں کو ستایا اور دھمکا اور طرح طرح سے جسمانی تکلیفیں دی گئیں لیکن انہوں نے اپنے ستانے اور دھمکانے والے لوگوں کے سامنے جھکنے سے انکار کر دیا۔ خداوند کا انکار کرنے کی بجائے اُنہوں نے ستایا جانا منظور کیا۔ ان کا ایمان تھا کہ خدا انہیں محفوظ رکھے گا اور حتیٰ کہ مر بھی جائیں تو خدا انہیں زندہ کرنے کی قدرت رکھتا ہے۔ اُنہیں خدا کے وعدوں کا یقین تھا۔

ایمان سے زندہ رہنے کا ہرگز یہ مطلب نہیں کہ سب اچھا ہی ہو گا اور کوئی ناخوشگوار چیز واقع نہیں ہو گی۔ ایمان سے زندہ رہنے والے کئی دفعہ اپنے ایمان کے سبب بہت زیادہ دُکھ

بھی اُٹھاتے ہیں۔ بعض دفعہ اُنہیں اپنے مخالفین کے طنز و تضحیک کا بھی سامنا کرنا پڑتا ہے۔ خدا کا کلام ایسے ایماندار لوگوں سے بھرا ہوا ہے جنہیں مارا کوٹا، ستایا اور دھمکایا گیا، حتیٰ کہ زنجیروں میں جکڑ کر قید خانوں میں بھی ڈال دیا گیا۔ بعضوں کو سنگسار کیا گیا تو کچھ لوگ آروں سے چیرے گئے۔ حتیٰ کہ بعض تلوار کی دھار کے نیچے بھی آئے۔ (36-37 آیت)

ایمان کے یہ سورما لوگ بہت زیادہ دولتمند نہیں تھے۔ بعض تو ایسے بھی تھے جن کے پاس کچھ بھی نہیں تھا۔ بعض تو بالکل کنگال تھے۔ انہیں مسیح پر ایمان کی وجہ سے ستایا اور طرح طرح سے جسمانی طور پر دُکھ بھی دیا جاتا تھا۔ بعضوں کے پاس تو رہنے کے لئے گھر تک میسر نہیں تھا، وہ صحراؤں، پہاڑوں میں در بدر پھرتے رہے اور اپنے ستانے والوں کے ظلم سے بچنے کے لئے غاروں میں رہنے پر بھی مجبور ہو گئے تاکہ ان کے قہر و غضب سے اپنی جانوں کو محفوظ رکھ سکیں۔

دُنیا نے اُنہیں اپنی نفرت کا نشانہ بنایا لیکن خدا نے یہی سمجھا کہ دُنیا ان کے رہنے کے لائق نہیں ہے۔ ان میں سے بعضوں نے اپنی زندگی میں خدا کے وعدوں کی تکمیل کو نہ دیکھا۔ اُنہوں نے اُمید کا دامن ہاتھ سے نہ چھوڑا۔ خدا پر توکل اور اس کے وعدوں پر آخری دم تک بھروسہ کرتے رہے۔ جب سب کچھ ٹھیک سمت میں جا رہا ہو اِس وقت خدا پر توکل اور بھروسہ کرنا ایک بات لیکن جب حالات و واقعات مخالف سمت میں جا رہے ہوں تو اس وقت خدا پر توکل اور بھروسہ کرنا ایک الگ بات ہے۔ جب وعدوں کی تکمیل بہت دور نظر آتی تھی اس وقت بھی اُنہوں نے خدا کے وعدوں پر بھروسہ کیا۔ اس قدر بھروسہ اور اعتماد کے جان دینے تک اُمید کا دامن ہاتھ سے نہ چھوڑا۔

خدا بھی اپنے وفادار لوگوں سے دستبردار نہ ہوا۔ وہ اُن کے لئے اچھے منصوبے رکھتا تھا۔ وہ

جو خداوند پر توکل کرتے ہیں، وہ خداوند یسوع مسیح کے وسیلہ سے اس کی نجات کو جانیں گے۔ ان لوگوں کی زندگیوں اور اُن کے وسیلہ سے خدا اپنے وعدوں کو پورا کرے گا اور اپنے خوبصورت اور عظیم منصوبوں کو پایہ تکمیل تک پہنچائے گا۔

جس ایمان کا مظاہرہ اس باب میں دیکھنے کو ملتا ہے وہ ہمارے لئے واقعی ایک قابلِ غور بات ہے۔ ہم سے پہلے ہو گزرے ایماندار لوگ ہمیں ایمان کے تعلق سے بہت کچھ سکھا رہے ہیں۔ ان لوگوں نے اپنی جانوں کو خطرے میں ڈالا۔ اُنہوں نے نادیدنی خدا اور اُن وعدوں کی تکمیل کے لئے سب کچھ سہا جو اُن کی زندگی میں کبھی پورے بھی نہ ہوئے۔ یہی مرد و زن حقیقی ایمان والے تھے۔ وہ ہمیں اُن کی طرح چلنے کے لئے ایک چیلنج ہمارے سامنے رکھ رہے ہیں۔ میری دُعا ہے کہ خدا وفادار مرد و زن کی ایک نئی نسل کو اُٹھا کھڑا کرے!!! آمین۔

چند غور طلب باتیں

☆۔ ایمان کی خاطر جو خطرہ ہمیں مول لینا پڑتا ہے، اس باب میں ہم اس کے بارے میں کیا سیکھتے ہیں؟

☆۔ کیا ایسا ہوا کہ آپ اس وقت بھی ایمان کی حالت سے باہر نہ گئے جب آپ کی سمجھ سے بالاتر تھا کہ خدا کس طرح سارے حالات واقعات میں آپ کے لئے کچھ کرے گا؟

☆۔ ایمان کتنے عرصہ تک انتظار کرنے کے لئے تیار رہتا ہے؟

☆۔ کیا ایمان سے زندگی بسر کرنے کا مطلب ہے کہ ہمیں کسی طرح کی مشکل اور آزمائش کا سامنا نہیں کرنا پڑے گا؟ وضاحت کریں۔ اس باب میں موجود چند ایک مثالوں پر غور کریں۔

☆۔ جب ایمان کے سُورماؤں پر غور کی جاتی ہے تو آپ اپنے آپ کو کس مقام پر کھڑا پاتے ہیں؟ کیا آپ بھی ان جیسا ایمان رکھتے ہیں۔

چند اہم دُعائیہ نکات

☆۔ دعا کریں کہ خدا آپ کو فضل اور توفیق دے تاکہ اس پر آپ کا ایمان اور زیادہ بڑھے۔ خداوند سے فضل، توفیق مانگیں تاکہ جس کام کے لئے خدا نے آپ کو بلایا ہے اس کے لئے آپ وفاداری اور تابعداری کی زندگی بسر کرتے رہیں۔

☆۔ ہم سے پہلے ہو گزرے با ایمان مرد و زن کی تحریک انگیز مثالوں اور ان کے کاموں کے لئے خداوند کی شکر گزاری کریں۔

☆۔ خداوند سے ایسے وقتوں کے لئے معافی مانگیں جب آپ اس پر توکل اور بھروسہ کرنے میں ناکام رہے۔ کسی ایک خاص واقعہ پر غور کریں۔

☆۔ خدا سے طاقت، تقویت، فضل اور توفیق مانگیں تاکہ وفاداری، تابعداری اور ایمان سے اس کی راہوں پر چلنے میں کوئی چیز آپ کی راہ میں حائل نہ ہو سکے۔

باب 31

اُس پر غور کریں

عبرانیوں 12 باب 1-12 آیت کا مطالعہ کریں

گزشتہ دو ابواب میں ہم نے مسیحی زندگی میں ایمان کی اہمیت کے تعلق سے بات کی۔ ہم نے یہ بھی دیکھا کہ مسیحی زندگی مشکلات اور مسائل سے ہمیشہ ہی آزاد نہیں ہوتی۔ گاہے بگاہے ہمیں کئی طرح کی ناگوار صورتحال اور نامساعد حالات کا سامنا کرنا پڑ سکتا ہے۔ ہمیں مخالفت اور ایذاہ رسانیوں کا سامنا ہو سکتا ہے۔ ان حالات میں ایمان ہی ہمیں آگے بڑھنے کی توفیق اور تقویت دے گا۔ 12 باب کے شروع ہی میں مصنف اپنے قارئین کو یاد دلاتا ہے کہ اُنہیں بہت سے گواہوں کا بادل گھیرے ہوئے۔ گواہوں سے مراد وہ لوگ ہیں جو ہم سے پہلے مخالفت اور ایذاہ رسانی سے گزر چکے ہیں۔ ہم ان کے تعلق سے 11 باب میں بات کر چکے ہیں۔ دُکھوں اور آزمائشوں کی صورتحال میں اُنہوں نے کیسا ردِ عمل اختیار کیا۔ وہ سب ہمارے لئے مشعلِ راہ ہیں۔ اُنہوں نے ہمارے لئے ایک اچھا نمونہ چھوڑا ہے۔ جب ہمیں کسی تکلیف دہ صورتحال اور مسائل کا سامنا ہوتا ہے تو یہاں پر 11 باب میں مذکورہ مرد و زن گویا ہماری ہمت بندھاتے ہوئے نظر آرہے ہیں۔ وہ حوصلہ افزائی کرتے ہوئے گویا یہ کہہ رہے ہیں کہ فتح ممکن ہے۔ ان لوگوں کی مثال پر غور کرتے ہوئے جو پہلے ہو گزرے ہیں، عبرانیوں کا مصنف اپنے قارئین کو اس بات کے لئے ابھارتا ہے کہ وہ ہر اس بوجھ کو اُتار پھینکیں جو ثابت قدمی سے اس دَوڑ میں دَوڑنے کی راہ میں رکاوٹ بنا ہوا ہے جو اُنہیں درپیش ہے۔ یہاں پر ایک ایسے شخص کی تصویر کشی کی گئی ہے جسے ایک طویل

دوڑ درپیش ہے لیکن وہ بہت سے ساز و سامان سے لدا ہوا ہو۔

ذرا تصور کریں کہ آپ ایک طویل دوڑ میں بہت سا ساز و سامان اُٹھائے شریک ہیں۔ اضافی بوجھ آپ کے لئے نقصان دہ ثابت ہو گا۔ یہ آپ کو سُست روّی کا شکار بنا ڈالے گا اور آپ کی توانائی کو بھی ضائع کر دے گا۔ یہ خطرہ تو بالکل نمایاں ہے کہ آپ اپنی منزل تک نہیں پہنچ پائیں گے کیونکہ آپ نے کچھ ساز و سامان اپنے کندھوں پر رکھا ہوا ہے۔ ذرا تصور کریں کہ آپ صرف بوجھ کے ساتھ ہی نہیں دوڑ رہے بلکہ آپ ایک ایسی راہ پر بھی دوڑ رہے ہیں جہاں جگہ جگہ پر پتھر، جھاڑیاں اور کانٹے بکھرے ہوئے ہیں۔ عین ممکن ہے کہ آپ کے پاؤں ان جھاڑیوں میں اُلجھ جائیں۔ عبرانیوں کا مصنف ہمیں یہی کچھ بتا رہا ہے کہ اگر ہمیں دوڑ میں دوڑنا ہے تو غیر ضروری بوجھ سے خود کو آزاد کرنا اور ایسی راہ کا چناؤ کرنا ہو گا جو پُر خار نہ ہو بلکہ ہموار اور صاف بھی ہو۔ گناہ ہمارے ساتھ یہی کچھ تو کرتا ہے۔ وہ ہمیں آگے بڑھنے سے روک دیتا ہے۔ وہ ہمیں مختلف چیزوں میں اُلجھا کر رکھ دیتا ہے تاکہ ہم اپنی منزل پر پہنچنے کے لئے دوڑ کو جاری نہ رکھ سکیں۔

1 آیت پر غور کریں کہ ہمیں یہی دَوڑ درپیش ہے۔ خدا ہماری زندگیوں کے لئے ایک مقصد اور منصوبہ رکھتا ہے۔ خدا ہی ہمارے لئے راہ کا تعین کرتا ہے۔ ہو سکتا ہے کہ آپ کی راہ مجھ سے قطعی مختلف ہو۔ یہ ہماری ذمہ داری ہے کہ ہم راہ سے آگے پیچھے نہ ہٹیں اور راہ کی ہر ایک دشواری اور رکاوٹ کو ہٹاتے ہوئے آگے بڑھتے اور ثابت قدمی سے دوڑتے رہیں۔

11 باب میں موجود ایمان کے سورماؤں نے یہی کچھ تو کیا تھا۔ مسائل اور مشکلات کے باوجود انھوں نے ہمت نہ ہاری بلکہ آگے بڑھتے رہے۔ وہ ایمان سے ثابت قدم رہے اور اس دَوڑ کو مکمل کیا جو اُنہیں درپیش تھی۔

یہ بات قابلِ غور ہے کہ وہ لوگ جو ہم سے پہلے اس راہ پر چل کر گئے ہیں اُنھوں نے

ہمارے لئے ایک مثال قائم کی ہے۔ تو بھی ہمیں اپنی نگاہیں اُن پر نہیں لگانی۔ وہ ہمارے لئے گواہوں کی حیثیت رکھتے ہیں۔ وہ ایسے تماشائیوں کی حیثیت رکھتے ہیں جنہوں نے خود بھی دَوڑ کو مکمل کیا ہے۔ اور اب وہ سٹیڈیم سے باہر کھڑے ہمیں دوڑتے ہوئے دیکھ رہے ہیں۔ وہ گویا تالیاں بجا کر ہماری حوصلہ افزائی کر رہے ہیں۔ وہ اپنی مثال اور نمونے سے ہماری ہمت افزائی کر رہے اور ہمارے حوصلوں کو بلند کر رہے ہیں۔ لیکن ہم اپنی نظریں کسی طور پر بھی اُن پر نہیں لگاتے۔

2 آیت بتاتی ہے کہ ہمیں اپنی نگاہیں یسوع مسیح کی طرف لگانی ہیں۔ کیونکہ ہم اُس کی طرف دوڑ رہے ہیں۔ وہی ہمارا نشان ہے جس تک ہم نے دوڑ کر پہنچنا ہے۔ لوگوں پر نظریں لگالینا بہت آسان ہے۔ لیکن ہماری نگاہیں یسوع مسیح پر ہونی چاہئے کیونکہ وہی ہمارا نشان اور انعام ہے۔ خداوند یسوع ہی ہماری نگاہ اور توجہ کا مستحق ہے۔

2-3 آیات پر غور کریں کہ خداوند یسوع مسیح کے تعلق سے کیا کہا گیا ہے۔ وہ ہمارے ایمان کا بانی اور ہمارے ایمان کو کامل کرنے والا ہے۔ خداوند یسوع مسیح ہی نے اُنہیں اُمید اور ایمان بخشا تھا۔ خداوند یسوع ہی ان کے ایمان کا منبع تھا۔ اُس نے صلیب پر اپنی جان قربان کر کے انہیں نئی زندگی بخشی۔ اس نے گناہ کی رکاوٹ کو ختم کر کے روح القدس اُن کے دلوں میں دیا۔ خداوند یسوع کے صلیبی کام کی وجہ سے ایمان اُن کے دلوں میں پھوٹ پڑا۔ غور کریں کہ خداوند یسوع مسیح ان کے ایمان کا بانی ہی نہیں بلکہ ان کے ایمان کا کامل کرنے والا بھی تھا۔ اس کا مطلب ہے کہ خدا نے جو ایمان ان کے دلوں میں رکھا تھا، وہ اُنہیں بڑھانے کی بھی قدرت رکھتا تھا۔ اسی نے اُن کے ایمان کو بڑھا کر انہیں روحانی پختگی اور مضبوطی کی طرف لے جانا تھا۔ وہی ہے جو ہمارے دلوں میں ایمان رکھتا، اُسے بڑھاتا، ہمیں پختہ اور مضبوط کر کے ہمارے ایمان کو کامل بھی کرتا ہے۔

2 آیت میں مصنف اپنے قارئین کو یاد کراتا ہے کہ جب خداوند یسوع مسیح کوہِ کلوری کی طرف بڑھا تو اُس کے سامنے ایک بہت بڑی خوشی تھی جس کہ بنا پر اس نے اپنے دُکھوں کی بالکل بھی پرواہ نہ کی۔ اُسے خوشی فتح کی یقین دہانی اور خدا باپ کے دہنی طرف بیٹھنے کا شرف واستحقاق تھا۔ اس کی موت کے وسیلہ سے بہت سے زندگی پا گئے۔ وہ ہر طرح سے آزمایا، ستایا اور دھمکایا گیا تو بھی ہر ایک چیز پر غالب آیا۔ اس نے صلیب کے دکھ، شرم اور ذلت ورسوائی کو برداشت کیا۔ اُس نے ہمت نہ ہاری، جس وجہ سے وہ فتح سے ہمکنار ہوا۔ خداوند یسوع مسیح اب خدا باپ کی دہنی طرف بیٹھا ہے۔ یاد رہے کہ دھنی طرف بیٹھنا عزت واستحقاق کی بات ہے۔

جسم اور گناہ کے خلاف جنگ میں ہمیں خداوند یسوع پر غور کرنا چاہئے جو ہمارے لئے کامل نمونہ اور مثال ہے۔ خداوند یسوع کی ذاتِ اقدس اور اُس کا صلیب پر کیا گیا کام ہمارے لئے ایک تحریک کا باعث ہونا چاہئے۔ مشکل گھڑی میں کون سی چیز ہمیں سنبھالے گی۔ اپنی آنکھیں خداوند یسوع مسیح پر لگاتے ہوئے ہمیں اس کام پر غور کرنا چاہئے جو اُس نے ہمارے لئے سرانجام دیا ہے۔ خداوند یسوع مسیح کا صلیب پر کیا گیا کام آپ کے لئے ایک تحریک اور جذبہ بن جائے اور آپ اُسے اپنے سارے دل، اپنی ساری جان اور طاقت سے پیار کرنے والے بن جائیں۔ اُس کے وعدے اور معافی مشکل گھڑیوں میں آپ کو سنبھالے رہیں۔ جو محبت اُس نے صلیب پر دکھائی ہے، اس کے باعث آپ اپنا سب کچھ اُس کے قدموں میں رکھ دیں۔ ابدیت کے وعدے آپ کے اندر ایسی تحریک اور جذبہ پیدا کریں کہ آپ اس دُنیا کی چیزوں پر توجہ دئے بغیر آسمانی چیزوں کے مشتاق رہیں۔

اس خط کے مصنف نے اگرچہ اپنے ایمان کی خاطر بہت دُکھ اٹھایا تھا لیکن ابھی تک اپنے ایمان کی خاطر اُسے موت کا سامنا نہیں ہوا تھا۔ میں ایک ایسے سپاہی کی تصویر کو پسند کرتا

ہوں جو زمین کے ایک قطعہ کے لئے جنگ کر رہا ہو۔ جب دشمن اس پر حملہ آور ہوتا ہے تو وہ اُس کے خلاف مزاحم ہوتا ہے۔ مزاحم ہونے کا عمل اس وقت تک رُک نہ پائے گا جب تک اس سپاہی کا خون بہنا شروع نہ ہو جائے اور بالآخر وہ مر کر زمین پر نہ گر پڑے۔ وہ اچھے اور وفاداری سپاہی کی طرح آخری دم تک لڑتا ہے۔ ہم میں سے ہر ایک کو خدا نے ایسی ہی زندگی بسر کرنے کے لئے بلایا ہے۔ عبرانیوں کا مصنف 5 آیت میں اپنے قارئین کو امثال 3 باب 11-12 آیات میں خدا کا کلام یاد کراتا ہے۔ "اَے میرے بیٹے خداوند کی تنبیہ کو حقیری نہ جان اور اُس کی ملامت سے بیزار نہ ہو۔ کیونکہ خداوند اُسی کو ملامت کرتا ہے جس سے اُسے محبت ہے۔ جیسے باپ اُس بیٹے کو جس سے وہ خوش ہے۔"

یہاں پر انجیل کی خاطر دُکھ اٹھانے اور اُس تنبیہ میں گہرا تعلق پایا جاتا ہے جو خداوند ہمیں کرتا ہے۔ یہ آیات ہماری توجہ اس طرف مبذول کرتی ہیں کہ ہم دُکھوں اور مشکل وقت کو خدا کی تنبیہ کے حصہ کے طور پر دیکھیں۔ جب ہم اپنے دُکھوں اور مشکل گھڑیوں کو دیکھیں گے تو اس سے دُکھوں کے تعلق سے ہمارے طرزِ فکر اور روّیوں میں گہری تبدیلی واقع ہو گی۔ جب ہم دُکھوں اور آزمائشوں کو ابلیس کی طرف سے یا پھر اس بے ایمان دُنیا کی طرف سے اپنی زندگی میں آتا ہوا دیکھتے ہیں تو ہم ان دُکھوں اور مشکلات کے خلاف مزاحم بھی ہوتے ہیں اور اُن سے رہائی اور آزادی کے لئے خدا سے استدعا بھی کرتے ہیں۔ دراصل خدا ان دُکھوں اور مشکلات کے وسیلہ سے ہماری تربیت بھی کرتا ہے۔ اگر ہم اِن چیزوں سے فوری چھٹکارا پالیں تو ہم وہ سبق بھی نہ سیکھ پائیں گے جو دراصل ان حالات اور مشکلات سے گزر کر ہمیں ملتے ہیں۔ دراصل خدا ان حالات اور مشکلات کو ہماری کانٹ چھانٹ اور بہتری کے لئے استعمال کرنے کی قدرت رکھتا ہے جو ابلیس ہماری زندگیوں اور خدمت میں لاتا ہے۔ ہمیں اس صورتحال میں یاد رکھنا ہو گا کہ خدا ہماری مشکلات اور

ابلیس سے بڑا اور عظیم ہے۔ جو کچھ ابلیس ہماری زندگی میں لاتا ہے، نہ صرف خدا ہمیں اس پر فتح بخشے گا بلکہ ان حالات کو ہماری بھلائی اور اپنے جلال کے لئے بھی استعمال کرے گا۔

بہتری اور بھلائی اسی میں ہے کہ ہم مشکل گھڑیوں اور دکھ بھرے حالات میں خداوند پر توکل اور بھروسہ کریں۔ اپنے دُکھوں، امتحانوں اور آزمائشوں کو معمولی نہ سمجھیں جن سے آپ گزر رہے ہیں۔ بے سوچ سمجھے جلد بازی سے اپنی مشکلات اور مسائل کے خلاف مزاحم ہو کر اُن کو ڈانٹنا شروع نہ کر دیں اور نہ ہی اُن سے جان چھڑانے کی کوشش اور تگ و دو میں لگ جائیں۔ خدا کی آواز کو سنیں کہ وہ دُکھ بھرے حالات میں خدا آپ سے کیا کہہ رہا ہے، وہ سیکھیں جو خدا آپ کو سکھانے کی کوشش کر رہا ہے۔ اپنے آپ کو خالی کریں تا کہ اس کی تنبیہ آپ کی زندگی سے بغاوت اور گناہ کو ختم کر ڈالے۔ دُکھ بھرے حالات اور مشکلات آپ کو اس کے اور زیادہ قریب لے آئیں، دُکھ، مشکلات اور نامساعد حالات ہمیشہ ہی بُرے نہیں ہوتے۔ اور نہ ہی ہمیشہ یہ سب کچھ ابلیس کی طرف سے ہوتا۔ ہمارا خداوند بھی اِنہی راہوں سے گزر کر کامل ہوا۔ "اور باوجود بیٹا ہونے کے اُس نے دُکھ اُٹھا اُٹھا کر فرمانبرداری سیکھی۔" (عبرانیوں 5 باب 8 آیت)

بلاشبہ خداوند ہمارے دُکھ درد کو ہماری زندگی سے ختم کرنے کی قدرت رکھتا ہے لیکن اس کی بجائے وہ اُنہیں ہماری بھلائی اور اپنے جلال کے لئے استعمال کرنے کا چناؤ کرتا ہے۔ ابلیس کی پریشانی پر غور کریں جو اُسے اُس وقت ہوتی ہے جب وہ دیکھتا ہے کہ وہ دُکھ، مشکلات اور حالات جو وہ ہماری زندگی میں لایا تھا خدا نے اُنہیں ہماری مضبوطی، پختگی اور ترقی کے لئے استعمال کیا ہے اور وہ ساری منفی صورتحال ہمیں اور زیادہ خداوند یسوع مسیح کے قریب لے آئی ہے۔

خداوند جنہیں عزیز رکھتا ہے اُنہیں تنبیہ بھی کرتا ہے۔(7 آیت) ایسے باپ کو تصوّر کی آنکھ سے دیکھیں جو اپنی اولاد کو تنبیہ نہیں کرتا بلکہ جو کچھ بھی وہ کرتے ہیں اُنہیں کرنے دے۔ زیادہ وقت نہیں لگے گا جب اُس کی اولاد مشکلات، ذلت اور رسوائی کا شکار ہو جائے گی۔ بچوں کی ایک سمت اور راہنمائی اور تنبیہ و تربیت درکار ہوتی ہے تب کہیں جا کر وہ فعال اور مؤثر زندگی بسر کرنے کے قابل ہوتے ہیں۔ جن والدین کو اپنی اولاد سے محبت ہوتی ہے، وہ بروقت اُن کی تعلیم و تربیت اور تنبیہ کرتے ہیں تاکہ وہ درُست راہ پر چلنے کا چناؤ کر سکیں۔ خدا بھی ہمارے ساتھ کچھ ایسا ہی کرتا ہے۔ وہ چاہتا ہے کہ ہم اپنی پوری صلاحیتوں اور لیاقتوں کو برُوئے کار لائیں۔ اس مقصد کے لئے خدا کو ہماری تربیت اور تنبیہ کرنی پڑتی ہے۔ اگر کسی صورتحال، دُکھ درد اور مصیبت کے پیچھے ابلیس کا ہاتھ بھی ہو تو بھروسہ رکھیں کہ خدا وہ سب کچھ اپنے جلال اور مقصد کی تکمیل اور ہماری بہتری، بھلائی اور برکت کے لئے استعمال کرے گا۔

یہ حقیقت ہے کہ خدا ہماری تربیت اور ہمیں تنبیہ کرتا ہے اس بات کا واضح اظہار ہے کہ وہ ہمیں اپنے فرزند اور بیٹیاں سمجھتا ہے۔ کوئی بھی والدین اپنے پڑوسیوں کے بچوں کو تنبیہ کرنے میں کوئی خاص دلچسپی نہیں رکھتے۔ (اگرچہ کبھی کبھار ایسا کرنے کے لئے ہمارا دل کچھ قائلیت محسوس بھی کرتا ہے۔) والدین کی دلچسپی اور فکر اپنے بچوں کی تربیت کرنا ہی ہوتی ہے۔ جب خدا ہماری تربیت کرے تو جان لیں کہ وہ ہمیں اولاد سمجھتا ہے۔ وہ ہم میں شخصی طور پر دلچسپی لے رہا ہے۔ جس طرح ہمارے زمینی باپ ہماری تعلیم و تربیت کرتے ہیں اور ہماری کانٹ چھانٹ کرتے ہیں۔ وہ ہمارے لئے ایک ٹھوس بنیاد فراہم کرتے ہیں تاکہ ہم اس بنیاد پر اپنی زندگیوں کی تعمیر کر سکیں۔ بالکل اسی طرح خدا بھی ہمارے لئے ایسا ہی کام کرتا ہے۔ ہمیں خداوند کے شکرگزار ہونا چاہئے کہ وہ ہم میں اس قدر دلچسپی لیتا

اور ہمیں مضبوط دیکھنا چاہتا ہے۔ جب ہم خداوند سے تنبیہ اور تربیت پا کر وہ کچھ سیکھ جائیں گے جو وہ ہمیں سکھانا چاہتا ہے تو ہم اپنے ایمان میں مضبوط اور پختہ ہو جائیں گے۔ ہماری روحانی زندگیوں کی بنیاد ٹھوس اور مضبوط ہو جائے گی۔ 10 آیت میں مصنف اپنے قارئین کو یاد کراتا ہے کہ خداوند کی تعلیم و تربیت ہمیشہ ہماری بھلائی اور بہتری کے لئے ہوتی ہے۔ مقصد یہی ہوتا ہے کہ ہم اس کی پاکیزگی میں شامل ہوں۔ تنبیہ اور تربیت سے خدا ہمیں اس بدی اور ناپاکی سے رہائی بخشتا ہے جو ہمیں خداوند سے الگ کئے ہوتی ہے۔ تنبیہ و تربیت سے خدا ہماری کانٹ چھانٹ کرتا اور اُن تمام شاخوں کو ہماری زندگی سے کاٹ دیتا ہے جو پھل نہیں لا رہی ہوتیں۔ تاکہ ہماری زندگیاں اور بھی زیادہ پھل دار اور بارآور ہو جائیں۔

یہ بات سچ ہے کہ تربیت اور تنبیہ ہمیشہ خوشی کا باعث نہیں ہوتی بلکہ ہمیشہ تکلیف دہ ہی ہوتی ہے۔ سچ تو یہ ہے کہ تنبیہ بالاخر ہماری زندگیوں میں سلامتی اور راستبازی کی بڑی فصل پیدا کرتی ہے۔ اگر آپ وہ زندگی بسر کرنا چاہتے ہیں جو خدا چاہتا ہے تو پھر تنبیہ اور تربیت کو اپنی زندگی میں قبول کرنا سیکھیں۔ اگر آپ اپنی زندگی میں خدا کے اطمینان کو دیکھنا چاہتے ہیں تو پھر اُسے اُن تمام چیزوں کا خاتمہ کرنے دیں جو اُس کے اطمینان کو آپ کی زندگی سے دُور رکھے ہوئے ہیں۔ تنبیہ ہماری ہی بہتری کے لئے ہوتی ہے، اس سے بالاخر ہم بڑے فوائد اور فضائل اور روحانی فصل کو حاصل کرتے ہیں۔ یاد رہے کہ ایسا تب ہی ہو گا جب آپ خدا کی تنبیہ اور تربیت کو اپنی زندگی میں کام کرنے کا موقع دیں گے۔ یہ خطرہ بھی موجود ہے کہ آپ تنبیہ پا کر بھی تربیت پزیر نہ ہوں۔ عین ممکن ہے کہ ہم خدا کی تربیت اور تنبیہ کو رد کر دیں اور وہ سبق نہ سیکھ پائیں جو خدا اس کے وسیلہ سے ہمیں سکھانا چاہتا ہے۔

ان حقائق کی روشنی میں مصنف اپنے قارئین کو ابھارتا ہے کہ وہ کمزور ہاتھوں اور سُست

گھٹنوں کو مضبوط کریں۔ بالفاظ دیگر انہیں مضبوط ہونا اور اس بات کو جاننا تھا کہ خدا ہر طرح کی صورتحال سے واقف اور اس پر غالب ہے۔ وہ ابلیس کی پیدا کردہ مشکلات اور مسائل کو بھی اپنے جلال اور ہماری برکت کے لئے استعمال کرنے کی قدرت رکھتا ہے۔ دُکھوں میں بھی شادمان ہونے کی وجہ ہمارے پاس موجود ہے۔ ہم شادمان ہو سکتے ہیں کیونکہ خدا اپنے فرزند اور بیٹیاں جانتے ہوئے ہماری تربیت کر رہا ہے۔ ہر ایک اتھلیٹ جانتا ہے کہ اگر وہ مناسب ورزش نہ کر پائے اور اس کی صلاحیتوں، لیاقتوں اور توانائیوں کی حدوُد میں اضافہ نہ ہوا تو وہ اس دَوڑ میں کامیابی سے نہیں دَوڑ پائے گا جس کے لئے اس کی تربیت کی جا رہی ہے۔ لازم ہے کہ ہماری پٹھوں اور نسوں میں مضبوطی اور وُسعت پیدا ہو۔

اس کا مقصد ہماری تباہی نہیں بلکہ سلامتی ہے تاکہ ہم راستبازی کے کاموں میں اور زیادہ پھل دار ثابت ہوں۔ اگر ہم دورانِ ورزش تکلیف، تناؤ اور کھچاؤ برداشت نہ کر پائیں تو ہماری لیاقتوں، توانائیوں اور صلاحیتوں میں خاطر خواہ اضافہ نہ ہو پائے گا۔ ہمیں اپنے سُست گھٹنوں کو مضبوط اور بازوؤں کو مستعد کرنا ہے تاکہ وہ کام کر سکیں جو خدا نے ہمیں کرنے کے لئے بلایا ہے۔ اُس دوڑ میں ثابت قدمی سے دوڑ سکیں جس میں دوڑنے کے لئے خدا نے ہمیں بلایا ہے۔ خدا جس نے ہم میں ایمان پیدا کیا ہے وہ اُس میں اضافہ اور وُسعت بھی پیدا کرے گا لیکن ان دُکھوں، مشکلات اور نامساعد اور ناگوار حالات سے گزار کر جن سے ہم اس وقت گزر رہے ہیں۔

چند غور طلب باتیں

☆۔ مسیحی زندگی میں کون سی چیز آپ کو پیچھے کی طرف لے جا رہی ہے؟ آپ کس گناہ پر غالب آنے کے لئے کشمکش کا شکار ہیں؟ آپ کو اس تعلق سے کیا کرنا ہے؟

☆۔خدانے آپ کے لئے کون سی راہ مقرر کی ہے؟ کیا آپ اسی راہ پر چل رہے ہیں؟

☆۔اس دُنیا میں زندگی بسر کرتے ہوئے جب آپ کو آزمائشوں، مشکلات اور دُکھوں کا سامنا ہوتا ہے تو پھر آپ کو خداوند یسوع مسیح کی ذاتِ اقدس اور صلیب کے کام میں کیا حوصلہ افزائی ملتی ہے؟

☆۔ مسیحی زندگی میں دُکھوں کے تعلق سے ہمارا روّیہ کس طرح اثر انداز ہوتا ہے کہ ہم کس طرح اُن کا سامنا کرتے ہیں؟ ☆۔ خدا بطور فرزند ہماری تربیت اور تنبیہ کیوں کرتا ہے؟

چند اہم دُعائیہ نکات

☆۔خداوند سے دُعا کریں کہ وہ گناہ منکشف کرے جو آپ کو مسیحی زندگی میں آگے بڑھنے سے روکے ہوئے ہے؟

☆۔خداوند کی شکر گزاری کریں کہ وہ ان سب حالات و واقعات کو جو ابلیس ہمارے خلاف پیدا کرتا ہے، اُنہیں استعمال کر سکتا ہے کہ ہم اور زیادہ اُس کے قریب ہو جائیں۔

☆۔ شخصی طور پر جن مشکلات اور دُکھوں کا آپ کو سامنا ہے، دُعا کریں کہ ان کے تعلق سے خدا آپ کے روّیہ کو تبدیل کرے۔خداوند سے دُعا کریں کہ وہ ان دُکھوں کے وسیلہ سے آپ کو وہ کچھ سکھائے جو کچھ آپ کو سکھانا چاہتا ہے۔

☆۔خداوند کی شکر گزاری کریں کہ وہ ایک باپ کی طرح روحانی نشو ونما اور ترقی کے لئے آپ کی فکر کرتا ہے تا کہ آپ بارآور اور فعال زندگی بسر کر سکیں۔

باب 32

اَمن سے زندگی بسر کریں

12 باب 13- 17 آیت کا مطالعہ کریں

ہم گزشتہ چند ابواب میں مسیحی زندگی گزارنے میں درپیش مشکلات اور مسائل کا جائزہ لے رہے تھے۔ خداوند نے ہمیں آرام دہ زندگی بسر کرنے کے لئے نہیں بلکہ پُر خار راہوں پر چلنے کے لئے بلایا ہے۔ خداوند کے ساتھ چلتے ہوئے ہمیں کئی ایک مشکلات، ناگوار حالات اور مسائل کا سامنا ہوتا ہے۔ اس باب کے ابتدائی حصہ میں عبرانیوں کا مصنف اپنے قارئین کو یہ تلقین کرتا ہے کہ وہ اپنی نگاہیں خداوند یسوع مسیح پر لگائے آخر تک ثابت قدمی سے اپنے ایمان میں قائم رہیں۔ اُس نے اُنہیں یہ بھی تلقین کی ہے کہ اگر اُنہوں نے ثابت قدم رہنا ہے تو اس بوجھ کو بھی اتار پھینکیں جو انہیں دوڑ میں دوڑنے سے روکتا یا اُن کے لئے دشواری پیدا کرتا ہے۔ اس باب میں ہم اس بات کا جائزہ لیں گے کہ اُن میں سے ایک رکاوٹ ہمارے دوسرے کے ساتھ کشیدہ اور ناخوشگوار تعلقات ہیں۔

13 آیت میں قارئین کے سامنے یہ چیلنج بھی رکھا گیا ہے "اور اپنے پاؤں کے لئے سیدھے راستے بناؤ تاکہ لنگڑا بے راہ نہ ہو بلکہ شفا پائے۔"

یوں محسوس ہو رہا ہے کہ مصنف اپنے قارئین سے یہ کہہ رہا ہے کہ جب وہ مسیحی زندگی بسر کرتے ہیں تو خیال رکھیں کہ ایسا طرزِ زندگی اپنائیں کہ اپنے پیچھے یا بعد میں آنے والوں کے لئے کسی طرح سے ٹھوکر کا باعث نہ ہوں۔ اُن کی منفی گواہی کسی طرح سے نئے آنے والوں کے لئے کسی طرح کی رکاوٹ نہ بن جائے۔ ان کے بعد ایمان لانے والے کچھ بھائی

اور بہنیں کمزور بھی ہو سکتے ہیں، انہی کمزور لوگوں کو لنگڑے کہا گیا ہے۔ وہ لنگڑا کر چلتے بلکہ بیساکھیوں کے سہارے چلتے ہیں اور آسانی سے گر بھی سکتے ہیں۔ ہمیں ایسا مسیحی طرزِ زندگی اور مضبوط گواہی کے ساتھ اس دُنیا میں رہنا ہے تاکہ ہمیں دیکھنے والے ٹھوکر کھا کر گر نہ پڑیں بلکہ ہماری زندگی اور گواہی ان کے لئے مشعلِ راہ ہو۔ بالکل ایسے ہی جس طرح عبرانیوں 11 باب میں ایمان کے سُورماؤں کی گواہیاں، طرزِ زندگی اور ثابت قدمی ہمارے لئے ایک مثال بن گئی ہے۔ 13 آیت میں عبرانیوں کا مصنف ہمارے سامنے یہ چیلنج رکھ رہا ہے کہ ہم ایسا طرزِ زندگی اپنائیں جو دوسروں کے لئے مشعلِ راہ، ایک مثال، حوصلہ افزائی، بحالی، مضبوطی اور دلیری کا باعث ہو۔

یاد رہے کہ مصنف دُکھوں، آزمائشوں، ایذا رسانیوں اور مصائب و مسائل کے متن میں بات کر رہا ہے۔ ہم 11 باب میں پہلے ہی دیکھ چکے ہیں کہ کس طرح ایمان کے سُورماؤں نے خدا کے مقصد اور منصوبوں کی تکمیل کے لئے دُکھ اُٹھایا، وہ پیچھے نہ ہٹے بلکہ ثابت قدم اور قائم رہے اور اپنی جانوں تک کا نذرانہ اس کے حضور پیش کر دیا۔ اُنہوں نے اپنے قدموں کے لئے راہیں ہموار کیں اور ہمارے لئے ایک نمونہ چھوڑا تاکہ اُن کی گواہی اور مثال سے ہماری ہمت افزائی ہو سکے۔ دُکھوں اور ایذا رسانیوں کے باوجود اُنہوں نے دوسروں کے لئے ٹھوکر کھانے اور بے دل ہو جانے کی کوئی وجہ باقی نہیں چھوڑی۔ ہم اپنے پیچھے آنے والوں کے لئے کیسی گواہی چھوڑ رہے ہیں؟ کس طرح سے ہماری گواہی اور طرزِ زندگی دوسروں کے لئے ایک رکاوٹ بنا ہے؟ یہ بات بالکل واضح ہے ہم مسیحی زندگی کے سفر میں اکیلے مسافر نہیں ہیں ہمارے ارد گرد اور لوگ بھی اس راہ پر محوِ سفر ہیں، ہمارے اعمال و افعال، طرزِ زندگی، روّیے دوسروں پر گہرے طور پر اثر انداز ہو سکتے ہیں۔ خدا نے ہمیں ایسی زندگی بسر کرنے کے لئے اس دُنیا سے الگ کیا ہے جو دوسروں کے لئے باعث

برکت اور حوصلہ افزائی کا باعث ہو۔ ہماری زندگی دوسروں کے لئے مشعلِ راہ اور مثال بن جائے۔ اگر ہم اس میں ناکام ہوئے تو ہماری زندگی دوسروں کے لئے ایک بوجھ اور رکاوٹ بن سکتی ہے جس سے وہ ٹھوکر کھا کر گر بھی سکتے ہیں۔

14 آیت میں عبرانیوں کے مصنف نے اپنے قارئین کو دوسروں کے ساتھ میل ملاپ سے رہنے اور پاکیزہ زندگی بسر کرنے کی بھرپور کوشش کرنے کے لئے کہا ہے 14 آیت میں عبرانیوں کا مصنف واضح طور پر کہتا ہے " سب آدمیوں " کے ساتھ۔ اس میں وہ لوگ بھی شامل ہیں جو ہمیں ستاتے اور دھمکاتے ہیں۔ ایسا کرنا ہمیشہ آسان نہ ہو گا۔ بعض لوگوں کے ساتھ صلح اور سلامتی سے رہنے کے لئے واقعی بڑی تگ و دَو کرنا پڑتی ہے۔ ہو سکتا ہے کہ ہم جسمانی طور پر کچھ لوگوں کے ساتھ صلح اور سلامتی اور پُر امن طریقہ سے رہنا پسند نہ کریں۔ خداوند نے ہمیں اپنی خودی کا انکار کرنے اور مسیح کی محبت کو ہمارے دلوں کو معمور کرنے کے لئے بلایا ہے، اُن لوگوں کے لئے بھی جنہیں محبت کرنا مشکل یا ناممکن دکھائی دیتا ہے۔

14 آیت میں اپنے بھائیوں کے ساتھ صلح اور سلامتی کے ساتھ رہنے اور پاک ہونے کے درمیان ایک تعلق پایا جاتا ہے۔ ہماری بلاہٹ یہی ہے کہ ہم جسم اور اُس کے خواہشوں، اپنی خودی اور تکبر کا انکار کر کے اپنے بھائیوں، بہنوں اور حتیٰ کہ ستانے والوں کے ساتھ بھی صلح اور سلامتی کے طالب ہوں۔ ایسا کرتے ہوئے ہم خداوند کی خوشنودی اور حقیقی پاکیزگی کا مظاہرہ کرتے ہیں۔ پاکیزگی کا براہِ راست تعلق ہمارے ارد گرد بسنے والے لوگوں سے ہے۔

14 آیت پر غور کریں کہ اس پاکیزگی کے بغیر کوئی خدا کو نہ دیکھ سکے گا۔ جس پاکیزگی کا یہاں پر ذکر کیا گیا ہے، اس سے مراد اچھے اور پاک بننے کے لئے ہماری کاوِش نہیں ہے۔

بہت سے نیک اور اچھے لوگ اس دُنیا میں موجود ہیں جو خدا کو نہ دیکھ پائیں گے۔ پاکیزگی جس کا یہاں پر ذکر کیا گیا ہے اس سے مراد روح القدس کا کام ہے۔ یہ پاکیزگی ہمیں اس وقت حاصل ہوتی ہے جب ہم خداوند یسوع مسیح کے صلیبی کام کو سمجھ کر اپنے گناہوں کی معافی حاصل کرتے اور خدا کے حضور راستباز ٹھہر کر اپنا تعلق اور رشتہ خدا اور دوسرے لوگوں سے استوار کرتے ہیں۔ یہ پاکیزگی روح القدس کے اس کام کا بھی نتیجہ ہے جو وہ ہمارے باطن میں کرتا ہے تاکہ ہم روز بروز مسیح کی مانند بنتے چلے جائیں۔

یہ بات قابلِ غور اور یاد رکھنے والی ہے، یہ سچ ہے کہ ہمیں دوسروں کے ساتھ صلح کے طالب رہنا اور ہر ممکن کوشش کرنی ہے کہ ہمارے تعلقات دوسروں کے ساتھ کشیدگی اور رکاوٹ کا باعث نہ ہو، لیکن اس کا ہرگز یہ مطلب نہیں کہ ہمارا کوئی مخالف یا دُشمن نہیں ہوگا۔ خداوند یسوع مسیح کے دُشمن تھے۔ رسولوں اور شاگردوں نے بھی دوسروں کے ہاتھوں مخالفت اُٹھائی۔ ممکن ہے کہ بعض بھائیوں اور بہنوں کے ساتھ ہمارے معاملات بعض وجوہات کی بنا پر اچھے نہ بھی ہو سکیں۔ تاہم مصنف کا نکتہ یہی ہے کہ ہم اپنی طرف سے بھرپور کوشش کریں

15 آیت میں اسی حوالہ سے بات کرتے ہوئے مصنف بیان کرتا ہے کہ ہم موقع نہ دیں کہ کوئی کڑوی جڑ ہماری زندگیوں میں پھوٹنے پائے۔ عبرانیوں کا مصنف کڑواہٹ کے تعلق سے یہاں پر تین چیزیں بیان کرتا ہے۔

اوّل۔ جب کوئی شخص اپنے کسی بھائی یا بہن کے خلاف کڑواہٹ کو اپنے دل میں رکھتا ہے تو ناگزیر تو پر وہ کڑواہٹ اور تلخی کسی مشکل اور مسئلے کو جنم دے سکتی ہے۔ تلخی اور کڑواہٹ ایسا بم ہوتا ہے جو پھٹنے کے لئے ہر وقت تیار رہتا ہے۔ ایسا وقت آتا ہے جب وہ پھٹ جاتا ہے تو پھر مسیح کے بدن کو بہت حد تک نقصان بھی پہنچاتا ہے۔ اگر یہ بم جلد نہ بھی پھٹے تو

دوسرا خطرہ یہ ہے کہ یہ بم ہمیں اندر ہی اندر سے زہر آلودہ کرتا رہتا ہے۔ نہ صرف ہم اس زہر سے متاثر ہوتے ہیں بلکہ یہ زہر مسیح کے بدن کو بھی مشکل سے دوچار کر دیتا ہے۔

دوئم۔ تلخی اور کڑواہٹ دوسروں کو بھی " آلودہ " کرتی ہے۔ ایسا نہیں کہ آپ تلخی اور کڑواہٹ کو اپنے تک ہی محدُود رکھیں۔ یہ دوسروں تک بھی وبائی امراض کی طرح پہنچتی ہے۔ ہمارے روّیوں، الفاظ اور طرز فِکر اور طرزِ عمل سے یہ دوسروں میں بھی سرایت کر جاتی ہے۔ اسی لئے ہمیں یہ تلقین کی گئی ہے کہ ہم اپنی زندگیوں میں کسی طرح کی کوئی کڑوی جڑ پھوٹنے نہ دیں۔ اس سے پہلے کہ اُس کی نشو ونما ہو اور یہ اپنا پھل پیدا کرے ہمیں اس جڑ کو کاٹ ڈالنا ہے۔ تلخی کا پھل ہمیشہ بُرا ہی ہوتا ہے۔ یہ آسانی سے چھپ نہیں سکتی۔ یہ لازمی طور پر دوسروں میں منتقل ہو کر اُنہیں بھی آلودہ کر دیتی ہے۔

تلخی اور کڑواہٹ کو اپنی زندگی میں جگہ دینے سے ہم خدا کے فضل سے محروم ہو سکتے ہیں۔ جب ہم فضل کی بات کرتے ہیں تو اس سے مراد ہماری زندگی میں اُس کی برکات، اُس کی مہربانی اور نظرِ عنایت ہے۔ متی 6 باب 15 آیت ہمیں بتاتی ہے کہ اگر ہم دوسروں کے قصور معاف نہیں کریں گے تو خدا ہمارے قصور معاف نہیں کرے گا۔ خدا کا کلام شوہروں کو تلقین کرتا ہے کہ وہ اپنی بیویوں سے محبت کریں اور اُنہیں عزت دیں ایسا نہ ہو کہ اُن کی دُعائیں رُک جائیں۔ (1 پطرس 3 باب 7 آیت) تلخی بڑھتے رہے تو خدا کی برکات کے بہاؤ میں رکاوٹ پیدا ہو جاتی ہے۔ اس لئے بہت ضروری ہے کہ ہم تلخی کی جڑ کو فوری طور پر کاٹ دیں، ایسا نہ ہو کہ یہ ہمارے لئے بھی رکاوٹ کا باعث بنے۔ دوسروں کو بھی آلودہ کرے اور ہمیں خدا کی مہربانی، نظرِ عنائت اور برکات سے محروم کر دے۔

16 آیت میں مصنف قارئین کو حرامکاری کے تعلق سے خبر دار کرتا ہے۔ ہر طرح کے ناپاک جنسی خیالات، شہوت پرستی اور ناپاک حرکات وافعال بلا تاخیر ہمیں اپنی زندگیوں

سے ختم کر دینے چاہئے۔ یہ بھی کسی بوجھ سے کم نہیں جو ہمیں اُس دوڑ کو کامیابی سے ختم کرنے میں رکاوٹ بن سکتا ہے جو خدا نے ہمارے سامنے ایک نشان کے ساتھ رکھی ہے۔ اس صورت میں بھی ہم خدا کی برکات سے محروم ہو سکتے ہیں اور صرف یہی نہیں اپنے پیچھے آنے والوں کے لئے بھی ہم رکاوٹ کا باعث بن سکتے ہیں۔ ہماری زندگی، گواہی اور ہمارا چال چلن اُن کے لئے ٹھوکر کا باعث بن سکتا ہے۔

16 آیت میں مصنف اپنے قارئین کو عیسو کا بے دین روّیہ یاد کراتا ہے۔ اُس نے ایک وقت کے کھانے کے لئے اپنی برکت کھو دی۔ اس نے اپنی میراث کو وقتی خوشی اور تسلی کے لئے حقیر جانتے ہوئے دُور پھینک دیا۔ جب عیسو ایک مرتبہ اپنی برکت گنوا بیٹھا تو دوبارہ اُس نے آنسو بہا بہا کر اُسے واپس لینا چاہا لیکن کامیاب نہ ہو سکا۔ ایک وقت کے کھانے کی خاطر دُور پھینکی جانے والی برکت دوبارہ واپس نہ ہو سکی۔ جب تلخی، حرامکاری اور ناپاکی جیسی چیزیں ہماری زندگی میں پنجے گاڑ لیتی ہیں تو ہمارا حال بھی عیسو جیسا ہی ہوتا ہے۔ وقتی خوشی کے لئے ہم اپنی برکت کھو سکتے ہیں۔ یہ ساری چیزیں ہمیں خدا کی الٰہی اور اعلیٰ برکات سے محروم کر سکتی ہیں جو کہ وہ ہمیں دینا چاہتا ہے۔

ہمیں اس باب سے حاصل شدہ سبق یاد رہنا چاہئے۔ ہم مسیح کے بدن میں موجود بھائیوں سے بد سلوکی، نارواں روّیہ اور تلخ کلامی اختیار کر کے خدا کی برکات کو کھو سکتے ہیں۔ تلخی اور حرامکاری اور ناپاک اعمال و افعال ہمیں خدا کی برکات سے محروم کر سکتے ہیں۔ کسی دوسرے شخص کے ساتھ ہمارے کشیدہ تعلقات خدا کے ساتھ ہماری رفاقت اور تعلقات پر بھی اثر انداز ہو سکتے ہیں۔ اگر ہم خدا کی قربت اور رفاقت میں بڑھنا چاہتے ہیں اور اُس کے ساتھ اپنے تعلقات اور برکات کا سلسلہ جاری رکھنا چاہتے ہیں تو ہمیں دوسروں کے ساتھ اپنے تعلقات کا جائزہ لینا ہو گا۔ خدا نے ہمیں ایک دَوڑ میں دوڑنے کے لئے بلایا ہے۔ اس کا

مطلب یہ ہے کہ ہم دوسرے کے ساتھ صلح کے طالب ہوں اور اپنے تعلقات کشیدہ نہیں بلکہ سنجیدہ اور خوشگوار بنائیں۔

چند غور طلب باتیں

☆۔ آپ کی زندگی آپ کے معاشرے اور دوست احباب میں کیسا نمونہ ثابت ہوئی ہے۔ کیا آپ کی زندگی میں کچھ ایسی چیزیں ہیں جو مسیحی ایمانداروں کے لئے ٹھوکر کا باعث ہو سکتی ہیں؟ وہ کون سی چیزیں ہیں؟ آپ کو ان کے تعلق سے کیا کرنے کی ضرورت ہے؟

☆۔ کیا سبھی کے ساتھ صلح اور سلامتی کے ساتھ رہا جا سکتا ہے؟ کیا آپ کی زندگی میں کچھ ایسے لوگ ہیں جنہیں آپ کو پیار کرنا مشکل لگتا ہے؟

☆۔ کس طرح اپنے آس پاس کے لوگوں کے ساتھ ہمارے کشیدہ تعلقات خدا کے ساتھ ہمارے رشتے اور تعلق پر اثر انداز ہوتے ہیں؟

☆۔ کڑواہٹ اور تلخی کس طرح مسیح کے بدن (کلیسیا) پر اثر انداز ہو سکتی ہے؟ کیا آپ نے اس کی کوئی مثال اپنی کلیسیا میں دیکھی ہے؟

☆۔ کس طرح عیسو کا برکت کھو دینا ہمارے لئے ایک چیلنج ہے؟

چند اہم دُعائیہ نکات

☆۔ خداوند سے ایسے وقتوں کے لئے معافی مانگیں جب آپ اپنے مسیحی بہن بھائیوں اور معاشرے کے دُوسرے لوگوں کے لئے ایک اچھا نمونہ ثابت نہ ہو سکے۔ خداوند سے دُعا کریں کہ وہ آپ کو ایک اچھا نمونہ بنائے۔

☆۔ کیا کچھ ایسے لوگ ہیں جن سے محبت کرنا آپ کے لئے ایک مسئلہ بنا ہوا ہے؟ خداوند سے دُعا کریں کہ وہ آپ کے دل کو اُن کے لئے محبت سے معمور کر دے۔

☆۔ خداوند سے دُعا کریں کہ وہ آپ کو ہر طرح کی تلخی اور کڑواہٹ سے آزاد کرے۔ خداوند سے فضل مانگیں کہ آپ ان لوگوں کو معاف کر سکیں جو آپ کے لئے کسی دُکھ، ٹھوکر یا تکلیف کا باعث ہوئے ہیں۔ خداوند سے دُعا کریں کہ آپ اُنہیں معاف کرنے اور اُن کی خدمت کرنے کے قابل ہو سکیں۔

☆۔ خداوند سے دُعا کریں کہ آپ کا دل اور خیالات ہر طرح کی تلخی اور کڑواہٹ سے آزاد ہی رہیں تاکہ آپ پورے طور پر الٰہی برکات کو حاصل کر سکیں اور کوئی چیز رکاوٹ نہ بننے پائے۔

باب 33

کوہِ سینا اور کوہِ صیون

عبرانیوں 12 باب 18-29 آیت

عہدِ عتیق میں ہم پڑھتے ہیں کہ خدا نے کوہِ سینا پر کس طرح اپنے آپ کو لوگوں پر ظاہر کیا۔ خدا کی حضوری اس قدر زبردست طریقہ سے ظاہر ہوئی کہ پہاڑ، آگ اور بادل سے بھر گیا اور گویا ایک طوفانی سماں پیدا ہو گیا۔ جنہوں نے پہاڑ تک رسائی حاصل کرنے کی کوشش کی وہ لقمہ اجل ہو گئے۔

جب خداوند کوہِ سینا پر اُترا تو اُس کی حضوری کی اطلاع فرشتوں جیسے نرسنگے بجا کر دی گئی۔ جب اس نے لوگوں سے کلام کیا۔ تو سننے والے اُس کی حضوری اور کلام کی تاب نہ لا سکے۔ اور کہنے لگے کہ آئندہ خدا ان سے کلام نہ کرے بلکہ موسیٰ ہی اُن سے کلام کیا کرے۔ (19 آیت) اُس کا کلام اس قدر قدرت والا اور پُرزور تھا کہ انسان اس کو برداشت نہ کر سکا۔ اس کے کلام کی آواز سن کر ہی لوگوں کو اپنی جان کے لالے پڑ گئے۔ (21 آیت) ہم کس قدر مہیب اور جلالی خدا کی خدمت کرتے ہیں۔ اُس کا جلال اور حشمت کم نہیں ہوئی۔ وہ آج بھی وہی خدا ہے جس کے حضور موسیٰ کانپا کرتا تھا۔ اس کی حضوری اور قدرت اور جلال کسی بھی انسانی سوچ اور خیال سے بالا تر ہے۔ اُس کا جلال، حشمت اور اُس کی قدوسیت مہیب اور ہیبت ناک ہے۔

کوہِ سینا پر موسیٰ کو شریعت ملی، شریعت اُس پرانے عہد نامہ کا حصہ تھی جو خدا نے اپنے لوگوں سے مُوسیٰ کے دَور میں باندھا تھا۔ ہم یہ بھی دیکھ چکے ہیں کہ عہدِ عتیق میں خدا اور

انسان کے درمیان جدائی تھی۔ ہیکل میں پاک مقام اور پاک ترین مقام میں ایک پردہ تھا۔ پاک ترین مقام میں خدا کی حضوری ظاہر ہوا کرتی تھی جسے ہیکل کے باقی حصے سے ایک پردہ کے ذریعہ الگ کیا گیا تھا۔ ہر روز خدا کے قہر و غضب کو ٹھنڈا کرنے کے لئے ہزاروں قربانیاں گزارنی جاتی تھیں لیکن خدا اور انسان کے درمیان جدائی کی دیوار ختم نہ ہو سکی۔

عبرانیوں کا مصنف اپنے قارئین کو یاد کراتا ہے کہ آج ہم کوہ سینا کے پاس نہیں آتے جو عہدِ عتیق اور موسیٰ کی معرفت ملنے والی شریعت کی یاد تازہ کرتا ہے بلکہ اس کی بجائے مسیحی ایماندار ہوتے ہوئے ہم ایک اور پہاڑ کے پاس آتے ہیں۔ اور وہ پہاڑ کوہِ صیون کا پہاڑ ہے۔ کوہِ صیون پر خدا اپنی حضوری کو ظاہر کرتا ہے۔ 22 آیت ظاہر کرتی ہے کہ کوہِ صیون آسمانی شہر ہے جہاں پر خدا سکونت کرتا ہے۔ کوہِ صیون نئے عہد نامہ کی نشاندہی کرتا ہے جسے خداوند یسوع نے درمیانی بن کر قائم کیا اور اس پر اپنے خون سے مہرِ تصدیق ثبت کی۔

کوہِ سینا اور کوہِ صیون میں فرق دیکھیں۔ کوہِ سینا کے قریب جاتے ہوئے لوگوں کو اپنی جان کا خطرہ محسوس ہوتا تھا۔ جبکہ کوہِ صیون ہزاروں فرشتوں سے بھرا ہوا ہے جہاں پر خدا کے مقدسین خوشی اور شادمانی سے معمور ہیں۔ (22 آیت) 23 آیت واضح کرتی ہے کہ ہمارے نام آسمان پر لکھے ہوئے ہیں، جو کہ اس کوہِ صیون کی علامت ہے جو زمین پر ہے۔ یہ حقیقت کہ ہمارے نام وہاں پر لکھے ہوئے ہیں، اس بات کی طرف اشارہ ہے کہ ہمارے لئے وہاں پر جگہ بھی موجود ہے۔ ہم اس خدا کی حضوری میں رہتے ہیں جو ساری دُنیا کا حاکم مطلق اور انصاف کرنے والا ہے۔ وہاں ہماری ملاقات اُن مقدسین سے ہو گی جو ہم سے پہلے ابدیت میں داخل ہو چکے ہیں۔ کوہِ سینا سے قطعی مختلف، کوہِ صیون کی راہ اُن سب کے لئے کھلی ہے جو خداوند یسوع مسیح کے کام کی بنیاد پر خدا کے پاس آتے ہیں۔

23 آیت پر غور کریں کہ کوہِ صیون کے پاس آنے والوں کی روحیں کامل ہو چکی ہیں۔ یہ عظیم کام خداوند یسوع مسیح کے درمیانی ہونے سے ممکن ہوا۔ (24 آیت) اس کا خون ہم پر چھڑکا گیا تاکہ ہم ہر طرح کے گناہ سے پاک اور صاف ہو کر خدا کے حضور بے عیب ٹھہریں۔ خداوند یسوع مسیح کا خون ہابل کے خون سے بہتر باتیں کرتا ہے۔ اس کا مطلب یہ ہے کہ یسوع مسیح کی قربانی ہابل کی قربانی سے کہیں بہتر اور افضل ہے۔ ہابل نے ایک برّہ خدا کے حضور نذر کیا، خدا نے اس کی قربانی قبول کی۔ لیکن اس وقت سے آنے والے وقت میں ہزاروں لاکھوں قربانیاں پیش کی گئیں۔ کوئی بھی قربانی انسان اور خدا کا ملاپ نہ کرا سکی۔ خداوند یسوع نے سب کچھ بدل دیا۔ خداوند یسوع مسیح کی ایک ہی قربانی سے قربانیوں کا سلسلہ ختم ہو گیا۔ یسوع کی قربانی نے سب کے گناہ ڈھانپ لئے، خداوند یسوع کی ایک ہی کامل قربانی نے خدا کا دل خوش کر دیا۔ اب ان سب کے گناہ یسوع کے خون سے معاف ہو جاتے ہیں جو اس کی ذاتِ اقدس اور اُس کے صلیبی کام پر ایمان لا کر خداوند خدا کے حضور آتے ہیں۔ یسوع اپنے ہی خون کی قربانی سے خدا اور گنہگار انسان کے بیچ میں ایک درمیانی بن گیا۔ اُس نے ہمارے گناہوں کی قربانی ادا کر کے خدا کے حضور سارا حساب تمام کر دیا۔ اس نے خدا اور انسان کے درمیان ایک نیا عہد قائم کر دیا ہے، جس میں اس نے خدا اور انسان کو ایک دوسرے کے قریب کرے ان کی صلح کرا دی ہے اور جدائی کی دیوار کو ہمیشہ کے لئے ختم کر دیا ہے۔

بعض مفسرین خیال کرتے ہیں کہ عبرانیوں کا مصنف ہابل اور خداوند یسوع کی موت کا موازنہ کر رہا ہے۔ ہابل کا قتل تاریخ کا پہلا قتل ہے جسے اس کے حاسد بھائی نے قتل کر دیا تھا۔ خداوند یسوع مسیح کی صلیبی موت اور ہابل کی موت میں بہت نمایاں فرق پایا جاتا ہے۔ ہابل کا خون انصاف کا تقاضا کرتا ہے۔ یہ آسمان سے انتقام کے لئے پکارا۔ یہ خدا کے غضب

و قہر کو آسمان پر سے نازل کرنے کا سبب بنا۔ خداوند یسوع مسیح کا خون، گناہوں کی معافی، ہم آہنگی اور میل ملاپ پیدا کرتا ہے۔ یسوع کے خون سے انسان کا خدا سے رشتہ بحال ہو گیا ہے۔

کوہِ سینا خوف اور دہشت کی علامت تھا۔ وہ انسان کو یاد دلاتا تھا کہ وہ خدا سے جدا ہے کیونکہ وہ ایک گنہگار انسان ہے۔ جبکہ کوہِ صیون خوشی اور شادمانی کا مقام ہے۔ کوہِ صیون پر گناہ کا زور ٹوٹ چکا ہے۔ خداوند یسوع مسیح کے صلیبی کام کی بدولت اب خدا اور انسان میں فاصلہ ختم ہو گیا ہے۔ کیونکہ یسوع نے ہمارے گناہوں کی قیمت چکا دی ہے۔

میں یہاں پر یہ بھی ذکر کرتا چلوں کہ اگرچہ کوہِ صیون خوشی اور شادمانی کا مقام ہے تو بھی یہ دہشت اور خوف کا مقام بھی ہے۔ کوہ سینا کی طرح کوہ صیون بھی عدالت کرتا اور مجرم ٹھہراتا ہے۔ وہ لوگ جو خداوند یسوع مسیح کی پیش کردہ معافی کو رد کرتے ہیں وہ کوہِ صیون کی دہشت اور خوف کا تجربہ کریں گے۔ 25 آیت یاد دلاتی ہے کہ پرانے عہد نامہ کے تحت جو لوگ خداوند کا انکار کرتے تھے ان کا کیا حال ہوتا تھا۔ وہ اپنے لوگوں میں سے کاٹ ڈالے جاتے تھے۔ بعضوں کو بغیر رحم اور ترس ہلاک کر دیا جاتا تھا۔ اگر کوہِ سینا اور خداوند کی شریعت کو رد کرنے والوں کو بغیر رحم کے ہلاک کر دیا جاتا تھا تو کس قدر سنجیدہ معاملہ ان لوگوں کے لئے ہے جو خداوند یسوع، نئے عہد کے بانی اور سردار کاہن خداوند یسوع مسیح کو رد کرتے ہیں جو آسمانی صیون سے کلام کر رہا ہے۔

موسیٰ کے دَور میں خدا نے زمین کو ہلا رکھ دیا۔ خدا کا کلام بتاتا ہے کہ وہ دن آرہا ہے جب خدا ایک بار پھر نہ صرف زمین کو بلکہ آسمان کو بھی ہلا کر رکھ دے گا۔ (26 آیت) مصنف نے اپنے قارئین کو بتایا کہ خدا پہلے سے بھی زیادہ زور دار طریقہ سے زمین کو ہلا کر رکھ دے گا۔ وہ اپنے قارئین کو بتاتا ہے کہ اَب کی بار جب خدا زمین کو ہلائے گا تو اسے بالکل

تباہ و برباد کر کے رکھ دے گا۔ (27 آیت)۔ اَب جب خدا دوبارہ زمین اور آسمان کو ہلانے والا ہے تو صرف وہی محفوظ رہیں گے جو ابدی بادشاہت کے فرزند ہیں۔ (28 آیت) وہ لوگ جنہوں نے خداوند یسوع مسیح کے عظیم صلیبی کام اور اُس کی ذاتِ اقدس کا اقرار کر لیا ہے وہ ابدی بادشاہت کا حصہ بن چکے ہیں جسے کبھی بھی ہلایا نہیں جائے گا۔ وہ اس ابدی بادشاہی میں خداوند یسوع کے ساتھ رہیں گے۔

اس سچائی کی روشنی میں ہمارے دل خداوند کی شکر گزاری سے معمور ہو جانے چاہئے۔ ہمارے دل اس کی محبت، تعریف و تمجید اور ستائش سے اُچھلنے چاہئے کیونکہ خداوند یسوع مسیح نے صلیب پر ایک عظیم کام سر انجام دے کر ہمیں ابدی بادشاہت کا حصہ بنا لیا ہے۔ خدا اور انسان کے درمیان رکاوٹ اور جدائی کی دیوار مسمار ہو گئی ہے۔ اب کسی قربانی کی ضرورت باقی نہیں رہی۔

وہ لوگ جو کوہِ صیون کے پاس آتے ہیں جہاں خداوند یسوع قربان ہوا تھا، اُنہیں گناہوں کی مکمل معافی اور نجات مل جاتی ہے۔ اس معافی اور نجات کو رد کرنے والے اُس کے قہر و غضب کا سامنا کریں گے۔ (29 آیت) اگر کوہِ سینا پر اُترنے والے کا انکار اور اُس کی نافرمانی کی سزا موت تھی تو بالکل ایسا ہی اُن لوگوں سے ہو گا جو کوہِ صیون کے ابدی بادشاہ اور کلام کرنے والے کو رد کرتے ہیں۔

کوہِ سینا کا مطلب موسیٰ کی معرفت ملنے والی شریعت اور پرانا عہد نامہ ہے جس کے تحت خدا اور انسان ایک دوسرے سے جدا تھے۔ کوہِ صیون نئے عہد کو پیش کرتا ہے جو خداوند یسوع مسیح نے کوہ کلوری پر اپنا خون بہا کر قائم کیا ہے۔ یہ اس بات کو ظاہر کرتا ہے کہ اُن لوگوں کی خدا کے ساتھ صلح ہو چکی ہے جو اُس کے بیٹے خداوند یسوع مسیح کے وسیلہ سے اُس کے پاس آتے ہیں۔ آج خدا کوہِ صیون سے خود کو آشکارہ کر رہا ہے۔ اگر ہم خدا تک

رسائی حاصل کرنا چاہتے ہیں تو پھر ہمیں کوہِ صیون کی راہ سے ہی اس کے پاس آنا ہو گا۔ اور اس نئے عہد پر مکمل بھروسہ اور اعتماد کرنا ہو گا جو خداوند یسوع مسیح نے اپنے خون سے انسان اور خدا کے درمیان قائم کر دیا ہے۔ ہمیں یسوع مسیح کے وسیلہ ہی سے آسمانی باپ تک رسائی کرنی ہے، کیونکہ یسوع ہی خدا اور انسان کے درمیان نئے عہد کا درمیانی ہے۔

چند غور طلب باتیں

☆۔ کوہِ سینا کس چیز کو پیش کرتا ہے؟ کوہِ سینا کو کیا مسئلہ درپیش تھا؟

☆۔ کوہِ صیون کس چیز کو پیش کرتا ہے؟ یہ کس طرح کوہ سینا سے مختلف ہے؟

☆۔ خداوند یسوع مسیح کی قربانی کس طرح ہابل کی قربانی سے افضل ہے؟ خداوند یسوع مسیح کی قربانی نے کیا کام سرانجام دیا ہے؟

☆۔ جب یسوع اس زمین کو دوبارہ سے ہلانے کے لئے آسمان سے اُترے گا تو پھر کیا ہو گا؟ کیا آپ اس وقت کے لئے تیار ہیں؟

☆۔ ایک درمیانی کیا ہوتا ہے؟ خداوند یسوع مسیح کس طرح ہمارا درمیانی بنا؟

چند اہم دُعائیہ نکات

☆۔ خداوند کی شکر گزاری کریں کہ اس نے آپ کو شریعت سے آزاد کر دیا ہے جو خدا اور انسان کو ایک دوسرے کے قریب نہ لا سکی۔

☆۔ خداوند کی موت کے لئے شکر گزاری کریں جس نے ہمارے گناہوں کی قیمت ادا کر دی۔

☆۔ خداوند کی شکر گزاری کریں کہ اس نے آپ کو نجات کی یقین دہانی بخشی ہے۔ اگر آپ کے پاس نجات کی یقین دہانی نہیں تو ابھی دُعا میں جھکیں اور خداوند سے نجات کی یقین دہانی مانگیں۔

☆۔ خداوند سے فضل اور سمجھ مانگیں تاکہ آپ اپنے نیک اعمال کی بنا پر نجات حاصل کرنے کی کاوش کرنے سے باز رہیں۔ خداوند کی شکر گزاری کریں کہ ہمارے گناہوں کی معافی اور نجات کے لئے خداوند یسوع مسیح کا صلیب پر سر انجام دیا گیا کام ہی کافی ہے۔

☆۔ خداوند کی شکر گزاری کریں کہ کوہِ صیون تک رسائی کا راستہ ان سب کے لئے کھل گیا ہے جو مسیح یسوع پر ایمان لا کر خداوند کے پاس آتے ہیں۔ اس معافی اور رفاقت کے لئے خداوند کی شکر گزاری کریں جو کوہِ صیون پیش کرتا ہے۔

باب 34

یاد رکھنے کی باتیں

عبرانیوں 13 باب 1-17 آیت

عبرانیوں کا مصنف آخری باب میں اپنے قارئین کے سامنے بہت سے چیلنجز کی ایک فہرست رکھتا ہے۔ وہ چاہتا ہے کہ خداوند کے ساتھ چلتے ہوئے بہت سی چیزوں کو مدِ نظر رکھیں۔

ایک دوسرے سے محبت کرتے رہیں۔(1 آیت)

پہلا چیلنج وہ ان کے سامنے یہی رکھتا ہے کہ وہ ایک دوسرے سے محبت کرنا جاری رکھیں۔ اس فقرے سے معلوم ہوتا ہے کہ وہ پہلے بھی ایک دوسرے سے محبت رکھتے ہیں اور مصنف انہیں یہ سلسلہ جاری رکھنے کے لئے کہہ رہا ہے۔ ایک دوسرے سے محبت کرنے میں انہیں ایک دوسرے پر سبقت لے جانی تھی۔ مسیحی زندگی میں ایک بات یقینی ہے اور وہ یہ کہ ایک دوسرے کے لئے ہماری محبت آزمائش کی گھڑی سے گزرے گی۔ کیونکہ ابلیس کو محبت کی قوت کا اندازہ ہے۔ خداوند یسوع مسیح نے کہا تھا کہ جب ہم ایک دوسرے سے محبت رکھیں گے تو لوگ جانیں گے کہ ہم اُس کے شاگرد ہیں۔(یوحنا 13 باب 35 آیت) بلاوجہ ابلیس ہمارے ایک دوسرے کے تعلقات پر حملہ نہیں کرتا۔ اسے معلوم ہے کہ کشیدہ تعلقات اور کڑواہٹ خدا کی بادشاہی اور اُس کے کام میں کس قدر نقصان کا باعث ہو سکتی ہے۔ ایسا وقت بھی آسکتا ہے جب ہمیں انکساری اختیار کرتے ہوئے اپنے کسی مسیحی بھائی یا بہن سے معذرت بھی کرنا پڑے گی تا کہ ہمارے کشیدہ

تعلقات سے ابلیس کو کوئی موقع نہ ملے۔ اور بعض دفعہ ہمیں اُن کے قصور اور غلطی پر معاف بھی کرنا پڑے گا۔ آیت میں یہی چیلنج ہے کہ ہم ایک دُوسرے سے محبت کریں۔ اس کا مطلب اس وقت بھی محبت کا روّیہ اختیار کرنا ہے جب ہمیں کسی بھائی یا بہن کی طرف سے سخت رنج یا دلی دُکھ پہنچا ہو۔ اس کا مطلب ایک دوسرے کے لئے قربانی دینا ہے۔ ایسا کرنا ہمیشہ آسان نہیں ہوتا۔ اس کے لئے ہمیں جانفشانی سے کام لینا پڑتا ہے۔ بالخصوص جب خداوند کی آمدِ ثانی قریب آرہی ہے تو ہمیں اس معاملہ میں بڑی سنجیدگی دکھاتے ہوئے جانفشانی سے کام لینا ہو گا۔

پردیسیوں کی مہمان نوازی کریں(2 آیت)

دوسری آیت میں مصنف اپنے قارئین کو یاد کراتا ہے کہ محبت کا یہ سلسلہ ان کے اپنے لوگوں تک ہی محدود نہ رہے۔ بلکہ اُنہیں مسافروں کی مہمان نوازی اور اجنبی لوگوں کی خاطر داری بھی کرنی ہے۔ یاد رہے کہ کس طرح خدا کے مقدسین نے انجانے میں مہمان نوازی کی اچھی عادت کی بنا پر فرشتوں کی مہمان نوازی کی۔ ہمارے پاس ابرہام کی زندگی کی مثال ہے جب فرشتے اُس کے پاس یہ بتانے کے لئے آئے کہ اُس کی بیوی حاملہ ہو گی اور اُن کے ہاں یک بیٹا پیدا ہو گا۔(پیدائش 18 باب)

اپنی جان پہچان والوں کی مہمان نوازی کرنا نسبتاً آسان ہوتا ہے لیکن ہمارے سامنے یہ چیلنج رکھا گیا ہے کہ اُن لوگوں کی مہمان نوازی بھی کریں جو انجان اور ناواقف لوگ ہیں۔ خداوند یسوع مسیح نے ان لوگوں کی بھی خدمت کے لئے کچھ کیا جو معاشرے کے دُھتکارے اور رد کئے ہوئے لوگ تھے۔ اُسے گنہگاروں کا یار بھی کہا گیا کیونکہ وہ اُن کی ضروریات پوری کرنے اور اُن کے گھروں میں جانے سے بھی نہ شرمایا۔ کیا آپ کے معاشرے میں رد کئے اور دُھتکارے ہوئے لوگ موجود ہیں؟ خدا آپ کو اُن کے لئے کون

سا کردار ادا کرنے کے لئے کہہ رہا ہے؟

قیدیوں کو یاد رکھیں (3 آیت)

عبرانیوں کے خط میں قیدیوں کی خدمت کرنے کا بھی ذکر ہے، کیونکہ اس دور میں ایسے لوگوں پر کوئی توجہ نہیں دی جاتی تھی۔ یہ بات اپنی جگہ پر سچ ہے کہ وہ کسی برے کام کی وجہ سے ہی قید خانوں میں بند ہیں۔ عبرانیوں کا مصنف اپنے قارئین کو یاد دلا رہا ہے کہ وہ قیدوں کو فراموش نہ کریں۔ ایمانداروں کے سامنے یہ چیلنج رکھا گیا کہ وہ اس طرح قیدیوں کو یاد رکھیں اور اُن کی خدمت کریں گویا وہ بھی ان کے ساتھ قید ہیں۔ اس کا مطلب یہ کہ اُن کے دُکھ درد، تنہائی میں اُنہوں نے اُن کے ساتھ رفاقت رکھ کر قید تنہائی کے دُکھ درد کو کم کرنا اور ان کی ضروریات کے لئے عملی طور پر کچھ کرنا تھا۔ کسی جرائم پیشہ شخص کی خدمت کرنے کا ہرگز یہ مطلب نہیں کہ آپ اُس کے شریکِ جرم ہیں۔ خدا تو ہمیں اُن لوگوں پر بھی مہربان اور رحم دل ہونے کے لئے کہہ رہا ہے جنہوں نے ہمیں کسی طرح بھی کوئی دُکھ دیا یا رنج پہنچایا ہے۔

3 آیت میں لوگوں کے ایک اور گروپ کا بھی ذکر ہے جن تک ہمیں رسائی حاصل کرنی اور مہربانی اور شفقت کا روّیہ اختیار کرنا ہے۔ اور وہ گروپ ایسے لوگوں کا گروپ ہے جن سے بد سلوکی کی گئی اور نارواں سلوک رکھا گیا۔ شاید معاشرے میں وہ تعصب کے سبب سے رد کر دئے گئے تھے۔ شاید اُن کے طرزِ زندگی کی وجہ سے لوگوں نے انہیں حقیر جانا۔ ہمیں یہ چیلنج دیا گیا ہے کہ ہم خود کو ایسے لوگوں کی جگہ پر رکھ کر دیکھیں۔ اگر ہم ان کی جگہ پر ہوتے تو ہم دوسروں سے کیسے سلوک کی توقع کرتے؟

بطور کلیسیا ہمیں کسی بھی ایسے کام سے متفق ہونے کی ضرورت نہیں جو دوسرے اُن کی خدمت کے لئے کر رہے ہو۔ مجھے ایک واقعہ یاد ہے۔ ایک مناد کسی قصبے میں پہنچا اور آکر

لوگوں سے کہنے لگا کہ وہ آپ کے علاقہ میں خدمت کے لئے آیا ہے۔ اُس نے اُنہیں بتایا کہ کس طرح آپ کے کلب لوگوں سے بھرے ہوئے ہیں، اُنہیں خداوند کی ضرورت ہے۔ ایک عمر رسیدہ خاتون کو اس مناد کے تعلق سے کچھ قائلیت محسوس ہوئی۔ ایک دن وہ بوڑھی خاتون بازار گئی کچھ پھول خریدے اور پھر اُن پھولوں کو لے کر کلب چلی گئی۔ وہاں پر ایک نوجوان لڑکی ڈانس کر رہی تھی۔ وہ بوڑھی خاتون اس لڑکی کے پاس چلی گئی جہاں پر مَردوں کے سامنے ناچ گانا کر رہی تھی۔ اس بوڑھی عورت نے پھول اس لڑکی کے پاس رکھتے ہوئے کہا۔ "میری پیاری بیٹی! آپ کو یہ سب کچھ کرنے کی ضرورت نہیں ہے، اگر آپ کبھی بھی مجھ سے بات کرنا چاہو تو میں آپ کے لئے دستیاب ہوں گی۔" میں تو اس بوڑھی عورت کے محبت بھرے عمل کو دیکھ اور سن کر حیرت میں ڈوب گیا۔ اکثر اوقات کلیسیاؤں میں ایسے لوگوں پر تنقید کے تیر ہی برسائے جاتے ہیں۔ ہمارے سامنے یہ چیلنج ہے کہ ہم ان لوگوں تک محبت بھرے انداز سے رسائی اختیار کریں۔ جہاں محبت رسائی حاصل کر سکتی ہے۔ وہ الزام تراشی کبھی بھی پہنچ نہ سکے گی۔ خداوند یسوع مسیح نے ان لوگوں کے درمیان خدمت کی جنہیں اس دَور کے مذہبی قائدین حقیر جانتے تھے۔ خداوند یسوع مسیح نے ایسے لوگوں کو بھی چھوا جنہیں دوسرے لوگ چھونا تو دُور کی بات اُن کے قریب سے گزرنا بھی پسند نہیں کرتے تھے۔ ہمیں خداوند یسوع مسیح کے نقشِ قدم پر چلنا ہے۔ کیونکہ وہی ہمارے لئے کامل نمونہ ہے۔

ازدواج کی عزت کریں (4 آیت)

عبرانیوں کا مصنف 4 آیت میں ہمارے سامنے چیلنج رکھتا ہے کہ ہم ازدواجی رشتے ناطے کی قدر کریں۔ اکثر اوقات حالات واقعات ہمیں اس نہج پر لے جاتے ہیں کہ ہمارے قریبی لوگ ہی عدم توجہ کا شکار ہو جاتے ہیں۔ ہمیں خصوصی طور پر خیال رکھنا ہے کہ ہمارا

ازدواجی بندھن عدمِ توجہ اور عدمِ دلچسپی کا شکار نہ ہونے پائے۔ ہمیں اپنے جیون ساتھی کو عزت دینا ہے۔ اس کا مطلب اپنے جیون ساتھی سے وفادار رہنا ہے۔ یعنی کوئی شخص یا کوئی چیز ہمارے ازدواج کے درمیان رکاوٹ نہ بننے پائے۔ ہمیں حرامکاری اور ناپاکی سے دُور رہنا ہے تاکہ ازدواجی سفر وفاداری اور پاکیزگی سے چلتا اور آگے بڑھتا رہے۔ خدا زانیوں کی عدالت کرے گا اور حرامکاروں کو بھی سزا دے گا۔ شیطان نے ازدواجی بندھن کو تار تار کر کے رکھ دیا ہے۔ کیونکہ اسے علم ہے کہ ایسا کرنے سے وہ معاشرے کا شیرازہ بکھیر دے گا۔ ایمانداروں پر بڑی ذمہ داری عائد ہوتی ہے کہ وہ اپنے ازدواجی رشتے کو مضبوط بنائیں تاکہ وہ معاشرے میں بسنے والے دوسرے لوگوں کے لئے کسی طرح سے بھی ٹھوکر کا باعث نہ بنیں۔

زر کی دوستی سے خالی رہیں (5 آیت)

5 آیت پر غور کریں کہ عبرانیوں کو کس طرح اپنے آپ کو زر کی دوستی سے خالی رکھنا تھا۔ دولت بُری چیز نہیں ہے۔ ہمیں اپنی زندگیوں سے اس کی محبت اور لالچ کو ختم کرنا ہے۔ جب کوئی شخص دولت کی محبت میں مبتلا ہو جاتا ہے تو پھر اُس کی ساری توجہ اور دھیان اسی پر لگ جاتا ہے۔ ایسے لوگ اپنی موجودہ حالت پر مطمئن اور شکر گزار نہیں ہوتے۔ ان کی زندگی اور خیالات اسی چکر میں رہتے ہیں کہ کتنا کما لیا ہے اور اب یہ دولت ان کے لئے کیا کر سکتی ہے۔ زر کی دوستی میں مگن لوگ مال و دولت کو ہی اپنا تحفظ محسوس کرتے ہیں۔ بجائے اس کے کہ وہ خداوند میں اپنی سلامتی اور تحفظ تلاش کریں۔

عبرانیوں کا مصنف اپنے قارئین کو یاد کراتا ہے کہ وہ اعتماد اور بھروسے کے ساتھ کہہ سکتے ہیں کہ خدا اُن کا محافظ ہے۔ خداوند اُن کی ضروریات کو پورا کرے گا۔ ان کا تحفظ کمائی جانے والی یا بنائی جانے والی دولت میں نہیں بلکہ خداوند ہی اُن کی سلامتی ہے۔

اپنے رہنماؤں کو یاد رکھیں (7 آیت)

اس آخری باب کی پہلی سات آیات میں ہمارے لئے یہی چیلنج ہے کہ ہم اپنے قائدین کو یاد رکھیں۔ یہاں خاص نکتہ روحانی قائدین ہیں کیونکہ وہ خدا کا کلام پیش کرتے ہیں۔ قارئین کے سامنے یہ چیلنج رکھا گیا ہے کہ وہ اپنے قائدین کی زندگی کے انجام پر غور کرتے ہوئے ایمان میں ان کے نقشِ قدم پر چلیں۔

یہاں پر روحانی قائدین کی بھی ذمہ داری بنتی ہے کہ وہ دوسروں کے لئے ایسا اچھا نمونہ چھوڑیں کہ دوسرے ان کے نقشِ قدم پر چل سکیں۔ اس بات کو تسلیم کرنا پڑے گا کہ ہمارے معاشرے اور کلیسیا میں کچھ ایسے قائدین بھی پائے جاتے ہیں جنہوں نے لوگوں کے لئے ایسا اچھا نمونہ نہیں چھوڑا کہ لوگ اُن کی پیروی کر سکیں۔ تاہم ایسے ایماندار بنیں جو دوسروں کی غلطیوں سے سیکھ سکیں اور اچھی چیزوں کو اپنے طرزِ زندگی کا حصہ بنا سکیں۔ اس کا مطلب یہ ہے کہ تبدیل ہونے کے لئے کشادہ دل اور بڑھنے اور ترقی کرنے کے لئے تیار رہیں۔ اس کا مطلب یہ بھی ہے کہ اپنے روحانی قائدین سے نصیحت اور تنبیہ پانے کے لئے بھی عاجز اور تیار رہیں۔

اپنے قائدین کو یاد رکھنے کا مطلب یہ بھی ہے کہ اُن کے لئے دُعا کرنے میں مستعد، اُن کی ضروریات پوری کرنے کے لئے تیار اور ان کی ہمت بندھانے کے لئے اُن کے شانہ بشانہ ساتھ کھڑے ہیں۔ یاد رہے کہ بہت سے قائدین کی مالی ضروریات کا انحصار لوگوں کے ہدیہ جات اور دہ یکیوں پر ہی ہوتا ہے۔ یہاں ایمانداروں کو یہ چیلنج دیا گیا ہے کہ وہ اپنے روحانی قائدین کی مالی معاونت فرمائیں۔ یہ بات بڑی معنی خیز ہے کہ پہلے ہمیں یہ کہا گیا ہے کہ زر کی دوستی سے خالی رہیں اور پھر اس کے فوری بعد یہ تلقین کی جا رہی ہے کہ اپنے قائدین کو یاد رکھیں، ان کی مالی معاونت فرمائیں اور ان کی ضروریات کا خیال رکھیں۔ خدا

کے لوگوں کی یہ ذمہ داری بنتی ہے کہ وہ اخلاقی اور مالی امداد کے ساتھ اپنے قائدین کے ساتھ کھڑے ہوں۔ اپنے قائدین کی ضروریات کا خیال رکھیں تا کہ خدا کی بادشاہی کا کام رک نہ جائے بلکہ روز بروز آپ کی مالی معاونت، دعاؤں اور قائدین کا اخلاقی طور پر خیال رکھنے سے وسعت پاتی چلی جائے۔

چند غور طلب باتیں

☆۔ خداوند میں اپنے ہم ایمان بھائیوں سے محبت کرنے میں آپ کو کیسی رکاوٹوں کا سامنا ہوتا ہے؟

☆۔ اس باب میں دھتکارے ہوئے، محتاج اور کسمپرسی کی زندگی بسر کرنے والے لوگ کون سے ہیں؟ اس باب میں ہمیں کیا چیلنج ملتا ہے؟

☆۔ تنقید اور الزام تراشی سے قطعی مختلف محبت کئی ایک طریقوں سے لوگوں تک رسائی حاصل کر سکتی ہے۔ کیا آپ اس بیان سے متفق ہیں؟ وضاحت کریں؟

☆۔ آپ کا اپنے جیون ساتھی سے تعلق اور رشتہ کیسا ہے؟ کیا آپ اپنے جیون ساتھی کو نظر انداز کرنے کے گناہ کے مرتکب ہوئے ہیں؟

☆۔ زَر کی دوستی سے خالی رہنے اور خدا کی دی ہوئی نعمتوں اور برکات سے لطف اندوز ہونے میں آپ کس طرح توازن قائم رکھ سکتے ہیں؟

☆۔ کیا آپ کے روحانی قائدین کی ضروریات بخوبی اور احسن طریقہ سے پوری ہو رہی ہیں؟ اس تعلق سے آپ کی کیا ذمہ داری ہے؟ اس حوالہ میں ہمیں اس بارے میں کیا کچھ سیکھنے کو ملتا ہے؟

چند اہم دُعائیہ نکات

☆۔ خداوند سے کسی ایسے شخص کے لئے محبت مانگیں جسے محبت کرنا آپ کو مشکل لگتا ہے۔

☆۔ خداوند سے رہنمائی مانگیں اور پوچھیں کہ کیا آپ کے علاقہ میں کوئی ایسا شخص ہے جسے آپ کو دوست بنانے کی ضرورت ہے۔

☆۔ اپنا روپیہ پیسہ خداوند کے سپرد کریں۔ اس سے رہنمائی مانگیں کہ آپ کس طرح اپنے روپے پیسے کو خدا کی بادشاہی کے لئے استعمال کرسکتے ہیں۔

☆۔ خداوند سے ایسے وقتوں کے لئے معافی مانگیں جب آپ اپنے قائدین پر تنقید کے تیر برساتے رہے۔ چند لمحات اُن کے لئے دُعا کریں۔ خداوند سے اُن کے لئے برکت اور حوصلہ افزائی مانگیں تاکہ وہ خدمت میں آگے بڑھتے رہیں۔

باب 35

حمد وثنّا کی قُربانی

عبرانیوں 13 باب 8-15 آیت کا مطالعہ کریں

عِبرانیوں کی کتاب کا ایک بنیادی اور مرکزی خیال پرانے عہد نامہ، اُس کی قُربانیوں اور اصول و ضوابط کا نئے عہد نامہ سے موازنہ کرنا ہے جو خداوند یسوع مسیح نے قائم کیا ہے۔ عِبرانیوں کا مصنف اپنے اس خط کے اختتام پر اپنے قارئین اکرام کو اُن لوگوں کے سبب سے گمراہی کی راہ پر جانے کے خطرے سے آگاہ کرتا ہے جو اُنہیں دوبارہ پرانے عہد نامہ کی شریعت کے ماتحت لانا چاہتے ہیں۔ 8 آیت میں ہمیں یاد دلایا گیا ہے کہ خداوند یسوع مسیح آج کل بلکہ ابد تک یکساں ہے۔ ہم اس حوالہ میں کس قدر زبردست سچائی کو دریافت کرتے ہیں۔ خداوند یسوع مسیح لاتبدیل ہے۔ ہم جانتے ہیں کہ وہ خدا کا بیٹا ہے اور سچائی اور فضل سے معمور ہے۔ ہم یہ بھی جانتے ہیں کہ وہ بدی کی قوتوں پر اختیار اور قدرت رکھتا ہے اور یہ بھی کہ اس نے اپنی صلیبی موت کے وسیلہ سے ایک بڑی فتح اپنے نام کی ہے۔ ہم نے اس کی عظیم نجات کی قدرت کا بھی اپنی زندگیوں میں تجربہ کیا ہے۔ اس کے وعدے حوصلہ افزائی اور تسلی سے بھرپور ہیں۔ خداوند یسوع مسیح کے تعلق سے یہ صداقتیں کبھی تبدیل نہ ہوں گی۔ خداوند یسوع مسیح آج بھی ویسا ہی ہے جیسا وہ اس وقت تھا جب وہ اِس زمین پر زندگی گزار رہا تھا۔

اسی بات کو مدِ نظر رکھتے ہوئے عبرانیوں کا مصنف اپنے قارئین کو یہ تلقین کرتا ہے کہ وہ کسی اور طرح کی تعلیم سے گمراہی کا شکار نہ ہو جائیں۔ 9 آیت سے ہمیں اندازہ ہوتا ہے کہ

یہ کسی اور طرح کی تعلیم اور کھانے پینے، جسمانی صفائی اور موسیٰ کی معرفت ملنے والی شریعت سے متعلق تھی۔ عبرانیوں کا مصنف اپنے قارئین کو یاد دلاتا ہے کہ شریعت اور اس کے تقاضوں کا اب نجات سے کوئی تعلق نہیں ہے۔ کسی بھی شخص کے نجات پانے کے لئے ضروری نہیں کہ وہ شریعت کے تقاضوں کی پاسداری کرے۔

جو لوگ خداوند یسوع مسیح کے صلیبی کام کی بدولت نجات کے لئے خدا کے فضل پر بھروسہ کرتے ہیں اُن کے لئے لازم ہے کہ وہ شریعت اور اس کے تقاضوں پر انحصار کرنا چھوڑ دیں۔ اگر آج بھی کوئی شخص نجات کے لئے شریعت اور اس کے تقاضوں پر بھروسہ کرتا ہے تو اس کا واضح مطلب یہی ہے کہ اس شخص کو اس بات کا فہم و ادراک حاصل نہیں ہوا کہ اس کی نجات کے لئے خداوند یسوع مسیح کے وسیلہ سے خدا کا فضل ہی اس کے لئے کافی ہے۔

کچھ لوگ تھے جو اب بھی موسیٰ کی معرفت ملنے والی شریعت اور اس کے تقاضوں پر اصرار کرتے تھے۔ اُن کا یہ کہنا تھا کہ نجات کے لئے موسیٰ کی شریعت پر عمل درآمد بہت ضروری ہے بصورت دیگر آپ نجات نہیں پاسکتے۔ مصنف نے اپنے قارئین کو یاد کرایا کہ اب وہ شریعت کے ماتحت نہیں رہے بلکہ فضل کے ماتحت ہیں۔ اُنہیں فضل ہی سے مضبوط بننا ہے۔

فضل سے مضبوط ہونے کا کیا مطلب ہے؟ متن بتاتا ہے کہ خدا کی قربت اور نزدیکی میں بڑھنے اور اس کے ساتھ گہری رفاقت میں چلنے کے لئے مضبوط ہونے کی ضرورت ہے۔ کیونکہ کچھ ایسے لوگ تھے جو شریعت کے وسیلہ سے خدا کی نزدیکی حاصل کرنے کی تگ و دو میں لگے ہوئے تھے۔ ان کا یہ کہنا تھا کہ اگر وہ دس احکام اور دیگر چیزوں کو اس طور سے کریں جس طرح کہ شریعت میں مندرج ہے تو وہ خدا کی نزدیکی حاصل کرلیں گے۔ وہ یہی

سمجھتے تھے کہ روحانی طور پر مضبوط ہونے اور خدا کی نزدیکی حاصل کرنے کا دارومدار اسی بات پر ہے کہ وہ کس حد تک خدا اور اُس کے تقاضوں کی فرمانبرداری کرتے ہیں۔ نوجوان ایمانداروں کی تربیت کرتے ہوئے بھی وہ خدا کے تقاضوں پر بہت زیادہ زور دیتے تھے۔ وہ اسی بات پر زور دیتے تھے کہ خدا ان سے کیسے چال چلن کی توقع کرتا ہے۔ ان کا فرض کلی یہی ہے کہ وہ دس احکام اور خدا کے تقاضوں کی تابعداری اور پاسداری کریں۔

جب کوئی شخص پرانے عہد نامہ کی شریعت اور اس کے تقاضوں کی تابعداری کرنے کی کوشش کرتا تو اسے ناکامی پر ناکامی حاصل ہوتی تھی۔ یہ بات بالکل سچ ہے کہ خدا نے ہمیں تابعدار زندگی بسر کرنے کے لئے بلایا ہے۔ لیکن یاد رہے کہ ہم اس تابعداری کی بنا پر خدا کے حضور مقبول اور منظور نہ ٹھہریں گے۔ ہماری قبولیت اور مقبولیت کا دارومدار خداوند یسوع اور اس کے صلیبی کام پر ہے جس نے ہمارے گناہوں کے لئے اپنی کامل قربانی پیش کرکے ہمارے لئے عظیم نجات اور گناہوں کی معافی کا انتظام کیا ہے۔ روحانی زندگی اصول وضوابط اور قواعد وضوابط کی پاسداری اور کامل زندگی گزارنے کی کوشش کا نام نہیں ہے۔

یہ سب کچھ تو شریعت کا پرانا طریقہ کار تھا۔ فضل سے ایک نئی راہ پیدا ہو گئی ہے۔

فضل کی راہ کی شروعات خداوند یسوع مسیح کے صلیبی کام سے ہوتی ہے جو اُس نے اپنی کامل قربانی دے کر اور ہمارے سردار کاہن کے طور پر کیا ہے۔ فضل ہمیں یہ تعلیم دیتا ہے کہ ہم میں سے کوئی بھی خدا کی مہربانی اور نظرِ عنائت کو اپنے نیک اعمال اور ہر اچھی کاوش اور قربانی سے حاصل نہیں کر سکتا۔ ہماری ہر ایک نیکی اور بھلائی خدا کے تقاضوں کی روشنی میں بالکل ہیچ ہے۔ فضل ہمیں یہ تعلیم دیتا ہے کہ ہم خداوند یسوع مسیح کے صلیبی کام کی بدولت ہی خدا کے حضور راستباز ٹھہرتے اور قبول کئے جاتے ہیں۔ ہم خدا کے حضور مقبول اور قبول ہونے کے لئے جو کوشش کرتے ہیں اِس بنا پر ہم راستباز نہیں ٹھہرتے بلکہ ہم اس

کاوش اور کام کی بنا پر قبول کئے جاتے اور راستباز بھی ٹھہرتے ہیں جو خداوند یسوع مسیح نے ہمارے لئے صلیب پر سرانجام دیا ہے۔ فضل میں بڑھتے جانا اور ترقی کرنے کا مطلب یہ ہے کہ ہم خداوند یسوع مسیح کے اس پُر فضل کام زیادہ سے زیادہ فہم وادراک حاصل کریں جو اُس نے ہمارے لئے صلیب پر سرانجام دیا ہے۔

وہ مذبح جس تک ہم رسائی حاصل کرتے ہیں پرانے عہد نامہ کے تحت کوئی شخص بھی اس تک رسائی حاصل نہیں کر سکتا تھا۔ حتیٰ کہ پرانے عہد نامہ کے تحت خدمت کرنے والوں کو بھی یہ حق حاصل نہیں تھا کہ وہ اس غذا کو کھا سکیں جو وہ مذبح پر گزران رہے ہوتے تھے۔(10) صرف فضل ہی سے ہم خدا اور اُس کے فضل تک رسائی حاصل کر سکتے ہیں۔ پرانے عہد نامہ کی شریعت کے تحت سردار کاہن سال میں ایک بار گناہ کی قربانی کے طور پر ذبح شدہ برّے کا خون پاک ترین مقام میں لے کر جا سکتا تھا۔ سردار کاہن بھی یہ کام اس وقت کرتا تھا جب وہ پہلے اپنے اور قوم کے گناہوں کے لئے قربانی گزران لیتا تھا۔ سال بہ سال یہ قربانی دہرائی جاتی تھی۔ جب ہیکل میں یہ قربانی گزران لی جاتی تو بعد ازاں وہ برے کے بدن کو باہر لے جا کر جلا دیا کرتے تھے۔ خداوند یسوع مسیح کے ساتھ بھی ایسا ہی ہوا تھا۔ (12 آیت) اسے بھی شہر سے باہر لے جا کر مصلوب اور پھر دفن کر دیا گیا تھا۔ خداوند یسوع مسیح بالکل اسی طرح ہمارے گناہوں کی قربانی تھا جس طرح سردار کاہن سال میں ایک بار گناہوں کی قربانی پوری قوم کے لئے خدا کے حضور پیش کرتا تھا اور اُس کا خون پاک ترین مقام میں لے کر جاتا تھا۔ تاہم ان قربانیوں میں ایک فرق ہے۔ خداوند یسوع مسیح کی قربانی نے اپنے لوگوں کو پاک کر دیا۔ پاک کئے جانے کا مطلب ہے کہ وہ احساسِ جرم سے پاک ہو کر خدا کے ساتھ ایک رشتے میں بندھ گئے ہیں۔ ہمارا توکل کبھی نہ ختم ہونے والی قربانیوں پر نہیں ہے۔ بلکہ اب ہمارا توکل اور بھروسہ خداوند یسوع مسیح کی

ایک ہی بار گزارنی گئی کامل اور بے عیب قربانی پر ہے۔ ہمارا توکل خداوند یسوع اور اس کی قربانی پر ہی ہے کیونکہ وہی ہمیں احساسِ جرم اور ہر طرح کے الزام سے پاک کرتی ہے۔ اب ہمیں کچھ بھی کرنے کی ضرورت نہیں رہی۔ اگر آپ اس پر ایمان رکھتے ہیں تو پھر اپنا پورا بھروسہ اور توکل خداوند یسوع مسیح پر ہی رکھیں کیونکہ وہ اپنی قربانی کے وسیلہ سے آپ کو پوری پوری نجات دینے کی قدرت رکھتا ہے۔ اسی کی قربانی ہمیں پاک ٹھہراتی ہے۔ میں ایک بار پھر اس بات پر زور دینا اور اس بات کو واضح اور آپ کے ذہن نشین کرنا چاہتا ہوں کہ اگر خداوند یسوع مسیح کی قربانی ہی ہمیں پاک کرتی اور خدا سے ہمارا میل کراتی ہے تو پھر کچھ بھی اور کرنے کی ضرورت باقی نہیں رہی۔ اگر آپ اس بات پر یقین رکھتے ہیں تو پھر آپ کا توکل صرف اور صرف اسی کامل قربانی پر ہو گا۔ لیکن اگر آپ کو صداقت اور حقیقت پر شک ہے تو پھر آپ اپنی کاوشوں سے خدا کے معیار پر پورا اُترتے ہوئے نجات پانے کی کوشش کریں گے جو کہ بالکل لاحاصل ہو گا۔

خداوند یسوع مسیح نے بخوشی و رضا اپنی جان ہمارے گناہوں کے لئے قربان کی۔ اُنہوں نے یروشلیم شہر سے باہر لے جا کر اسے صلیب دے دیا۔ خداوند یسوع ہماری خاطر یہ سب کچھ کرنے سے نہ شرمایا۔ ہمیں بھی اُسے خداوند کہنے سے نہیں شرمانا چاہئے۔ اُس کے نام کی خاطر ہمیں بھی ہر طرح کی ذلت، رسوائی، طنز و تضحیک اُٹھانے سے شرمانا نہیں چاہئے۔

جنہیں خدا کے فضل اور اس مہربانی کا علم ہو جاتا ہے وہ دنیا کی چیزوں کو زیادہ اہمیت نہیں دیتے۔ خداوند یسوع مسیح کو جاننے اور اُس کے وسیلہ سے حاصل شدہ ہونے والی برکات کے سامنے دُنیا کی چیزیں کوئی اہمیت نہیں رکھتیں۔ اُن کی نظریں آنے والے شہر پر ہوتی ہیں۔ (14 آیت) اس شہر میں وہ ہمیشہ خداوند یسوع مسیح کے ساتھ رہیں گے۔ اُن کی نظریں خداوند یسوع مسیح پر لگ جاتی ہیں جو اُس شہر کا حاکم ہے۔

جب خداوند یسوع مسیح نے صلیب پر اپنی جان دی تو بیلوں اور بکروں کی قربانیاں اختتام پذیر ہو گئیں۔ خداوند یسوع مسیح کی قربانی خون کی آخری قربانی تھی جو گناہ کے لئے گزرانی گئی۔ اب جو قربانیاں ہمیں گزرانی ہیں وہ ہیں حمد وثنا اور شکر گزاری کی قربانیاں۔ کیونکہ وہ ہمارے ہونٹوں سے خدا کی حمد، پرستش اور عبادت کے ہدیے ہیں۔ خداوند یسوع کو ایسے دلوں اور ہونٹوں کی ضرورت ہے جو اُسے اپنا نجات دہندہ اور خداوند تسلیم کریں اور اُس کے قدوس اور پاک نام کی پرستش کے لئے اُس کے سامنے جھک جائیں۔

چند غور طلب باتیں

☆۔ ہمیں اس حوالہ میں یاد کرایا گیا ہے کہ خداوند یسوع مسیح آج، کل بلکہ ابد تک یکساں ہے۔ آپ کو اس سے کیا تقویت ملتی ہے؟ اس سچائی کا دورِ حاضرہ میں آپ کی زندگی پر کس طرح اطلاق ہوتا ہے؟

☆۔ شریعت کے وسیلہ سے خداوند کے قریب آنے اور فضل سے مضبوط ہونے میں کیا فرق پایا جاتا ہے؟

☆۔ خداوند یسوع مسیح کی قربانی نے ایسا کون سا کام سرانجام دیا ہے جو پرانے عہد نامہ کی قربانیاں نہ کر سکیں؟

☆۔ پرانے عہد نامہ کی قربانیوں اور یہاں پر مندرج حمد وثنا کی قربانی میں کیا فرق پایا جاتا ہے؟

☆۔ کیا آپ نے کبھی کوشش کی ہے کہ آپ اپنے نیک اعمال، دُعاؤں اور روزوں سے خدا کے حضور مقبول اور پسندیدہ ٹھہر سکیں؟ یہ باب خداوند یسوع میں ہماری قبولیت کے تعلق سے ہمیں کیا سکھاتا ہے؟

چند اہم دُعائیہ نکات

☆۔ خداوند کی شکر گزاری کریں کہ ہم اس کی ذاتِ اقدس اور اُس کے پاک کلام پر پورا بھروسہ اور توکل کرسکتے ہیں کیونکہ وہ لاتبدیل خداوند ہے۔

☆۔ خداوند یسوع کی شکر گزاری کریں کہ ہم اس کے صلیبی کام کی بنا پر پورے طور پر خدا کے گھرانے میں قبول کر لئے گئے ہیں۔

☆۔ جو کچھ خداوند یسوع نے آپ کے لئے کیا ہے، خداوند سے کہیں کہ آپ کے دل و جان کو اُس کی تمجید اور پرستش سے معمور کردے۔

☆۔ آج آپ کس بنا پر خداوند کی خدمت میں لگے ہوئے ہیں؟ کیا آپ اس روّیہ کہ ساتھ اُس کی خدمت کر رہے ہیں کہ آپ مسیح یسوع کے صلیبی کام کی بنا پر پورے طور پر قبول کئے جاچکے ہیں؟ اس مثبت طرزِ فکر سے خداوند کی خدمت کرنے کے لئے آپ کے روّیہ میں کیا فرق پیدا ہوتا ہے؟

باب 36

حاصلِ کلام

13 باب 16-22 کا مطالعہ کریں

عبرانیوں کے خط کا مصنف خط کے آخر پر کئی ایک موضوعات پر بات کرتا ہے۔ اس آخری حصہ میں ہم فرداً فرداً ان کا جائزہ لیں گے۔

نیکی کرنا نہ بھولیں (16 آیت)

آخری نصیحتوں میں سے سب سے پہلی نصیحت 16 آیت میں پائی جاتی ہے۔ عبرانیوں کے خط کے قارئین کے سامنے یہ چیلنج رکھا گیا کہ وہ نیکی اور بھلائی کرنا نہ چھوڑیں۔ کیا آپ کبھی اس بات پر متعجب ہوئے ہیں کہ کیوں بعض لوگوں کے پاس بہت زیادہ دھن دولت اور کچھ لوگوں کے پاس بس گزارے لائق بھی نہیں ہوتا؟ خداوند یسوع مسیح ہی کلیسیا کو روحانی نعمتوں سے نوازتا ہے۔ کسی ایک شخص کے پاس بھی یہ نعمت شخصی طور پر نہیں ہوتی۔ پولس رسول رومیوں کی کلیسیا کے ایمانداروں کو یاد دلاتا ہے کہ خدا نے جسم کو اس طور سے بنایا ہے کہ ہر ایک عضو کو دوسرے عضو کی ضرورت رہے۔

(رومیوں 12 باب 4-6) اگر ہم وہ بننا چاہتے ہیں جو خدا ہمیں بنانا چاہتا ہے تو ہمیں دوسروں کے ساتھ نیکی اور بھلائی کرنا ہوگا اور ان کی ضروریات کو ایسے ہی محسوس کرنا ہوگا جیسے کہ وہ ہماری ضروریات ہیں۔ مسیحی زندگی تنہائی میں نہیں بلکہ میل ملاپ میں گزاری جاتی ہے۔ ہمیں ایک دوسرے کی ضرورت ہے۔ اگر ہم چاہتے ہیں کہ خدا کی کلیسیا ویسی کلیسیا بن سکے جیسی کہ خدا اسے بنانا چاہتا ہے تو پھر دوسروں کی ضروریات کو اہمیت دیں۔ اپنے وسائل، نعمتوں اور برکات کو دوسروں کو استعمال کرنا شروع کر دیں۔ خدا نے کلیسیا

کو اس طرح سے مرتب کیا ہے کہ ہمیں ایک دوسرے کی نعمتوں، لیاقتوں اور برکات کی ضرورت پڑتی ہے تا کہ ہم بھی اپنی صلاحیتوں اور نعمتوں میں نکھار اور بہتری لا سکیں۔ اسی طرح ہماری نعمتیں اور برکات دوسروں کی تعمیر و ترقی میں اہم کردار ادا کرتی ہیں۔

16 آیت پر غور کریں کہ ایک دوسرے کی خدمت کے لے قربانی درکار ہوتی ہے۔ ہمیں یاد دلایا گیا ہے کہ خدا ایسی قربانیوں سے خوش ہوتا ہے۔ بالفاظ دیگر جب میں دوسروں کی ضروریات کے پیش نظر اپنا سب کچھ دوسروں کے لئے استعمال کرنے کے لئے دے دیتا ہو ں تو خدا ایسی قربانی سے خوشنود اور مسرور ہوتا ہے۔ جب میں دوسروں کی قربانی کے لئے سب کچھ دے دیتا ہوں تو میں یہ سب کچھ خداوند کے لئے ہی کرتا ہوں۔ یہ بہت آسان ہے کہ ہم اپنی ہی ذات میں مگن ہو جائیں اور وہ زندگی بسر کرنا بھول جائیں جس کے لئے خدا نے ہمیں بلایا ہے۔ خدا نے ہمیں ایک گھرانے کی صورت میں رہنے کے لئے بلایا ہے۔ دوسروں کے بارے سوچنا سیکھیں۔ کیونکہ تب ہی خدا کی کلیسیا ویسی کلیسیا بن سکے گی جیسی خدا اسے بنانا چاہتا ہے۔

اپنے قائدین کے تابع رہیں (17 آیت)

عبرانیوں کی کلیسیا کے قارئین کو دوسرے نمبر پر یہ تلقین کی گئی کہ وہ اپنے قائدین کے تابع رہیں۔ ہمیں یہ تو نہیں بتایا گیا کہ وہ قائدین کون تھے۔ تاہم یہ کہنا بے جا نہ ہو گا کہ روحانی اور سیاسی قائدین کے اس کلیسیا کو تابع رہنا تھا۔ خدا کا کلام فرماتا ہے کہ روحانی رہنما ہو ں یا پھر سیاسی رہنما خدا نے ہی انہیں مقرر کیا ہے۔ (رومیوں 13 باب 1 آیت) مسیحیوں کے لئے لازم ہے کہ وہ ان اختیار والوں کے تابع رہیں جنہیں خدا نے ان پر مقرر کیا ہے۔ ہماری نگرانی اور نگہبانی کے لئے خدا نے انہیں ہم پر مقرر کیا ہے۔ اُنہیں اپنے اعمال و افعال کا بھی خداوند کو جواب دینا ہے۔ اس زمرے میں ایماندار اور غیر

ایماندار بھی شامل ہیں۔ سبھی اپنے کاموں کا اجر پائیں گے۔ ہم سب خدا کے تخت عدالت کے سامنے کھڑے ہوں گے۔

ایمانداروں کے لئے اپنے قائدین کی تابعداری اور فرمانبرداری ضروری ہے تاکہ وہ اپنی خدمت کا کام خوشی سے کریں نہ کہ ان کی خدمت ان کے لئے ایک بوجھ اور ناخوشگوار کام بن جائے۔ کیا ہم اچھے شہری ہیں؟ کیا کام کاج، دفتر یا سکول کی جگہ پر ہمارے اوپر مقرر اختیار والے ہم سے خوش ہیں؟ کیا آپ اپنے اوپر مقرر اختیار والوں کے لئے آسانیاں پیدا کرتے ہیں تاکہ وہ اپنی ذمہ داریوں کو احسن طریقہ سے نبھا سکیں۔

کیا آپ کے معاشرے کے قائدین آپ کو عزت کی نگاہ سے دیکھتے ہیں؟ مسیحیوں کے لئے ضروری ہے کہ وہ راہنماؤں کے تعلق سے مؤدبانہ روّیہ اختیار کریں۔

ہمارے لئے دُعا کریں (18 آیت)

خط کے مصنف نے اپنے قارئین کے سامنے کچھ دعائیہ درخواستیں بھی رکھی ہیں۔ سب سے پہلے وہ انہیں اُن کے لئے ہی دُعا کرنے کے لئے کہتا ہے کہ وہ دُعا کریں کہ خدا اُنہیں صاف ضمیر اور ہر طرح سے دیانتدارانہ زندگی بسر کرنے کی خواہش سے معمور کرے۔

عبرانیوں کے مصنف کی یہی خواہش ہے کہ وہ ایسی زندگی بسر کریں جس کے لئے خدا نے اُسے بلایا ہے۔ وہ ایسا طرزِ زندگی اختیار کرنا چاہتا ہے جو خدا کے لئے عزت اور بزرگی کا باعث ہو۔ ایسا کرنا ہمیشہ آسان نہیں ہوتا۔ مسیحی زندگی اور خدمت میں کئی بار ایسے لمحات اور حالات بھی آتے ہیں جب بڑی تگ ودو اور جانفشانی سے کام لینا پڑتا ہے۔ عبرانیوں کے مصنف کی یہی خواہش ہے کہ وہ ہر طرح کی صورتحال میں خدا کی تعظیم کرے خواہ وہ کیسے ہی حالات اور صورتحال سے دوچار کیوں نہ ہو۔ اس مقصد کے لئے بھی اُسے دُعا کی ضرورت ہے۔ ہم اس دُعائیہ درخواست کی اہمیت کو کم قدر نہیں کرسکتے۔ جب ہم خدا کی

عزت اور تعظیم کئے بغیر زندگی بسر کرتے ہیں تو پھر خدا کا کام آگے نہیں بڑھ سکتا۔

19 آیت میں ایک اور درخواست ہے اور وہ یہ کہ مصنف اور اُس کے ہم خدمت ساتھیوں کو موقع ملے کہ وہ عبرانیوں کی کلیسیا کو وزٹ کر سکیں۔ اس سے مصنف کے دل کی لالسا کا پتہ چلتا ہے، وہ عبرانیوں کی کلیسیا سے محبت رکھتا ہے اور اُنہیں وزٹ بھی کرنا چاہتا ہے۔ خدا نے اسے ابھی تک یہ موقع نہیں دیا کہ وہ ان کے ہاں ملاقات کے لئے جا سکے۔ لیکن وہ چاہتا ہے کہ خدا اس کے لئے ایسا ممکن کرے کہ وہ ان کی حوصلہ افزائی کے لئے شخصی طور پر اُنہیں ملنے کے لئے آ سکے۔

کلماتِ برکات (20 آیت)

20 اور 21 آیات میں خط کے قارئین کے لئے برکت چاہی گئی ہے۔ مصنف کی یہ دلی خواہش اور دُعا ہے کہ وہ عبرانیوں کی کلیسیا کو ہر ایک نیک کام کرنے کے لئے تیار کرے۔ مصنف اپنے قارئین کو یاد کراتا ہے کہ خدا امن اور سلامتی کا خدا ہے۔ وہ چاہتا ہے کہ گنہگار انسان اس کے ساتھ صلح کے بندھ میں بندھا رہے۔ اسی مقصد کے پیش نظر اس نے اپنے بیٹے خداوند یسوع مسیح کو اس دُنیا میں بھیجا تھا تا کہ وہ ہمارے گناہوں کے لئے اپنے آپ کو قربان کر دے۔ خداوند یسوع مسیح کی موت نے انسان اور خدا کے درمیان ایک نیا رشتہ قائم کر دیا ہے۔ فضل اور سلامتی کے خدا نے ہی انہیں اپنا کام کرنے کے لئے تیار مسلح کرنا تھا۔ وہ خدا جس نے انہیں بلایا تھا اسی نے انہیں مضبوط بھی کرنا تھا تا کہ وہ اس کام کو سر انجام دے سکیں جس کے لئے وہ بلائے گئے تھے۔

مصنف کی صرف یہی دعا نہیں تھی کہ خدا انہیں خدمت کے کام کے لئے تیار اور مسلح کرے بلکہ اس کی یہ بھی دعا تھی کہ خدا اپنے مقصد کو ان کی زندگیوں میں پایہ تکمیل تک لے جائے۔ اور یہ مقصد روح القدس کا ہم میں کام کرنا ہے تا کہ ہم پاک اور زیادہ سے

زیادہ مسیح کی مانند بنتے چلے جائیں۔ خدا کا مقصد صرف یہ نہیں کہ ہم اچھی خدمت کریں، بہت زیادہ روحوں کو بچائیں بلکہ وہ اس کے ساتھ ساتھ ہمیں پاک اور ایسے لوگ بنانا چاہتا ہے جو باکردار اور دوسروں کے لئے ایک مثال اور نمونہ ہوں۔

22 آیت میں عبرانیوں کا مصنف اپنے قارئین سے یہ درخواست کرتا ہے کہ وہ اس کی نصیحتوں کو برداشت کریں۔ بالفاظ دیگر وہ ان سے کہہ رہا ہے کہ وہ صبر و تحمل سے کام لیتے ہوئے جو کچھ کہہ رہا ہے اس کی باتیں سن لیں۔ اور اس کو برداشت کریں۔ کیونکہ مصنف نے محسوس کیا کہ جو کچھ وہ بیان کر رہا ہے ان میں سے کچھ ایسی باتیں ہو سکتی ہیں جو اُنہیں سمجھنے میں دقت اور قبول کرنے میں دشواری محسوس ہو گی۔ بلا شبہ کچھ اور سوالات اور مسائل بھی تھے جن کے تعلق سے عبرانیوں کی کلیسیا جاننا چاہتی تھی لیکن اس وقت وہ اس خط کو لکھتے ہوئے اختصار سے کام لے رہا ہے۔ (22 آیت) شاید اسی وجہ سے اس نے ان کے آگے یہ دُعائیہ درخواست رکھی ہے تاکہ وہ جلد ان کے پاس آسکے۔ ہو سکتا ہے کہ وہ اس خط کے پیچھے پیچھے خود بھی اُن کے ہاں جانا چاہتا ہے تاکہ کوئی سوال یا کوئی مسئلہ ہو تو اس کا جواب رُوبرو دے سکے۔

23 آیت میں مصنف اپنے قارئین کو بتاتا ہے کہ تیمتھیس قید سے رہا ہو گیا ہے۔ امکانِ غالب ہے کہ تیمتھیس اپنے ایمان اور خدمت کے سبب سے قید خانہ میں تھا۔ مصنف کی یہ خواہش ہے کہ وہ تیمتھیس کو ساتھ لے کر ان کے ہاں جائے۔

خط کا اختتام روحانی رہنماؤں کو سلام پیش کرنے سے ہوتا ہے۔ اطالیہ کے ایماندار (امکانِ غالب ہے کہ خط اسی جگہ سے لکھا گیا تھا) عبرانیوں کی کلیسیا کو سلام بھیجتے ہیں۔ مصنف خط کو ختم کرتے ہوئے اپنی بڑی گہری خواہش کا اظہار کرتا ہے کہ اُنہیں اُن کی زندگیوں میں خدا کا گہرا فضل حاصل ہو۔

چند غور طلب باتیں

☆۔ عبرانیوں کی کتاب یہ اختتامی حصہ مسیح کے بدن کی اہمیت کے تعلق سے ہمیں کیا سکھاتا ہے؟ ہمیں کس طرح اس بدن کی تعمیر و ترقی اور برکت اور بڑھوتی کے لئے اپنے وسائل بروئے کار لانے ہیں؟

☆۔ خداوند نے آپ کو کیسی نعمتوں اور برکات سے نوازا ہے؟ آپ کس طرح ان نعمتوں اور برکات اور وسائل کو خدا کی بادشاہی کے لئے استعمال کر رہے ہیں؟ آپ مزید کیا کر سکتے ہیں؟

☆۔ یہاں پر ہم خدمت میں کردار کی اہمیت کے تعلق سے کیا سیکھتے ہیں؟ اگر ہم ویسی زندگی نہیں بسر کر رہے جس کے لئے خدا نے ہمیں بلایا ہے تو کیا ہم اس کی خدمت کر سکتے ہیں؟

چند اہم دُعائیہ نکات

☆۔خداوند سے رہنمائی اور وضاحت مانگیں کہ آپ کس طرح اپنے وسائل خدا کی بادشاہی اور وُسعت کے لئے استعمال کر سکتے ہیں۔

☆۔اپنے روحانی اور سیاسی قائدین کے لئے دُعا کرنے میں کچھ وقت صرف کریں۔ خداوند سے فضل اور توفیق مانگیں تاکہ آپ ان کے ساتھ عزت اور احترام کا روّیہ اختیار کر سکیں۔ خداوند سے ایسے وقتوں کے لئے معافی مانگیں جب آپ کسی ایسے راہنما کی عزت کرنے سے قاصر رہے جسے خدا نے آپ پر مقرر کیا تھا۔

☆۔خداوند سے کہیں کہ وہ آپ کے دل کو جانچے اور پرکھے اور آپ پر اُن چیزوں کو ظاہر کرے جو اُس کی خدمت میں آگے بڑھنے میں رکاوٹ بنی ہوئی ہیں۔

لائٹ ٹومائے پاتھ بک ڈسٹری بیوشن

Light to My Path Book Distribution

لائٹ ٹومائے پاتھ منسٹری (ایل ٹی ایم پی) کتابوں کی تصنیف اور تقسیم کی ایک ایسی منسٹری ہے جو کہ برِاعظم ایشیا، لاطینی امریکہ اور افریقہ میں ضرورت مند مسیحی کارکنوں تک پہنچ رہی ہے۔ ترقی پذیر ممالک میں بہت سے ایسے مسیحی کارکن بھی ہیں جن کے پاس اِتنے وسائل نہیں ہیں کہ وہ بائبل ٹریننگ کے لئے جاسکیں یا اپنی شخصی ترقی اور بڑھوتی اور کلیسیائی ضرورت کے لئے بائبل سٹڈی کا مواد خرید سکیں۔ زیرِ نظر کِتاب کا مصنف ایکشن انٹرنیشنل منسٹریز کارُکن ہے جو کہ پوری دُنیا میں ضرورت مند مسیحی کارکنوں اور پاسبانوں کے درمیان مفت یا قیمتاً کتابوں کی تقسیم کے عزم کے ساتھ کتابیں لکھ رہا ہے۔

آج اِس وقت تیس سے زیادہ ممالک میں ڈیووشنل کمنٹری سیریز اور لائف اِن دی کرائسٹ سیریز میں ہزاروں کتب، منادی، سلسلہ تعلیم بشارتی خدمت اور مقامی ایمانداروں کی روحانی ترقی اور نشو نما کے لئے استعمال کی جارہی ہے۔ اِن سیریز میں یہ کتب ہندی، فرانسیسی، ہسپانوی، اور دیگر زبانوں میں ترجمہ ہوچکی ہیں۔ جبکہ اُردو زبان میں کتب کے تراجم کا سلسلہ گزشتہ بارہ سالوں سے جاری ہے۔ ہمارا نصب والعین جہاں تک ممکن ہو زیادہ سے زیادہ ایمانداروں تک اِن کتب کو مہیا کرنا ہے۔

لائٹ ٹومائے پاتھ منسٹری ایک ایسی منسٹری ہے جو ایمان کے سہارے چل رہی ہے اور پوری دُنیا میں ایمانداروں کی مضبوطی اور حوصلہ افزائی کے لئے کتب کے تراجم اور تقسیم کے پیشِ نظر اپنی مالی ضروریات کے لئے خُداوند پر توکل کرتی ہے۔ آپ سے گزارش ہے کہ کتب کے دیگر زبانوں میں تراجم اور تقسیم کے لئے دُعا کریں۔ خُداوند آپ کو برکت دے۔ آمین

Rev F. Wayne. Mac Leod
